丛书主编　米双红

应用型本科金融与贸易系列丛书

XINBIAN BAOXIANXUE

新编保险学

龙卫洋◎主　编
唐志刚　米双红◎副主编

電子工業出版社
Publishing House of Electronics Industry
北京・BEIJING

图书在版编目（CIP）数据

新编保险学 / 龙卫洋主编. —北京：电子工业出版社，2011.8
（应用型本科金融与贸易系列丛书）
ISBN 978-7-121-14158-4

Ⅰ. ①新… Ⅱ. ①龙… Ⅲ. ①保险学－高等学校－教材 Ⅳ. ①F840

中国版本图书馆 CIP 数据核字（2011）第 146585 号

责任编辑：晋　晶
文字编辑：王　璐
印　　刷：三河市双峰印刷装订有限公司
装　　订：三河市双峰印刷装订有限公司
出版发行：电子工业出版社
　　　　　北京市海淀区万寿路 173 信箱　邮编 100036
开　　本：787×980　1/16　印张：18　字数：401 千字
印　　次：2013 年 7 月第 2 次印刷
定　　价：35.00 元

凡所购买电子工业出版社图书有缺损问题，请向购买书店调换。若书店售缺，请与本社发行部联系，联系及邮购电话：（010）88254888。
质量投诉请发邮件至 zlts@phei.com.cn，盗版侵权举报请发邮件至 dbqq@phei.com.cn。
服务热线：（010）88258888。

前　言

近年来我国保险业在金融经济产业中逐渐占据重要地位，在宏观经济中也已成为金融业三大支柱产业之一。从 2001 年以来，中国保险行业逐渐开放：取消对保险业务的地域限制，允许外国保险公司提供健康险、团体险、养老金、年金服务，取消再保险的强制分保规定，降低对外资经纪公司的总资产要求，允许设立独资的保险经纪公司。于是，越来越多的外资保险公司在中国开疆破土，加速其扩张和保险产品创新。据统计，中国保险业正以平均每年 30%以上的速度飞速发展。2003 年，中国人民保险公司首先在中国香港联合交易所上市，中国人寿保险公司随后在中国香港联合交易所和美国纽约证券交易所两地同时上市。中国人寿海外上市获得超额认购，首次募集 35 亿美元，折合人民币约 300 亿元，创造了亚洲海外 IPO 第一的纪录。2004 年，中国平安保险公司整体在中国香港上市等。至 2010 年 10 月，中国保险监督管理委员会对外公布了 2010 年前三季度国内保险行业运行情况。2010 年前三季度保险行业保险费收入达到 11 324 亿元，同比增长 32%。截至 9 月底，保险行业资产总额达到 47 995 亿元，同比增长 27%。国内保险业务持续快速增长，资产规模迅速扩大，保险业的社会影响和地位在不断提高，对外交流与国际合作不断加强。

保险业务的多样性和强劲的发展势头为保险学科理论的建设提供了丰富的素材和探索空间，同时，我国保险业、保险市场的纷繁多变也给保险学科的教材建设带来很大的难度。作为保险学科基础理论课的保险学课程也不例外，多年来，保险学专业所建设或借用的教材体系都存在着不尽如人意的地方。适合大学教学的保险学教材应该既能反映保险业的发展现状与保险学科发展的理论前沿，又符合大学各专业教学需要。这恰是作者编著本书之意。

本书共 11 章。本书编著者呕心沥血，数易其稿，力争本教材独具特色，尤其是第 1 章中增加了保险的社会管理功能，第 5 章关于新型人身保险产品知识等内容更是其他保险学教材中所没有的。

每章分为本章要点、正文、思考与练习、案例分析或阅读材料，体例十分完整，便于阅读学习，强化阅读效果，完全可以作为高校财经、金融及保险类专业保险学课程教材，还可以作为相关行业的专业培训教材。全书集现代保险学理论成果之大成，也可作为保险学理论研究的工具书。

本书既可以作为本科院校保险专业的保险学教材，也可以作为专科学校保险专业的保险学教材。若作为本科教材，要学习全书内容；若作为专科教材，则只要学习第 1~9 章的内容即可。

本书由龙卫洋担任主编，唐志刚、米双红担任副主编。在本书的撰写及出版过程中，得到了金融保险界众多专家及社会行业同人的关心和帮助，在此对东莞理工学院安少华副院长、华中科技大学管理学院蔡希贤教授（博导），中南大学彭世英教授，广东商学院赵立航教授，中宏人寿东莞分公司梁天航总经理，东莞理工学院城市学院郭忠林副教授、周浩明副教授、龚治国老师、李阳桂老师、张庆文老师等表示特别的感谢。

由于编者水平有限，对本书的某些论述尚有不足之处，请阅读本书的读者和专家多提宝贵意见。

编　者

目　录

第 1 章

保险与风险管理概述

本章重点

- 明确风险的客观存在是保险产生的前提；
- 保险是风险管理的一种方式；
- 熟练掌握保险的分类；
- 理解中国保险的发展历程；
- 理解保险的主要功能及其作用。

1.1 关于保险与风险管理

1.1.1 保险与风险的内涵

人们在日常生活中，经常会遇到一些难以预料的事故和自然灾害，小到失窃、车祸，大到地震、洪水、意外事故和自然灾害都具有不确定性，我们称之为风险。失窃、地震等造成损失的事件称为风险事件。而那些隐藏于风险事件背后的，可能造成损失的因素，称为风险因素。风险因素可以是有形的，如路滑造成车祸；也可以是无形的，如疏于管理造成失窃。

保险源于风险的存在。中国自古就有“天有不测风云，人有旦夕祸福”和“未雨绸缪”、“积谷防饥”的说法。

保险是指投保人根据合同约定，向保险人支付保险费，保险人对于合同约定的可能发生的事故因其发生而造成的财产损失承担赔偿保险金责任，或者当被保险人死亡、伤残和达到合同约定的年龄、期限时承担给付保险金责任的商业保险行为。

从法律角度看，保险是一种合同行为。投保人向保险人缴纳保险费，保险人在被保险人发生合同规定的损失时给予补偿。

探其本质，保险是一种社会化安排，是面临风险的人们通过保险人组织起来，从而使个人风险得以转移、分散，由保险人组织保险基金，集中承担。当被保险人发生损失，则可以从保险基金中获得补偿。换句话说，一人损失，大家分摊，即“人人为我，我为人人”。可见，保险本质上是一种互助行为。

表面上看，保险与赌博存在许多相似之处，如都是以随机事件为基础，都可能以较小的支出获得较大的回报，但事实上，二者存在本质的区别。

从参与者对风险的态度看，投保人属于风险厌恶者，理论上，他愿付出比期望损失价值更小的成本（保险费）来转移损失的不确定性；而赌博者属于风险爱好者，他愿付出比期望收益值更小的成本（赌本）来获得利益的不确定性。

从经济学角度看，保险是对客观存在的未来风险进行转移，把不确定性损失转变为确定性成本（保险费），是风险管理的有效手段之一。而且，保险提供的补偿以损失发生为前提，补偿金额以损失价值为上限，所以不存在通过保险获利的可能。赌博行为则是主动创造风险，把确定性的成本（赌本）转变为不确定性的收益，除成本外，不承担损失风险。

从社会学角度看，保险体现了人们的互助精神，把原来不稳定的风险，转化为稳定的因素，从而保障社会健康发展；而赌博则是一种投机行为，它把原本稳定的收入转化为不稳定的风险，只会给社会、家庭带来不稳定因素。

保险和储蓄都是人们应付未来不确定性风险的一种管理手段，目的都在于保障未来正常的生产、生活。所不同的是，储蓄是将风险留给自己，依靠个人积累来对付未来风险。它无须任何代价，也可能陷入保障不足的窘境。而保险，是将所面对的风险用转移的方法，靠集体的财力对付风险带来的损失，提供了足够的保障。但同时，保险需付出一定代价，即保险费；而银行储蓄不需支出，到期获得本金和利息。可见，保险与储蓄各有其特点。现在，随着保险业的发展，出现了许多具有储蓄性质的险种，如两全人寿保险，无论被保险人于保险期内残废，或是生存至保险期满，保险人都将给付保险金。

1.1.2 可保风险与不可保风险

可保风险仅限于纯粹风险。所谓纯粹风险，是指只损失可能而无获利机会的不确定性。既有损失可能又有获利机会的不确定性则称为投机风险。

并非所有的纯粹风险都是可保风险。纯粹风险成为可保风险必须满足以下几个条件。

1. 损失程度较高

潜在损失不大的风险事件一旦发生，其后果完全在人们的承受限度以内，因此，对付这类风险根本无须采用物品，即使丢失或意外受损也不会给人们带来过大的经济困难和不便。但对于那些潜在损失程度较高的风险事件，如火灾、盗窃等，一旦发生，就会给人们造成极大的经济困难。对此类风险事件，保险便成为一种有效的风险管理手段。

2. 损失发生的概率较小

可保风险还要求损失发生的概率较小。这是因为损失发生概率很大程度上意味着纯保险费相应很高，加上附加保险费，总保险费与潜在损失将相差无几。例如，某地区自行车失窃率很高，有 40%的新车会被盗，即每辆新车有 40%的被盗概率，若附加营业费率为 0.1，则意味着总保险费将达到新车重置价格的一半。显然，这样高的保险费使投保人无法承受，而保险也失去了转移风险的意义。

3．损失具有确定的概率分布

损失具有确定的概率分布是进行保险费计算的首要前提。计算保险费时，保险人对客观存在的损失分布要能做出正确的判断。保险人在经营中采用的风险事故发生率只是真实概率的一个近似估计，是靠经验数据统计、计算得出的。因此，正确选取经验数据对于保险人确定保险费至关重要。有些统计概率，如人口死亡率等，具有一定的时效性，像这种经验数据，保险人必须不断做出相应的调整。

4．存在大量具有同质风险的保险标的

保险的职能在于转移风险、分摊损失和提供经济补偿。所以，任何一种保险险种，必然要求存在大量保险标的。这样，一方面可积累足够的保险基金，使受险单位能获得十足的保障；另一方面根据大数法则，可使风险发生次数及损失值在预期值周围能有一个较小的波动范围。换句话说，大量的同质保险标的会保证风险发生的次数及损失值以较高的概率集中在一个较小的波动幅度内。显然，距预测值的偏差越小，就越有利于保险公司的稳定经营。这里所指的“大量”，并无绝对的数值规定，它随险种的不同而不同。一般的法则是：损失概率分布的方差越大，就要求有越多的保险标的。保险人为了保证自身经营的安全性，还常采用再保险方式，在保险人之间分散风险。这样，集中起来的巨额风险在全国甚至国际范围内得以分散，被保险人受到的保障度和保险人经营的安全性都得到提高。

5．损失的发生必须是意外的

损失的发生必须是意外的和非故意的。所谓意外，是指风险的发生超出了投保人的控制范围，且与投保人的任何行为无关。如果由于投保人的故意行为而造成的损失也能获得赔偿，将会引起道德风险因素的大量增加，违背了保险的初衷。此外，要求损失发生具有偶然性（或称为随机性）也是大数法则得以应用的前提。

6．损失是可以确定和测量的

损失是可以确定和测量的，是指损失发生的原因、时间、地点都可被确定，以及损失金额可以测定。因为在保险合同中，对保险责任、保险期限等都做了明确规定，只有在保险期限内发生的、保险责任范围内的损失，保险人才负责赔偿，且赔偿额以实际损失金额为限，所以，损失的确定性和可测性尤为重要。

7．损失不能同时发生

这是要求损失值的方差不能太大。例如，战争、地震、洪水等巨灾风险，发生的概率极小，

由此计算的期望损失值与风险一旦发生所造成的实际损失值将相差很大。而且，保险标的到时势必同时受损，保险分摊损失的职能也随之丧失。这类风险一般被列为不可保风险。

可保风险与不可保风险间的区别并不是绝对的。例如，地震、洪水这类巨灾风险，在保险技术落后和保险公司财力不足、再保险市场规模较小时，保险公司根本无法承保这类风险，它的潜在损失一旦发生，就可能给保险公司带来毁灭性的打击。但随着保险公司资本日渐雄厚，保险新技术不断出现，以及再保险市场的扩大，这类原本不可保的风险已被一些保险公司列在保险责任范围之内。可以相信，随着保险业和保险市场的不断发展，保险提供的保障范围将越来越大。

1.1.3 保险与风险管理

风险管理是指面临风险才进行风险识别、风险估测、风险评价、风险控制，以减少风险负面影响的决策及行动过程。随着社会发展和科技进步，现实生活中的风险因素越来越多。无论企业或家庭，都日益认识到了进行风险管理的必要性和迫切性。人们想出种种办法来对付风险。但无论采用何种方法，风险管理一条总的原则是：以最小的成本获得最大的保障。

对纯粹风险的处理有回避风险、预防风险、自留风险和转移风险四种方法。

1. 回避风险

回避风险是指主动避开损失发生的可能性。它适用于对付那些损失发生概率高且损失程度大的风险，如考虑到游泳时有溺水的危险就不去游泳。虽然回避风险能从根本上消除隐患，但这种方法明显具有很大的局限性。其局限性表现在，并不是所有的风险都可以回避或应该进行回避。例如，人身意外伤害，无论如何小心翼翼，这类风险总是无法彻底消除。再如，因害怕出车祸就拒绝乘车，车祸这类风险虽可由此而完全避免，但将给日常生活带来极大的不便，实际上是不可行的。

2. 预防风险

预防风险是指采取预防措施，以减小损失发生的可能性及损失程度。兴修水利、建造防护林就是典型的例子。预防风险涉及一个现时成本与潜在损失比较的问题：若潜在损失远大于采取预防措施所支出的成本，就应采用预防风险手段。以兴修堤坝为例，虽然施工成本很高，但考虑到洪水泛滥所造成的巨大灾害，就极为必要了。

3. 自留风险

自留风险是指自己非理性或理性地主动承担风险。非理性是指对损失发生存在侥幸心理或对潜在损失程度估计不足从而暴露于风险中；理性是指经正确分析，认为潜在损失在承受范围之内，而且自己承担全部或部分风险比购买保险更经济合算。所以，在做出理性选择时，自留风险一般适用于对付发生概率小，且损失程度低的风险。

4．转移风险

转移风险是指通过某种安排，把自己面临的风险全部或部分转移给另一方。通过转移风险而得到保障，是应用范围最广、最有效的风险管理手段。保险就是转移风险的风险管理手段之一。

风险管理和保险无论在理论上，还是在实际操作中，都有着密切的联系。从理论起源上看，是先出现保险学，后出现风险管理学。保险学中关于保险性质的学说是风险管理理论基础的重要组成部分，且风险管理学的发展很大程度上得益于对保险研究的深入，但是，风险管理学后来的发展也在不断促进保险理论和实践的发展。从实践看，一方面保险是风险管理中最重要、最常用的方法之一；另一方面通过提高风险识别水平，可更加准确地评估风险，同时风险管理的发展对促进保险技术水平的提高起到了重要作用。

要提高风险管理水平，最重要的一个环节就是要提高认识风险的水平。概率论的发展，为加深对风险的认识、风险的量化、提高风险管理水平提供了科学的方法。计算纯保险费的前提是要知道潜在损失的概率分布。实践中就是以概率论为理论基础，利用经验数据来估计事故发生的概率分布。因此，概率论是保险的数理基础。

大数法则是概率论中一个重要法则，它揭示了这样一个规律：大量的、在一定条件下重复出现的随机现象将呈现出一定的规律性或稳定性。例如，我们知道掷一枚质量分布均匀的硬币，其正面向上的概率为 0.5，但如果做 50 次实验，正面向上的次数很可能与期望值 25 次相左较大。换句话说，对该实验进行统计得出的频率（正面向上的次数除以实验次数）与客观的概率可能有较大的差距。但做一万次或更多次实验，其统计频率与客观概率相差将很小。由于大数法则的作用，大量随机因素的总体作用必然导致某种不依赖于个别随机事件的结果。这一法则对保险经营有着重要的意义。我们知道，保险行为是将分散的不确定性集中起来，转变为大致的确定性以分摊损失。根据大数法则，同质保险标的越多，实际损失结果会越接近预期损失结果。因此，保险公司可做到收取的保险费与损失赔偿及其他费用开支基本平衡。

1.2　新中国保险业的发展

1.2.1　旧中国保险业的改造和中国人民保险公司成立

解放初期，人民政府接管各地的官僚资本保险公司，同时整顿改造私营保险公司，为新中国保险事业的诞生和发展创造了条件。中国人民保险公司的成立，标志着中国的保险事业进入一个新的历史发展时期。

1．旧中国保险业的改造

为建立起新的适应社会主义建设需要的保险业，1949 年人民政府对旧中国保险业进行了全面的清理、整顿和改造。

（1）接管官僚资本保险企业。由于解放前夕官僚资本保险机构大多集中在上海，人民政府接管官僚资本保险机构的工作以上海为重点。接管工作从 1949 年 5 月开始至 10 月底基本结束。中国产物保险公司和专营船舶保险、船员意外保险的中国航联意外责任保险公司经批准恢复营业，其他官僚资本保险机构都予以停业。上海以外的官僚资本保险机构都由当地军事管制委员会（以下简称军管会）接管。当时的官僚资本保险机构，因资金转移和负责人贪污挪用，资产已枯竭殆尽。其员工由军管会组织学习政治，许多人在中国人民保险公司成立后走上了人民保险事业的新岗位。

（2）改造私营保险企业。解放后，各地相继制定私营保险企业管理办法，如重新清产核资，要求按业务类别交存相应的保证金等，并加强督促检查。根据新的管理规定，中外私营保险公司在各地复业，但大部分保险公司资力薄弱，承保能力有限。

由于原来的分保集团大部分解体，对外分保关系中断，在军管会的支持下，1949 年 7 月 20 日在上海成立了由私营保险公司自愿参加的分保组织"民承分保交换处"（以下简称民联），主要经办火险的分保业务。民联的成立，促进了私营华商保险公司的业务发展，提高了保险业的信誉。随着私营保险企业公私合营，民联于 1952 年年初完成了历史使命。

1951 年和 1952 年，公私合营的太平保险公司、新丰保险公司相继成立。两家公司都是在多家私营保险公司的基础上组建的，其业务范围限于指定地区和行业，经营上取消了佣金制度和经纪人制度。1956 年，全国私营工商业的全行业公私合营完成后，国家实行公私合营企业财产强制保险，指定中国人民保险公司为办理财产强制保险的法定机构。同年，太平和新丰两公司合并，合并后称太平保险公司，不再经营国内保险业务，专门办理国外保险业务。两家公司的合并实现了全保险行业公私合营，标志着中国保险业社会主义改造的完成。从此，中国国内保险业务开始了由中国人民保险公司独家经营的局面。

（3）外国保险公司退出中国保险市场。1949 年以前，外国保险公司凭借政治特权及自身雄厚的资金实力，控制了中国的保险市场。新中国成立后，人民政府废除其特权，并加强监管，要求其重新登记和缴纳保证金。1950 年 5 月，全国尚有外商保险公司 61 家，其中上海 37 家，天津 10 家，广州 8 家，青岛 5 家，重庆 1 家。人民政府采取限制和利用并重的政策，一方面允许其营业，继续办理一些当时其他保险公司不能开办的业务，如海运保险、外国侨民外汇保险等；另一方面从维护民族利益出发，对其业务范围和经营活动做了必要的限制，对其违反国家法令和不服从管理的行为进行严肃查处。随着国有保险公司业务迅速增长，外商保险公司不仅失去依靠政府特权获取的高额利润，也失去了为数很大的分保收入。在国营外贸系统和新的海关建立后，其直接业务来源越来越少。1949 年外商保险公司保险费收入占全国保险费收入的 62%，1950 年下降为 9.8%，1951 年为 0.4%，1952 年仅为 0.1%。到 1952 年年底，外国在华保险公司陆续申请停业，撤出中国保险市场。

2. 中国人民保险公司的成立

1949 年 8 月，为尽快恢复和发展受连年战争破坏的国民经济，中央人民政府在上海举行了第一次全国财经会议。会上，中国人民银行建议成立中国人民保险公司，并在会后立即组织筹备。经党中央批准，中国人民保险公司于 1949 年 10 月 20 日正式成立。这是新中国成立后第一家国有保险公司。中国人民保险公司成立后，迅速在全国建立分支机构，并以各地人民银行为依托，建立起广泛的保险代理网。

为配合国民经济的恢复和发展，中国人民保险公司积极开展业务，重点承办了国营企业、县以上供销合作社及国家机关财产和铁路、轮船、飞机旅客的强制保险。在城市，开办了火险、运输险、团体与个人寿险、汽车险、旅客意外险、邮包险、航空运输险、金钞险、船舶险等。在农村，积极试办农业保险，主要是牲畜保险、棉花保险和渔业保险。为摆脱西方国家对中国保险市场的控制，中国人民保险公司还致力于发展国外业务，与许多友好国家建立了再保险关系。除办理直接业务外，还接受私营公司的再保险业务。中国人民保险公司迅速成为全国保险业和领导力量，从而从根本上结束了外国保险公司垄断中国保险市场的局面。

1.2.2 国内保险业务的停办

1. 保险业务的整顿

20 世纪 50 年代初，中国人民保险公司各地机构在执行政策和具体做法上出现很多问题，主要表现为依靠行政命令开展业务，内部管理比较混乱。农业保险在试办经验很不成熟的情况下全面推广，一些基层干部开展业务时搞强迫命令，在群众中造成不良影响。保险机构发展太快，许多干部不懂业务，只求保险费数量不求保险合同质量，不少县级公司入不敷出。1953 年 3 月，中国人民保险公司第三次全国保险工作会议对上述失误和偏差进行了纠正，确定了“整理城市业务，停办农村业务，整顿机构，在巩固的基础上稳步前进”的方针。

到 1953 年年底，各地基本停办了农业保险。对停办农业保险业务，虽然大多数人没有意见，但也有一部分农民不愿意停办和退保，他们中有一些得到过赔款或对保险的好处有所认识。东北大部分地区由于农村经济和互助合作运动发展较快，农民大多不同意停办农业保险。经政务院财政经济委员会批准，东北地区重新办理了耕畜保险。随着农业合作化步伐加快，组织起来的农民对农业保险产生了一定需求。但随着农业合作社由初级社发展到高级社，牲畜归公统一使用，对保险的需求反不如初级社迫切。

从 1953 年开始，国家对城市强制保险业务做了调整。

（1）停办国家机关财产强制保险和基本建设工地强制保险。

（2）国营企业（包括合作社）的强制保险仍继续办理。

（3）其他业务，按对生产有无积极作用、群众是否需要和自愿、自己有无条件、是否符合经济核算四项原则，分为巩固、收缩、停办三类进行清理。由于资本主义工商业社会主义改造的推进，城市自愿保险业务明显下降。

2. 国内保险业务的停办

1958 年 10 月，西安全国财贸工作会议提出：人民公社化后，保险工作的作用已经消失，除国外保险业务必须继续办理外，国内保险业务应立即停办。同年 12 月，在武汉召开的全国财政会议正式做出“立即停办国内保险业务”的决定。1959 年 1 月，中国人民保险公司召开第七次全国保险工作会议，贯彻落实国内保险业务停办的精神，并部署善后清理工作。从 1959 年起，全国的国内保险业务除上海、哈尔滨等地继续维持了一段时间外，其他地方全部停办。

国内保险业务停办，是在城镇工商业完成社会主义改造和农村人民公社化的形势下出现的。当时有人认为在城镇工商业基本上是国营企业的情况下，国家可以通过财政调剂方式对各种灾害损失进行补偿，因此开办城市保险必要性不大。而在农村，人民公社改变了以往那种规模较小、经营项目单一的农业合作社的状况，其财力和物力已具备较大的抗灾能力和补偿能力。在这种认识的支配下，认为保险的历史任务已经完成。

国内保险业务停办后，国家从精简机构考虑，只是在中国人民银行国外业务管理局下设保险处，负责处理中央和北京地区进出口保险业务，领导国内外分支机构的业务和从事集中统一办理国际分保业务和对外活动，在对外联系业务时用中国人民保险公司、中国保险公司及太平保险公司三家公司的名义。

1959 年后，部分城市国内保险业务并没有完全停办，其中有上海、哈尔滨、广州、天津等地。1964 年，随着国民经济的全面好转，中国人民银行国外业务局保险处升为局一级单位，对外仍用中国人民保险公司的名义，并由中国人民银行副行长兼任总经理。

从 1966 年到 1976 年的十年动乱期间，中国国内保险业务彻底停办。首当其冲的是 1969 年 1 月 1 月停办了交通部的远洋船舶保险，海外业务受到很大影响。接着停办的是汽车第三者责任保险。1968 年前，海外业务由中国香港民安保险公司、中国保险公司、太平保险公司分给中国人民保险公司，然后由中国人民保险公司进行对外统一分保。但 1969 年后，海外业务对外的分保由中国香港民安保险公司代理，寿险由中国保险公司分保，港、澳、新加坡等国家和地区的保险业务下放到中国保险公司香港分公司管理。到 1969 年，与我国有再保险关系的国家由原来的 32 个下降到 17 个，有业务来往的公司由 67 家下降到 20 家，仅与社会主义国家和个别发展中国家保持分保关系。实际上停止了多年发展起来的与西方保险市场的分保往来。

1.2.3 全面恢复国内保险业务

1978 年 12 月，中共十一届三中全会确立改革开放政策，决定把工作重点转移到以经济建设为中心的社会主义现代化建设上来。中国人民银行在 1979 年 2 月召开的全国分行行长会议上提出恢复国内保险业务。

1979 年 4 月，国务院批准《中国人民银行分行行长会议纪要》，做出“逐步恢复国内保险业务”的重大决策。中国人民银行立即颁布《关于恢复国内保险业务和加强保险机构的通知》，对恢复国内保险业务和设置保险机构做出了具体部署。

国内保险业务的恢复工作，首先是设计制定保险条款、费率和单证格式。1979 年 5 月至 6 月，先后推出企业财产保险、货物运输保险和家庭财产保险三个险种。7 月至 8 月，先后派出几批干部赴广东、福建、浙江、上海、江苏、江西等地，着手恢复保险业务和筹建保险机构。9 月至 11 月，已有部分地区，如上海、重庆和江西率先开始经营国内保险业务。1979 年 11 月，全国保险工作会议对 1980 年恢复国内保险业务的工作进行了具体部署。会后国内保险业务的恢复工作迅速在全国铺开。

国内保险业务恢复后，过去企业发生意外损失统一由财政解决的做法也做了相应改变。凡是全民所有制和集体所有制企业的财产，包括固定资产和流动资金，都可自愿参加保险。全民所有制单位投保的财产，一旦发生损失，由保险公司按保险合同的规定负责赔偿，国家财政不再核销和拨款。

到 1980 年年底，除西藏外，中国人民保险公司在全国各地都已恢复了分支机构，各级机构总数达 810 个，专职保险干部 3 423 人，全年共收保险费 4.6 亿元。中国人民保险公司分支机构接受总公司和中国人民银行当地分支机构的双重领导。1983 年 9 月，经国务院批准，中国人民保险公司升格为国务院直属局级经济实体。从 1984 年 1 月开始，其分支机构脱离中国人民银行，改由总公司领导，实行系统管理。

1.2.4　保险市场走向多元化

中国人民保险公司自 1956 年新丰、太平两家保险公司从国内保险市场撤出后，一直独家垄断中国保险市场。国内保险业务恢复后，中国保险市场也仍然由中国人民保险公司一统天下。中国人民保险公司对市场的完全垄断，在当时情况下曾起到过积极的作用，促进了中国保险业在短期内迅速恢复和发展。随着社会主义市场经济的迅猛发展，与市场经济规律相悖的垄断经营体制的固有弊端逐步暴露出来。垄断体制窒息了价值规律在保险业务发展中的作用，剥夺了被保险人选择保险人的权利，导致保险费率居高不下，保险市场开拓力萎缩。因此，改变中国人民保险公司一统天下的保险体制已成为当时迫切需要解决的问题。

1986 年 2 月，中国人民银行批准设立新疆生产建设兵团农牧业保险公司，专门经营新疆生产建设兵团农场内部的种养两业保险。1992 年该公司更名为新疆兵团保险公司，并相应扩大业务范围。新疆生产建设兵团农牧业保险公司的成立，打破了中国人民保险公司独家垄断保险市场的局面。1987 年，中国人民银行批准交通银行及其分支机构设立保险部。1988 年 5 月，平安保险公司在深圳蛇口成立。1991 年，中国人民银行要求保险业与银行业分业经营、分业管理，批准交通银行在其保险部的基础上组建中国太平洋保险公司，成为继中国人民保险公司之后成立的第二家全国性综合性保险公司。1992 年 9 月，平安保险公司更名为中国平安保险公司，成为第三家全国性综合性保险公司。

从 1988 年起，中国人民银行批准在四川省、大连市、沈阳市、长沙市和厦门市设立 5 家股份制人寿保险公司，开始探索寿险与财产险分业经营的路子。1991 年后，中国人民银行又先后批准在珠海、本溪、湘潭、丹东、广州、太原、天津、福州、哈尔滨、南京、昆明等地组建股份制人寿保险公司。新建立的寿险公司除了办理商业保险外，还接受地方政府的委托，代办社会保险业务。中国人民保险公司在这些人寿保险公司中都持有一定股份。

1994 年 10 月，中国人民银行批准在上海成立天安保险股份有限公司。1995 年 1 月，又批准在上海成立大众保险股份有限公司。1996 年 7 月，经国务院批准，中国人民保险公司改组为中国人民保险（集团）公司，下设中保财产保险有限公司、中保人寿保险有限公司和中保再保险有限公司，实行产、寿险分业经营。根据《保险法》确立的商业保险与社会保险分开经营的原则，国务院决定将 17 家地方寿险公司全部并入中保人寿保险有限公司。为促进我国的保险事业健康发展，1998 年 10 月 7 日，国务院批准《撤销中国人民保险（集团）公司实施方案》，将原中保财产保险有限公司更名为中国人民保险公司；原中保人寿保险有限公司更名为中国人寿保险公司；原中保再保险有限公司更名为中国再保险公司；将中保集团所属的其他海外经营性机构全部划归香港中国保险（集团）有限公司管理。1996 年，中国人民银行还批准设立新华人寿保险股份有限公司、泰康人寿保险股份有限公司、华泰财产保险股份有限公司、永安财产保险股份有限公司、华安财产保险股份有限公司 5 家股份制保险公司。

改革开放后，许多外国保险公司看好中国保险市场的巨大发展潜力，希望早日进入中国保险市场。从 1980 年开始，外国保险公司纷纷到中国设立代表处。1992 年，我国开始在上海进行保险市场对外开放的试点。1992 年 9 月，美国友邦保险有限公司经批准在上海设立分公司，经营人寿保险业务和财产保险业务。友邦上海分公司引进寿险代理人制度，对中国保险市场的营销体制产生了巨大的冲击，激活了潜力可观的寿险市场。1994 年 9 月，日本东京海上火灾保险公司经批准在上海设立分公司，经营财产保险业务。

截至 2010 年年底，全国 2010 年保险费收入 1.47 万亿元，同比增长 33%。其中，财产险保险费收入 3 894 亿元，同比增长 35%；人身险保险费收入 1.08 万亿元，同比增长 31%。保险赔付 3 137 亿元。实现利润总额 607 亿元。保险总资产达到 5 万亿元。全国共有保险专业中介机构 2 550 家，兼业代理机构 18.99 万家，营销员 330 余万人。全国保险公司通过保险中介渠道实现保险费收入 10 441.84 亿元，同比增长 13.98%，占全国总保险费收入的 72.01%。

一个统一开放、竞争有序、充满活力的保险市场基本建立。保险公司由“十一五”初期的 93 家增加到 146 家，保险费收入由 4 931 亿元增加到 1.47 万亿元，总资产由 1.5 万亿元增加到 5 万亿元，呈现出原保险、再保险、保险中介、保险资产管理相互协调，中外资保险公司共同发展的市场格局，我国已经成为全球最重要的新兴保险大国。

一批资本充足、内控比较严密、服务和效益好的现代保险企业快速成长，在“十一五”初期 3 家保险公司资产过千亿元的基础上，经过几年的发展，目前 7 家保险公司资产超过千亿元、2 家超过五千亿元、1 家超过万亿元，保险公司在金融市场和国际保险市场的影响力和竞争力不断提升。

一支专业齐备、朝气蓬勃、勤奋敬业的人才队伍迅速成长。在行业起步晚、人才储备不足的情况下，营造鼓励人们干事业、支持人们干成事业的行业氛围，艰苦创业的丰富实践培养锻炼了一批人才，广阔的发展前景吸引了一批人才，全保险行业高管人员由“十一五”初期的 1.45 万人发展到 2.94 万人，营销员由 156 万人发展到 330 万人，精算、核保核赔、投资等专业技术人员日益成长，这支队伍是保险事业最宝贵的财富，为行业更大的发展提供了有力的人才保障和智力支持。

一种全社会关注保险、支持保险、运用保险的环境氛围正在形成。党中央和国务院高度重视保险业发展，《国务院关于保险业改革发展的若干意见》将保险从行业工作上升为国家战略，每年的中央一号文件、中央新医改意见、“十二五”规划建议等中央和国家的一系列重要文件，以及《防震减灾法》、《防洪法》等法律法规，都对利用保险加强社会风险管理提出明确要求。20 多个部委与保监会联合下发文件，5 个省市政府与保监会签订合作备忘录，各省区市下发了一系列关于保险工作的文件，把保险纳入经济社会发展统筹考虑。农业保险、责任保险、养老保险和健康保险等重点业务领域取得突破性进展，交强险制度开启了我国法定保险的先河，财政、税收各项政策支持的农业保险从无到有、从小到大。保险作为市场经济条件下风险管理的基本手段日益受到全社会的高度重视。

1.2.5 逐步健全保险法制和保险监管

1. 不断完善保险法制

从保险业务恢复以来，我国保险法制建设取得很大成绩。

1982 年开始实施的《中华人民共和国经济合同法》对财产保险合同做了专门规定，这是新中国首次有了实质意义上的有关保险的法律规定。1983 年 9 月，国务院颁布并实施了《财产保险合同条例》。

1985 年 3 月，国务院颁布《保险企业管理暂行例》，对加强保险业的监管发挥了重要作用。

1992 年 11 月，《中华人民共和国海商法》颁布，对海上保险合同做出了规定。

1995 年 6 月，《中华人民共和国保险法》颁布，对发展社会主义市场经济，规范保险经营活动，保护保险活动当事人的合法权益，促进保险事业的健康发展，具有十分重要的意义。《保险法》出台后，中国人民银行相继制定了一些配套的保险业管理规定，如《保险管理暂行规定（试行）》、《保险代理人管理规定（试行）》、《保险经纪人管理规定》等。

1998 年 11 月中国保险监督管理委员会成立后，立即对保险市场的现状和存在的问题进行调查研究，并着手修改、补充和完善保险法律法规体系，先后颁布了《保险公司管理规定》、《向保险公司投资入股暂行规定》、《保险公估人管理规定（试行）》等一系列保险规章。

2．不断加强保险监管

20世纪50年代初，中国人民银行是保险业的主管机关。后模仿苏联做法，于1952年将保险业监管工作交由财政部负责。1959年国内保险业务停办，中国人民保险公司只办理涉外保险业务，在行政上成为中国人民银行国外业务局的一个处。随着国内保险业务的恢复，中国人民保险公司于1984年从中国人民银行分设出来，成为国务院直属局级经济实体。因此，从1959年到1984年，中国人民银行既经营保险业务，又负责对保险业的领导和管理。从1984年开始，中国人民银行专门行使中央银行职能，保险监管是其中一项重要工作。1985年颁布的《保险企业管理暂行条例》、1995 年颁布的《中华人民共和国中国人民银行法》和《中华人民共和国保险法》，2002年修订《中华人民共和国保险法》，均明确中国人民银行是保险业的监管机关。

随着金融体制改革的逐步深入和保险业的不断发展，保险监管不断强化。1998年，为加强保险监管，落实银行、保险、证券分业经营、分业管理的方针，党中央、国务院决定成立中国保险监督管理委员会。中国保险监督管理委员会的成立，是我国保险发展史上的一个重要里程碑，从此，中国保险业进入一个新的历史发展时期。

在政府监管的同时，保险行业自律组织不断涌现和完善。目前，全国大部分地区成立了保险行业协会。其主要职责是：制定保险行业共同遵守的行业自律规则；协助国家保险监管部门实施对保险业的监管；规范同业之间的竞争；促进对外交往；沟通和交流保险信息；初审保险条款和费率；接受国家监管部门委托办理的事项。

1.3 保险的类别

1.3.1 财产保险与人身保险

根据保险标的的不同，保险可分为财产保险和人身保险两大类。

财产保险是指以财产及其相关利益为保险标的的保险，包括财产损失保险、责任保险、信用保险、保证保险、农业保险等。它是以有形或无形财产及其相关利益为保险标的的一类补偿性保险。

人身保险是以人的寿命和身体为保险标的的保险。当人们遭受不幸事故或因疾病、年老以致丧失工作能力、伤残、死亡或年老退休时，根据保险合同的约定，保险人对被保险人或受益人给付保险金或年金，以解决其因病、残、老、死所造成的经济困难。

1．人身保险与财产保险的区别

（1）确定保险金额的方式。人身保险和财产保险在保险金额确定方式上有所不同：由于人的身体和生命无法用金钱衡量，所以保险人在承保时，是以投保人自报的金额为基础，参照投保人经济状况、工作性质等因素来确定保险金额。财产保险是补偿性保险，保险金额依照投保标的的实际价值确定。

（2）保险期限。除意外伤害保险和短期健康保险外，大多数人身保险险种的保险期限都在 1 年以上。这就要求在保险费计算中要考虑利率因素，不仅包括利率的绝对水平，还要考虑利率未来的波动走势。除工程保险和长期出口信用险外，财产保险多为短期（1 年及 1 年以内），计算保险费时一般不考虑利率因素。

（3）储蓄性。长期人寿保险所缴纳的纯保险费中，大部分被用于提存责任准备金。这部分资金是保险人的一项负债，保险单在一定时间后，具有现金价值，投保人或被保险人享有保单抵押贷款等一系列权利，而这是一般财产保险所不具有的。

（4）超额投保与重复投保。保险中的补偿原则规定：所获的补偿金额不应超出实际损失金额，即不允许通过保险补偿而获利。事实上，此原则仅限于财产保险。因为人身保险的保险标的具有特殊性，保险利益难以用货币衡量，保险人只能在签发保单时，根据实际情况，对保险金额加以控制。而且投保人可同时在几家保险公司进行投保，一旦发生保险合同规定的事故，他可同时在几家保险公司获得保险金的给付。

（5）代位求偿。代位求偿是指当损失由第三方造成时，保险人在履行赔偿义务后，有权以被保险人的名义向第三方进行追偿，投保人或被保险人相应地让渡出这一权利。这同样是根据补偿原则，被保险人不能从中获益而规定的。但这一原则仅在财产保险范围内有效，在人身保险中，投保人或被保险人既能从保险公司获得保险金，又同时可从肇事者处获取赔偿，而保险人仅有提供保险金的义务，没有从肇事者处索取赔偿的权利。

2. 财产保险与人身保险经营方式的差异

（1）展业。保险展业渠道主要包括直接展业、代理人展业及经纪人展业。其中，直接展业指保险人依靠自己的业务人员争取业务；代理人展业指在保险人授权范围内，由代理人进行保单推销，它又可分为专业代理和兼业代理。我国目前在财产保险中主要依靠直接展业和兼业展业，而人身保险除采用直接展业方式外，一般由专业代理人招揽业务。

（2）承保。保险承保的过程实质是对风险选择的过程。选择可分为对“人”的选择和对“物”的选择。财产保险的标的是物，但拥有或控制财产的被保险人也会影响标的风险的大小，因而财产保险除了对“物”进行选择外，还存在对“人”的选择问题。人身保险中，对“人”的选择就是对标的的选择，一般不涉及“物”的选择。

（3）理赔。财产保险和人寿保险在损失通知、索赔调查、核定损失金额及最后结案的整套程序中都基本相同，人寿保险不适用损失补偿原则和代位求偿原则。

（4）防灾防损。在人身保险中，保险人进行防灾防损体现在：研究对付逆选择的措施，以有向社会宣传健康保护方案、捐赠医疗设备等行动上。在财产保险中则体现在保险人积极参与社会防灾防损工作和在自身业务经营中，如条款设计、费率厘定、承保经营等方面，贯彻保险与防灾防损相结合的原则。

（5）投资。由于人身保险具有储蓄性，所以保险人必须将提存的责任准备金用于投资，不断增值，以应付将来给付的需要。财产保险多为短期，其责任准备金也有不断增值、资金运用的问题，但其投资的重要性不及人身保险。

人身保险准备金实际上是保险人为履行将来的给付责任而预先提存的对被保险人的负债，因此，采用人身保险与财产保险混业经营的方式，很可能发生寿险准备金被挪用的情况，最终导致拥有寿险保单的被保险人利益受到侵害，保险公司也可能发生给付危机。为预防这类事件发生，《中华人民共和国保险法》（以下简称《保险法》）明确规定：财产保险与人身保险实行分业经营。在当今国际购并浪潮中出现的产、寿险公司相互控股的现象，与它们分业经营并不矛盾，因为相互控股的产、寿险公司在法律上都是独立的法人，在财务上仍是相互独立的。

1.3.2 原保险与再保险

发生在保险人和投保人间的保险行为，称为原保险。发生在保险人与保险人之间的保险行为，称为再保险。

再保险是保险人通过订立合同，将自己已经承保的风险，转移给另一个或几个保险人，以降低自己所面临的风险的保险行为。简单地说，再保险即“保险人的保险”。

我们把分出自己直接承保业务的保险人称为原保险人，接受再保险业务的保险人称为再保险人。再保险是以原保险为基础，以原保险人所承担的风险责任为保险标的的补偿性保险。无论原保险是给付性还是补偿性，再保险人对原保险人的赔付都只具有补偿性。再保险人与原保险合同中的投保人无任何直接法律关系。原投保人无权直接向再保险人提出索赔要求，再保险人也无权向原投保人提出保险费要求。另外，原保险人不得以再保险人未支付赔偿为理由，拖延或拒付对投保人的赔款；再保险人也不能以原保险人未履行义务为由拒绝承担赔偿责任。

再保险是在保险人系统中分摊风险的一种安排。被保险人和原保险人都将因此在财务上变得更加安全。利用再保险分摊风险的典型例子就是承保卫星发射保险。该风险不能满足可保风险所要求的一般条件。保险人接受特约承保后，将面临极大的风险，一旦卫星发射失败，资本较小的公司极可能因此而破产。最明智的做法是将该风险的一部分转移给其他保险人，由几个保险人共同承担。

原保险和再保险是两种不同性质的保险，保险公司在经营上对它们采取不同的方式。首先，原保险关系的建立，在很大程度上依赖于保险人直销，以及代理人和经纪人的中介作用。再保险除了靠保险人之间主动接触外，更主要依赖于再保险经纪人促成再保险关系的建立。其次，在原保险人承保新业务和再保险人接受分入业务时，他们做出承保判断的基础有所不同。原保险人注重标的的风险状况。例如，财产保险中所保财产的地理位置、构造、安全管理情况，以及人寿保险中被保险人的身体健康、病史、职业、爱好情况等。再保险业务主要考虑业务来源、国家和地区的一般政治和经济形势，特别是在通货和外汇管制方面的情况；业务的一般市场趋势，包括国际上和所在国或所在地区有关这种业务的费率和佣金等情况；提出分保要求的分出公司和经纪公司的资信情况等。再次，尽管原保险合同与再保险合同运用的保险原则基本相同，但合同的基本条款还是有所差异的。比如，共命运条款、过失或疏忽条款等是再保险合同所特有的。此外，原保险和再保险在经营环节、管理手段、依据准则等方面也不尽相同。

1.3.3　商业保险与社会保险

商业保险是指按商业原则经营，以赢利为目的的保险形式，由专门的保险企业经营。所谓商业原则，就是保险公司的经济补偿以投保人交付保险费为前提，具有有偿性、公开性和自愿性，并力图在损失补偿后有一定的盈余。

社会保险是指在既定的社会政策的指导下，由国家通过立法手段对公民强制征收保险费，形成保险基金，用以对其中因年老、疾病、生育、伤残、死亡和失业而导致丧失劳动能力或失去工作机会的成员提供基本生活保障的一种社会保障制度。社会保险不以赢利为目的，运行中若出现赤字，国家财政将会给予支持。两者比较，社会保险具有强制性，商业保险具有自愿性；社会保险的经办者以财政支持作为后盾，商业保险的经办者要进行独立核算、自主经营、自负盈亏；商业保险保障范围比社会保险更为广泛。

我国的社会保险与国外比较有所不同，主要表现在以下几个方面。

1．经营主体不同

国际上社会保险有国家社会保险、地方社会保险、民营社会保险、联合社会保险和工会团体社会保险等。其中，地方社会保险是在国家政策和法令允许的范围内，由地方政府自己举办的社会保险事业。例如，美国除老年人医疗保险项目由联邦政府管理外，其他社会保险项目由各州政府自治管理。我国目前各地统一遵照国家社会保险办法实施，虽在执行过程中有一定的灵活性，但不属于独立举办的概念。

2．强制程度不同

某些西方国家社会保险的对象，按法律规定只限于存在雇用劳动关系的企业，而自由职业者、家庭雇用人员都被排斥在社会保险之外。但法律同时规定，这些人经济条件允许，又自愿参加，也可以享有社会保险待遇，只是交费或纳税负担相对较高。我国社会保险一律强制实行。

3．保障范围不同

国际上通常的社会保险项目有养老、医疗、失业、疾病、工伤、残疾、生育、丧葬和遗属保险等。不同国家由于社会、历史、经济、法律等方面情况的不同，社会保险保障范围也不尽相同。我国社会保险尚处在发展初期，保障范围正在逐步扩展。

1.3.4 商业保险与政策性保险

政策性保险与商业保险不同。为了体现一定的国家政策，如产业政策、国际贸易政策等，国家通常会以国家财政为后盾，举办一些不以赢利为目的的保险，由国家投资设立的公司经营，或由国家委托商业保险公司代办这些保险所承保的风险一般损失程度较高，但出于种种考虑而收取较低保险费，若经营者发生经营亏损，将由国家财政给予补偿。这类保险被称为政策性保险。

常见的政策性保险有出口信用保险和农业保险等。商业保险公司出于利润最大化的考虑通常不会主动经营政策性保险。

出口信用保险是为鼓励和扩大出口而开办的。它承保出口商在经营出口业务的过程中因进口商方面的商业风险和进口国方面的政治风险（如买方国家的法律、政策或局势的突然改变导致买方国限制汇兑、禁止贸易、吊销有关的进口许可证、颁布延期付款令或发生战争、内乱、非常事件等）而遭受损失的风险。由于这种保险对应的风险特别巨大，难以用统计方法测算损失概率，一般的商业保险公司不愿经营，只能依靠政府支持来开办。出口信用保险的作用是为出口企业提供银行贷款和收汇的可靠保障。由于做出承保决定要以获取有关风险的各方面信息为前提，因此，经办出口信用保险的机构还能为出口企业提供市场信息等方面的咨询服务。

另外一种政策性保险是农业保险。它对种植业、养殖业在生产、哺育、成长过程中遭受的由自然灾害或意外事故所造成的经济损失提供经济补偿。农业保险是由农业生产的特点所决定的。在农业生产过程中，劳动对象主要是有生命的动植物。动物和植物生长周期长，而且受自然条件的影响大，容易遭受自然灾害或意外事故导致损失。因此，需要由保险来进行保障。农业保险之所以是一种政策性保险，首先是因为农业是国民经济的基础，实行以财政为后盾的农业保险是国家扶持农业发展的政策之一；其次是农民的经济承受能力不足，农业保险经营难度大，几乎不可能取得利润。在商业保险不愿承办，客观上又十分必要的情况下，只能采取政策性保险的办法给予解决。

国际上，很多国家都十分重视发展政策性保险。各国政府通常会给经办单位以经济上的优惠、法律上的支持和行政上的保护。例如，对农业保险实行减免税政策，采取政府分保、承担部分费用支出、超额补偿、保险费补贴等方式扶持它的发展。有的国家还把政策性保险列为强制保险。制定政策性保险的实施原则是收支基本平衡，略有盈余。但总的来看，各国政策性保险，特别是农业保险，都需要在技术上不断改进。

1.3.5 个人保险与团体保险

按保险保障的对象，可以把人身保险分为个人保险和团体保险。

个人保险是为满足个人和家庭需要，以个人作为承保单位的保险。团体保险一般用于人身保险，它是用一份总的保险合同，向一个团体中的众多成员提供人身保险保障的保险。在团体保险中，投保人是"团体组织"，如机关、社会团体、企事业单位等独立核算的单位组织，被保险人是团体中的在职人员。已退休、退职的人员不属于团体的被保险人。另外，对于临时工、合同工等非投保单位正式职工，保险人可接受单位对其提出的特约投保。

团体保险包括团体人寿保险、团体年金保险、团体人身意外伤害保险、团体健康保险等，在国外发展很快。特别是由雇主、工会或其他团体为雇员和成员购买的团体年金保险和团体信用人寿保险发展尤为迅速。团体信用人寿保险是团体人寿保险的一种，是指债权人以债务人的生命为保险标的的保险。团体年金保险已成为雇员退休福利计划的重要内容。近几年，美国有些雇员福利计划中还加入了团体财务和责任保险项目，如团体的私用汽车保险和雇主保险等。我国保险公司也开展了团体寿险、人身意外伤害险、企业补充养老保险和医疗保险等团体保险业务，但险种还不完善。随着经济体制改革的不断深入，商业保险的作用将不断加强，团体保险应有更大的发展空间。

以人身保险为例，个人保险与团体保险在经营方式上存在以下几个方面的不同。

1．风险选择的对象不同

对保险人而言，个人保险的风险选择对象基于个人。出于公平对待投保人，保证保险公司偿付能力的考虑，保险人总是要对投保的个人及其风险状况做出小心谨慎的判断。例如，需要考虑的因素有：年龄、性别、职业、健康状况、病史、居住地、险种和财务状况等。由于个人健康状况和家庭病史在保险人决定是否承保时起着至关重要的作用，保险人通常会要求被保险人进行体检并由医疗机构开具体检报告书，以此作为证明帮助保险人做出承保决定。团体保险以团体的选择代替个人的选择，不需要团体成员体检或提供任何可保证明，保险人就予以承保。它的风险控制手段主要是：投保单位的资格、被保险人是否是能够参加正常工作的在职人员，以及对投保人数和保额的限制。一般投保单位无权选择为哪些人投保或哪些人不保。另外，保险金额或者全部相同，或者保险人依据被保险人工资水平、职位、服务年限不同，为每个被保险人制定不同的保险金额。

2．承保的方式不同

个人保险采用一张独立的保单约定投保人和保险人之间的权利、义务。保单中的承保表部分须填写投保人、被保险人的个人有关资料，以及关于受益人、保险金额、保险费金额和交付方式、签单日期等内容。保险条款则包括保险责任、责任免除等核心内容。在团体保险中无论被保险人有多少，都只用一张总的保险单提供保障证明，而给每个被保险人只发放一张保险凭证。总的保单与个人保单内容相似，其中列明了所有被保险人的姓名、受益人姓名、年龄、性别、保额等，在保险凭证中并不包括所有保险条款。

3．保险合同内容的灵活性不同

个人保险合同充分体现了保险合同是附合合同这一特点，即保险人事先拟就合同的主要内容，投保人只能表示同意或不同意。对于团体保险，特别当投保单位是较大规模的团体时，投保人可以就保单条款的设计和保险内容的制定与保险人进行协商。当然，团体保险单也应遵循一定的格式和包括一些特定的标准条款，但与个人保险合同相比明显具有灵活性。

4．成本与费率计算方法不同

我国《保险代理人管理规定（试行）》第五十二条规定："个人代理人不得办理企业财产保险业务和团体人身保险业务。"因此，团体保险减少了代理人的佣金支出，再加上它手续简单，免于体检，所以团体保险较个人保险更能节约保险公司的业务管理费用。此外，与个人寿险依据生命表制定费率不同，团体保险一般以上一年度团体的理赔记录或经验计算本年度费率，即采用经验费率法。

1.3.6 自愿保险和强制保险

按保险的实施方式，保险可分为自愿保险和强制保险。

自愿保险是投保人和保险人在平等互利、等价有偿的原则基础上，通过协商，采取自愿方式签订保险合同建立的一种保险关系。具体地讲，自愿原则体现在：投保人可以自行决定是否参加保险、保什么险、投保金额多少和起保的时间；保险人可以决定是否承保、承保的条件和保险费多少。保险合同成立后，保险双方应认真履行合同规定的责任和义务。一般情况下，投保人可以中途退保，但另有规定的除外。例如，《保险法》第三十四条明确规定："货物运输保险合同和运输工具航程保险合同，保险责任开始后，合同当事人不得解除合同。"但当前世界各国的绝大部分保险业务都采用自愿保险方式办理，我国也不例外。

强制保险又称法定保险，是指根据国家颁布的有关法律和法规，凡是在规定范围内的单位或个人，不管愿意与否都必须参加的保险。

1.4 保险的功能及作用

1.4.1 保险的功能

保险具有分散危险、经济补偿两个基本功能。此外，在现代社会中，保险还具有资金融通和社会管理两个重要功能。

1．分散危险功能

这是指保险人在最大范围内，通过向各个相互独立的经济单位或个人收取保险费的形式，将这些经济单位或个人可能遇到的危险损失化为必然，由保险人把"必然"的损失集中承担下来，并且使某些被保险人一旦遭遇到危险损失，由全体被保险人共同予以承担。

各种自然灾害和意外事故，对社会生产过程和人们正常生活所造成的损失，具有很大的偶然性。这种偶然性的危险损失，是人类所不能避免的。对此，人们可以运用已经掌握的社会科学和自然科学知识，将各种可能预料到的偶然性危险固定化，将偶然性危险视同必然性危险，事先进行危险损失的经济支出。这种经济支出是在有共同危险损失顾虑的经济单位和个人之间进行的。大家根据所掌握的这种共同危险造成损失的范围、频度，在危险发生之前就聚集资金，危险发生后就把这笔资金送给遭受损失的经济单位和个人，将其损失分散给众人，由有共同危险顾虑的经济单位或个人分摊。

2．经济补偿功能

这是指保险人把有共同危险顾虑的经济单位或个人所缴付的保险费集中起来，对遭受危险损失的经济单位或个人实行经济补偿，以对抗危险，保障社会经济活动正常进行和人民生活安定。

保险的上述两个功能相辅相成，缺一不可。分散危险作为处理偶然性灾害事故的良策，是保险经济活动所特有的内在功能。而经济补偿作为体现保险行为内在功能的表现形式，是保险经济活动的外部功能。通过保险人积极而有效的工作，把社会上相互独立的各个经济单位或个人的一部分剩余资金集中起来，由保险人负责组织对危险损失的经济补偿。如果缺乏有效的组织，即使人们已经认识到分散危险的方式，分散危险也是不可能实现的，而且分散危险只是处理危险的手段，并不能避免危险的存在和发生。所以，要使分散危险的目的实现，必须运用科学的数理原则，在最大的范围内，聚集保险后备基金，时刻准备对危险损失实行补偿。

3．资金融通功能

这是指保险人通过利用聚集起来的保险基金而实现的货币资金融通。这是保险在上述基本功能的基础上派生出来的特殊功能：如果说保险的基本功能是通过保险人的负债业务实现的，那么保险的资金融通功能则是通过保险人的资产业务实现的。

保险人在收取保险费、建立保险基金的过程中，除了及时对因各种自然灾害和意外事故所造成的各类保险标的的损失进行补偿外，通常还有相当一部分保险基金处于闲置状态。这部分资金如果不及时运用出去，就会形成浪费。为了防止这种浪费，就要求保险人采取金融型经营模式，运用部分保险基金，参与社会资金在社会再生产过程中的运转。目前，世界上许多发达国家的保险公司已经成为最主要的非银行金融机构，在金融市场上占有举足轻重的地位。因此，保险资金融通功能的形成和完善，使保险业充满了生机和活力，同时也加剧了保险市场的竞争。每个保险公司都面临着如何在发挥分散危险、组织经济补偿功能的同时，有效地运用资金融通的功能，提高自身发展和竞争力的问题。另外，保险人负债业务和资产业务并举，有利于形成保险资金良性循环的运动过程，即通过收取保险费建立保险基金这一负债业务，为资产业务提供了大量资金来源；而资产业务的发达又使保险公司投资收益增加，从中可以弥补负债业务的不足或亏损，为采取较低的保险费收费标准，吸收更多的保险费收入创造了条件。

4．社会管理功能

一般来讲，社会管理是指对整个社会及其各个环节进行调节和控制的过程，目的在于正常发挥各系统、各部门、各环节的功能，从而实现社会关系和谐，整个社会良性运行和有效管理。保险的社会管理功能不同于国家对社会的直接管理，而是通过保险内在的特性，促进经济社会的协调，以及社会各领域的正常运转和有序发展，具体来说，大体可以归结为四个方面。

（1）社会保障管理。它被誉为“社会的减震器”，是保持社会稳定的重要条件。商业保险是社会保障体系的重要组成部分，在完善社会保障体系方面发挥着重要作用。一方面，商业保险可以为城镇职工、个体工商户、农民和机关事业单位等没有参与社会基本保险制度的劳动者提供保险保障，有利于扩大社会保障的覆盖面。另一方面，商业保险具有产品灵活多样、选择范围广等特点，可以为社会提供多层次的保障服务，提高社会保障的水平，减轻政府在社会保障方面的压力。此外，全国保险从业人员达 150 多万人，为社会提供的就业岗位占金融业总就业人数的 44%，为缓解社会就业压力、维护社会稳定、保障人民安居乐业做出了积极贡献。

（2）社会风险管理。风险无处不在，防范控制风险和减少风险损失是全社会的共同任务。保险公司从开发产品、制定费率到承保、理赔的各个环节，都直接与灾害事故打交道，不仅具有识别、衡量和分析风险的专业知识，而且积累了大量风险损失资料，为全社会风险管理提供了有力的数据支持。同时，保险公司能够积极配合有关部门做好防灾防损，并通过采取差别费率等措施，鼓励投保人和被保险人主动做好各项预防工作，降低风险发生的概率，实现对风险的控制和管理。

（3）社会关系管理。通过保险应对灾害损失，不仅可以根据保险合同约定对损失进行合理补偿，而且可以提高事故处理的效率，减少当事人可能出现的各种纠纷。由于保险介入灾害处理的全过程，参与到社会关系的管理之中，逐步改变了社会主体的行为模式，为维护政府、企业和个人之间正常、有序的社会关系创造了有利条件，减少了社会摩擦，起到了“社会润滑器”的作用，大大提高了社会运行的效率。

（4）社会信用管理。完善的社会信用制度是建设现代市场体系的必要条件，也是规范市场经济秩序的治本之策。最大诚信原则是保险经营的基本原则，保险公司经营的产品实际上是一种以信用为基础、以法律为保障的承诺，在培养和增强社会的诚信意识方面具有潜移默化的作用。同时，保险在经营过程中可以收集企业和个人的履约行为记录，为社会信用体系的建立和管理提供重要的信息资料来源，实现社会信用资源的共享。

1.4.2 保险的作用

1．促进经济发展

保险在经济发展中有着非常重要的作用。保险通过赔偿被保险人的经济损失，帮助个人或机构在保险合同规定范围内的风险事故发生时避免经济危害。这种经济危害，对于个人来说，只是经济困难，但对于企业来说，就可能是破产。按照马克思的产业资本循环理论，产业资本采取货币资本、生产资本和商品资本三种形态；三种形态的资本在空间上同时并存，在时间上依次继起；产业资本要顺利循环，要求三种形态的资本能够顺利地相互转化。保险发挥其经济补偿作用，可以保证三种形态的资本顺利转化，不会因灾害事故造成产业资本循环的停滞或中断，从而有利于企业加速资金周转，提高经济效益，保持生产经营活动的连续和稳定。例如，1998 年 6 月，北京某化工厂发生设备爆炸事故，损失惨重，由于购买了保险，在爆炸事故发生后获得保险公司赔款 1.5 多亿元。又如，1998 年 8 月，青海发生严重洪涝灾害，某水电站受损严重，由于购买了保险，在受损后获得保险公司赔款 4 000 多万元。这些赔款及时弥补了企业的损失，使它们很快渡过难关，恢复了生产。

保险的作用不仅表现在经济补偿上，其最基本的作用是转移风险。通过购买保险，投保人将风险转移给保险人。保险人将风险承担下来，同时向投保人收取一定的保险费。这样，投保人花少量的钱，就把风险转移出去了，解除了生活、生产等活动中的后顾之忧。例如，住房抵押贷款保险使发放住房抵押贷款的银行能维护其贷款的利益，这样住房抵押贷款才能顺利地开展，房屋的开发商才能顺利地销售住房。又如，货物运输保险使出口商能保证对出口商品的经济利益，这样出口商才能顺利地出口商品。保险发挥其转移风险的作用，促进了生产与贸易活动的发展和繁荣。

保险企业作为独立的经济实体，承担着补偿灾害损失的责任，从企业经营管理和自身经济利益出发，必然要关心保险财产的安全，积极进行防灾防损工作。保险企业运用自己长期处理危险的经验和专门知识，指导企业的风险管理，向被保险人提供防灾咨询，进行安全检查，发现问题，提出建议，督促被保险人及时采取措施消除隐患。同时，还从保险费中提取一定比例的防灾基金，资助有关部门增添防灾设施，开展灾害研究。通过上述种种工作，既可减少灾害事故的发生或降低灾害损失的程度和影响，使社会财富少受损失；又可减少保险赔款支出，稳定保险经营，从而实现最好的经济效益和社会效益。

保险公司可通过收取零星的保险费，聚沙成塔，集腋成裘，建立起庞大的保险基金。由于保险费是事先收取的，而保险赔款是于灾害事故发生后支付的，且灾害事故发生的时间和规模都是偶然的，因此，在一般情况下，总是有一笔相当大的保险基金处于闲置备用状态，对于带有储蓄性的长期人身保险更是如此。这笔巨大的、处于闲置备用状态的资金，用于购买有价证券、进行资金拆借等，既有利于加速保险基金的积累，也有利于经济发展。

保险的产生和发展是社会分工精细化发展的必然结果，在风险管理上实现了专业分工的高效率，具有规模经济。现代工商业的发展，保险功不可没。特别是商业保险，在实现自身效益的同时，对减轻经济的波动，促进经济的发展，发挥着无可取代的作用。

2. 保障社会稳定

保险通过分散风险及提供经济补偿，在保障社会稳定方面发挥着积极的作用。

公民个人及其家庭生活安定是整个社会稳定的基础。然而，各种风险事故的发生常使个人或家庭遭到损害，而成为社会不稳定因素。这些不稳定因素会使正常的社会生活秩序遭到破坏。具有未雨绸缪、有备无患作用的保险，通过保障个人及家庭的生活稳定，消除了这些不稳定因素，从而维护了社会生活秩序的安定。

除个人和家庭外，企业是社会的基本单位。通过投保企业财产保险，可以保障企业在遭受自然灾害、意外事故时，能够及时获得保险补偿，从而迅速恢复生产。同时，为防止因灾害事故发生而导致营业中断造成预期利润受损，企业还可购买企业业务中断保险或利润损失保险等险种予以预防，以保障企业的经济生命得到延续，社会生产得以正常进行。此外，企业还可用参加保险的方法，将其对社会公众的责任转嫁给保险人，也可通过雇主责任险或员工意外伤害保险、团体保险等手段，将对雇员的责任转由保险人承担。

保险的派生职能之一——防灾防损，在客观上起到了保障社会稳定的作用。保险人通过与公安、消防、交通、水电、农牧渔业、地震、气象部门的配合，开展防火、防洪、防震和防止交通事故等宣传工作，提高了投保人对防灾防损重要性的认识；通过参加当地安全委员会和消防委员会等安全组织，做到互通信息，搞好部门间的防灾防损工作；保险人还参加由主管部门组织的地区性或行业性安全联合检查、冬春两季防火检查和夏秋两季防汛检查等，帮助投保人消除事故隐患；结合承保、理赔工作，帮助企业做好安全管理，拨付防灾补助费，用于防灾防损专职部门添置设备、防灾宣传、修建防损设施，使企业发生风险事故的可能性降到最低，既稳定了企业生产，也保障了社会安定。

随着市场经济的不断发展，分配逐步由国家计划让位于市场。人们的养老、失业、医疗、工伤、生育等方面的风险，按照经济体制转轨的需要，将从计划经济模式逐步转变到市场经济模式，改变以往由国家财政统包的做法，变为很大程度上由个人分担。社会保险虽然对这些风险进行保障，但其保障水平较低。以养老保险为例，我国目前实行基本养老保险制度，但基本养老保险由于考虑到不同阶层的承受力，其保障水平有限。现在各家保险公司纷纷开办了商业养老保险。由于商业养老保险可覆盖全民所有制企业、城镇集体所有制企业、国家机关、事业单位的员工，以及农村居民、个体工商户、三资企业中方员工等，而且保障水平可以由投保人自己决定，因而较好地解决了个人年老后的生活保障问题，使他们得以免除后顾之忧，安心生产，保障社会经济稳定发展。再如，在医疗方面，随着社会进步，人们对医疗的需求日益增强，但昂贵的医疗费用又往往使人们难以承受。通过保险手段，把从投保人手中收取的保险费聚集起来，建立医疗保险基金，从而把风险分散到广大投保人身上，能有效地解决这一难题。我国目前各家保险公司都开办了各种医疗保险。

大力发展保险事业，不仅是健全社会主义市场经济体制的要求，也为社会主义市场经济持续、稳定、健康、快速发展创造了有利条件，其稳定社会的作用是显而易见的。

3．促进改革开放

我国实行改革开放政策以后，社会与经济诸多方面发生了巨大的变化，但是改革开放事业尚未完成，而且到了一个关键时期。国有企业改革、金融体制改革、社会保障制度改革、国家政府体制都进入攻坚阶段。随着我国经济的发展和国际化程度的加深，对外开放也向纵深发展。

改革开放给商业保险的发展带来了难得的机遇，与此同时，商业保险的发展也发挥着促进改革开放的积极作用。

1992 年社会主义市场经济体制的确定，使我们更加明确了改革的目标和方向，也就是让市场在资源配置中发挥基础性的作用。劳动用工制度的改革、住房制度改革、医疗制度改革、社会保障制度改革等改革政策和措施都是以市场为导向的。这就要求保险业及时做出回应，积极配合各项改革，抓住这些改革所提供的机会，适时推出人民群众迫切需要的保险产品，满足社会新的需求。例如，住房制度改革以后，人们将自己购买住房，而住房有可能遭遇各种灾害的风险；医疗体制改革后，医疗费用支出将更多地由个人负担。保险能不能及时开发出承担这些风险的保险产品，直接关系到上述改革是否能够顺利进行。因此，充分发挥保险业的作用，加快保险业的发展，对于我国经济体制改革具有重大的意义。

随着我国对外开放程度的不断提高，我们也面临着一些新的风险。无论是对外经济交往，还是对外文化交往，保险都是不可缺少的重要保障。保险办得好不好，是考察投资环境的重要方面。如果得不到良好的保险服务，许多外国大企业就会在进入中国市场投资问题上却步。没有良好的保险服务，我国的对外贸易也将受到极大的影响。因此，办好保险，可以促进对外开放的进一步发展。

4．促进对外贸易的发展

改革开放以来，我国对外贸易的发展呈现出崭新局面，其中一个最突出的表现是对外贸易额增长迅速。1950 年至 1978 年，中国进出口总额年平均增长速度为 10.9%，自改革开放以后，平均增长速度超过 16%。保险作为对外贸易和经济交往中不可缺少的环节，为促进对外贸易的发展，起到了巨大的积极作用。

在国际贸易中，最常用的贸易术语，也是外贸合同中必备的价格条件有三种，它们是离岸价、成本加运费价、成本加运费加保险费价。这三种价格都与保险密切相关。首先，在离岸价价格条件下，卖方必须在合同规定的装运期内于指定装运港将货物交至买方指定的船上，并负责货物一般为越过船舷为止的一切费用和货物灭失或损坏的风险。因此，为了转嫁风险，通常由买方办理保险。其次，成本加运费价价格条件与离岸价价格基本相似，除由卖方租船订舱、支付正常运费外，保险仍由买方办理。最后，在成本加运费加保险费的价格条件下，由卖方负责办理货运保险，支付保险费，租船订舱，缴纳运费。可见，外贸合同中必备的价格条款本身就不能脱离保险而存在。

国际贸易经济涉及国家、地区间的经贸往来，货物往往要经过海洋运输、陆上运输、航空运输等若干环节，因而遭到自然灾害或意外事故而导致损失的风险也较大，这就使保险成为必需。为此，我国开办了海上货物运输保险，承保海上运输中因为自然灾害、意外事故和共同海损发生的损失及费用。

这里涉及的自然灾害主要有雷电、海啸、地震、洪水；意外事故主要指遭受搁浅、触礁、沉没、互撞、与流冰或其他物品碰撞，以及火灾、爆炸等；费用损失则包括被保险人对遭受承保责任范围内危险的货物采取抢救、防止或减少受损的措施而支付的合理费用；以及在避难港由于卸货、运送货物、存仓而产生的特别费用，还有共同海损的牺牲、分摊和救助费用。陆上货物运输保险和航空货物运输保险则承保在内陆和采用航空运输方式中货物的损失。这些险种保护了国际贸易中合同双方的利益，促进了国际贸易顺利开展。

为了鼓励和扩大出口，促进我国对外贸易的发展，一些政策性保险（如出口信用保险）常被用做向卖方提供风险损失补偿保障。它既可帮助出口方获得银行贷款，又为创汇提供保障，这一切有力地推动了对外贸易的发展。另外，保险作为国际收支中无形贸易的重要组成部分，在自身开展业务的同时，也为国家争取到了大量的外汇资金。

我国对外贸易是以出口贸易为核心，向多元化、多样化方向发展。其中市场多元化的一个重要内容就是要拓宽贸易市场，除了商品贸易外，对服务贸易、技术贸易的要求也日益提高。培植和发展具有优势和特长的服务贸易领域，包括开展对外承包工程、劳务合作、旅游事业等在内，都要求有保险提供保障。我国经济发展所急需的国外先进技术，其引进也特别需要保险保驾护航。保险不仅为对外经济贸易提供了经济损失补偿保障，有利于对外经济合同和技术交流，同时也可以增加我国现代化建设所需的外汇收入。

5. 促进科技创新

科学技术是第一生产力。科技进步能极大地推动生产力发展，促进国民经济的增长。但在科学技术的开发与应用中，会不可避免地伴有风险发生。例如，一项新的科学技术的开发应用需要支付很大的费用，在未来收益不确定的情况下，投资者不可能没有顾忌；在新技术、新产品实验过程中，科技人员可能会碰到人身安全问题。

要调动科技人员和生产经营管理人员开发应用新技术的积极性，最重要的一点就是降低或转移新技术开发应用中的各种风险。增强各方面人员对开发应用新技术的安全感，消除他们的后顾之忧，使他们能放心地从事新技术的开发、应用、推广。保险可以为新技术的开发、应用与推广起到保驾护航的经济补偿作用。例如，石油、天然气勘探及开发是一种高科技、高投入、高难度、高风险的作业项目，特别是海上勘探和开发作业，不仅风险大，而且极为集中，在作业过程中任何一次事故都可能造成难以估量的损失，甚至是灾难性的。为配合中国石油勘探部门与外国石油公司合作勘探和开发中国海洋石油、天然气资源，解除石油勘探作业人员的后顾之忧，中国人民保险公司于1980年起开始承保石油与天然气勘探及开发作业，为石油勘探作业提供保险保障。除此之外，我国保险公司还承保了核电站建设、卫星发射等高科技领域的项目，一方面保障了高科技建设顺利进行，另一方面也扩大了业务范围。

保险公司能够为生产安全技术研究、开发、推广、应用提供广泛支持和服务。例如，1990 年中国人民保险公司上海市分公司与上海第七棉纺厂共同研制成功 XLF90—5 型无火花细纱落纱机电源滑动装置，解决了棉纺行业落纱过程中长期存在的爆火花引发火险的技术难题，并获得国家专利。

保险为新技术开发、推广应用服务的同时，也为自身的发展提供了契机。因为开展这类保险业务需要具有相当的专业知识水平和专业技术要求，这在客观上对保险技术提出了更高的要求，从而有利于推动中国保险业向更高的水平发展。例如，卫星发射保险、海上石油勘探保险、核电站保险等高科技领域的保险业务，不仅要求保险公司必须具备相应的赔偿能力，而且必须具备相应的保险专业人员和技术力量。以卫星发射保险为例，人造卫星是一个精密、复杂的航天器，卫星一经发射，任何微小的局部失误都有可能导致整个飞行任务的失败，造成重大的经济损失。因此，保险公司要有能力根据发射卫星的不同要求，明确保险责任，合理确定保险金额、保险费及保险期限等，这就需要保险公司拥有一定的专门人才及技术条件。中国人民保险公司最早于 1985 年为国内的实用通信卫星、遥感卫星提供保险。其后，中国各保险公司的卫星保险业务都有了不同程度的发展。例如，1990 年 4 月中国人民保险公司承保中国长征三号运载火箭发射亚洲一号卫星，保险金额为 1.2 亿美元，期限为点火后 365 天，这是中国第一次承揽发射国际商用卫星，标志着中国保险业在卫星发射中的服务范围、承保、理赔技术等方面达到了一个新高度。又如，1995 年 1 月，中国太平洋保险公司为香港亚太通信卫星公司承保了亚太二号通信卫星的发射保险。该卫星在我国西昌卫星发射中心发射时突然爆炸，卫星火箭全损。中国太平洋保险公司在承保和分保、技术评定、风险评估、保单设计等方面，严格按国际保险市场的惯例进行，由于在国际再保险市场建立了可靠的分保渠道，这一财产险和责任保额分别为 1.6 亿美元和 1 亿英镑的卫星理赔工作在短短的 50 天内完成，极大地提高了中国保险业在国际保险市场上的声誉。

思考与练习

1．单项选择

（1）股市波动的风险属于（　　）。

A．自然风险　　B．投机风险

C．社会风险　　D．纯粹风险

（2）某建筑工程队在施工时偷工减料导致建筑物塌陷，则造成损失事故发生的风险因素是（　　）。

A．物质风险因素　　B．心理风险因素

C．道德风险因素　　D．思想风险因素

(3) 某房东外出时忘记锁门，结果小偷进屋、家具被偷，则风险因素是（　　）。

A．小偷进屋　　B．家具被偷

C．外出时忘记锁门　　D．房东外出

(4) 属于控制型风险管理技术的有（　　）。

A．抑制与避免　　B．抑制与自留

C．转移与分散　　D．保险与自留

2．多项选择

(1) 下列有关保险的陈述正确的是（　　）。

A．保险是风险处理的传统有效的措施

B．保险是分摊意外事故损失的一种财务安排

C．保险体现的是一种民事法律关系

D．保险不具有商品属性

E．保险的基本职能包括分摊损失与防灾防损

(2) 商业保险一般可承保（　　）。

A．纯粹风险　　B．自然风险

C．责任风险　　D．投机风险

E．战争风险

(3) 可保风险的特性是（　　）。

A．风险不是投机性的

B．风险必须具有不确定性

C．风险必须是少量标的均有遭受损失的可能性

D．风险可能导致较大损失

E．风险在合同期内预期的损失是可计算的

(4) 下列有关风险的陈述正确的有（　　）。

A．风险是指某种损失发生的可能性

B．风险的存在与客观环境及一定的时空条件有关

C．风险是风险因素、风险事故与损失的统一体

D．没有人类的活动，也就不存在风险

E．风险是不可以转移的

3．简答题

(1) 保险可以分为哪几类？

(2) 新中国保险业的发展经历了哪几个阶段？

(3) 保险有哪几项功能？

案例分析

1．仓库因被敌机投弹击中燃烧起火受损，保险人是否承担赔偿责任？

（1）案情：

国外某仓库投保了火灾保险。在保险期间因被敌机投弹击中燃烧起火，仓库受损。

（2）问题：

保险人是否承担赔偿责任？

（3）评析：

造成仓库受损的原因是敌机投弹击中和燃烧起火。前一个原因属于战争行为，是火灾保险的除外责任；后一项是保险责任。根据近因原则，在风险事故连续发生中，敌机投弹击中是造成损失的近因，故保险人不承担赔偿责任。

2．游客是否可为故宫投保？

（1）案情：

一游客到北京游览了故宫博物院后，出于爱护国家财产的动机，自愿交付保险费为故宫投保。

（2）问题：

该游客是否具有保险利益？

（3）评析：

游客对故宫博物院没有保险利益。因为保险利益是投保方对保险标的所具有的法律上承认的经济利益，当保险标的安全存在时投保方可以由此而获得经济利益。若保险标的受损，则会蒙受经济损失。在本案例中，保险标的（即故宫）的存在不会为投保人（即游客）带来法律上承认的经济利益，保险标的发生事故也不会给投保人造成经济损失，所以该旅客对故宫博物院没有保险利益。

3．为防灾转移保险财产，费用该由谁承担？

（1）案情：

兴旺食品公司位于长江中下游地区一个叫桔树滩的镇上。1998 年 3 月 28 日，该食品公司将其固定资产、原料及存货等财产向某保险公司足额投保财产保险综合险，保险期限为一年。保险公司签发了保险单，食品公司按约定缴纳了保险费。同年 7 月 29 日，食品厂所在地的县防汛指挥部下达了桔树滩进入防汛紧急状态的通告，通告称：预计 8 月 1 日桔树滩水位将达到或超过 28.67 米，超过历史最高水位，经上级政府批准，实施《桔树滩镇应急转移方案》。该方案要求所有非防汛人员转移，其财产也一律就近转移到安全地区。第二天，保险公司根据上述方案，对桔树滩镇上的所有投保人发出了《隐患整改通知书》，该通知书规定了各投保人应尽快转移财产，并强调如果不按整改意见办理，保险公司将依《保险法》的规定解除保险合同，并对合同解除前发生的保险事故不承担赔偿责任。保险公司在将《隐患整改通知书》送达食品公司的当天，就派人对食品公司需要转移的原料及存货进行了清点、登记，食品公司立即雇车将这些物品运送到安全地区。后来，由于当地政府组织及时，食品公司并未遭受洪水。食品公司认为，其支付的 11 万元财产转移费用应由保险公司承担，要求保险公司赔偿。汛期过后，食品公司即向保险公司索赔。保险公司则认为这笔财产转移费用不属于保险责任范围内的损失，其向食品公司下达的《隐患整改通知书》是协助食品公司转移财产，这既是保险公司行使保护国家财产安全的权利，也是食品公司尽保护国家财产安全的义务，故对该转移费用不予赔偿。双方协商未果，食品公司于是向人民法院提起诉讼，要求保险公司赔偿其为转移保险标的所支出的费用。

在审理过程中，食品公司与保险公司在法院主持下达成调解协议，由保险公司承担 7 万元费用，其余费用由食品公司自行承担。本案调解结案。

（2）评析：

我国《保险法》第四十一条第二款规定：“保险事故发生时，被保险人为防止或者减少保险标的的损失所支付的必要的、合理的费用，由保险人承担。”双方所使用的《财产保险综合险条款》第五条、第六条也都规定，保险事故发生时及保险事故发生后被保险人支付的必要的施救费用由保险人负责赔偿。可见，保险理赔应建立在保险事故发生的基础上，属于事后赔偿。本案中，虽然有洪水危险的存在，并且很有可能发生，但最终事实上并没有发生洪水事故。因此，在没有发生保险事故时支付的转移保险财产的费用，不在保险理赔范围内。该案不属保险合同理赔纠纷。

实际上，食品公司转移保险财产而支出的合理费用是双方基于保险合同为防止可能发生的洪水事故而采取的预防措施。保险公司在长江洪水猛涨可能导致桔树滩溃口，食品公司投保的财产可能遭受损失的情况下，向食品公司发出《隐患整改通知书》，要求转移财产，这应是其对食品公司发出的新要约。食品公司接受这一要约实施了投保财产的转移则属承诺，因此保险人与被保险人之间形成了新的民事法律关系。只是情况紧急，双方对转移投保财产的费用如何处理未做约定。这时，应根据《民法》及《合同法》的有关规定予以处理。这一财产转移行为实际上是双方为了共同的利益，并共同实施完成的，双方均无过错。根据公平原则和无过错责任原则，对转移财产造成的损失，保险公司和食品公司应共同承担民事责任。本案经过协商，由食品公司和保险公司共同承担这笔费用，体现了上述原则。

（3）启示：

保险公司自己采取措施或促使被保险人采取相应措施，消除或减少风险发生的因素，防止或减少风险损失，一方面有利于降低赔付率，提高保险人的经济效益，另一方面有利于减少社会财富的损失，提高保险的社会效益。因此，保险公司在发挥经济补偿职能的同时，也应加强防灾防损工作。相应地，经保险人同意，被保险人在对保险财产的防灾防损中支付的合理费用，也应由保险人承担一部分。

第 2 章

保险合同及其分类

本章重点

- 理解保险合同的概念、保险合同的特点及保险合同的主客体；
- 辨别财产保险合同、人身保险合同、再保险合同；
- 熟悉保险合同的形式、保险合同的内容、人身保险合同中的常见条款；
- 了解保险合同的订立、变更、生效、终止及争议处理。

2.1 保险合同的概念与特点

2.1.1 保险合同的概念

保险合同是投保人与保险人约定保险权利义务关系的协议。

1. 保险合同的性质

保险合同是民商事合同中的一种，调整具有保险内容的民事法律关系。因此，保险合同不仅适用《保险法》，而且适用《中华人民共和国合同法》（以下简称《合同法》）和《中华人民共和国民法通则》（以下简称《民法通则》）的有关规定。

2. 投保人的主要义务

（1）交付保险费的义务。投保人应当按照约定的时间、地点、方式向保险人交付保险费。投保人如不按约定的时间交付保险费，则保险人可按照约定要求其交付保险费或终止合同。

（2）如实告知的义务。在订立保险合同时，投保人负有将保险标的的有关情况如实向保险人陈述、申报或声明的义务。根据《保险法》的有关规定，投保人违反如实告知义务将承担相应的法律后果，导致不能索赔或合同的解除。

（3）危险增加的通知义务。危险增加是指保险合同当事人在缔约时预料的保险标的的危险在合同的有效期内其程度增强。在合同有效期内，一旦发生危险增加，被保险人应当按照约定及时通知保险人；针对危险增加的情况，保险人有权要求增加保险费或解除保险合同。被保险人未履行此项义务的，因危险增加而发生的保险事故，保险人不承担赔偿责任。

（4）保险事故通知义务。保险事故发生后，投保人、被保险人或受益人应当及时通知保险人，以便保险人迅速地调查事实真相，收取证据，及时处理。

（5）防灾防损和施救的义务。在合同成立后，被保险人有义务遵守国家有关消防、安全、生产操作、劳动保护等方面的规定，维护保险标的的安全，并根据保险人有关保险标的的安全的建议对保险标的的安全维护工作进行改进。在保险事故发生时，被保险人有义务尽力采取必要的措施，防止或减少保险标的的损失。

（6）提供有关证明、单证和资料的义务。保险事故发生后，依照保险合同请求保险人赔偿或给付保险金时，投保人、被保险人或受益人应当向保险人提供其所能提供的与确认保险事故的性质、原因、损失程度等有关的证明和资料。

3. 保险人的主要义务

（1）赔付保险金的义务。保险事故发生后，保险人依据保险合同向被保险人或受益人承担赔偿或给付保险金的责任。在财产保险中称为赔偿保险金，在人身保险中称为给付保险金。承担赔付保险金义务时，保险金的支付仅在保险合同约定或法律规定的责任范围内进行，保险金最高赔付额不超过合同约定的保险金额。

（2）告知义务。订立保险合同，保险人应当向投保人说明保险合同的条款内容；保险合同中有保险人责任免除条款的，保险人在订立保险合同时应当向投保人明确说明，未明确说明的，该条款不产生效力。

（3）及时签发保险单证的义务。保险合同成立后，保险人应及时向投保人签发保险单或其他保险凭证，并载明当事人双方约定的内容。

（4）积极履行防灾防损的义务。保险人应允许利用自身拥有的专业技术，配合被保险人积极进行防灾防损工作。

2.1.2 保险合同的特点

保险合同是一种特殊的民商事合同，除具有一般合同的共性外，还有其特殊性。具体的特点如下。

1. 保险合同是双务合同

保险合同作为一种法律行为，一旦生效，便对双方当事人具有法律约束力。各方当事人均负有自己的义务，并且必须依协议履行自己的义务。与此同时，一方当事人的义务，对另一方而言就是权利。例如，投保人有交付保险费的义务，与此相对应的是，保险人有收取保险费的权利。

2. 保险合同是附合性与约定性并存的合同

一般民商事合同完全或主要是由当事人各方进行协商以约定合同的内容。但是，保险合同则不然，其内容的产生体现了一种附合性合同的特征。所谓附合性，是指保险合同的主要内容由保险人单方以格式条款的方式提出，投保人或被保险人只有接受或不接受，一般不能改变。

对于那些可依据具体情况由当事人进行选择、商讨的合同内容，当事人可以进行充分协商，达成意思表示一致。即使在保险合同生效后依然可以协商，进行合同的变更。但保险合同的这种约定性往往不过多涉及合同的主要条款，并且在大量的简易保险合同中，可约定的内容相当有限。因此，保险合同的约定性是辅助的。

3. 保险合同是要式合同

所谓要式，是指合同的订立要依法律规定的特定形式进行。订立合同的方式多种多样。在保险实务中，保险合同一般以书面形式订立。其书面形式主要表现为保险单、其他保险凭证及当事人协商同意的书面协议。保险合同以书面形式订立是国际惯例，它可以使各方当事人明确了解自己的权利、义务与责任，并作为解决纠纷的重要依据，易于保存。

4. 保险合同是有偿合同

保险合同是有偿合同，即被保险人取得保险保障，必须支付相应的保险费。

5. 保险合同是诚实信用合同

鉴于保险关系的特殊性，保险合同对于诚实信用程度的要求远大于其他民事合同。可以说，保险合同的权利义务完全建立在诚实信用基础上，因此保险合同被称为最大诚信合同。

6. 保险合同是保障性合同

保险合同是保障性合同，即保险合同是在被保险人遭受保险事故时保险人提供经济保障的合同。

7. 保险合同是诺成性合同

保险合同是诺成性合同，即保险合同当事人意思表示一致，保险合同即告成立，不以保险费或其他实物的交付为必要条件。

2.2 保险合同的主体与客体

2.2.1 保险合同的当事人

1. 保险人

保险人（Insurer，也称承保人）是与投保人订立保险合同，并根据保险合同收取保险费，在保险事故发生时承担赔偿或给付保险金责任的人。保险人是合同的一方当事人，也是经营保险业务的人。大多数国家的法律规定只有法人才能成为保险人，自然人不得从事保险人的业务。我国《保险法》第十条定义为："保险人是指与投保人订立保险合同，并承担赔偿或者给付保险金责任的保险公司。"根据我国《保险法》的规定，保险人的形式为国有独资公司、股份有限公司及其他形式。自然，并非所有的法人都可以从事保险业务。根据我国《保险法》的规定，凡从事保险业务的法人必须具备一定的条件，同时要经过金融监督管理部门批准。目前我国的保险监督管理部门是中国保险监督管理委员会。

2. 投保人

投保人（Applicant，也称要保人）是与保险人订立保险合同并按照保险合同负有支付保险费义务的人，是保险合同的一方当事人。我国《保险法》对投保人有明确的定义。自然人和法人都可以成为投保人，但无论何种主体作为投保人，都必须具备以下条件。

（1）投保人必须具有相应的民事权利能力和行为能力。订立合同的行为是一种法律行为，并非任何人均可为之。根据我国《民法通则》的规定，缔约的自然人应当是具有民事行为能力的人。投保人具有民事行为能力，订立的合同方为有效，限制民事行为能力人和无民事行为能力人缔结的保险合同无效。但这不是绝对的，如果该合同的缔结是经过监护人同意后所为，则该保险合同有效。世界上也有一些国家的法律含有类似的规定。法人的民事权利能力和民事行为能力以它的组织章程或核准登记的范围为限。

（2）投保人必须对保险标的具有保险利益。保险利益是指投保人对保险标的具有的法律上承认的利益。保险利益是保险合同的根本要素。我国《保险法》第十二条第二款明确规定："投保人对保险标的不具有保险利益的，保险合同无效。"该法条规定的是世界各国法律均明确规定的一个准则：投保人或被保险人对保险标的无保险利益的，保险合同无效。

2.2.2 保险合同的关系人

1. 被保险人

被保险人（Insured）是其财产或人身受保险合同保障，享有保险金请求权的人。被保险人可以是自然人，也可以是法人。当投保人为自己具有保险利益的保险标的而订立保险合同时，则投保人也就是被保险人，即订立合同时，他是投保人，合同订立后，他便是被保险人；当投保人为具有保险利益的他人而订立保险合同时，则投保人与被保险人不是同一人。在财产保险合同中，被保险人必须是对被保险财产具有保险利益的人，即他们是被保险财产的所有权人或经营管理权人、使用权人、抵押权人等。投保人也可以是被保险人，但是这种身份的变更以合同的生效为临界点：在合同订立但未成立生效时，投保人仅具有投保人的身份；在合同生效后，只要他们是为自己的利益订立合同，则投保人的身份转换为被保险人。在人身保险合同中，投保人既可以自己的身体为标的，也可经他人同意以他人身体为标的订立保险合同。当发生前者情形时，投保人与被保险人是同一人；当发生后者情形时，如父母给其未成年的子女投保人身保险，则被保险人是保险合同的关系人。

2. 受益人

受益人（Beneficiary）是由被保险人或投保人在保险合同中指定的享有保险金请求权的人。在我国《保险法》中，受益人仅仅存在于人身保险合同中。受益人在资格上一般没有限制，自然人和法人均可以成为受益人。自然人包括有民事行为能力人、无民事行为能力人，甚至胎儿，但是已经死亡的自然人和因解散、破产等原因已不复存在的法人不得作为受益人。

受益人一般由投保人或被保险人在保险合同中加以指定，并且投保人指定受益人时必须经被保险人同意。如果被保险人是无民事行为能力人或限制民事行为能力人，则受益人可以由被保险人的监护人指定。如果没有指定，则在被保险人死亡时，由其继承人领受保险金。受益人可以是一个人，也可以是多个人。当受益人为数个人时，投保人或被保险人可以在保险合同中指定受益顺序和受益份额。如果没有确定受益份额，则受益人按照相等份额享有受益权。被保险人或投保人可以变更受益人，但是应当书面通知保险人。投保人不得单独变更受益人，必须经被保险人同意方可。

2.2.3 保险合同的辅助人

保险合同的辅助人是协助保险合同当事人办理保险合同有关事项的人。由于保险业务具有较强的专业性和技术性，所以需要借助有关专门技术人员来协助办理有关业务。这样既可拓展业务，也可保障其合法权益。保险合同的辅助人一般包括以下几种。

1. 保险代理人

保险代理人（Insurance Agent）是根据保险代理合同或授权书，向保险人收取保险代理手续费，并以保险人的名义代为办理保险业务的人。我国《保险法》规定："保险代理人是根据保险人的委托。向保险人收取代理手续费，并在保险人授权的范围内代为办理保险业务的单位和个人。"保险代理人是保险人的代理人。根据我国《保险法》的定义，对保险代理人的含义可以有以下理解。

（1）保险代理人既可以是法人，也可以是自然人。但是必须具有代理人的资格，取得营业保险代理业务的许可证，并经过注册登记。

（2）保险代理人要有保险人的委托授权，其授权形式一般采用书面授权即委托授权书的形式，有明示权利、默示权利、追认权利。代理权限范围因险种和代理人的性质而在代理合同中有不同的规定。

（3）保险代理人以保险人的名义办理保险业务，而不是以自己的名义。

（4）保险代理人向保险人收取代理手续费。代理手续费是保险代理人因代理保险业务而按保险业务量向保险人收取的酬金，因代理业务的数量和质量而有所差异。

（5）保险代理人代理行为所产生的权利和义务的后果直接由保险人承担。我国《保险法》第一百二十八条规定："保险代理人根据保险人的授权代为办理保险业务的行为，由保险人承担责任。"

保险代理属于委托代理的性质，除具备一般代理行为的普遍特征外，亦有其特点。

（1）在一般代理关系中，代理人超越代理权的行为，只有经过被代理人追认，被代理人才承担民事责任；而在保险代理中，为了保障善意投保人的利益，保险人对保险代理人越权代理行为也承担民事责任，除非为恶意串通。

（2）保险代理人在代理业务范围内所知道或应知道的事宜，均可推定为保险人所知。保险人不得以保险代理人未履行如实告知义务为由而拒绝承担民事责任。

（3）由于保险代理是一种重要的民事法律行为，故保险代理合同必须采用书面形式。

保险代理人分类方法较多，从理论上说主要有以下分类。按代理关系的属性分为专用代理人和独立代理人；按代理人的行业性质分为专业代理人和兼业代理人；按代理人的职业特点分为专职保险代理人和兼职保险代理人；按保险业务次序分为承保代理人、理赔代理人和追偿代理人；按所辖区范围分为总代理人和分代理人；按代理业务的范围分为全权保险代理人和非全权保险代理人；按代理业务的区域不同分为国内代理人和国际代理人；按代理人的性质不同分为单位代理人和个人代理人；按其代理保险保障的标的不同分为寿险代理人和非寿险代理人。

我国《保险代理人管理规定》对保险代理人采用复合分类法，先按保险代理主体的性质将保险代理人分为单位代理人和个人代理人，然后将单位代理人按行业性质不同分为专业代理人和兼业代理人，从而形成了专业代理人、兼业代理人和个人代理人。而《保险代理机构管理规定》则将保险代理机构的组织形式分为合伙企业、有限责任公司、股份有限公司。

专业代理人是专门从事保险代理业务的保险代理公司，其组织形式为有限责任公司。由于对专业代理公司的资本金、持证人数、高级管理人员、章程和经营场地均有严格的要求，因而，其优点在于：专业化程度高、技术力量强；代理范围广；人员素质高，且人员较稳定，使其业务量相对稳定。因此，其代理的业务范围规定为：代理销售保险产品；代理收取保险费；代理保险人进行损失的勘查和理赔；中国保监会批准的其他业务。

兼业代理人是受保险人的委托，在从事自身业务的同时指定专人为保险人代办保险业务的单位。其优点是：展业方便，可以在办理本职业务的同时代理保险业务，对投保人来说比较方便；适应性强，建立机构方便，不需要增加投资，只要对保险代理人员进行必要的业务培训，便可展业；可以借助行业优势，解决投保人遇到的困难。但人员和业务缺乏稳定性。因而，业务范围相对较窄，只代理销售保险产品，代理收取保险费。适宜代理单一或少数险种业务，只能代理与本行业直接相关、能为被保险人提供便利的保险业务，一般只宜涉及承保业务。

个人代理人是根据保险人的委托，向保险人收取代理手续费，并在保险人授权的范围内代为办理保险业务的个人。其优点是比较灵活、专业性较强；但综合经济技术力量较弱，因而代理业务较窄，只能代理销售保险单和代收保险费，且不得办理企财险和团体人身险，不得同时为两家及两家以上保险公司代理保险业务，不得兼职从事保险代理业务，不得签发保险单。

2. 保险经纪人

保险经纪人（Insurance Broker）是投保人的代理人。我国《保险法》将其明确定义为“保险经纪人是基于投保人的利益，为投保人与保险人订立保险合同提供中介服务，并依法收取佣金的单位”（第一百二十六条）。这说明，在中国保险经纪人限于单位。按照《保险经纪公司管理规定》，其组织形式为有限责任公司和股份有限公司。

保险经纪人是投保人的代理人。他受投保人的委托代向保险人办理投保手续或代交保险费，或代被保险人或受益人提出索赔。保险经纪人有一定的资格和条件要求，并经过登记注册取得经营许可证，方可经营。在经营中，保险经纪人一般根据投保人的委托授权，并与投保人订立合同后开展业务。保险经纪人因其过失或疏忽造成投保人或被保险人损失的，要承担赔偿责任。我国《保险法》规定：“因保险经纪人在办理保险业务中的过错，给投保人、被保险人造成损失的，由保险经纪人承担赔偿责任。”

保险经纪人的佣金是保险经纪人从事经纪业务而取得的报酬。按照传统和惯例，当保险经纪人完成其居间性行为后，即为双方订立合同提供机会后，向保险人而非投保人或被保险人收取报酬。因为经纪人的居间性行为给保险人招揽了保险业务，故而通常由保险人支付佣金。而当经纪人代被保险人或受益人向保险人索赔时，其佣金由被保险人或受益人支付。

根据《保险经纪公司管理规定》中关于保险经纪人业务范围的规定，保险经纪人具有居间、代理和咨询的性质。因而，保险经纪人与保险代理人虽然都是保险中介人，但二者存在较大差别，主要表现如下。

（1）法律地位不同。保险经纪人是投保人的代理人，其行为代表着投保人的利益；保险代理人是保险人的代理人，其行为代表着保险人的利益。

（2）进行业务活动的名义有别。保险经纪人从事业务时，当他实施居间行为时必须以自己名义进行，而当他进行代理行为时则以被保险人或受益人的名义进行；保险代理人从事业务则必须以保险人的名义。

（3）在授权范围内所完成的行为之效力对象不同。保险经纪人的居间行为效力作用他自己，而代理行为直接对委托人（投保人或被保险人）产生效力；保险代理人的行为效力约束保险人产生。

（4）行为后果承担者不同。因保险经纪人办理居间业务的结果对保险经纪人发生效力，如保险经纪人在办理居间业务中，因其过错给投保人、被保险人或受益人造成损失的，由保险经纪人承担赔偿损失责任；在办理代理业务时，凡是在委托人的授权范围内进行的活动，其后果由委托人承担。保险代理人根据保险人的授权代为办理保险业务的行为，由保险人承担责任。

在西方保险市场发达的国家，保险经纪人对市场的影响非常大，如在英国，保险经纪人控制了大部分市场，其海上保险业务的 80%以上是由经纪人招揽的。其主要表现在：对被保险人而言，由于保险经纪人有专门的保险知识和经验，同时熟知保险市场状况，因而有利于以最少的保险费取得最大的保险保障；对保险人而言，有利于保险人扩大保险业务、降低经营费用、稳定经营；对整个保险市场而言，有利于促进保险市场竞争、提高保险质量，从而提高保险保障程度、促进保险业的发展。

3．保险公估人

保险公估人，又称保险公证人，是站在第三者的立场依法为保险合同当事人办理保险标的的查勘、鉴定、估损及理赔款项清算业务，并给予证明的人。我国《保险公估机构管理规定》第二条定义为："本规定所称保险公估机构是指依照《保险法》等有关保险法律、行政法规及本规定，经中国保险监督管理委员会批准设立的，接受保险当事人委托专门从事保险标的的评估、勘验、鉴定、估损、理算等业务的单位。"这说明我国保险公估人只能是单位，并且为合伙企业、有限责任公司或股份有限公司的形式。

保险公估人的主要任务是：在保险合同订立时对投保风险进行查勘，在风险事故发生后判定损失的原因及程度，并出具公估报告。公估报告虽然不具备强制性，却是保险争议处理的权威性依据。被保险人、保险人都有权委托保险公估人办理公估事宜，保险公估人的酬金一般由委托人支付。但在一些国家，保险合同当事人双方为证明和估价所支出的费用，除合同另有约定外，无论哪方委托，均依法由保险人承担。保险公估人由于工作中的过错给委托人造成损失的，由保险公估人承担赔偿责任。

保险公估人具有特定的资格，应向主管机关登记，缴存保证金，领取营业执照。保险公估人由具备专业知识和技术的专家担当，且保持公平独立的立场执行职务。因而，保险公估人的职业信誉较高，所作的决断和证明即公估报告，常为保险双方当事人所接受，成为建立保险关系、履行保险合同、解决保险纠纷的有力保障。

由于保险公估人的检验技术、审慎态度及公证立场对其公证结果有很大影响，因此在海上保险中，保险人常在保险单条款中说明保留委托公估公司的选择权，即被保险人必须在保单指定或保险人同意的保险公估人那里办理公估。有鉴于此，许多国家的保险法都有类似规定：财产保险损失数额估计的职责，依法应由公估人担任，并建立了相应的保险公估机构。

2.2.4 保险合同的客体

保险合同的客体是保险合同的保险利益，即投保人对所保险标的所具有的保险利益。其中，保险标的是保险合同双方当事人的权利义务关系所指的对象，即作为保险对象的财产及其有关利益或人的寿命和身体；保险利益是投保人或被保险人对保险标的具有的法律上承认的利益。我国保险法定义为"保险利益是投保人对保险标的所具有的法律上承认的利益"。投保人对保险标的应当具有保险利益，否则所订立的保险合同无效。因为只有对保险标的具有保险利益的人才具有投保人的资格；若无保险利益，则投保人的资格不复存在，保险合同的当事人也不存在，保险合同自然无效。这一规定是因为：保险不是赌博；有利于限制赔偿金额；同时也有利于避免道德危险。保险利益因承保的标的而异。

2.3　保险合同的分类

2.3.1　财产保险合同

财产保险合同是以财产及其相关利益为保险标的的保险合同。其保险标的的种类不仅包括家庭财产、船舶、机动车辆等有形的物质财产，而且包括无形财产（利益），如民事责任、商业信用等。根据保险标的的不同，财产保险合同一般包括火灾保险合同、工程保险合同、运输工具保险合同、货物运输保险合同、农业保险合同、责任保险合同、信用保险合同、保证保险合同等。

1．投保人的主要权利

根据《保险法》的规定，财产保险合同中的投保人或被保险人有一些特殊权利，主要如下。

（1）请求保险人承担某些必要费用。在保险事故发生后，除保险赔款外，保险人根据法律规定应当支付其他一些必要的费用。根据《保险法》规定，该费用主要包括：在保险事故发生后，被保险人为防止或减少保险标的的损失所支付的必要的、合理的费用，由保险人承担，最高不得超过保险金额的数额；保险人、被保险人为查明和确定保险事故的性质、原因和保险标的的损失程度所支付的必要的、合理的费用；责任保险的被保险人因给第三者造成损害的保险事故而被提起仲裁或诉讼的，除合同另有约定外，由被保险人支付的仲裁或诉讼费用及其他必要的、合理的费用。

（2）请求保险人降低保险费。根据《保险法》第三十七条规定，除合同另有约定外，保险标的危险程度明显减少或保险标的的保险价值明显减少时，保险人应当降低保险费，并按日计算退还相应的保险费。

2．保险人的主要权利

财产保险合同的保险人也有一些特殊权利。与人身保险合同相比，其中最重要的是代位求偿权。

代位求偿权是指在财产保险合同中，保险人赔偿保险金后，代位取得被保险人享有的依法向负有民事赔偿责任的第三者请求赔偿的权利。根据《保险法》第四十四条、第四十五条的规定，因第三者对保险标的的损害而造成保险事故的，保险人自向被保险人赔偿保险金之日起，在赔偿金额范围内代为行使被保险人对第三者请求赔偿的权利。在被保险人获得保险金的同时，其向第三者请求赔偿的权利也应转移给保险人。保险事故发生后，保险人未赔偿保险金之前，被保险人放弃对第三者的赔偿请求权的，保险人不承担保险金赔偿责任。保险人赔偿保险金后，被保险人未经保险人同意，放弃对第三者的赔偿请求权的，该行为无效。由于被保险人的过错致使保险人不能行使代位求偿权的，保险人可以相应扣减保险赔偿金。

2.3.2 人身保险合同

人身保险合同是以人的寿命和身体为保险标的的保险合同。根据人身保险合同所保障的风险不同，又可将其分为人寿保险合同、意外伤害保险合同和健康保险合同等类型。人寿保险合同是以被保险人的寿命为保险标的，当被保险人的寿命发生保险事故时由保险人给付保险金的保险合同。人寿保险合同的基本种类有死亡保险合同、生存保险合同和生死两全保险合同。意外伤害保险合同是以被保险人遭受意外伤害及由此致残或死亡为保险标的，保险事故发生时，保险人向被保险人或受益人给付保险金的保险合同。该类保险合同既可作为独立的合同存在，如普通伤害保险合同、特种伤害保险合同等，也可以作为一种从合同附加于人寿保险合同中。健康保险合同又称疾病保险合同，它是以被保险人的患病、分娩及因此而引起的残废或死亡为保险标的，当被保险人遭受前述疾病方面的保险事故时由保险人向被保险人或受益人给付保险金的保险合同。

1．投保人的主要权利

根据《保险法》的规定，人身保险合同的投保人有一些特殊的权利，主要如下。

（1）依法投保。投保权利是以投保人对被保险人具有保险利益作为合法存在的基础。《保险法》对人身保险合同的投保权利有一些约束，如投保人不得为无民事行为能力人投保以死亡为给付保险金条件的人身保险，并且保险人也不得承保。父母具有为未成年子女投保人身保险的权利，但是死亡给付的保险金额总和不得超过金融监督管理部门规定的限额。

（2）复效请求权。复效请求权是根据复效条款而产生的合同恢复请求权。根据法律的规定，一般存在于分期支付保险费的合同中。在没有特别约定的情况下，如果投保人超过规定的期限60日不交付续期保险费，合同效力将依法中止。但是，自合同效力中止之日起两年内，在投保人与保险人协商一致并补交保险费后，投保人有权提出恢复合同的请求。根据法律的规定，该合同应当恢复效力。

（3）指定与变更受益人。根据《保险法》第六十条、第六十二条的规定，在人身保险合同中，投保人有权对人身保险合同的受益人进行指定与变更。但是投保人指定或变更受益人须经被保险人同意方有效。如果被保险人是无民事行为能力或限制民事行为能力人，可以由监护人指定受益人。在指定受益人时，投保人可以指定一个人或数个人为受益人。在受益人为数个人的情况下，投保人可以指定受益顺序或受益份额；如果没有确定受益份额，根据《保险法》第六十一条的规定，受益人按照相等份额享有受益权。

变更受益人必须书面通知保险人。保险人收到变更受益人的书面通知后，应当在保险单上批注。

2. 保险人的主要权利

保险人除了有收取保险费的权利外，还具有依法拒付保险金的权利。根据《保险法》的有关规定，当发生下列情形之一时，保险人有权拒绝给付保险金。

（1）投保人、受益人故意造成被保险人死亡、伤残或疾病，保险人不承担给付保险金的责任。不过，如果投保人已交足了 2 年以上保险费，保险人应当按照合同约定向其他享有权利的受益人退还保险单的现金价值。

（2）在以死亡为给付保险金条件的合同中，被保险人在合同成立之日起 2 年内自杀的，保险人不承担给付保险金的责任，但保险人应退还保险单所具有的现金价值。

（3）被保险人故意犯罪导致其自身伤残或死亡的，保险人不承担给付保险金的责任。投保人已交足 2 年以上保险费的，保险人应当退还保险单所具有的现金价值。

3. 被保险人的主要权利

（1）决定合同效力及保险单的转让或质押。根据《保险法》的规定，被保险人的同意是合同有效或保险单合法转让的前提条件：以死亡为给付保险金条件的合同及其保险金额，在未经被保险人书面同意并认可的情况下，合同无效；将根据以死亡为给付保险金条件的合同所签发的保单进行转让或质押时，未经被保险人书面同意，该转让或质押无效。

（2）指定与变更受益人。根据《保险法》规定，被保险人有权指定或变更人身保险的受益人。

（3）保险金受益权的复归。人身保险合同中，如果指定了受益人，则保险金受益权由受益人享有。但在某些情况下，受益权实际上复归被保险人。如根据《保险法》规定，被保险人死亡，只要存在下列情形之一的，保险金即作为被保险人的遗产，由保险人向被保险人的继承人履行给付义务：被保险人没有指定受益人；受益人先于被保险人死亡，并没有其他受益人；受益人依法丧失受益权或放弃受益权，并没有其他受益人。

4. 受益人的主要权利

（1）受益权。依据投保人或被保险人的指定，在发生约定的被保险人死亡的情况时，受益人有权获得保险金。当受益人是多个人时，则按照受益的顺序和份额获得保险金。

（2）受益权的丧失。根据法律的规定，如果受益人故意造成被保险人死亡或伤残，或者受益人故意杀害被保险人未遂的，则将丧失受益权。

2.3.3 再保险合同

1. 再保险合同的特点

再保险合同是分出公司和分入公司确定双方权利义务关系的协议，又称分保合同。与原保险合同比较，其区别如下。

（1）合同的主体不同：原保险合同的主体是投保人和保险人；再保险合同的主体则都是保险人，即分出人和分入人。

（2）合同的标的不同：原保险合同的标的或是财产或是人身；再保险合同的标的则是承保的风险责任。

（3）合同的性质不同：原保险合同的性质或是补偿性或是给付性；而再保险合同因发生于保险人之间，其直接目的是要对原保险人的承保责任进行分摊，因而再保险合同的性质是责任分摊性。

再保险合同是独立的合同，但又以原保险合同作为基础。具有普遍意义的保险基本原则，也适用于再保险合同。再保险合同可以根据不同的基础分类。

（1）按再保险的方式分为比例再保险合同和非比例再保险合同。前者以保险金额为基础，后者以赔款金额为基础。这两大方式的划分，是根据不同时期的客观需要，适应不同要求而产生的。每一类型中又可分为不同的几种方式。

（2）按不同的分保安排可以分为临时分保合同、合同分保合同和预约分保合同。临时分保合同是根据业务需要临时选择分保接受人，经协商达成协议，逐笔成交的一种分保办法。合同分保合同是由分出人和分入人以预先签订合同的方式确定双方的权利义务关系，在一定时期内对一宗或一类业务进行约定的一种分保方法。预约分保合同是介于合同分保和临时分保之间的一种分保方法。

2. 再保险合同的内容

再保险合同的基本内容包括：缔约当事人的名称、地址；保险期限，包括合同开始和终止时间；执行条款，包括再保险的方式、业务范围、地区范围及责任范围；除外责任；保险费的计算、支付方式及对原保险人的税收处理；手续费条款；赔款条款；账务条款，即账单编送及账务结算事宜；仲裁条款，规定再保险合同仲裁范围、仲裁地点、仲裁机构、仲裁程序和仲裁效力等；保险合同终止条款，规定终止合同的通知，订明特殊终止合同的情形；货币条款，规定自负责任额、分保责任额、保险费和赔款使用的货币及结付应用的汇率；保险责任的分担及除外责任；争议处理，包括仲裁或诉讼条款；赔款规定等。

再保险合同的条款一般包括：共同利益条款、过失或疏忽条款、双方权利保障条款、其他条款。

共同利益条款是关于双方共同权利的规定，即原保险人与再保险人在保险费的获得、向第三者追偿、保险金赔付、保险仲裁或诉讼等方面对被保险人或受益人有着共同的利益。原保险人在维护双方共同利益的情况下，有权单独处理上述事宜，由此而产生的原保险人为自己单独利益以外支付的一切费用由双方均摊。为维护再保险人的利益，共同利益条款一般还规定，再保险人不承担超过再保险合同规定的责任范围以外的赔款和费用，也不承担超过再保险合同规定的限额以上的赔款和费用。

过失或疏忽条款是在保险期限内保险事故发生及原保险人在执行再保险合同条款时，由于原保险人的过失或疏忽而非故意造成的损失，再保险人仍应承担相应的赔偿责任。

双方权利保障条款是原保险人与再保险人应保证对方享有其权利，以使合法利益得到保护。原保险人应赋予对方查校账册，如保单、保险费、报表、赔案卷宗等业务文件的权利；再保险人则赋予原保险人选择承保标的、制定费率和处理赔款的权利。

其他条款是保险合同一般应具有的共同条款，包括：缔约当事人的名称、地址；保险期限；再保险的险种和方式；保险费的计算和支付方式；保险责任的分担及除外责任；争议处理，包括仲裁或诉讼条款；赔款规定等。

3．再保险合同当事人的权利和义务

（1）分出人的权利与义务

分出人的权利包括：保险金索赔权，分出人有权依据再保险合同，在约定的保险责任发生地向分入人提取保险赔款；单独处理和要求分摊权，分出人有权根据再保险合同约定，在维护双方共同利益的前提下，单独处理原保险业务，对因此而产生的一切费用，可要求分入人按约定分摊；分出人有权向分入人收取再保险手续费；对于比例再保险，分出人有权要求分入人提存保险费准备金和赔款准备金；在遇到巨额赔款时，赔款责任超过约定数额时，分出人可以要求分入人以现金摊赔。

分出人的义务包括：如实告知义务，分出人应按照分入人的要求，将分入人决定（是否承保）及影响再保险费率的重要事实，向分入人如实告知；分出人应按约定的期限，交付再保险费；在达成再保险协议后，分出人应向分入人发送正式分保条，并定期编送业务账单、业务更改报表、赔款通知书、已决和未决赔款报表；防灾防损的义务，分出人应对保险标的的安全情况进行检查，及时提出消除不安全因素的建议，在保险事故发生时有责任提供合理的施救整理措施；分出人在归还保险费准备金和赔款准备金时，应同时支付给分入人议定的利息；如因分入人工作的需要，分出人应向分入人提供有关账册、单据和文件；如有损余收回或向第三者责任方追回款项时，应按分入人的分保比例予以退回。

（2）分入人的权利与义务。

分入人的权利为：依约向分出人收取保险费；如有损余收回或向第三者责任方追回款项时，分入人可以向分出人要求按分保比例摊回有关款项；当分出人不履行义务时，分入人可根据具体情况要求提出解除或终止再保险合同；在工作需要时，分入人可要求检查分出人的有关账册、单据和分保记录。

分入人的义务为：分入人应按时支付再保险手续费；在比例再保险中，分入人应在分保险费中扣存合同规定的保险费准备金和赔款准备金；分出人为维护双方共同利益而支付一定费用，分入人应当按约定比例分摊；在遇到巨额赔款，赔款责任超过约定数额时，分入人应按照再保

险合同规定进行现金摊赔；再保险合同成立后，除非法律或合同另有约定，分入人不得在保险有效期内终止合同；分入人应分担分出人应列入合同的业务所发生的税款。

2.4 保险合同的形式与内容

2.4.1 保险合同的形式

保险合同一般采用书面形式，并载明当事人双方约定的合同内容。保险合同的体现形式主要有投保单、保险单、保险凭证、暂保单和批单。

1．投保单

投保单又称要保单，是投保人向保险人申请订立保险合同的书面文件。它是投保人进行保险要约的书面形式，由投保人如实填写。在投保单中列明订立保险合同所必需的项目，供保险人据以考虑是否接受承保。投保单是保险人赖以承保的依据，如果投保人填写不实，将影响保险合同的效力，当保险事故发生时，投保人或被保险人的索赔要求有可能得不到满足。其内容一般包括投保人和被保险人的地址、保险标的、坐落地点、投保险别、保险金额、保险期间、保险费率等，但因险种不同而具体有异。

2．保险单

保险单是保险人和投保人之间订立的正式保险合同的正式书面文件。一般由保险人签发给投保人。保险单将保险合同的全部内容详尽列明，包括双方当事人的权利义务及应承担的风险责任。保险单的主要结构包括：保险项目、保险责任、责任免除及附注条件等。保险单的正面一般采用表格方式，其填写内容包括：投保人和被保险人，保险标的的详细说明。其背面是保险条款，具体包括：保险人和被保险人的权利和义务、保险责任、责任免除、保险期限、保险费与退费、索赔与理赔、争议处理等。保险单是保险合同双方当事人确定权利义务和在保险事故发生后被保险人索赔、保险人理赔的主要依据。

3．保险凭证

保险凭证又称小保单，是保险人签发给投保人的证明保险合同已经订立的书面文件。其所列项目与保险单完全相同，并声明以某种保险单所载明的条款为准，但是不载明保险条款。它实质上是一种简化的保险单，与保险单具有同等的法律效力。如果保险凭证尚未列有其内容，则应以同类保险单载明的详细内容为准；如果保险单与保险凭证的内容有抵触或保险凭证另有特约条款时，则应以保险凭证为准。

4．暂保单

暂保单是在保险单或保险凭证未出具之前，保险人或保险代理人向投保人签发的临时保险凭证，也称临时保险单。其作用是证明保险人已同意投保。暂保单的内容比较简单，仅载明与保险人已商定的重要项目，如保险标的、保险金额及保险费率、承保险种、被保险人姓名、缔约双方当事人的权利义务及保险单以外的特别保险条件等。暂保单具有证明保险人已同意投保的效力。出具暂保单一般有以下情况。

（1）保险代理人，在争取到保险业务，但未向保险人办妥保险单手续前，可先出具暂保单，以作为保障的证明。

（2）保险公司的分支机构，在接受被保险人的要约后但尚须获得上级保险公司或保险总公司批准前，可先出具暂保单，以作为保障的证明。

（3）保险人和投保人在洽谈或续订保险合同时，订约双方当事人已就主要条款达成协议，但尚有一些条件需进一步商讨，在未完全谈妥前可先出具暂保单，以作为保障的证明。

（4）保险单是出口贸易结汇的必备文件之一。在尚未出具保险单和保险凭证之前，可先出具暂保单，以证明出口货物已经办理保险，并以此作为出口结汇的凭证之一。

暂保单一般具有与保险单或保险凭证同等的法律效力，但通常其以 30 天为限。一旦保险单出具，暂保单自动失效。保险单出具前，保险人也可终止暂保单，但必须提前通知被保险人。

5. 批单

批单是保险人应投保人或被保险人的要求出具的修订或更改保险单内容的证明文件。批单通常在两种情况下使用：一是对已印制好的标准保险单所作的部分修正，这种修正并不改变保险单的基本保险条件，只是缩小或扩大保险责任范围；二是在保险合同订立后的有效期内对某些保险项目进行更改和调整。保险合同订立后在有效期内双方当事人都有权通过协议更改和修正保险合同的内容。如果投保人需要更改保险合同的内容，须向保险人提出申请，经保险人同意后出具批单。批单可在原保险单或保险凭证上批注，也可另外出具一张变更合同内容的附贴便条。凡经批改过的内容，以批单为准；多次批改，应以最后批改为准。批单一经签发，就自动成为保险单一个重要组成部分。

2.4.2 保险合同的内容

保险合同的内容包括下列各项。

1. 当事人和关系人的名称和住所

当事人的名称是某一主体区别于其他主体的符号。住所是法律确认的自然人的中心生活场所及法人的主要办事机构所在地。明确名称和住所对于合同的履行如保险费的催交、提出索赔、给付保险金均十分重要。因此，在保险合同中，要载明保险人、投保人、被保险人及受益人的名称和住所。

2. 保险标的

保险标的是指保险合同双方当事人的权利与义务所共同指向的对象，即作为保险对象的财产及其有关利益或人的寿命和身体。财产保险的保险标的是各种财产及其有关利益；人身保险的保险标的是人的寿命及身体。保险标的是确定保险金额的重要依据。

3. 保险责任和责任免除

保险责任是指保险人承担赔偿或给付保险金责任的风险项目。保险责任依保险种类的不同而有所差异，通常由保险人确定保险责任的范围并作为合同的一部分内容载于合同中。如我国财产保险基本险的保险责任主要包括：火灾、爆炸、雷电、空中运行物体的坠落。责任免除又称除外责任，是保险人不承担赔偿或给付保险金责任的风险项目，如被保险人的故意行为所致保险标的的损失属于责任免除。作为责任免除的风险通常有：道德风险、损失巨大并且无法计算的风险项目。责任免除涉及被保险人或受益人的切身利益，所以应在保险合同中载明。在保险合同中载明保险责任和责任免除，在于明确保险人的赔付范围。

4. 保险期间和保险责任开始时间

保险期间是保险人和投保人约定的保险责任的有效期限，又称保险期限。它既是计算保险费的依据，又是保险人和被保险人享有权利和承担义务的有关时限界定的根据。保险期间是保险人承担保险责任的起讫期间，保险人仅对承保期间内发生的保险事故承担赔偿或给付保险金义务。由于保险事故的发生是非确定性的，因而，明确保险期间是十分重要的。确定保险期间通常有两种方式：自然时间期间和行为时间期间。前者是根据保险标的保障的自然时间所确定的保险期间，常以年为计算单位，如企业财产保险等；后者是根据保险标的保障的运动时间所确定的保险期间，常以保险标的的运动过程为计算单位，如建筑工程保险、货物运输保险分别以工程时间和航程时间作为保险期间。保险期间必须在条款中予以明确。保险责任开始时间是保险人开始承担赔偿或给付保险金责任的时间，如我国企业财产保险的保险责任开始时间一般为起始日的零时开始。值得注意的是，保险责任开始时间未必与保险期间的起始时间完全一致，当事人可以就保险责任开始时间做出特别约定，但保险责任开始时间必然在保险期间之内。

5. 保险价值

保险价值是投保人与保险人订立保险合同时作为约定保险金额基础的保险标的的价值。它是财产保险合同的基本条款之一。通常保险标的的保险价值应相当于保险标的的实际价值。根据承保方式不同，保险金额与保险价值的关系也不同。在定值保险情况下，保险金额等于保险价值。在不定值保险情况下，当保险金额小于保险价值时，该保险为不足额保险；当保险金额大于保险价值时，该保险为超额保险。

6. 保险金额

保险金额简称保额，是指保险人承担赔偿或给付保险金责任的最高限额。保险金额是计算保险费的依据，是双方享有权利承担义务的重要依据。财产保险的保险金额根据保险价值确定；人身保险的保险金额则由投保人和保险人双方约定。

7．保险费及其支付方式

保险费是保险金额与保险费率的乘积，即保险人为被保险人提供保险保障而向投保人收取的价金。它是投保人向保险人支付的费用，作为保险人根据保险合同的内容承担给付责任的对价。保险费率通常用百分比或千分比来表示。保险费及保险费率由保险人预先计算并于合同中载明。

8．保险金赔偿或给付办法

在保险合同中，还应载明保险金赔偿或给付的办法，包括赔偿或给付的标准和方式。原则上，保险人以现金方式进行支付，不负责以实物进行补偿或负责恢复原状，但是合同当事人有约定的除外，如现金赔付、修复等方式。同时规定免赔额（率），分为相对免赔和绝对免赔，前者为了减少小额赔付手续，后者为了控制保险人的责任。

9．违约责任和争议处理

违约责任是合同当事人未履行合同义务所应当承担的法律责任。有关违约责任的内容，当事人可以自行约定，也可以直接载明按照法律的有关规定处理。争议处理是发生保险合同争议时采用的处理方式。对于合同争议，当事人可以约定解决的方式，包括约定仲裁条款或诉讼。

10．订立合同的年、月、日

保险合同应有明确的订立合同的年、月、日。

此外，在合同的基本条款之外，当事人可以另外约定具有某些特定内容的条款，以使基本条款中具有弹性的条款所涉及的权利与义务更加明确。

2.4.3 保险合同的条款

保险合同的条款包括以下内容。

1．基本条款

基本条款是标准保险单的背面印就的保险合同文本的基本内容，即保险合同的法定记载事项，也称保险合同的要素，主要明示保险人和被保险人的基本权利和义务，以及保险行为成立所必需的各种事项和要求。基本条款所列的保险种类，称为基本险或主险。

2．附加条款

附加条款是对于基本条款的补充，是对基本险责任范围内不予承保的风险而约定在其他险种项下承保的扩展性条款。附加条款所列的保险种类，称为附加险，以与基本险相对。

3．法定条款

法定条款是指其权利义务内容为法律法规直接规定的合同条款。例如，《保险法》第二十五条规定："保险人自收到赔偿或者给付保险金的请求和有关证明、资料之日起六十日内，对其赔偿或者给付保险金的数额不能确定的，应当根据已有证明和资料可以确定的最低数额先予支付；保险人最终确定赔偿或者给付保险金的数额后，应当支付相当的差额。"该内容如果明确载于保险合同中，就称为法定条款。

4．保证条款

保证条款是保险人要求被保险人必须履行某项义务的内容。如被保险人应当遵守国家有关消防、安全、生产操作、劳动保护等方面的规定，维护保险标的的安全；在未发生保险事故的情况下，不得谎称发生了保险事故；不得制造保险事故；不得伪造、变造证据。

5．协会条款

协会条款是由伦敦保险人协会根据实际需要而发布的有关船舶和货运保险条款的总称。该条款仅附于保险合同之上。由于协会条款是当今国际保险市场水险方面通用的特约条款，因而，有些时候协会条款比保险单还要重要。

6．特约条款

保险合同的主要内容体现为格式条款，由保险人提供，投保人或被保险人一般不能请求变更。对于某些合同内容，当事人双方可以进行协商，自由约定。为与格式化的基本条款相区别，这些合同内容称为保险合同的特约条款。

2.4.4 人身保险合同常见条款

1．不可抗辩条款

不可抗辩条款又称不可争议条款。该条款规定，保单生效一定时期（通常为 2 年）后，就成为不可争议文件，保险人不能以投保人在投保时违反最大诚信原则，没有履行告知义务等理由，否定保单的有效性。保险人的可抗辩期一般为 2 年，保险人只能在 2 年内以投保人的误告、漏告、隐瞒等理由解除合同或拒付保险金。该条款旨在保护被保险人和受益人的正当权益，同时约束保险人滥用最大诚信原则。

2．年龄误告条款

年龄误告条款通常规定了投保人在投保时误报被保险人年龄情况下的处理方法。一般分为两种情况。一种是年龄不实影响合同效力的情况：被保险人真实年龄不符合合同约定的年龄限制的，保险合同为无效合同，保险人可解除保险合同，但向投保人退还保险费。另一种是年龄不实影响保险费及保险金额的情况：投保人申报的被保险人年龄不真实，致使投保人支付的保险费少于应付保险费或多于应付保险费，保险金额根据真实年龄进行调整。调整的原因在于年龄是人寿保险对风险估计与计算保险费率的主要因素。调整的方法是：误报年龄导致实交保险费少于应交保险费的，投保人可以补交过去少交保险费的本利，或按已交保险费核减保额；误报年龄导致实交保险费大于应交保险费的，无息退还多收的保险费。

3．宽限期条款

宽限期条款是分期交费的人寿保险合同中关于在宽限期内保险合同不因投保人延迟交费而失效的规定。其基本内容通常是对到期没交费的投保人给予一定的宽限期，投保人只要在宽限期内缴纳保险费，保单继续有效。在宽限期内，保险合同有效，如发生保险事故，保险人仍给付保险金，但要从保险金中扣回所欠的保险费及利息。《保险法》规定的宽限期为 60 天，自应缴纳保险费之日起计算。宽限期条款是考虑到人身保险单的长期性，在一个比较长的时间内，可能会出现一些因素影响投保人如期交费，如经济条件的变化、投保人的疏忽等。宽限期的规定，可在一定程度上使被保险人得到方便，避免保单失效从而失去保障，也避免了保单失效带给保险人的业务丧失。

4．保险费自动垫交条款

保险费自动垫交条款规定，投保人未能在宽限期内交付保险费，而此时保单已具有现金价值，同时该现金价值足够交付所欠交的保险费时，除非投保人有反对声明，保险人应自动垫交其所欠的保险费，使保单继续有效。如果第一次垫交后，再次发现保险费仍未在规定的期间交付，垫交须继续进行，直到累计的贷款本息达到保单上的现金价值的数额为止。此后投保人如果再不交费，则保单失效。在垫交期间如果发生保险事故，保险人应从保险金内扣除保险费的本息后再给付。

保险人自动垫交保险费实际上是保险人对投保人的贷款，其目的是为了避免非故意的保单失效。为防止投保人过度使用，有些保险公司会限制其使用次数。

5．复效条款

复效条款规定，保险合同单纯因投保人不按期缴纳保险费而失效后，投保人可以保留一定时间申请复效权。复效是对原合同效力的恢复，并不改变原合同的各项权利和义务。可申请复效的期间一般为 2 年，投保人在此期间内有权申请合同复效。

复效的条件包括：通常必须在规定的复效期限内填写复效申请书，提出复效申请；必须提供可保证明书，以说明被保险人的身体健康状况没有发生实质性的变化；付清欠交保险费及利息；付清保单贷款本金及利息。

复效可分为体检复效和简易复效两种。体检复效是针对失效时间较长的保单，在申请复效时，被保险人需要提供体检书与可保证明，保险人据此考虑是否同意复效；简易复效是针对失效时间较短的保单，在申请复效时保险人只要求被保险人填写健康声明书，说明身体健康在保险失效以后没有发生实质变化即可。由于大多数保单的失效是非故意的，所以保险人对更短时间内（如宽期限满后 31 天内）提出复效申请的被保险人采取宽容的态度，无须被保险人提出可保性证明。

复效和重新投保不同，复效是恢复原订保险合同的效力，原合同的权利义务保留不变；重新投保是指一切都重新开始。

6．不丧失价值任选条款

寿险保单短期的定期险外，投保人交满一定期间（一般为 2 年）的保险费后，如果合同满期前解约或终止，保单所具有的现金价值并不丧失，投保人或被保险人有权选择有利于自己的方式来处理保单所具有的现金价值。为了方便投保人或被保险人了解保单的现金价值的数额与计算方法，保险公司往往在保单上列入不没收价值表。

7．保单贷款条款

保单贷款条款规定，投保人交付保险费满若干年后，如有临时性的经济上的需要，可以将保险单作为抵押向保险人申请贷款。贷款金额不超过或等于保单的现金价值时，被保险人应在保险人发出通知后的 31 天内还清款项，否则保单失效。当被保险人或受益人领取保险金时，如果保单上的借款本息尚未还清，应在保险金内扣除借款本息。

8．保单转让条款

只要不侵犯受益人的权利，人寿保险单可以转让。如果转让是出于不道德或非法的考虑，则法院将做出否认的裁决；如果指定的是不可变更的受益人，未经受益人同意，保单不能转让。通常保单的转让分为绝对转让和抵押转让两类。

绝对转让是把保单所有权完全转让给一个新的所有人。绝对转让必须在被保险人生存时进行。在绝对转让下，如果被保险人死亡，全部保险金将给付受让人。

抵押转让是一份具有现金价值的保单作为被保险人的信用担保或贷款的抵押品，即受让人仅承受保单的部分权利。在抵押转让下，如果被保险人死亡，受让人收到的是已转让权益的那一部分保险金，其余的仍归受益人所有。

保单转让后，投保人或保单持有人应书面通知保险人。

9．自杀条款

自杀条款规定，如果被保险人在保险单生效或复效后 2 年内自杀，不论精神正常与否，保险公司不给付保险金，只需退还所交的保险费给受益人。它属于免责条款。

10．战争条款

战争条款规定，在保险合同有效期间，如果被保险人因战争和军事行动而死亡或残废，保险人不承担给付保险金责任。因为战争或军事行为造成的人员大量死亡远远超过正常死亡率，所以一般保险公司常常在保单上规定战争除外条款。

11．意外死亡条款

意外死亡条款规定，被保险人在保单有效期内因完全外来的、剧烈的意外事故发生后于若干日内（一般为 90 天）死亡，其受益人可得到加倍的保险金。给付的保险金一般为保险金额的 2~3 倍。该条款之所以规定一个 90 天的时限，是因为在发生意外伤害后的死亡，其直接原因是否属于意外事故，很难查证。如果在发生意外伤害很长一段时间后死亡，则死亡原因中难免包含疾病的因素。所以对意外伤害死亡保险金的给付必须规定一个时限，在发生事故之后超过 90 天的死亡，就不算意外死亡，不给付意外死亡保险金。

12．受益人条款

受益人条款是在人身保险合同中关于受益人的指定、资格、顺序、变更及受益人权利等内容的具体规定。受益人是人身保险合同中十分重要的关系人，很多国家的人身保险合同中都有受益人条款。

人身保险中的受益人通常分为指定受益人和未指定受益人两类。指定受益人按其请求权的顺序分为原始受益人与后继受益人。许多国家在受益人条款中都规定，如果受益人在被保险人之前死亡，这个受益人的权利将转回给被保险人，被保险人可以再指定受益人。这个再指定受益人就是后继受益人。当被保险人没有遗嘱指定受益人时，则被保险人的法定继承人就成为受益人，这时保险金就变成被保险人的遗产。

13．红利任选条款

红利任选条款规定，被保险人如果投保分红保险，便可享受保险公司的红利分配权利，且对此权利有不同的选择方式。分红保单的红利来源主要是三差收益，即利差益、死差益和费差益。利差益是实际利率大于预定利率的差额；死差益是实际死亡率小于预定死亡率而产生的收益；费差益是实际费用率小于预定费用率的差额。但从性质上讲，红利来源于被保险人超交的保险费，因为与不分红保单相比，分红保单采取更保守的精算方式，即采取更高的预定死亡率、更低的预定利率和更高的预定费用率。

14．保险金给付的任选条款

人寿保险最基本的目的是在被保险人死亡或达到约定的年龄时提供给受益人一笔可靠的收入。为达到这个目的，保单条款通常列有保险金给付的选择方式，供投保人自由选择。最为普遍使用的保险金给付方式有以下五种。

（1）一次支付现金方式。这种方式有两种缺陷：在被保险人或受益人共同死亡的情况下，或受益人在被保险人之后不久死亡的情况下，不能起到充分保障作用；不能使受益人领取的保险金免除其债权人索债。

（2）利息收入方式。该方式是受益人将保险金作为本金留存在保险公司，由其以预定的保证利率定期支付给受益人。受益人死亡后可由他的继承人领取保险金的全部本息。

（3）定期收入方式。该方式是将保险金保留在保险公司，由受益人选择一个特定期间领完本金及利息。在约定的年限内，保险公司以年金方式按期给付。这种方式着重给付期间的固定。

（4）定额收入方式。该方式是根据受益人生活开支需要，确定每次领取多少金额。领款人按期领取这个金额，直到保险金的本金全部领完。该方式着重给付金额的固定。

（5）终身年金方式。该方式是受益人用领取的保险金投保一份终身年金保险。以后受益人按期领取年金，直到死亡。该方式与前四种方式存在一不同点，就是它与死亡率有关。

15. 共同灾难条款

共同灾难条款规定，只要第一受益人与被保险人同死于一次事故中，如果不能证明谁先死，则推定第一受益人先死。该条款的产生使问题得以简化，避免了许多无谓的纠纷。

2.5 保险合同的订立、变更与终止

2.5.1 保险合同的订立

保险合同的订立是被保险人与保险人的双方法律行为，双方当事人的意思表示一致是该合同得以产生的基础。《合同法》第十三条规定：“当事人订立合同，采取要约、承诺方式。”保险合同与一般合同一样，双方当事人订立合同也要通过两个阶段：要约与承诺。

1. 要约

要约是希望和他人订立合同的意思表示。该意思表示应当表明经受要约人承诺，要约人即受该意思表示约束。在保险合同中，一般以投保人提交填写好的投保单为要约，即被保险人向保险人提交要求订立保险合同的书面意思表示。当然，保险人也可以是要约人，如保险人接到投保人提交的已填好的投保单后，又向投保人提出某些附加条件，此时保险人所做出的意思表示并非是完全接受投保人的订立合同的意思表示，而是向投保人发出了新的意思表示，这在法律上被视为新的要约。在该情形下，保险人是新的要约人，投保人则为受要约人。如果投保人同意接受保险人提出的附加条件，则表明投保人接受保险人的新要约，投保人便成为受要约人。

2. 承诺

承诺是受要约人同意要约的意思表示。通常保险人在接到投保人的投保单后，经核对、查勘及信用调查，确认一切符合承保条件时，签章承保，即为承诺，保险合同即告成立。承诺的方式可以按法律规定向投保人签发保险单或保险凭证或暂保单，也可以是保险人直接在投保人递交的投保单上签章表示同意。但是，不应认为承诺人一定是保险人。如前所述，要约承诺是一个反复的过程，投保人与保险人对标准合同条款以外的内容可以进行协商。当双方当事人就合同的条款达成协议后，保险合同成立。其后，保险人应当及时向被保险人签发保险单或其他

保险凭证，并在保险单或其他凭证中载明当事人双方约定的合同内容。

3．合同成立

保险合同的双方当事人经过要约与承诺，意见达成一致，保险合同即成立。但是，保险合同成立并不意味着保险合同当然生效，保险合同的生效还必须符合法定生效要件或履行一定的手续。除法律另有规定或合同另有约定，保险合同的生效即为保险权利义务的开始。

2.5.2　保险合同的变更

保险合同的变更是指在合同有效期内，基于一定的法律事实而改变合同内容或主体的法律行为，即订立的合同在履行过程中，由于某些情况的变化而对其内容进行的补充、修改或保单转让。保险合同订立后，如内容有变动，投保人通常可以向保险人申请批改。凡保险合同内容的变更或修改，均须经保险人审批同意，酌情增加或减少保险费，并出具批单或进行批注。变更保险合同的结果是产生新的权利和义务关系。

保险合同的变更通常包括合同内容的变更和合同主体的变更。

1．保险合同内容的变更

保险合同的内容变更一般表现为：财产保险在主体不变的情况下保险合同中保险标的种类的变化、数量的增减、存放地点、保险险别、风险程度、保险责任、保险期限、保险费、保险金额等内容的变更；人身保险合同中被保险人职业、保险金额发生变化，等等。保险合同内容的变更都与保险人承担的风险密切相连。合同任何一方都有变更合同内容的权利，但必须征得对方的同意。因此，投保人只有提出变更申请，并经保险人审批同意、签发批单或对原保险单进行批注后才产生法律效力。《保险法》第二十条规定："在保险合同有效期内，投保人和保险人经协商同意，可以变更保险合同的有关内容。变更保险合同的，应当由保险人在原保险单或者其他保险凭证上批注或者附贴批单，或者由投保人和保险人订立变更的书面协议。"

保险合同内容的变更一般经过下列主要程序：投保人向保险人及时告知保险合同内容变更的情况；保险人进行审核，如果需增加保险费，则投保人应按规定补交，如果需减少保险费，则投保人可向保险人提出要求，无论保险费的增减或不变，均要求当事人取得一致意见；保险人签发批单或附加条款。上述程序使保险合同内容的变更完成，变更后的保险合同是确立保险当事人双方权利义务关系的依据。

2．保险合同主体的变更

保险合同主体的变更也称保险合同的转让，是指投保人或被保险人将保险合同中的权利和义务转让给他人的法律行为。其实质是合同主体的变更。保险合同的转让通常是由保险标的所有权的转移所引起。但是，应当注意的是，财产保险标的所有权的转移并不当然地导致合同的转让，因为标的所有权的转移与合同的转让是两种法律行为。在法律性质上，所有权的转移是物权行为，而合同的转让是债权债务关系的转让。保险标的所有权的转移取决于卖者和买者的意志，保险合同的转让则要取决于投保人或被保险人与合同受让人及保险人的意志。因此保险合同不能随着保险标的所有权的转移而自然发生转让。如果保险标的的所有权发生转移，而保险合同未作转让，则保险合同将因被保险人失去保险利益而失效；反之，如果通过一定的转让手续，则产生转让的效力。根据《保险法》和《海商法》的规定，保险合同的转让需要考虑以下几个问题。

（1）转让和保险人的同意。保险合同的转让与保险人的同意密切相连，但是存在着两种状态：一是必须有保险人的同意；二是可以有保险人的同意。除货物运输保险合同和另有约定的合同以外，任何保险合同的转让均须经保险人的同意，因为一般保险合同的保险标的在保险期间始终在被保险人的控制与管理之下，被保险人的变化会引起风险的变化，从而引起保险人责任的变化。因此，为了维护保险人的利益，法律规定一般保险合同的转让必须事先征得保险人的书面同意，保险合同方可继续有效，否则保险合同自保险标的所有权转让之时起失效。

货物运输保险合同则不然，其保险合同的转让无须经保险人的同意，只要求被保险人在保险合同上背书即可发生转让。

（2）转让的方式。保险合同的转让，可以采取由被保险人在保险合同上背书或其他方式进行。按习惯做法，采用空白背书方式转让的保险合同，可以自由转让；采用记名背书方式转让的保险合同，则只有被背书人才能成为保险合同权利的受让人。

（3）转让的后果。在保险合同转让时，无论保险事故是否已发生，只要被保险人对保险标的仍具有保险利益，则保险合同均可有效转让。保险合同的受让人只能享有原被保险人在保险合同下所享有的权利和义务。因为保险合同的转让只涉及投保人或被保险人的变更，并未变更保险合同的内容，没有变更原有的保险权利义务关系。

2.5.3 保险合同的生效

保险合同的无效是指当事人所缔结的保险合同因不符合法律规定的生效条件而不产生法律的约束力。无效保险合同的特点是：违法性，即违反法律和公序良俗；自始无效性，即因其违法而自行为开始起便没有任何的法律效力；无效性，无须考虑当事人是否主张，法院或仲裁机构可主动审查，确认合同无效。

1. 保险合同无效的原因

（1）合同主体不合格。主体不合格是指保险人、投保人、被保险人、受益人或保险代理人等资格不符合法律的规定。例如，投保人是无民事行为能力的或依法不能独立实施缔约行为的限制民事行为能力的自然人；保险人不具备法定条件，不是依法设立的；保险代理人没有保险代理资格或没有保险代理权。如果保险合同是由上述主体缔结，则合同无效。

（2）当事人意思表示不真实。缔约过程中，如果当事人中的任何一方以欺诈、胁迫或乘人之危的方式致使对方做出违背自己意愿的意思表示，均构成缔约中的意思表示不真实。在这里，欺诈是指行为人不履行如实告知的义务，故意隐瞒真实情况或故意告知虚假情况，诱使对方做出错误意思表示的行为。如投保人在订立保险合同时，明知不存在风险却谎称有风险，明知风险已经发生而谎称没有发生，等等。胁迫是指一方当事人以给对方或与对方有关的人的人身、财产、名誉、荣誉造成损害为要挟，迫使对方同自己订立保险合同的行为。要挟是确定可能实现的行为，而且足以使对方违背自己的意志与其订立保险合同。

（3）客体不合法。投保人或被保险人对保险标的没有保险利益，则其订立的保险合同无效。

（4）内容不合法。如果投保人投保的风险是非法的，如违反国家利益和社会公共利益、违反法律强制性规定等均导致合同无效。

2．无效保险合同的法律后果

保险合同的无效由人民法院或仲裁机构依法进行确认。保险合同无效的法律后果是导致合同根本不存在法律的约束力。但应当注意的是，保险合同的无效有两种情形：一是全部无效；一是部分无效。合同被确认全部无效的，其约定的全部权利义务自行为开始起均无约束力；合同被确认部分无效、不影响其他部分效力的，其他部分依然有效。但是，如果保险合同被确认部分无效，如果无效部分与有效部分相牵连，也就是说无效部分对有效部分的效力有影响，或者根据公平原则和诚实信用原则及保险业惯例，如果继续保持有效部分的效力有失公平或无实际意义，则应当认定合同全部无效。

保险合同被确认无效后，在当事人之间产生返还财产、赔偿损失、恢复原状等民事责任。

2.5.4　保险合同的终止

保险合同的终止是保险合同成立后因法定的或约定的事由发生，法律效力消失的法律事实。导致保险合同终止的原因多种多样，主要有以下几个方面。

1．自然终止

自然终止是指已生效的保险合同因发生法定或约定事由导致合同的法律效力不复存在的情况。这些情况通常包括：保险合同期限届满；合同生效后承保的风险消失；保险标的因非保险事故的发生而完全灭失；合同生效后，投保人未按规定的程序将合同转让，使被保险人失去保险利益，保险合同自转让之日起原有的法律效力不再存在。

2．履约终止

履约终止是指在保险合同的有效期内，约定的保险事故已发生，保险人按照保险合同承担了给付全部保险金的责任，保险合同即告结束。但是，船舶保险有特别规定，如果在保险合同有效期内船舶发生全部损失，一次保险事故的损失达到保险金额，则保险人按保险金额赔偿后，保险合同即告终止；如果在保险合同有效期内发生数次部分损失，由于每次损失的赔偿款均未超过保险金额，即使保险赔款累计总额已达到或超过保险金额，保险人仍须负责到保险合同期限届满才告合同终止。这是因为，为了保持继续航行的能力，船舶在发生事故后必须进行修理，所以在修理费用少于保险金额的情况下，保险人赔付后，保险合同中原保险金额继续有效，直到保险合同期限届满。

3. 合同解除

保险合同的解除是指保险合同期限尚未届满前，合同一方当事人依照法律或约定行使解除权，提前终止合同效力的法律行为。解除保险合同的法律后果集中表现在，保险合同的法律效力消失，回复到未订立合同以前的原有状态。因此，保险合同的解除具有溯及既往的效力，保险人一般要退还全部或部分保险费，并不承担相应的保险责任。

在保险合同终止的情形中，解除权是基础。解除权是法律赋予保险合同的当事人在合同成立之后，基于法定或约定事由解除合同的权利。解除权可以由保险人行使，也可由投保人行使（即退保）。解除权依合同一方当事人的意思表示即可行使，但当事人行使解除权，应当符合法律规定的条件。这些条件是：必须在可以解除的范围内行使解除权；必须存在解除的事由；必须以法律规定的方式解除；必须在时效期间内行使解除权。

保险合同的解除，一般分为法定解除和意志解除两种形式。

（1）法定解除。法定解除是指当法律规定的事项出现时，保险合同当事人一方可依法对保险合同行使解除权。法定解除的事项通常由法律直接规定。但是，不同的主体有不尽相同的法定解除事项。

对投保人而言，在保险责任开始前，可以对保险合同行使解除权，而在保险责任开始后，法律对投保人的解除权做出了两种不同的规定。对财产保险合同而言，投保人要求解除合同的，保险人可以收取自保险责任开始之日起至合同解除之日止期间的保险费，剩余部分退投保人。对人身保险合同而言，投保人解除合同，已交足 2 年以上保险费的，保险金应当退还保险单的现金价值；未交足 2 年保险费的，保险人按照约定在扣除手续费后，退还保险费。保险人只有在发生法律规定的解除事项时方有权解除合同。根据《保险法》，法定解除事项如下：

- 投保人、被保险人或受益人违背诚实信用原则。包括：凡投保人有故意隐瞒事实，不履行如实告知义务的，或者存在因过失未履行如实告知义务而足以影响保险人决定是否同意承保或提高保险费率的行为；被保险人或受益人在未发生保险事故的情况下，谎称发生了保险事故并向保险人提出赔偿或给付保险金请求的，保险人有权解除合同；投保人、被保险人或受益人有故意制造保险事故的行为，合同可被解除。在人身保险合同中，投保人有未如实申报被保险人的真实年龄的行为，并且被保险人的真实年龄不符合合同约定的年龄限制，保险人有合同解除权。但是，该解除权应当在合同成立的 2 年内行使。
- 投保人、被保险人未履行合同义务。在财产保险合同中，投保人、被保险人未按照约定履行其对保险标的的安全应尽的责任，保险人有权解除合同。

- 被保险人危险增加通知义务的违反。在保险合同有效期内，保险标的的危险增加，被保险人有义务将保险标的的危险程度增加的情况通知保险人，保险人可根据具体情况要求增加保险费，或者在考虑其承保能力的情况下解除合同。
- 在分期支付保险费的人身保险合同中，当未有另外约定时，投保人超过规定的期限 60 日未支付当期保险费的，导致保险合同中止。保险合同被中止后的 2 年内，双方当事人未就合同达成协议，保险人有权解除合同。

（2）意定解除。意定解除又称协议终止，是指保险合同双方当事人依合同约定，在合同有效期内发生约定情况时可随时解除保险合同。意定解除要求保险合同双方当事人应当在合同中约定解除的条件，一旦约定的条件成立，一方或双方当事人有权行使解除权，使合同的效力归于消灭。

2.5.5　保险合同的争议处理

保险合同的争议是指保险合同当事人或关系人对合同条款的意思发生争议。对保险合同发生争议时，一是涉及对保险合同的解释，二是涉及争议处理方式。

1. 保险合同的解释原则

合同解释是指当对合同条款的意思发生歧义时，法院或仲裁机构按照一定的方法和规则对其做出的确定性判断。《合同法》第一百二十五条规定："当事人对合同条款的理解有争议的，应当按照合同所使用的词句、合同的有关条款、合同的目的、交易习惯及诚实信用原则，确定该条款的真实意思。合同文本采用两种以上文字订立并约定具有同等效力的，对各文本使用的词句推定具有相同含义。各文本使用的词句不一致的，应当根据合同的目的予以解释。"保险合同应遵循合同解释的原则如下。

（1）文义解释。文义解释是按保险条款文字的通常含义解释，即保险合同中用词应按通用文字含义并结合上下文来解释。保险合同中的专业术语应按该行业通用的文字含义解释，同一合同出现的同一词其含义应该一致。当合同的某些内容产生争议而条款文字表达又很明确时，首先应按照条款文义进行解释，切不能主观臆测、牵强附会。如中国人民保险公司的家庭财产保险条款中承保危险之一"火灾"，是指在时间或空间上失去控制的燃烧所造成的灾害。构成火灾责任必须同时具备以下三个条件：有燃烧现象，即有热，有光，有火焰；偶然、意外发生的燃烧；燃烧失去控制并有蔓延扩大的趋势。而有的被保险人把平时用熨斗烫衣被造成焦煳变质损失也列为火灾事故要求赔偿，按文义解释原则，就可以做出明确的判断。

（2）意图解释。意图解释即以当时订立保险合同的真实意图来解释合同。意图解释只适用于文义不清、用词混乱和含糊的情况。如果文字准确，意义毫不含糊，就应照字面意义解释。在实际工作中，应尽量避免使用意图解释，以防止意图解释过程中可能发生的主观性和片面性。

（3）解释应有利于非起草人。《合同法》第四十一条规定："对格式条款的理解发生争议的，应当按照通常理解予以解释。对格式条款有两种以上解释的，应当做出不利于提供格式条款一方的解释。”由于多数保险合同的条款是由保险人事先拟定的，保险人在拟订保险条款时，对其自身利益应当是进行了充分的考虑，而投保人只能同意或不同意接受保险条款，一般不能对条款进行修改。所以，对保险合同发生争议时，人民法院或仲裁机关应当做出有利于非起草人（投保人、被保险人或受益人）的解释，以示公平。只有当保险合同条款模棱两可、语义含混不清或一词多义，而当事人的意图又无法判明时，才能采用该解释原则。所以，《保险法》第三十条规定：“对于保险合同的条款，保险人与投保人、被保险人或者受益人有争议时，人民法院或者仲裁机关应当做出有利于被保险人和受益人的解释。”

（4）尊重保险惯例。保险业务有其特殊性，是一种专业性极强的业务。在长期的业务经营活动中，保险业产生了许多专业用语和行业习惯用语，这些用语的含义常常有别于一般的生活用语，并为世界各国保险经营者所接受和承认，成为国际保险市场上的能行用语。为此，在解释保险合同时，对某些条款所用词句，不仅要考虑该词句的一般含义，而且要考虑其在保险合同中的特殊含义。例如，在保险合同中，“暴雨”一词不是泛指“下得很大的雨”，而是指达到一定量标准的雨，即雨量每小时在16毫米以上，或24小时降水量大于50毫米的，方可构成保险业所称的暴雨。

2. 保险合同争议处理的方式

保险合同订立以后，双方当事人在履行合同过程中，围绕理赔、追偿、交费及责任归属等问题容易产生争议。因此，如何采用适当方式，公平合理地处理，直接影响到双方的权益。《合同法》第一百二十八条规定：“当事人可以通过和解或者调解解决合同争议。当事人不愿和解、调解或者和解、调解不成的，可以根据仲裁协议向仲裁机构申请仲裁。涉外合同的当事人可以根据仲裁协议向中国仲裁机构或者其他仲裁机构申请仲裁。当事人没有订立仲裁协议或者仲裁协议无效的，可以向人民法院起诉。当事人应当履行发生法律效力的判决、仲裁裁决、调解书；拒不履行的，对方可以请求人民法院执行。”据此，对保险业务中发生的争议，可采取和解、调解、仲裁和司法诉讼四种方式来处理。

（1）和解。指在争议发生后由当事人双方在平等、互利谅解基础上通过对争议事项的协商，互相做出一定的让步，取得共识，形成双方都可以接受的协议，以消除纠纷，保证合同履行。

（2）调解。指在第三人主持下根据自愿、合法原则，在双方当事人明辨是非、分清责任的基础上，促使双方互谅互让，达成和解协议，以便合同得到履行。

（3）仲裁。指争议双方在争议发生之前或在争议发生之后达成协议，自愿将争议交给第三者即仲裁机构做出裁决，双方有义务执行仲裁裁决。

（4）诉讼。指合同当事人的任何一方按照民事法律诉讼程序向法院对另一方当事人提出权益主张，并要求法院予以裁判和保护。诉讼有民事诉讼、行政诉讼和刑事诉讼之分，保险合同争议的诉讼属于民事诉讼。保险合同的诉讼是指保险合同纠纷发生后，当事人一方按照民事诉讼程序向法院对另一方提出权益主张，由法院进行裁判。

思考与练习

1. 单项选择

（1）当事人之间因基于不确定的事件取得利益或遭受损失而达成的协议是（　　）。

A. 有偿合同　　B. 附合合同

C. 射倖合同　　D. 议商合同

（2）在人身保险合同中，由被保险人或投保人指定的享有保险金请求权的人是（　　）。

A. 受益人　　B. 保险经纪人

C. 保险人　　D. 投保人

（3）人身保险的被保险人（　　）。

A. 可以是法人　　B. 可以是法人和自然人

C. 只能是具有生命的自然人　　D. 也包括已死亡的人

（4）当受益人先于被保险人死亡，保险金由（　　）领取。

A. 投保人　　B. 被保险人

C. 受益人　　D. 被保险人的法定继承人

（5）被保险人的代表是（　　）。

A. 投保人　　B. 保险代理人

C. 保险人　　D. 保险经纪人人

（6）投保人指定或变更受益人须经过（　　）同意。

A. 保险人　　B. 被保险人

C. 原先指定的受益人　　D. 变更的受益人

（7）保险合同终止最普遍的原因是（　　）。

A. 保险期间届满终止　　B. 保险标的灭失而终止

C. 履约终止　　D. 因法定情况出现而终止

2. 多项选择

（1）订立保险合同的特有原则是（　　）。

A. 公司互利原则　　B. 保险利益原则

C. 最大诚信原则　　D. 协商一致原则

E. 自愿订立原则

（2）投保人可以是（　　）。

A. 自然人　　B. 法人　　C. 其他经济组织

D．16 岁以下的未成年人　　E．农村承包户

（3）在保险索赔中，拥有索赔权的有（　　）。

A．被保险人　　B．保险代理人　　C．投保人

D．受益人　　E．保险经纪人

（4）在（　　）情况下，保险人可解除保险合同。

A．投保人故意隐瞒事实不履行如实告知义务

B．投保人、被保险人或受益人故意制造保险事故

C．财产保险中，投保人、被保险人未按约定履行其对标的安全应尽之责任

D．人身保险中，合同效力中止超过 2 年

E．人身保险合同中，未指定受益人

（5）导致保险合同无效的原因有（　　）。

A．违反法律和行政法规　　B．违反国家利益和社会公共利益

C．采用欺诈、胁迫手段签订　　D．投保人对保险标的不具有保险利益

E．投保人因疏忽或过失而违反如实告知义务

（6）在保险合同中享有权利承担义务的人包括（　　）。

A．保险人　　B．投保人　　C．被保险人

D．受益人　　E．代理人

（7）解释保险合同应遵循的原则有（　　）。

A．文义解释原则　　B．意图解释原则

C．有利于非起草人　　D．有利于保险人解释的原则

E．尊重保险惯例解释原则

（8）受益人遇有下列情形，失去受益权（　　）。

A．受益人先于被保险人死亡

B．受益人故意杀害被保险人未遂的

C．受益人放弃受益权

D．受益人被指定变更

E．被保险人先于受益人死亡

案例分析

1．某企业于 19××年 5 月 28 日为全体职工投保了团体人身意外伤害险，保险公司当即签发了保险单并收取了保险费，但在保险单上列明，保险期限自同年 6 月 1 日起到第二年 5 月 31 日止。投保后两天即 5 月 30 日，该企业一职周末外出游玩，不慎坠崖身亡。保险公司是否负给付保险金责任？为什么？

评析：

保险公司不负保险责任。因为保险合同成立的时间与保险责任开始的时间并不是一回事，保险责任的开始时间应根据保险合同约定的保险期限而定。保险期限是保险人对于保险合同约定的保险事故所造成的损失负给付责任的时间段。保险事故在此期限内发生，保险人负给付保险金的义务；反之，则不负义务。虽然保险合同成立于 1999 年 5 月 28 日，但保险责任却始于 6 月 1 日，所以 5 月 30 日发生的事故，保险公司不负保险责任。

2．小学生张某，男，11 岁。19××年年初参加了学生团体平安保险，保险期限为当年 3 月 1 日至次年 2 月 28 日。当年 10 月 5 日张某在家附近的一幢住宅楼施工工地玩耍时，被突然从楼上掉下的一块木板砸在头上，当即气绝身亡。有人认为保险公司应先给付张某的死亡保险金，然后向造成这起事故的施工单位索要与此等额的赔偿金。这种说法对吗？为什么？本案该如何处理？

评析：

这种说法不正确。因为代位求偿权只适用于财产保险，而不适用于人身保险。保险公司应向受益人给付死亡保险金，但无权向造成这起事故的施工单位索要与此等额的赔偿金。张某的受益人在获得保险公司给付保险金的同时，也可以向造成这起事故的施工单位索要赔偿。

3．某个体户李某于 1998 年 4 月 1 日，将其自有的一辆货车向当地保险公司投保了机动车辆损失保险和第三者责任保险，期限一年。1999 年 1 月，李某将该车出售给刘某，但未到保险公司办理过户批改手续。后刘某在使用期间与另一汽车相撞，经交通监理部门裁定，由刘某赔偿对方修理费 5 000 元，刘某以该车已投保为由，向保险公司索赔，保险公司拒赔。试分析：保险公司拒赔是否成立？为什么？

评析：

保险公司应当拒赔。一方面，李某将该车出售给刘某，但未到保险公司办理过户批改手续，所以刘某作为原保单的被保险人，已经失去对保险标的的保险利益，保险公司对其拒赔是理所当然的；另一方面，刘某虽然是车主，也蒙受损失，但他并不是保险合同的当事人，与保险公司之间不存在保险关系，也无权向保险公司索赔。

第3章

保险原则及其应用

本章重点

- 掌握最大诚信原则的含义及应用；
- 掌握保险利益原则的含义及应用；
- 掌握近因原则的含义及应用；
- 掌握损失补偿原则的含义及应用。

3.1　最大诚信原则

3.1.1　最大诚信原则概述

最大诚信原则是指保险合同当事人在订立合同时及合同有效期内应依法向对方提供可能影响对方是否缔约及缔约条件的重要事实，同时绝对信守合同缔结的认定与承诺。最大诚信原则是民事法律关系的基本原则之一。签订和履行保险合同必须遵守最大诚信原则。

从保险标的看，由于保险标的的个性，投保人对保险标的的风险最为了解，而保险人不可能对保险标的进行持续的监控，因此，保险人只能根据投保人提供的资料判断风险的大小，这就要求投保人在投保时如实告知并信守承诺。

从保险产品设计看，保险条款及其费率由保险人单方拟订，其技术和复杂程度远非一般人所能了解，投保人是否投保及投保的条件完全取决于保险人的告知。这要求保险人如实向投保人说明主要条款尤其是责任免除条款。

因此，保险当事人双方签订保险合同是建立在诚实信用基础上的，任何一方违反最大诚信原则均会损害对方。因此《保险法》第四条规定："从事保险活动必须遵守法律、行政法规，遵循自愿和诚实信用的原则。"

在保险活动中，最早以法律形式出现的最大诚信原则，是1906年英国《海上保险法》所做的规定："海上保险是建立在最大诚信原则的基础上的保险合同，如果任何一方不遵守这一原则，他方可以宣告合同无效。"

诚信一般是指诚实可靠、坚守信誉，一方当事人对另一方当事人不得隐瞒和欺骗，同时，任何一方当事人都应善意地、全面地履行自己的义务。诚信原则是世界各国立法对民事、商务活动的基本要求，是订立各种经济合同的基础。

在保险合同关系中，对当事人的要求比一般的民事活动更为严格，要求当事人具有最大诚信。最大诚信的含义是指当事人要向对方充分而准确地告知有关保险的所有重要事实，不允许存在任何的虚伪、欺骗和隐瞒行为。

重要事实一般是指对保险人决定是否承保或以何条件承保起影响作用的事实，它影响保险人是否决定接受投保人的投保和确定收取保险费的数额，包括有关投保人和被保险人的详细情况、有关保险标的的详细情况、危险因素及变化情况、以往的损失赔付情况，以及以往遭到其他保险人拒绝承保的事实等。

因此，最大诚信原则可表述为：保险合同当事人订立保险合同及在合同的有效期内，应依法向对方提供影响对方做出是否缔约及缔约条件的全部实质性重要事实；同时绝对信守合同订立的约定与承诺。否则，受到损害的一方可以以此为理由宣布合同无效或不履行合同的约定义务或责任，还可以对因此而受到的损害要求对方予以赔偿。

1．规定最大诚信原则的原因

（1）这是由保险经营的特殊性决定的。保险经营的是一种特殊的劳务活动。一方面，因为保险的经营以危险的存在为前提，保险人对可保危险提供保险保障的承诺，因此，对保险人而言，危险的性质和大小直接决定着保险人是否承保及保险费率的高低；另一方面，保险标的具有广泛性和复杂性的特点，投保人对保险标的的危险情况最为了解，因此，保险人只能根据投保人的介绍和叙述来确定是否承保并确定保险费率。另外，最大诚信原则最早起源于海上保险，在保险双方签订保险合同时，往往远离船舶和货物所在地，保险人对保险标的一般不能做实地勘察，仅仅依靠投保人叙述的情况来决定是否承保和怎样承保。因此，特别要求投保人诚信可靠，要求投保人基于最大诚信原则履行告知与保证的义务。

（2）保险合同的附和性要求保险人的最大诚信。保险合同属于附和合同或格式合同，合同中的内容一般是由保险人单方面制定的，投保人只能同意或不同意，或以附加条款的方式接受。而保险合同条款又较为复杂，专业性强，对于一般的投保人或被保险人不易理解和掌握，如保险费率是否合理，承保条件及赔偿方式是否苛刻等，在一定程度上是由保险人决定的。所以，保险合同的附和性要求保险人基于最大诚信来履行其应尽的义务与责任。

（3）规定最大诚信原则也是保险本身所具有的不确定性决定的。保险人所承保的保险标的，其危险事故的发生是不确定的，而对有些险种来说，投保人购买保险仅仅支付了较少的保险费，当保险标的发生危险事故时，被保险人所能获得的赔偿或给付金额将是保险费的数十倍甚至是数百倍。因此，如果投保人不能按照诚实信用原则来进行保险活动，保险人可能将无法长久地进行保险经营，最终也给其他的投保人或被保险人的保险赔偿或给付造成困难，造成损失无法弥补、合同无法履行的局面。

2. 最大诚信原则的基本内容

最大诚信原则是签订和履行保险合同所必须遵守的一项基本原则，坚持最大诚信原则是为了确保保险合同的公平，维护保险合同双方当事人的利益。最大诚信原则的具体内容主要包括告知、保证、弃权与禁止反言。

（1）告知。告知在保险中又称为如实告知。狭义的告知是指合同当事人在订立合同前或订立合同时，双方互相据实申报或陈述。在保险的最大诚信原则中的告知是指广义的告知，即在保险合同订立前、订立时及合同有效期内，投保人对已知或应知的危险和与标的有关的实质性重要事实向保险人做口头或书面的申报；保险人也应将对投保人利害相关的实质性重要事实据实通知投保人。告知强调的是最大诚信中的诚实，告知的目的在于使保险人能够正确估计其承担的危险损失是否可保，对投保人来说是能够确知未来危险损失是否可以得到保障。保险人根据投保人的告知判断是否接受承保或以何条件承保；投保人根据保险人的告知，判断是否应向该保险人投保或以何条件投保。

作为投保人，应告知的内容有五个方面。

第一，在保险合同订立时根据保险人的询问，对已知或应知的与保险标的及其危险有关的重要事实进行如实回答。我国《保险法》第十六条规定："订立保险合同，保险人应当向投保人说明保险合同的条款内容，并可以就保险标的或者被保险人的有关情况提出询问，投保人应当如实告知。"在具体的操作中，通常情况下，保险公司会让投保人首先填写投保单，在投保单上列出投保人、被保险人及保险标的等详细情况让投保人填写；或由代理人按投保单内容问讯，代为填写，由投保人确认。

第二，保险合同订立后，在保险合同的有效期内，保险标的的危险程度增加时，被保险人应及时告知保险人。我国《保险法》第三十六条规定："在合同有效期内，保险标的危险程度增加的，被保险人按照合同约定应当及时通知保险人，保险人有权要求增加保险费或者解除合同。"特别是在财产险中，保险标的的危险程度增加时的及时告知显得更为重要，有相当多的实例证实，保险公司的拒赔都源于此。

第三，保险标的发生转移或保险合同有关事项有变动时，投保人或被保险人应及时通知保险人，经保险人确认后可变更合同并保证合同的效力。当其中的重要事项变动时，保险人对变动的确认是重要的，它表明保险公司接受变动并对由此产生的可能的保险损失承担赔付责任。

第四，保险事故发生后投保人应及时通知保险人。我国《保险法》第二十一条规定："投保人、被保险人或者受益人知道保险事故发生后，应当及时通知保险人。"及时通知的目的在于使保险人协助减少保险损失，准确查找损失原因，同时也使投保人或被保险人尽早得到保险赔付，尽快恢复正常的生产或生活。

第五，有重复保险的投保人应将有关情况通知保险人。我国《保险法》第四十条规定："重复保险的投保人应当将重复保险的有关情况通知各保险人。”

投保人告知的形式有客观告知和主观告知两种。客观告知又称为无限告知，即法律上或保险人对告知的内容无论有没有明确的规定，只要是事实上与保险标的的危险状况有关的任何事实，投保人都有义务告知保险人。客观告知的形式对投保人的要求比较高，目前法国、比利时及英美法系国家的保险立法采用该种形式。

主观告知又称为询问回答告知。它是指投保人对保险人询问的问题必须如实告知，而对询问以外的问题投保人无须回答。大多数国家的保险立法采用该种形式，我国也是采用此种形式进行告知。投保人或被保险人对某些事实在未经询问时可以保持缄默，无须告知。

保险人作为保险关系中的当事人，也应遵循诚信原则中对如实告知义务的要求，保险人告知的主要内容有以下两项。

第一，保险合同订立时，保险人应主动地向投保人说明保险合同条款的内容，特别是免责条款的内容须明确说明。

第二，在保险事故发生时或保险合同约定的条件满足后，保险人应按合同约定如实履行赔偿或给付义务；若拒赔条件存在，应发送拒赔通知书。

保险人的告知形式有两种：明确列示和明确说明。明确列示是指保险人只需将保险的主要内容明确列在保险合同之中，即视为已告知投保人。在国际保险市场上，一般只要求保险人如此告知。明确说明是指保险人不仅应将保险的主要内容明确列在保险合同中，还必须对投保人进行正确的解释。我国要求保险人告知形式采用明确说明方式，要求保险人对保险合同的主要条款尤其是责任免除部分进行说明。我国《保险法》第十六条规定：“保险人应当向投保人说明保险合同的条款内容。”第十七条规定：“保险合同中规定有关于保险人责任免除条款的，保险人在订立保险合同时应当向投保人明确说明，未明确说明的，该条款不产生效力。”

（2）保证。保证是最大诚信原则的重要内容。保证是指保险人要求投保人或被保险人在保险期间对某一事项的作为与不作为，某种事态的存在或不存在做出的许诺。保证是一项从属于主要合同的承诺，是保险合同成立的基本条件。对于保证，被保险人应严格遵守，违反保证使受害的一方有权请求赔偿，受害的一方据此可以解除合同。因此，保证强调守信，恪守合同承诺。保证的目的在于控制危险，确保保险标的及其周围环境处于良好的状态之中。而且，保证对被保险人的要求更为严格，无论违反保证的事实对危险是否重要，一旦违反，保险人即可宣告保单无效。保证的内容为保险合同的重要条款之一。

保证按其形式可分为明示保证和默示保证。明示保证是以文字或书面的形式在保险合同中载明，成为合同条款的保证。明示保证以文字的规定为依据，是保证的重要形式。明示保证又可分为认定事项保证和约定事项保证。

- 认定事项保证又叫确认保证，该类保证事项涉及过去与现在，它是投保人对过去或现在某一特定事实存在或不存在的保证。如某人保证从未得过某种疾病是指过去及现在从未得过，但不能保证将来是否会患该种疾病。

- 约定事项保证又称为承诺保证，是指投保人对未来某一特定事项的作为或不作为，其保证的事项涉及现在和将来。如某人承诺今后不从事高危险性的运动是指从现在开始不参加危险性高的运动，但在此前是否参加过并不重要，也无须知晓。

默示保证是指并未在保单中明确载明，但订约双方在订约时都清楚的保证。默示保证无须保险合同中文字的表述，一般是国际惯例所通行的准则、习惯上或社会公认的在保险实践中遵守的规则。其内容通常是以往法庭判决的结果，也是某行业习惯的合法化，与明示保证一样对被保险人具有约束力。默示保证在海上保险中应用较多。在海上保险合同中的默示保证有：保险的船舶必须有适航能力，即船主在投保时，保证船舶的构造、设备、驾驶管理员等都符合安全标准，适合航行；保险的船舶要按预定的或习惯的航线航行，除非因躲避暴风雨或救助他人才允许改变航道；保险的船舶保证不进行非法经营或运输违禁品等。

（3）弃权与禁止反言。弃权与禁止反言也是最大诚信原则的一项内容。

弃权是指保险合同的一方当事人放弃其在保险合同中可以主张的权利，通常是指保险人放弃合同解除权与抗辩权。禁止反言是指合同一方既已放弃其在合同中的某项权利，日后不得再向另一方主张这种权利，也称为禁止抗辩，在保险实践中主要约束保险人。

构成保险人的弃权必须具备两个要件：首先，保险人须有弃权的意思表示，无论是明示的还是默示的；其次，保险人必须知道有违背约定义务的情况及因此享有抗辩权或解约权。

对于默示的意思表示，可以从保险人的行为中推断，如果保险人知道被保险人有违背约定义务的情形，而做出下列行为的，一般被视为弃权或默示弃权。

第一，投保人有违背按期缴纳保险费或其他约定义务的时候，保险人原本应解除合同，但是，如果保险人已知此种情形却仍旧收受补缴的保险费时，则证明保险人有继续维持合同的意思表示，因此，其本应享有的合同解除权、终止权及其他抗辩权均视为弃权。

第二，在保险事故发生后，保险人明知有拒绝赔付的抗辩权，但仍要求投保人或被保险人提出损失证明，因而增加投保人在时间及金钱上的负担，视为保险人放弃抗辩权。

第三，保险人明知投保人的损失证明有纰漏和不实之处，但仍无条件予以接受，则可视为是对纰漏和不实之处抗辩权的放弃。

第四，保险事故发生后，保单持有人（投保人、被保险人或受益人）应于约定或法定时间期限内通知保险人，但如逾期通知，保险人仍表示接受的，则认为是对逾期通知抗辩权的放弃。

第五，保险人在得知投保人违背约定义务后仍保持沉默，即视为弃权。具体来说，如财产保险的投保人申请变更保险合同，保险人在接到申请后，经过一定期间不表示意见的，视为承诺；保险人于损失发生前，已知投保人有违背按期缴纳保险费以外约定义务的，应在一定期限内解除或终止合同，如在一定期限内未做任何表示，其沉默视为弃权。

弃权与禁止反言在人寿保险中有特殊的时间规定，保险人只能在合同订立之后一定期限内

（通常为 2 年）以被保险人告知不实或隐瞒为由解除合同，超过规定期限没有解除合同的视为保险人已经放弃该权利，不得再以此为由解除合同。

弃权与禁止反言的限定可以约束保险人的行为，要求保险人为其行为及其代理人的行为负责，同时也维护了被保险人的权益，有利于保险人权利义务关系的平衡。

3.1.2　违反最大诚信原则的法律责任

1．违反告知的法律后果

由于保险合同当事人双方均有告知的责任和义务，所以双方违反告知都将承担法律后果。

（1）投保人违反告知的法律后果。投保人或被保险人违反告知义务有四种情形：一是漏报，由于疏忽、过失而未告知，或者对重要事实误认为不重要而未告知；二是误告，由于对重要事实认识的局限性，包括不知道、了解不全面或不准确而导致，并非故意欺骗；三是隐瞒，即投保人对会影响保险人决定是否承保，或影响承保条件的已知或应知的事实没有如实告知或仅部分告知；四是欺诈，即投保人怀有不良企图，故意作不实告知，如在未发生保险事故时却谎称发生保险事故。对以上不同的违反告知的情形，其处分也不同。

对于投保人或被保险人违反如实告知的行为，分为故意和过失两种情形。保险人有权宣布合同无效或不承担赔偿责任。对于投保人故意不履行如实告知义务的，我国《保险法》第十六条规定："投保人故意隐瞒事实，不履行如实告知义务的……足以影响保险人决定是否同意承保或者提高保险费率的，保险人有权解除保险合同。投保人故意不履行如实告知义务的，保险人对于保险合同解除前发生的保险事故，不承担赔偿或者给付保险金的责任，并不退还保险费。"

对于投保人因过失或疏忽而未如实告知，当足以影响保险人决定是否同意承保或提高保险费率的，保险人有权解除保险合同；对在合同解除前发生的保险事故，保险人不承担赔偿或给付保险金的责任，但可以退还保险费。在《保险法》第十六条和第五十三条都有相应的规定。

投保人进行欺诈，伪造事实时，有两种后果：当投保人、被保险人在发生保险事故后，编造虚假证明、资料、事故原因，夸大损失时，保险人对弄虚作假部分不承担赔付义务；未发生保险事故，却故意制造保险事故者，保险人有权解除保险合同并不承担保险赔付责任。我国《保险法》第二十七条、第六十四条、第六十六条、第一百三十一条都有相应规定。

（2）保险人违反告知义务的法律后果。如果保险人在订立保险合同时未尽告知义务，如对免责条款没有明确说明，根据我国《保险法》第十七条规定，该条款不产生效力。保险人如果在保险业务活动中隐瞒与保险合同有关的重要情况，欺骗投保人，或者拒不履行保险赔付义务，如构成犯罪，将依法追究其刑事责任，如未构成犯罪的，由监管部门对保险人处以 1 万元以上 5 万元以下的罚款，对有关人员给予处分，并处以 1 万元以下的罚款。保险人若阻碍投保人履行告知义务，或诱导投保人不履行如实告知义务，或承诺给投保人以非法保险费回扣或其他利益，都将承担与上相同的法律后果。我国《保险法》第一百三十二条对此有规定。

2. 违反保证的法律后果

任何不遵守保证条款或保证约定、不信守合同约定的承诺或担保的行为，均属于破坏保证。保险合同约定保证的事项为重要事项，是订立保险合同的条件和基础，投保人或被保险人必须遵守。各国立法对投保人或被保险人遵守保证事项的要求也极为严格，凡是投保人或被保险人违反保证，无论其是否有过失，也无论是否对保险人造成损害，保险人均有权解除合同，不予以承担责任。对于保证的事项，无论故意或无意违反保证义务，对保险合同的影响是相同的，无意的破坏不能构成投保人抗辩的理由；即使违反保证的事实更有利于保险人，保险人仍可以违反保证为由使合同无效或解除合同。而且，对于破坏保证，除人寿保险外，一般不退还保险费。

与告知不同的是，保证是对某一特定事项的作为与不作为的承诺，而不是对整个保险合同的保证，因此在某种情况下，违反保证条件只部分地损害了保险人的利益，保险人只应就违反保证部分拒绝承担保险赔偿责任。当被保险人何时、何事项违反保证，保险人即从何时开始拒绝赔付并就此时此次的保证破坏额而拒绝赔付，但并不一定完全解除保险合同。

但在下列情况下，保险人不得以被保险人破坏保证为由使保险合同无效或解除保险合同：一是因环境变化使被保险人无法履行保证事项；二是因国家法律法规变更使被保险人不能履行保证事项；三是被保险人破坏保证是由保险人事先弃权所致，或保险人发现破坏保证仍保持沉默，也视为弃权。

3.2 保险利益原则

3.2.1 保险利益的含义

1. 保险利益的含义及其性质

保险利益是指投保人或被保险人对投保标的所具有的法律上承认的利益。它体现了投保人或被保险人与保险标的之间存在的利益关系。衡量投保人或被保险人对保险标的是否具有保险利益的标志是看投保人或被保险人是否因保险标的的损害或丧失而遭受经济上的损失，即当保险标的安全时，投保人或被保险人可以从中获益；反之，当保险标的受损，投保人或被保险人必然会遭受经济损失，则投保人或被保险人对该标的具有保险利益。在这里，需要注意的是保险标的与保险利益之间的关系。保险利益是建立在保险标的之上的，而不是保险标的本身。保险标的是保险利益产生的前提，保险利益是保险标的与投保人或被保险人的经济利益关系。

保险利益具有以下性质：

（1）保险利益是保险合同的客体。保险标的是作为保险对象的财产及其有关利益，或者人的寿命和身体。保险标的是保险合同必须载明的内容，但保险并不能保证标的本身不会发生危险，投保的目的在于保险标的遭受损失后得到经济上的补偿。投保人和被保险人要求保险人予以保障的是其对保险标的的经济利益，保险合同保障的也是投保人对保险标的所具有的利益关系，即保险利益。

（2）保险利益是保险合同生效的依据。保险利益是保险合同关系成立的根本前提和依据。只有当投保人或被保险人对保险标的具有保险利益时，才能对该标的投保。如果不具有保险利益而确立保险经济关系，那么，投保人可以将与自己没有任何利益关系的财产或人的生命作为保险标的投保，这样将会引发不良的社会行为和后果。另外，在订立合同时，若投保人或被保险人对同一标的有多方面的保险利益，可就不同的保险利益签订不同的保险合同；若在多个保险标的上具有同一保险利益，投保人或被保险人可就不同的标的订立一个保险合同。

（3）保险利益并非保险合同的利益。保险利益体现了投保人或被保险人与保险标的之间存在的利益关系。该关系在保险合同签订前已经存在或已有存在的条件，投保人与保险人签订保险合同的目的在于保障这一利益的安全。保险合同的利益是指因保险合同生效后取得的利益，是保险权益，如受益人在保险事故发生后得到的保险金等。保险权益在一定条件下可以由权利人自由转让，如寿险合同的投保人和被保险人可经保险人批准认可，自由变更受益人。

2. 保险利益确定的条件

保险合同的成立必须以保险利益的存在为前提，因此，对保险利益的确定十分重要。投保人对保险标的的利益关系并非都可作为保险利益，某一利益是否成为保险利益应符合以下条件：

（1）保险利益必须是合法的利益。投保人对保险标的所具有的利益必须被法律认可，符合法律的规定，受到法律的保护，与社会公共利益相一致。它产生于国家制定的相关法律或法规，以及法律所承认的有效合同，而不是违反法律规定，通过不正当手段获得的利益。非法的利益不受法律保护，当然不能作为保险利益，如以非法手段获得的财产均不存在保险利益，对走私物品、违禁品等也无保险利益。

（2）保险利益必须是客观存在、确定的利益。客观存在、确定的利益是指投保人对保险标的的现有利益和预期利益，即客观上是已经确定或可以确定的利益。现有利益是指在客观上或事实上已经存在的利益，如投保人或被保险人对已取得所有权、经营权、抵押权的标的所具有的利益。预期利益是指在客观上或事实上尚不存在，但据有关法律或有效合同的约定可以确定在今后一段时间内将会产生的经济利益，如预期的营业利润和租金等。在投保时，现有利益或预期利益都可作为确定保险金额的依据，但在发生保险事故进行受损索赔时，预期利益已成为现实利益才能赔付，保险人的赔偿以实际损失的保险利益为限。

（3）保险利益必须是经济利益。所谓经济利益，是指投保人或被保险人对保险标的的利益必须是可以通过货币计量的利益。因为保险保障是通过货币形式的经济补偿或给付来实现的，因此投保人对保险标的的保险利益必须要能用货币来计量，否则保险人的承保和补偿就难以进行。因为保险合同的目的是补偿损失，若其损失不能以货币计量，则无法计算损失的额度，也就无法理赔，保险补偿也就无从实现。

3．保险利益原则的含义

保险利益原则是保险的基本原则，它的本质内容是投保人以其所具有保险利益的标的投保，否则保险人可单方面宣布合同无效；当保险合同生效后，投保人或被保险人失去了对保险标的的保险利益，则保险合同随之失效；当发生保险责任事故后，被保险人不得因保险而获得保险利益额度以外的利益。

我国《保险法》第十一条规定："投保人对保险标的应当具有保险利益，投保人对保险标的不具有保险利益的，保险合同无效。"因此，无论何种保险合同，必须以保险利益的存在为前提。

保险利益原则要求投保人在与保险人签订保险合同时，必须对保险标的具有保险利益；保险人在承保时，应认定投保人对投保标的所具有的保险利益；而且双方约定的保险金额不得超过该保险利益的额度。在处理赔付时，特别是在财产保险中，保险人应先认定索赔者对保险标的是否具有保险利益，再确定赔付的额度不得超过其保险利益的额度。

3.2.2 各类保险的保险利益

由于各类保险的保险责任不同，在保险合同的订立及履行过程中对保险利益原则的应用也存在一定的差异。

1．财产保险的保险利益

财产保险的保险标的是财产及其有关利益，因此，投保人对其受到法律承认和保护的、拥有所有权、占有权和债权等权利的财产及其有关利益具有保险利益。该保险利益是由于投保人或被保险人对保险标的具有的某种经济上或法律上的利益关系而产生的，包括现有利益、预期利益、责任利益、合同利益。

（1）现有利益。现有利益随物权的存在而产生。现有利益是投保人或被保险人对财产已享有且可继续享有的利益，如汽车、房屋、船舶、货物或其他财产的利益等。由于财产权分为物权、债权和知识产权中的财产权，所以投保人如现时对财产具有合法的所有权、抵押权、质权、留置权、典权等关系且继续存在者，均具有保险利益。如被保险人对于自己拥有所有权的汽车、房屋，便是依据所有权而享有其所有的利益。但现有利益非以所有利益为限，抵押人对于抵押物、质权人对于质押物、债务人对于留置物等，也具有现有利益，从而具有保险利益。

（2）预期利益。预期利益是因财产的现有利益而存在确实可得的、依法律或合同产生的未来一定时期的利益。预期利益必须以现有利益为基础，是确定的、在法律上认可的利益。它包括利润利益、租金收入利益、运费收入利益等，如企业的预期利润、汽车的营运收入、货物预期利润等。例如，货物运输的承运人对于运费具有保险利益，若运输途中发生危险事故致使货物受损，则承运人的收入也会减少；同理，房屋的出租人对于出租房屋的预期租金具有保险利益。

（3）责任利益。责任利益是被保险人因其对第三者的民事损害行为依法应承担的赔偿责任，因而，因承担赔偿责任而支付赔偿金额和其他费用的人具有责任保险的保险利益。它是基于法律上的民事赔偿责任而产生的保险利益，如对第三者的责任、职业责任、产品责任、公众责任、雇主责任等。

（4）合同利益。合同利益是基于有效合同而产生的保险利益。有效合同并非以物权为对象，而以财产为其履约对象。如在国际贸易中，卖方对已经售出的货物持有保险利益，卖方将货物卖给买方并已发运，但由于某种原因造成买方拒收货物；雇员对雇主的不忠实等。这样，债务人因种种原因不履行应尽义务，使权利人遭受损失，权利人对义务人的信用就存在保险利益。

2. 人身保险的保险利益

人身保险的保险利益在于投保人与被保险人之间的利益关系。人身保险以人的生命或身体为保险标的，只有当投保人对被保险人的生命或身体具有某种利益关系时，投保人才能对被保险人具有保险利益，即被保险人的生存或身体健康能保证其原有的经济利益，而当被保险人死亡或伤残时，将使投保人遭受经济损失。

人身保险的保险利益决定于投保人与被保险人之间的关系。

（1）投保人对自己的生命或身体具有保险利益。任何人对其自身的生命或身体都具有保险利益。因此，当投保人为自己的生命或身体投保时，其保险利益不容置疑。

（2）法律规定投保人与有亲属血缘关系的人具有保险利益。亲属血缘关系主要是指配偶、子女、父母、兄弟姐妹、祖父母、孙子女等家庭成员。有些国家规定，具有保险利益的仅为直系近亲，有些国家规定的范围较大。通常，只要在同一家庭中生活的近亲属，一般认为相互存在保险利益。

（3）投保人对承担赡养、收养等法定义务的人也具有保险利益，不论是否存在血缘关系，如收养人与被收养人之间相互具有保险利益。我国《保险法》第五十二条规定：配偶、子女、父母和其他与投保人有抚养、赡养或扶养关系的家庭成员与近亲属都是投保人具有保险利益的人。

（4）投保人与其有经济利益关系的人具有保险利益。投保人与被保险人之间的关系是经济利益关系，如雇佣关系、债权债务关系等。雇佣关系体现出来的企业或雇主对其雇员具有的保险利益使得企业或雇主可以以投保人身份为雇员订立人身保险合同。债务人的生死对债权人的切身利益有直接影响，因此，债权人对债务人具有保险利益，但债务人对债权人却不具有保险利益。当然，债权人对债务人的保险利益以所欠债务为限。另外，合伙人对其他合伙人、财产所有人对财产管理人等也都因其存在的经济利益关系，前者对后者具有保险利益。

当投保人以他人的生命或身体投保时，对于保险利益的确定各国有不同的规定。如英美法系国家基本上采取利益主义原则：以投保人与被保险人之间是否存在经济上的利益关系为判断依据，如果有，则存在保险利益。而大陆法系的国家通常采用同意主义原则：无论投保人与被保险人之间有无利益关系，只要被保险人同意，则具有保险利益。另外，还有一些国家采取利益和同意相结合原则：投保人与被保险人之间具有经济上的利益关系或其他的利益关系，或投保人与被保险人之间虽没有利益关系，但只要被保险人同意，也被视为具有保险利益。我国《保险法》第五十二条规定，投保人除对本人、近亲属等有利益关系的人具有保险利益外，被保险人同意投保人为其订立合同的，视为投保人对被保险人具有保险利益。在实务操作中，要求投保人与被保险人之间必须存在合法的经济利益关系，保险金额须在投保人对标的所具有的保险利益限度内，当投保包含死亡责任险种时，往往要征得被保险人的书面同意。因此，我国实行的是利益和同意相结合原则。

3．责任保险的保险利益

责任保险是以被保险人的民事损害经济赔偿责任作为保险标的的一种保险。投保人与其所应负的损害经济赔偿责任之间的法律关系构成了责任保险的保险利益。凡是法律法规或行政命令所规定的，因承担民事损害经济赔偿责任而需支付损害赔偿金和其他费用的人对责任保险具有保险利益，都可以投保责任险。根据责任保险险种的不同，责任保险的保险利益也不同。

（1）公众责任险。各种固定场所（如饭店、旅馆、影剧院等）的所有人、管理人对因固定场所的缺陷或管理上的过失及其他意外事件导致顾客、观众等人身伤害或财产损失依法应承担经济赔偿责任的具有保险利益。

（2）产品责任险。制造商、销售商、修理商因其制造、销售、修理的产品有缺陷对用户或消费者造成人身伤害和财产损失，依法应承担的经济赔偿责任的具有保险利益。

（3）职业责任险。各类专业人员因各种工作上的疏忽或过失使他人遭受损害，依法应承担经济赔偿责任的具有保险利益。

（4）雇主责任险。雇主对雇员在受雇期间因从事与职业有关的工作而患职业病或伤、残、死亡等依法应承担医药费、工伤补贴、家属抚恤责任的具有保险利益。

4．信用与保证保险的保险利益

信用与保证保险是一种担保性质的保险，其保险标的是一种信用行为。权利人与被保险人之间必须建立合同关系，双方存在经济上的利益关系。当义务人因种种原因不能履行应尽义务，使权利人遭受损失时，权利人对义务人的信用存在保险利益；而当权利人担心义务人的履约与否、守信与否时，义务人因权利人对其信誉怀疑而存在保险利益。如债权人对债务人的信用具有保险利益，可投保信用保险。债务人对自身的信用也具有保险利益，可投保保证保险。其他如雇主对雇员的信用具有保险利益；制造厂商对销售商店信用具有保险利益；业主对承包商的合同的实现具有保险利益。

3.2.3　保险利益的变动、适用时限及其意义

1．保险利益的变动

保险利益的变动是指保险利益的转移、消灭。保险利益转移是指在保险合同有效期间，投保人将保险利益转移给受让人，而保险合同依然有效。所有权人对自己所有的财产有保险利益，在其投保后的保险合同有效期内，所有人如果将财产所有权转让他人，则其由于丧失了与保险标的的利益关系而失去了保险利益；新的财产所有权人在法律上被认为是自动取代原投保人的地位，保险合同继续有效，无须重新投保，在此情况下，我们称为保险利益转移。保险利益的消灭是指投保人或被保险人对保险标的的保险利益由于保险标的灭失而消灭。

保险标的的保险利益会由于各种原因而发生转移和消失。但在财产保险和人身保险中，情况又各有不同。

在财产保险中，保险利益存在因继承、让与、破产等而发生转移，因保险标的的灭失而消灭的情况。如保险利益在保险事故发生之前，可能会因为被保险人的死亡使保险标的被继承而转移；可能会因为保险标的被出售而随之被转让；可能会因被保险人的资金运转不灵而被债权人抵债等。通常情况下，保险利益随保险标的的所有权的转移而同时转移，即该保险标的的继承人、受让人和债权人在被保险人死亡后、保险标的被卖出后、保险标的被用于偿还债务后，对该保险标的具有保险利益。同时，原被保险人对该保险标的具有的保险利益消失。保险利益的转移会影响到保险合同的效力，保险人依合同对保险利益的转移进行否定或认可。如甲的汽车转让给乙时，甲以该汽车进行投保的合同的转移就需要得到保险人的认可，否则，该合同无效。在人身保险中，也存在保险利益的变动情况，即保险利益的消灭和转移。在人身保险中，被保险人因人身保险合同除外责任规定的原因死亡，如自杀等，均为保险利益的消灭。人身保险的保险利益的转移通常体现在因债权债务关系而订立的合同的继承和让与上。当被保险人死亡，则不存在保险利益的转移问题。在人身保险的死亡或两全保险中，如果被保险人死亡，则意味着保险事故的发生，该保险合同因保险金的给付而终止；如果被保险人在其他的人身保险合同中或因除外责任的原因死亡，保险合同因保险标的的消灭而终止，不能被认为是转移。如果投保人死亡，而投保人与被保险人不是同一人，若人身保险合同为特定的人身关系而订立，如亲属关系、扶养关系等，保险利益不能转移；若保险合同因一般利益关系而订立，如债权债务关系，被保险人的利益由投保人专属（如债务人的利益由投保人的债权人专属），则由投保人的继承人继承（如债权人的继承人继承对债务人的利益）。在人身保险中，除因债权债务关系而订立的合同可随债权一同转让外，其他的人身保险的保险利益不得因让与而转让。

2．保险利益的适用时限

保险利益原则是保险实践中必须坚持的，但在财产保险和人身保险中，保险利益的适用时限却有不同。

在财产保险中，要求从保险合同订立到保险合同终止，始终都要求存在保险利益，投保时具有的保险利益若在发生损失时丧失，则保险合同无效。对于投保时具有的预期利益部分通常还要求转化为现有利益，被保险人才能获得赔付。在海洋运输货物保险中，保险利益在适用时限上具有一定的灵活性，它规定在投保时可以不具有保险利益，但在索赔时被保险人对保险标的必须具有保险利益。这一规定起源于海上贸易的习惯，当货物在运输途中，其所有权是可以转移的。因此，尽管在签发保单时，货物的买方可能还不具有保险利益，但从货物转让时起，则具有合法的保险利益，在发生保险事故时，可要求保险人进行赔偿。

人身保险的保险利益强调在保险合同订立时必须具有，而当保险事故发生进行索赔时是否具有保险利益则不要求。这主要是因为人身保险的保险标的是人的生命和身体，人身保险合同生效后，被保险人的生命或身体受到伤害，获得保险金给付利益的是被保险人或受益人，投保人不会因被保险人发生保险事故而享有领取保险金的权利，因此，在发生保险事故时，投保人是否对被保险人具有保险利益没有意义。而且，对作为受益人的投保人也有约束：依据有关规定，受益人需经被保险人同意或指定，当被保险人因受益人的故意行为而受到伤害时，受益人将丧失获得保险金的权利，由此保障了被保险人的生命安全和利益。只要在投保时具有保险利益，即使后来投保人对被保险人因离异、雇用合同解除或其他原因而丧失保险利益，也不会影响保险合同的效力，保险人仍负有保险金给付责任。

3．坚持保险利益原则的意义

在保险活动中坚持保险利益原则主要基于以下考虑。

（1）为了防止赌博行为的发生。保险和赌博都有不确定性，都会因偶然事件的发生获得货币收入或遭受货币损失。如果保险关系的确立不是建立在投保人对保险标的所具有的保险利益的基础上，投保人就可以对任一保险标的投保，由于保险费与保险金额的巨大差额，则可能使该投保人以较小的保险费支出获得高于保险费几十倍的保险金额的赔偿。此种保险行为无异于赌博，与“互助共济”的保险思想相违背，也不利于社会公共利益。保险利益原则要求投保人必须对保险标的具有保险利益是为了使保险与赌博相区别，实现保险补偿损失的目的。在保险业发展初期的英国，出现过保险赌博，在保险标的损毁的情况下，没有经济损失的被保险人却获得了赔偿，使保险标的充当了赌博的对象，人们像赌马一样购买保险，严重影响了社会安定，诱发并助长了不良行为的产生与发展。为此，英国议会立法禁止了该种行为，维护了正常的社会秩序，保证了保险的健康发展。

（2）为了防止道德危险的发生。此处的道德危险是指被保险人或受益人为获取保险人的赔付而故意违反道德规范，甚至故意犯罪，促使保险事故的发生或在保险事故发生时故意放任使损失扩大。如果不以投保人对保险标的具有保险利益为前提条件，将诱发道德危险、犯罪动机和犯罪行为的发生。在财产保险中，投保人故意毁坏他人财物或唆使他人毁坏保险财产；在人身保险中，投保人甚至会不惜采用暗杀方式使被保险人死亡。这些都给社会增加了不稳定因素，给人们的生命和财产的安全造成严重影响。规定保险利益原则将投保人利益与保险标的的安全紧密相连，保险事故发生后，给投保人的保险赔偿仅为原有的保险利益，使投保人促使保险事故的发生变得无利可图，最大限度地控制了道德危险。另外，保险事故发生后的保险赔付额不得超出被保险人的保险利益的额度，使保险人对被保险人的赔偿是对被保险人的实际经济利益损失的全部或部分补偿，被保险人因保险所得不会超出其损失的数额，由此可以防范道德危险的产生。

（3）保险利益原则规定了保险保障的最高限度，并限制了赔付的最高额度。保险的宗旨是补偿被保险人在保险标的发生保险事故时遭受的经济损失，但不允许有额外的利益获得。以保险利益作为保险保障的最高限度既能保证被保险人获得足够的、充分的补偿，又能满足被保险人不会因保险而获得额外利益的要求。投保人依据保险利益投保，保险人依据保险利益确定是否承保，并在其额度内支付保险赔付。因此，保险利益原则为投保人确定了保险保障的最高限度，同时为保险人进行保险赔付提供了科学依据。

3.3 近因原则

3.3.1 近因原则的含义

近因原则是判断保险事故与保险标的损失之间的因果关系，从而确定保险赔偿责任的一项基本原则。在保险经营实务中是处理赔案所必须遵循的重要原则之一。

在保险实践中，对保险标的的损害是否进行赔偿是由损害事故发生的原因是否属于保险责任来判断的。而保险标的的损害并不总是由单一原因造成，其表现形式是多种多样的：有的是多种原因同时发生，有的是多种原因不间断地连续发生，有的是多种原因时断时续地发生。近因原则就是要求从中找出哪些属于保险责任，哪些不属于保险责任，并据此确定是否进行赔偿。

1. 近因的概念

近因是指引起保险标的损失的直接的、最有效的、起决定作用的因素，它直接导致保险标的的损失，是促使损失结果发生的最有效的或是起决定作用的原因。但在时间上和空间上，它不一定是最接近损失结果的原因。1907 年，英国法庭对近因所下的定义是："近因是指引起一连串事件，并由此导致案件结果的能动的、起决定作用的原因。"在 1924 年又进一步说明："近因是指处于支配地位或起决定作用的原因，即使在时间上它并不是最近的。"

2. 近因原则的基本含义

近因原则的基本含义是：若引起保险事故发生，造成保险标的损失的近因属于保险责任，则保险人承担损失赔偿责任；若近因属于除外责任，则保险人不负赔偿责任。也就是说，只有当承保危险是损失发生的近因时，保险人才负赔偿责任。1906 年的英国《海上保险法》规定：

"依照本法规定，除保险单另有约定外，保险人对于由所承保的危险近因造成的损失，负赔偿责任，但对于不是由所承保的危险近因造成的损失，概不负责。"

3.3.2 近因原则的应用

近因原则在理论上讲简单明了，但在实际中的运用却存在相当的困难，即如何从众多复杂的原因中判断出引起损失的近因。因此，对近因的分析和判断成为掌握和运用近因原则的关键。

1. 认定近因的基本方法

认定近因的关键是确定危险因素与损失之间的因果关系。对此，有两种基本方法。

第一种方法是从原因推断结果，即从最初的事件出发，按逻辑推理直至最终损失的发生，最初事件就是最后事件的近因。如大树遭雷击而折断，并压坏了房屋，屋中的电器因房屋的倒塌而毁坏，那么，电器损失的近因是雷击，而不是房屋倒塌。

第二种方法是从结果推断原因，即从损失开始，从后往前推，追溯到最初事件，没有中断，则最初事件就是近因。如上例中，电器毁坏是损失，它由房屋倒塌而压坏，房屋倒塌是由于大树的压迫，大树是因为雷击而折断。因此，在此系列事件中，因果相连，则雷击为近因。

2. 近因的认定和保险责任的确定

在保险理赔中，对于引起保险标的损失的原因，我们可以按以下几种情况来认定近因，确定保险责任。

（1）单一原因情况下的近因认定。如果事故发生所导致损失的原因只有一个，则该原因为损失近因。当该近因属于承保危险，保险人应对损失负赔偿责任；如果该近因是除外责任，保险人则不予赔偿。如某人的车辆因车辆本身设备原因发生自燃而导致损失时，自燃为近因，若其只投保了机动车辆保险的基本险，则自燃不属于保险责任，保险人不承担赔偿责任；若其在投保了基本险的同时，附加了自燃损失险，则保险人应予以赔偿。

（2）多种原因存在时的近因认定。如果损失的产生源于多种原因，在不同的情形下应区别对待。

- 多种原因同时并存的情形。如果损失的发生有同时存在的多种原因，首先看多种原因中是否存在除外原因，造成的结果是否可以分解。

如果同时存在导致损失的多种原因均为保险责任，则保险人应承担全部损失赔偿责任；反之，若同时发生的导致损失的多种原因均为除外责任，则保险人不承担任何损失赔偿。当同时发生导致损失的多种原因中，没有属于除外责任的，只要其中有一个为承保危险，则不论其他原因如何，保险人应负赔偿责任。当同时发生导致损失的多种原因中既有保险责任又有除外责任的，则应分析损失结果是否易于分解。

如果在多种原因中有除外危险和承保危险，而损失结果可以分解，则保险人只对承保危险所导致的损失承担赔偿责任。如果损失的结果不能分解，则除外危险为近因，保险人可不负赔偿责任。例如，汽车由于发动机故障导致自燃，同时遭遇冰雹袭击，后因及时救助，车辆未全损。该车辆若投保了机动车辆险，自燃为除外责任，若又未附加自燃损失险，则在自燃的损失与外界冰雹的砸伤易于分解时，保险人只承担冰雹造成的损失。

- 多种原因连续发生的情形。如果多种原因连续发生导致损失，并且前因和后因之间存在未中断的因果关系，则最先发生并造成了一连串事故的原因就是近因。

在此情形下，保险人的责任依情况确定：若连续发生导致损失的多种原因均为保险责任，则保险人承担全部保险责任；如果连续发生导致损失的多种原因均属于除外责任，则保险人不承担赔偿责任。若连续发生导致损失的多种原因不全属于保险责任，最先发生的原因即近因属于保险责任，而其后发生的原因中，既有除外责任又有不属于保险责任的，当后因是前因的必然结果时，保险人也负赔偿责任。例如，某汽车投保有机动车辆第三者责任险，汽车在行驶过程中，轮胎压飞石子，石子击中路人眼睛，造成失明，一连串事故具有因果关系，则轮胎压飞石子为近因。汽车在正常行驶过程中，发生意外致使第三者遭受人身伤亡的，属于第三者责任保险的保险责任，保险人依合同应予以赔偿。若最先发生的原因即近因属于除外责任或不属于保险责任，其后发生的具有因果关系的原因，即使属于保险责任，保险人也不承担赔偿责任。如战争导致火灾发生，而被保险人未投保战争险，受损财产并不能因火灾发生而得到保险人的赔偿，这是因为战争是财产损失的近因，而其又为除外责任的缘故。

在该情形下有一著名的案例，即莱兰船舶公司对诺威奇保险公司诉讼案。1918 年（第一次世界大战期间），被保险人的一艘轮船被德国潜艇用鱼雷击中，但仍然拼力驶向哈佛港。由于港务当局害怕该船会在码头泊位上沉没而堵塞港口，拒绝其靠港。该船最终只好驶离港口，在航行途中，船底触礁而沉没。该船只投保了一般的船舶保险，而未附加战争险，保险公司予以拒赔。法庭诉讼的判决是：近因为战争，保险公司胜诉。虽然在时间上看致损的最近原因为触礁，但船只在中了鱼雷之后始终没有脱离险情，触礁也是由于险情未解除而导致。被保船只被鱼雷击中为战争所致，不属于船舶保险的保险责任，所以保险人不负赔偿责任。

- 一连串原因间断发生的情形。当发生并导致损失的原因有多个，并且在一连串发生的原因中有间断情形，即有新的独立的原因介入，使原有的因果关系断裂，并导致损失，则新介入的独立原因是近因。此时，如果没有除外责任的规定，只需判断近因是否属于保险责任。若近因属于保险责任范围内的事故，则保险人应负赔偿责任；若近因不属于保险责任范围，则保险人不负赔偿责任。如果有除外责任的规定，若新原因为除外责任，在新原因发生之前发生的承保危险导致的损失，保险人应予以赔偿。如某人投保有人身意外伤害险，发生交通事故并使下肢伤残，但在康复过程中，突发心脏病，导致死亡。其中，心脏病突发为独立的新介入的原因，在人身意外伤害保险中，不属于保险责任范围，但其为死亡近因，因此，保险人对被保险人死亡不承担赔偿责任。但对其因交通事故造成的伤残，保险人应承担保险金的支付责任。

坚持近因原则的目的在于分清有关各方的责任，明确保险人的承保危险与保险标的的损失之间的因果关系。近因原则的规定是保险实践中的理论依据，但致损原因的发生与损失结果之间的因果关系往往错综复杂，因此，运用近因原则时，应根据实际案情，实事求是分析，认真辨别，并遵循国际惯例，特别是注重对重要判例的援用。

3.4 损失补偿原则

3.4.1 损失补偿原则的内涵

经济补偿是保险的基本职能，也是保险产生和发展的最初目的和最终目标，因而保险的损失补偿原则是保险的重要原则。但需要指出的是，损失补偿原则对于补偿性合同来说是理赔的首要原则，而对于给付性的保险合同在实务中并不适用。

1．损失补偿原则的含义及坚持损失补偿原则的意义

（1）损失补偿原则的含义。损失补偿原则是指当保险标的发生保险责任范围内的损失时，被保险人有权按照合同的约定，获得保险赔偿，用于弥补被保险人的损失，但被保险人不能因损失而获得额外的利益。其中，有两重含义。

第一，损失补偿以保险责任范围内的损失发生为前提，即有损失发生则有损失补偿，无损失无补偿。因此，在保险合同中强调：被保险人因保险事故所致的经济损失，依据合同有权获得赔偿。

第二，损失补偿以被保险人的实际损失为限，而不能使其获得额外的利益，即通过保险赔偿使被保险人的经济状态恢复到事故发生前的状态。被保险人的实际损失既包括保险标的的实际损失，也包括被保险人为防止或减少保险标的损失所支付的必要的合理的施救费用和诉讼费用。因此，在保险赔付中应包含此两部分金额。这样，保险赔偿才能使被保险人恢复到受损失前的经济状态，同时不会获得额外利益。

（2）坚持损失补偿原则的意义。损失补偿原则是保险理赔的重要原则，坚持损失补偿原则具有以下意义。

第一，坚持损失补偿原则能维护保险双方的正当权益，真正发挥保险的经济补偿职能。保险的基本职能是损失补偿，按照合同约定的责任范围和投保价值额度内的实际损失数额给予等额赔付。损失补偿原则正是该职能的体现，其有损失赔偿而无损失不赔偿的规定和赔偿额的限定都是保险基本职能的具体反映。因此，坚持损失补偿原则维护了保险双方的正当权益：若被保险人发生保险事故所发生的经济损失不能得到补偿，则违背了保险的职能，该原则保证了其正当权益的实现；对保险人而言，在合同约定条件下承担保险赔偿责任的同时，其权益也通过

损失补偿的限额约定得到了保护——超过保险金额或实际损失的金额无须赔付。

第二，坚持损失补偿原则能防止被保险人通过保险赔偿而得到额外利益。损失补偿原则中关于有损失赔偿而无损失不赔偿的规定，还有被保险人因同一损失所获得的补偿总额不能超过其损失总额的规定，都使得被保险人不能因投保而得到超过损失的额外利益。因此，该原则有利于防止被保险人利用保险，通过保险赔偿而获得额外利益的可能。

第三，坚持损失补偿原则能防止道德危险的发生。由于损失补偿原则不能使被保险人获得额外利益，就会防止被保险人以取得赔款为目的故意制造损失的不良企图和行为的发生，从而保持良好的社会秩序和风尚。

2. 损失补偿原则的补偿限制

损失补偿原则要求，被保险人获得的保险赔偿金的数量受到实际损失、合同和保险利益的限制。

（1）损失补偿以被保险人的实际损失为限。在补偿性的合同中，保险标的遭受损失后，保险赔偿以被保险人所遭受的实际损失为限：全部损失时全部赔偿，部分损失时部分赔偿。只在重置价值保险中存在例外。重置价值保险是指以被保险人重置或重建保险标的所需费用或成本来确定保险金额的保险，其目的在于满足被保险人对受损财产进行重置或重建的需要。在通货膨胀、物价上涨等因素影响下，保险人按重置或重建费用赔付时，可能出现保险赔款大于实际损失的情况。

（2）损失补偿以投保人投保的保险金额为限。损失补偿还依据保险合同的约定，损失赔偿的最高限额以合同中约定的保险金额为限。赔偿金额只应低于或等于保险金额而不应高于保险金额。这是因为保险金额是以保险人已收取的保险费为条件确定的保险最高限额，超过此限额，将使保险人处于不平等的地位。即使发生通货膨胀，仍以保险金额为限。其目的在于维护保险人的正当权益，使损失补偿同样遵循权利义务对等的约束。

（3）损失补偿以投保人或被保险人所具有的保险利益为限。保险人对被保险人的赔偿以被保险人所具有的保险利益为前提条件和最高限额，即被保险人所得的赔偿以其对受损标的的保险利益为最高限额。如在财产保险中，保险标的受损时，被保险人的财产权益若不再拥有，则被保险人对该财产的损失不具有索赔权。债权人对抵押的财产投保，当债务人全部偿还债务后，债权人对该财产不再具有保险利益，即使发生标的损失，债权人也不再对此具有索赔权。

在具体的实务操作中，上述三个限额同时起作用，因此，其中金额最少的限额为保险赔偿的最高额。

3.4.2 损失补偿原则的派生原则

1. 重复保险的损失分摊原则

（1）重复保险的损失分摊原则的含义。重复保险的损失分摊原则是损失补偿原则的一个派生原则。它是指在重复保险的情况下，当保险事故发生时，通过采取适当的分摊方法，在各保险人之间分配赔偿责任，使被保险人既能得到充分补偿，又不会超过其实际的损失而获得额外的利益。

重复保险是投保人以同一保险标的向两个以上的保险人投保同一危险且保险责任期限相同的或重叠的保险。当保险事故发生之后，若被保险人通过向不同的保险人就同一损失索赔，则可能获得超额赔款，这显然是违背损失补偿原则的。为了防止被保险人由于重复保险而获得额外利益，确定了分摊原则。当各保险人按相应的责任分摊损失时，被保险人所获得的赔款总额就与其实际损失相等，从而与损失补偿原则相一致。由此可见，分摊原则是由损失补偿原则派生而来，是损失补偿原则的补充和体现。并且，分摊原则主要适用于财产保险等补偿性合同，运用于重复保险的情况下。

重复保险是事实上存在的保险现象。其主要原因是由于投保人或被保险人的疏忽，或者为了追求更大的安全感，或为谋取超额赔款的故意行为所造成。对于重复保险，投保人按照最大诚信原则，有义务将重复保险的有关情况告知各保险人。投保人不履行该项义务，保险人有权解除保险合同或宣布合同无效。

（2）重复保险的损失分摊方式。重复保险的损失分摊主要有比例责任分摊、限额责任分摊和顺序责任分摊等方式。

- 比例责任分摊方式。比例责任分摊方式是由各保险人按其所承保的保险金额与所有保险人承保的保险金额的总和的比例来分摊保险赔偿责任的方式。其计算公式为：

各保险人承担的赔偿金额=损失金额×承保比例

当承保比例为1时，表示保险人只有一个，其承担的赔偿金额即为损失金额。

通过该种方法分摊赔偿责任，使赔偿总和等于被保险人的实际损失。比例责任分摊方式在各国的保险实务中运用较多，我国也是采用此种分摊方式。我国《保险法》规定："对于重复保险，除合同另有约定外，各保险人按照其保险金额与保险金额总和的比例承担补偿责任。"

例如，某公司以其价值100万元的物品，分别向A、B、C三家财产保险公司投保，三家保险公司承保的金额分别为40万元、60万元、100万元。当发生保险事故时，保险标的遭受损失为80万元，则该公司所获得的保险赔付金额总额为80万元。三家保险公司按比例责任分摊方式赔偿的金额分别为16万元、24万元、40万元。

- 限额责任分摊方式。限额责任分摊方式是在假设没有重复保险的情况下，各保险人按其承保的保险金额独自应负的赔偿限额与所有保险人应负的该赔偿限额的总和的比例承担损失补偿责任。其计算公式为：

各保险人承担的赔偿金额=损失金额×赔偿比例

当赔偿比例为1时，表示保险人是唯一的，因此赔偿责任由其全部承担。

限额责任分摊方式和比例责任分摊方式都是各保险人按照一定的比例进行分摊的，但各自分摊的基础不同。限额责任分摊方式是以赔偿比例为基础，而比例责任分摊方式是以承保金额比例为基础。

在上述例子中，若其他条件相同，但保险赔偿按限额责任分摊，则三家保险公司的赔偿金额分别为 17.7 万元、26.7 万元、35.6 万元。

- 顺序责任分摊方式。顺序责任分摊方式规定，由先出单的保险人首先承担损失赔偿责任，后出单的保险人只有在承保的标的损失超过前一保险人承保的保险金额时，才顺次承担超出部分的损失赔偿。在该种方式下，被保险人的损失赔偿可能由一家保险人支付，也可能由多家保险人承担，这决定于被保险人的损失大小和顺次承保的保险金额的大小。当被保险人的损失额小于或等于第一顺序的保险人承保的保险金额时，则保险赔偿仅由其一家承担，否则由两家或两家以上的保险人承担。无论由几家承担赔偿责任，被保险人的损失都能获得充分的补偿，又避免了获得额外利益的可能。

如在上例中，若 A、B、C 三家保险公司按顺序出单，按顺序责任分摊方式赔付，在其他条件不变的情况下，三家保险公司的各自赔偿金额为 40 万元、40 万元、0 元。

2. 代位原则

（1）代位与代位原则的含义。代位原则也是损失补偿原则的派生原则，是为了防止被保险人获得额外利益而规定的。

代位在保险中是指保险人取代投保人获得追偿权或对保险标的的所有权。

代位原则是指保险人依照法律或保险合同约定，对被保险人所遭受的损失进行赔偿后，依法取得向对财产损失负有责任的第三者进行追偿的权利或取得被保险人对保险标的的所有权。代位原则包括两个部分：代位追偿和物上代位。

代位追偿是指在保险标的遭受保险责任事故造成损失，依法应当由第三者承担赔偿责任时，保险人自支付保险赔偿金后，在赔偿金额的限度内，相应取得对第三者请求赔偿的权利。代位追偿是一种权利代位，是保险人拥有代替被保险人向责任人请求赔偿的权利。我国《保险法》规定：因第三者对保险标的的损害而造成保险事故的，保险人自向被保险人赔偿保险金之日起，在赔偿金额范围内代位行使被保险人对第三者请求赔偿的权利。

物上代位是指保险标的遭受保险责任事故，发生全损或推定全损，保险人在全额给付保险赔偿金之后，即拥有对保险标的物的所有权，即代位取得对受损保险标的的权利与义务。所谓推定全损，是指保险标的遭受保险事故尚未达到完全损毁或完全灭失的状态，但实际全损已不可避免；或修复和施救费用将超过保险价值；或失踪达一定时间，保险人按照全损处理的一种推定性损失。保险人在按全损支付了保险赔偿金后，则取得了保险标的的所有权，否则被保险人就可能通过获得保险标的的残值、保险标的的失而复得而得到额外利益。我国《保险法》规定："保险事故发生后，保险人已支付了全部保险金额，并且保险金额相当于保险价值的，受损保险标的的全部权利归于保险人；保险金额低于保险价值的，保险人按照保险金额与保险价值的比例取得受损保险标的的部分权利。”物上代位的取得一般通过委付实现。

（2）代位原则的意义。规定代位原则的意义首先在于防止被保险人因同一损失而获得超额赔偿，即避免被保险人获得双重利益。在被保险标的发生损失的原因是由第三者的疏忽、过失或故意行为造成且该损失原因又属于保险责任事故，则被保险人既可以依据法律向第三者要求赔偿，又可以依据保险合同向保险人提出索赔。这样，被保险人因同一损失所获得的赔偿将超过保险标的的实际损失额，从而获得额外利益，违背损失补偿原则。同样，在被保险标的发生保险事故而致使实际全损或推定全损时，在保险人全额赔付的情况下，被保险人将保险标的的剩余物资处理或保险标的被找回后，其所得的利益将超出实际损失的利益。

规定代位原则的意义还在于维护社会公共利益，保障公民、法人的合法权益不受侵害。社会公共利益要求肇事者对其因疏忽或过失所造成的损失负有责任。如果被保险人仅从保险人处获得赔偿而不追究责任人的经济赔偿责任，将有违公平，并且也易造成他人对被保险人的故意或过失伤害行为的发生，增加道德危险。通过代位，既使得责任人无论如何都应承担损害赔偿责任，也使得保险人可以通过代位追偿从责任人处追回支付的赔偿费用，维护保险人的利益。

另外，代位原则的实行还有利于被保险人及时获得经济补偿。通常与向保险人索赔相比，由被保险人直接向责任人索赔需要更多的时间、物力和人力。尽快使被保险人的经济状况恢复到保险事故发生前的水平是保险的要求，也是代位原则实行的意义。

（3）代位追偿原则包含如下内容。

- 代位追偿原则的含义。代位追偿是一种权利代位，即追偿权的代位。在财产保险中，致使保险标的发生损失的原因既属于保险责任，又属于第三者的责任原因时，被保险人有权向保险人请求赔偿，也可以向第三者请求赔偿。依据《保险法》规定，被保险人已向责任人取得全部赔偿的，保险人可免去赔偿责任；如果被保险人从责任人方得到部分赔偿，保险人在支付赔偿金时，可以相应扣减被保险人从第三者处已取得的赔偿。如果被保险人首先向保险人提出索赔，保险人应当按照保险合同的规定支付赔偿，被保险人在取得赔偿后，应将向第三者追偿的权利转移给保险人，由保险人代位行使追偿的权利。被保险人不能同时取得保险人和第三者的赔偿而获得双重或多于保险标的的实际损失的补偿。
- 代位追偿实施的条件。保险人实施代位追偿权，需要以下几个前提条件。

第一，被保险人对保险人和第三者必须同时存在损失赔偿请求权。该条件首先要求损失产生的原因是属于保险责任内的，只有这样保险人才能依据合同给被保险人以经济赔偿，即被保险人依据保险合同享有索赔权。其次要求损失产生的原因还应是由第三者的原因所致，第三者过失、疏忽或故意导致对被保险人的侵权行为、不履行合同行为、不当得利行为或其他依法应承担赔偿责任的行为，造成了保险标的的损失，依据法律第三者应负民事损害赔偿责任时，被保险人依法有权向第三者请求赔偿。

第二，被保险人要求第三者赔偿。保险人的追偿还要求是在被保险人要求第三者赔偿时，才能行使。当被保险人放弃对第三者的请求赔偿权时，保险人不享有代位追偿权。因此，被保险人与第三者之间的债权关系如何，对保险人能否顺利履行和实现其代位追偿权是非常重要的。当被保险人不要求第三者的赔偿时，保险人也无须对被保险人进行保险赔偿。我国《保险法》规定："保险事故发生后，保险人未赔偿保险金之前，被保险人放弃对第三者请求赔偿的权利的，保险人不承担赔偿保险金责任。"该法同时规定："保险人向被保险人赔偿保险金后，被保险人未经保险人同意放弃对第三者请求赔偿的权利的，该行为无效，即被保险人的放弃须经保险人认可，才是有效的。"例如，房屋出租人同意承租人对房屋损坏不负责任的，在投保时得到了保险人的认可，若因承租人的过失而发生损失，保险人赔付房屋出租人的损失后，不得向承租人追偿损失。但由于被保险人的过失致使保险人不能行使代位请求赔偿的权利的，保险人可以相应扣减保险赔偿金，其目的在于使被保险人的弃权或过失不得侵害保险人的代位追偿权。

第三，保险人履行了赔偿责任。保险人按合同规定，对被保险人履行赔偿义务之后，才有权取得代位追偿权。代位追偿权是债权的转移，被保险人与第三者之间的特定的债权债务关系，在保险人赔付保险金之前与保险人没有直接的关系。只有当保险人赔付保险金之后，才依法取得向第三者请求赔偿的权利。

- 代位追偿的金额限定。保险人在代位追偿中追偿的金额大小不是随意的，要受到一定的限制。保险人在代位追偿中享有的权益以其对被保险人赔付的金额为限，如果保险人从第三者处追偿的金额大于其对被保险人的赔偿，则超出部分应归被保险人所有。保险代位追偿原则规定的目的不仅在于防止被保险人取得双重赔付而获得额外的利益，从而保障保险人的利益，也同样在于防止保险人通过代位追偿权而获得额外的利益，损害被保险人的利益。因此，保险人的代位追偿的金额以其对被保险人赔付的金额为限。而被保险人获得的保险赔偿金额小于第三者造成的损失时，有权就未取得赔偿的部分继续对第三者请求赔偿。
- 代位追偿原则的适用范围。代位追偿原则主要适用于财产保险合同，在人身保险中仅对涉及医疗费用的险种适用。这主要因为当人身保险的标的是人的生命或身体时，标的的性质与财产的性质不同，其价值难以估计和衡量，因而不存在发生获得多重利益的问题。但在涉及医疗费用的险种中，医疗费用的支出是可确定的数额，存在多重获利的可能，该类合同具有补偿性。因此，被保险人因第三者行为而发生死亡、伤残或疾病等保险事故的，由此产生的医疗费用的支出，在保险人向被保险人或受益人给付保险金后，享有向第三者追偿的权利。

在财产保险中，根据《保险法》的规定："除被保险人的家庭成员或者其组成人员故意造成本法规定的保险事故以外，保险人不得对被保险人的家庭成员或者其组成人员行使代位请求赔偿的权利。”也就是说，保险人不能对被保险人行使代位追偿权，否则保险就无意义。

3．保险委付

（1）委付的含义。委付是被保险人在发生保险事故造成保险标的推定全损时，将保险标的的一切权益转移给保险人，而请求保险人按保险金额全数予以赔付的行为。委付是被保险人放弃物权的法律行为，在海上保险中经常采用。

（2）委付成立的条件。委付的成立需要具备以下条件。

第一，委付必须以保险标的推定全损为条件。委付包含全额赔偿和保险标的的全部权益的转让两项内容，因此，要求必须在保险标的的推定全损时才能适用。

第二，委付必须由被保险人向保险人提出。该条件要求被保险人为进行委付，须提出委付申请。按照海上保险惯例，委付申请应向保险人或其授权的保险经纪人提出。申请委付时，通常采用书面形式，即以委付书提出。委付书是被保险人向保险人做推定全损索赔之前必须提交的文件，被保险人不向保险人提出委付，保险人对受损的保险标的只能按部分损失处理。另外，被保险人的委付申请要求在法定时间内提出。有的为 3 个月，如日本、英国。我国只规定了非人身保险合同的索赔权时限为 2 年，对委付未有明确规定，应当遵循 2 年期限。

第三，委付须就整体的保险标的提出要求。我国《海商法》规定：“保险标的发生推定全损，被保险人要求保险人按照全部损失赔偿的，应当向保险人委付保险标的。”保险标的在发生推定全损时，通常标的本身不可拆分，因此，委付应就整体的保险标的进行委付。若仅部分委付，极易产生纠纷。但如果保险单上的标的有多种时，若仅有其中一部分标的独立、可以分离并发生有委付原因，可以就该部分标的实行委付。

第四，委付须经保险人同意。委付是否成立和履行，还需要保险人的承诺。因为委付不仅是将保险标的的一切权益进行了转移，也将被保险人对保险标的的一切义务同时转移了。因此，保险人在接受委付之前须慎重考虑。保险人接受委付，则委付成立；反之，委付不成立。我国《海商法》规定：“保险人可以接受委付，也可以不接受委付，但是应当在合理的时间内将接受委付或者不接受委付的决定通知被保险人。”

第五，委付不得有附加条件。委付要求被保险人将保险标的的一切权利义务转移给保险人，并不得附加任何条件。如被保险人对船舶的失踪申请委付，那就不能同时要求当船舶有着落时返还，否则将增加保险合同双方之间的纠纷，为法律所禁止。我国《海商法》规定：“委付不得附带任何条件。”

（3）委付成立后的效力。委付一经成立，便对保险人和被保险人产生法律约束力：一方面，被保险人在委付成立时，有权要求保险人按照保险合同约定的保险金额全额赔偿；另一方面，保险人将被保险人对该保险标的的所有权利和义务一并转移接收。我国《海商法》规定：“保险人接受委付的，被保险人对委付财产的全部权利和义务转移给保险人。”例如，船舶触礁沉没，经委付后沉船及其相关运费均为保险人所有，但同时，保险人须履行打捞沉船和清理航道的义务。

（4）委付与代位追偿的区别。从以上可以看出，委付和代位追偿是有区别的，其主要区别在于以下几点。

第一，代位追偿只是一种纯粹的追偿权，取得这种权利的保险人无须承担其他义务；而保险人在接受委付时，则是将权利和义务全部接收，既获得了保险标的的所有权，又须承担该标的产生的义务。

第二，在代位追偿中，保险人只能获得保险赔偿金额内的追偿权；而在委付中，保险人则可享有该项标的的一切权利，包括被保险人放弃的保险标的所有权和对保险标的的处分权。在委付后，保险人对保险标的的处置而取得的额外利益也由保险人获得，而不必返还给被保险人。

思考与练习

1．单项选择

（1）保险利益从本质上说是某种（　　）。

A．经济利益　　B．物质利益
C．精神利益　　D．财产利益

（2）保险人在支付了 5 000 元的保险赔款后向有责任的第三方追偿，追偿款为 6 000 元，则（　　）。

A．6 000 元全部退还给被保险人　　B．将 1 000 元退还给被保险人
C．6 000 元全归保险人　　D．多余的 1 000 元在保险双方之间分摊

（3）保险人行使代位追偿权时，如果依代位追偿取得第三人赔偿金额超过保险人的赔偿金额，其超过部分应归（　　）所有。

A．保险人　　B．被保险人　　C．第三者　　D．国家

（4）除（　　）外，保险人不得行使代位追偿权。

A．人寿保险　　B．意外伤害保险
C．医疗保险　　D．第三者责任保险

2．多项选择

（1）人身保险合同没有（　　）概念。

A．保险金额　　B．保险利益　　C．保险价值
D．保险期限　　E．重复保险

（2）下列原则中不适用于人身保险合同的有（　　）。

A．保险利益原则　　B．损失补偿原则
C．最大诚信原则　　D．代位追偿原则
E．近因原则

（3）代位追偿权实施的前提条件（　　）。

A．保险标的的损失属于保险责任事故

B．保险标的的损失是由第三方责任造成的

C．保险人履行了赔偿责任

D．被保险人对于第三者依法应负赔偿责任

E．保险标的的损失是由本人责任造成的

（4）关于近因原则的表述正确的是（　　）。

A．近因是造成保险标的损失最直接、最有效的、起决定作用的原因

B．近因是空间上离损失最近的原因

C．近因是时间上离损失最近的原因

D．近因原则是在保险理赔过程中必须遵循的原则

E．只有当被保险人的损失直接由近因造成的，保险人才给予赔偿

3．简答题

（1）保险利益原则在一般财产保险、海上货物运输保险及人身保险中的适用时限是如何规定的？

（2）损失补偿原则的含义与意义是什么？

（3）损失补偿原则在运用时应分别掌握哪几个限度？

（4）保险人行使代位追偿时，应具备哪些条件？

案例分析

1．商人 A 从国外进口一批货物，与卖方交易采取的是离岸价格。按该价格条件，应由买方投保。于是 A 以这批尚未运抵取得的货物为保险标的投保海上货运险。问保险公司是否愿意承保？

评析：

保险利益原则的适用时限：

（1）一般财产保险的保险利益的时间限制是要求从保险合同订立时到保险事故发生时始终要有保险利益。但海上货物运输保险比较特殊，投保人在投保时可以不具有保险利益，但当保险事故发生时必须具有保险利益。因此，本题虽然货物尚未运抵，投保人也可以投保，保险公司愿意承保。

（2）人身保险的保险利益要求在保险合同订立时必须具有保险利益，而发生保险事故时，则不要求具有保险利益。

2. 有一租户向房东租借房屋，租期 10 个月。租房合同中写明，租户在租借期内应对房屋损坏负责，租户为此以所租借房屋投保火险一年。租期满后，租户按时退房。退房后半个月，房屋毁于火灾。于是租户以被保险人身份向保险公司索赔。问保险人是否承担赔偿责任？为什么？

如果租户在退房时，将保单转让给房东，房东是否能以被保险人身份向保险公司索赔？为什么？

评析：

（1）保险人不承担赔偿责任。因为承租人对该房屋已经没有保险利益。

（2）房东不能以被保险人的身份索赔。因为保单转让没有经过保险人办理批单手续，房东与保险人没有保险关系。

第 4 章

财产保险基础

本章重点

- 掌握财产保险的概念、原则和特征；
- 了解财产保险的发展趋势；
- 掌握财产保险的分类和主要常见险种。

4.1 财产保险概述

4.1.1 财产保险的概念

财产保险是指投保人根据合同约定，向保险人交付保险费，保险人按保险合同的约定对所承保的财产及其有关利益因自然灾害或意外事故造成的损失承担赔偿责任的保险。

财产保险业务包括财产损失保险、责任保险、信用保险等保险业务。可保财产包括物质形态和非物质形态的财产及其有关利益。以物质形态的财产及其相关利益作为保险标的的，通常称为财产损失保险，如飞机、卫星、电厂、大型工程、汽车、船舶、厂房、设备及家庭财产保险等。以非物质形态的财产及其相关利益作为保险标的的，通常是指各种责任保险、信用保险等，如公众责任、产品责任、雇主责任、职业责任、出口信用保险、投资风险保险等。但是，并非所有的财产及其相关利益都可以作为财产保险的保险标的。只有根据法律规定，符合财产保险合同要求的财产及其相关利益，才能成为财产保险的保险标的。

损失补偿原则是财产保险的核心原则。它是指在财产保险中，当保险事故发生导致被保险人经济损失时，保险公司给予被保险人经济损失赔偿，使其恢复到遭受保险事故前的经济状况。损失补偿原则包括两层含义：一是“有损失，有补偿”，二是“损失多少，补偿多少”。坚持损失补偿原则，一方面可以保障被保险人的利益，另一方面可以防止被保险人通过赔偿而得到额外利益，从而避免道德风险的发生。在实施损失补偿原则时应该注意，保险公司的赔偿金额以实际损失为限、以保险金额为限、以保险利益为限，三者中又以低者为限。

4.1.2 财产保险的意义

财产保险的意义在于，通过筹集保险基金、组织经济补偿来维系社会经济的正常、稳定发展。具体而言，财产保险的意义主要表现在以下几个方面。

（1）能够补偿被保险人的经济利益损失，维护社会再生产的顺利进行。建立了财产保险制度，就可以通过保险人的工作，对遭灾受损的被保险人进行及时的经济补偿，受灾单位或个人就能够及时恢复受损的财产或利益，从而保障生产和经营的持续进行，有利于整个国民经济发展。

（2）有利于提高整个社会的防灾减损意识，使各种灾害事故的发生及其危害后果得到有效控制。财产保险制度的建立，首先是形成了一支专门从事各种灾害事故危险管理的专业队伍，其次是保险人从自身利益出发也必须高度重视对被保险人的危险管理工作，并积极参与社会化的防灾防损工作。例如，保险人在承保前的危险调查与评估、保险期间的防灾防损检查与监督、保险事故发生后的致灾原因调查与总结等，均会起到良好的防灾减损作用；有的保险人还直接参与社会化的防灾减损活动，或者向减灾部门提供经济上的援助和各种防灾设施等。因此，财产保险的发展客观上使社会防灾防损的力量得到了壮大，最终使灾害事故减少，其损害后果得以减轻。

（3）有利于创造公平的竞争环境，维护市场经济的正常运行。灾害事故的发生会造成竞争的不公平，如两家生产同样产品的企业，其产品质量都是优良的，但一家遭灾受损，无法维持正常的生产秩序；另一家未遭灾，则会趁有利时机迅速扩展市场，市场竞争成败将因灾而异。如果建立了财产保险制度，各企业便可将平时不确定的危险通过一笔较为公平的保险费转嫁给保险人，这种不稳定因素的消除，使竞争的社会环境更加公平化。以此类推，对城乡居民家庭和社会成员个人而言，财产保险也是消除其不确定危险因素的必要机制。因此，财产保险对于市场经济的正常运行有着重要的维系作用。

此外，财产保险还有利于安定城乡居民的日常生活，免除了城乡居民在生产、生活方面的危险之忧，避免了灾后要依靠政府救济、单位扶持、亲友帮助、民间借贷的连锁反应，最终维护灾区社会秩序的稳定和城乡居民生活的正常化。

4.1.3 财产保险的特征

财产保险的特征不仅体现在保险标的方面，而且体现在财产保险业务的独特性质方面。

1. 保险标的为各种财产物资及有关责任

财产保险业务的承保范围覆盖除自然人的身体与生命之外的一切危险保险业务，它不仅包括各种差异极大的财产物资，而且包括各种民事法律危险和商业信用危险等。大到航天工业、核电工程、海洋石油开发，小到家庭或个人财产等，无一不可以从财产保险中获得相应的危险保障。财产保险业务承保范围的广泛性，决定了财产保险的具体对象必然存在着较大的差异性，也决定了财产保险公司对业务的经营方向具有更多的选择性。与此同时，财产保险的保险标的无论归法人所有还是归自然人所有，均有客观而具体的价值标准，均可以用货币来衡量其价值，保险客户可以通过财产保险来获得充分补偿；而人身保险的保险标的限于自然人的身体与生命，且无法用货币来计价。保险标的形态与保险标的价值规范的差异，构成了财产保险与人身保险的分类，同时也是财产保险的重要特征。

2. 保险业务的性质是组织经济补偿

保险人经营各种类别的财产保险业务，就意味着要承担起对保险客户保险利益损失的赔偿责任。尽管在具体的财产保险经营实践中，有许多保险客户因未发生保险事故或保险损失而得不到赔偿，但从理论上讲，保险人的经营是建立在补偿保险客户保险利益损失的基础之上的。因此，财产保险费率的制定，需要以投保财产或有关利益的损失率为计算依据；财产保险基金的筹集与积累，也需要以能够补偿所有保险客户的保险利益损失为前提。

当保险事件发生以后，财产保险讲求损失补偿原则，它强调保险人必须按照保险合同规定履行赔偿义务，同时也不允许被保险人通过保险获得额外利益，从而不仅适用权益转让原则，而且还适用重复保险损失分摊和损余折抵赔款等原则。而在人身保险中，因人的身体与生命无法用货币来衡量，则只能讲被保险人依法受益，除不允许医药费重复给付或赔偿外，并不限制被保险人获得多份合法的保险金，既不存在多家保险情况下分摊给付保险金的问题，也不存在第三者致被保险人伤残、死亡而由保险公司向第三者代位追偿的问题。财产保险业务的这种补偿性，正是其成为独立的新兴产业并与人身保险业务相区别的又一重要特征。

3. 经营内容具有复杂性

无论从财产保险经营内容的整体出发，还是从某一具体的财产保险业务经营内容出发，其复杂性的特征均十分明显，主要表现在以下几个方面。

（1）投保对象与承保标的复杂。一方面，财产保险的投保人既有法人团体，又有居民家庭和个人，既可能只涉及单个法人团体或单个保险客户，也可能同一保险合同涉及多个法人团体或多个保险客户。如合伙企业或多个保险客户共同所有、占有或拥有的财产等，在投保时就存在着如何处理其相互关系的问题。另一方面，财产保险的承保标的，包括从普通的财产物资到高科技产品或大型土木工程，从有实体的各种物资到无实体的法律、信用责任乃至政治、军事危险等，不同的标的往往具有不同的形态与不同的危险。而人身保险的投保对象与保险标的显然不具有这种复杂性。

（2）承保过程与承保技术复杂。在财产保险业务经营中，既要强调保前危险检查、保时严格核保，又须重视保险期间的防灾防损和保险事故发生后的理赔查勘等，承保过程程序多、环节多。在经营过程中，要求保险人熟悉与各种类型投保标的相关的技术知识。例如，要想获得经营责任保险业务的成功，就必须以熟悉各种民事法律、法规及相应的诉讼知识和技能为前提；

再如，保险人在经营汽车保险业务时，就必须同时具备保险经营能力和汽车方面的专业知识，如果对汽车技术知识缺乏必要的了解，汽车保险的经营将陷入被动或盲目状态，该业务的经营也难以保持稳定。财产保险承保过程中的这种复杂性也是人身保险经营中所没有的。

（3）危险管理复杂。在危险管理方面，财产保险主要强调对物质及有关利益的管理，保险对象的危险集中，保险人通常要采用分保或再保险的方式来进一步分散危险；而人身保险一般只强调被保险人身体健康，因每个自然人的投保金额均可以控制，保险金额相对要小得多，对保险人的业务经营及财务稳定构不成威胁，不需要以再保险为接受业务的条件。例如，每一笔卫星保险业务都是危险高度集中，其保险金额往往以数亿元计，任何保险公司要想独立承保此类业务都意味着巨大的危险，如发射成功，会给保险人带来很大收益，一旦发生保险事故，就会给承保人造成重大的打击。再如，飞机保险、船舶保险、各种工程保险、地震保险等，均需要通过再保险才能使危险在更大范围内得以分散，进而维护保险人业务经营和财务状况的稳定。与人身保险业务经营相比，财产保险公司的危险主要直接来自保险经营，即直接保险业务的危险决定着财产保险公司的财务状况；而人身保险公司的危险却更多地来自投资危险，投资的失败通常导致公司的失败。因此，财产保险公司特别强调对承保环节的危险控制，而人身保险公司则更注重对投资环节的危险控制。

4. 单个保险关系具有不等性

财产保险遵循等价交换、自愿成交的商业法则，保险人根据大数法则与损失概率来确定各种财产保险的费率（即价格），从而在理论上决定了保险人从保险客户那里所筹集的保险基金与所承担的危险责任是相适应的，保险人与被保险人的关系是等价关系。然而，就单个的保险关系而言，却又明显地存在着交易双方在实际支付的经济价值上的不平等现象。一方面，保险人承保每一笔业务都是按确定费率标准计算并收取保险费，其收取的保险费通常是投保人投保标的实际价值的千分之几或百分之几，而一旦被保险人发生保险损失，保险人往往要付出高于保险费若干倍的保险赔款，在这种情形下，保险人付出的代价巨大，而被保险人恰恰会获得巨大收益；另一方面，在所有承保业务中，发生保险事故或保险损失的保险客户毕竟只有少数甚至是极少数，对多数保险客户而言，保险人即使收取了保险费，也不存在经济赔偿的问题，交易双方同样是不平等的。可见，保险人在经营每一笔财产保险业务时，收取的保险费与支付的保险赔款事实上并非是等价的。而在人寿保险中，被保险人的受益总是与其投保人的缴费联系在一起的，绝大多数保险关系是一种相互对应的经济关系。正是这种单个保险关系在经济价值支付上的不等性，构成了财产保险总量关系等价性的现实基础和前提条件。财产保险关系的建立，即是保险人与保险客户经过相互协商、相互选择并对上述经济价值不平等关系认同的结果。

4.1.4 财产保险费率厘定

保险费率是指单位保险金额应交付的保险费。保险费率由两部分构成，一部分是纯费率，另一部分是附加费率。保险公司按照纯费率收取的保险费用来支付保险事件发生后形成的保险赔款，按照附加费率收取的保险费，用来支付保险公司业务费用，如营业费用、监管费、保险税金等。

财产保险的纯费率与保险标的损失频率和损失金额有密切的关系，一般损失频率和损失金额越高，纯费率越高。具体体现如下。

财产保险的纯费率=损失频率×损失金额

=（理赔次数/保险单位数）×（损失总额/理赔次数）

=损失总额/保险单位数

式中，理赔次数是指构成理赔条件的损失次数；损失金额是指补偿金额与理赔费用之和；保险单位是指度量保险成本的单位。

财产保险的附加费率与保险公司具体开支和费用管理具有密切关系。除保险税金、监管费等支出具有刚性以外，其他费用支出，公司管理越严，支出金额越少，相应附加费率就越低。具体计算公式如下：

附加保险费率=业务开支总金额÷保险单位数

厘定费率的方法主要有观察法、分类法和增减法三种。观察法是对个别保险标的的风险要素进行分析，观察其优劣，估计损失概率，直接决定保险费率的方法。分类法是对危险进行分类，对同一类的各风险的损失概率进行测算，根据它们共同的损失概率，厘定保险费率。增减法又称为修正法，是指在同一费率类别中，对被保险人给以变动的费率，其变动幅度或基于保险期间的实际损失经验，或基于其预想的损失经验，或同时以两者为基础。在不同的国家和地区，由于非寿险精算技术基础与水平不同，以及统计资料完整性上的差异，采用的方法也不同。

4.2 财产保险的分类及主要险种

4.2.1 财产保险的分类

1. 以保险标的为标准划分

以保险标的为标准划分，财产保险可分为财产损失保险、责任保险、信用保险和保证保险。

（1）财产损失保险是指以各种有形财产及其相关利益为保险标的的财产保险。财产损失保险的保险标的须是以物质形式存在、可以用货币价值衡量的财产。财产损失是指某一财产的毁损、灭失所导致的财产价值的减少或丧失，包括直接物质损失及因采取施救措施等引起的必要、合理的费用支出。财产损失保险主要包括企业财产保险、家庭财产保险、工程保险、运输工具保险、货物运输保险等。

（2）责任保险是指以被保险人对第三者依法应负的赔偿责任为保险标的的保险。这种保险以第三者请求被保险人赔偿为保险事故，以被保险人向第三者应赔偿的损失价值为实际损失。责任保险包括的范围十分广泛，从内容上看，主要包括公众责任保险、产品责任保险、雇主责任保险、职业责任保险等类型。

（3）信用保险是以信用交易中债务人的信用作为保险标的，在债务人未能如约履行债务清偿而使债权人遭受经济损失时，由保险人向债权人提供风险保障的一种保险。按保险标的性质的不同，可以将信用保险分为商业信用保险、银行信用保险和国家信用保险。按保险标的所处地理位置的不同，可以将信用保险分为进口信用保险和出口信用保险。

（4）保证保险属于一种担保业务，由保险人为被保证人向权利人提供担保，当被保证人违约或不忠诚而使权利人遭受经济损失时，权利人有权从保证人处获得补偿。保证保险通常有指名保证和总括保证两种承保方式。指名保证以指定的法人或自然人为被保证人，总括保证则以集团内全体人员为被保证人。

信用保险与保证保险同属一个范畴，是不同的当事人从不同角度向保险人提出保险请求。

2. 以财产保险合同当事人订立财产保险合同的意愿为标准划分

以财产保险合同当事人订立财产保险合同的意愿为标准划分，可以将财产保险分为自愿财产保险和强制财产保险。

（1）自愿财产保险是指合同当事人双方在自愿原则的基础上订立财产保险合同的保险。对于自愿财产保险来说，任何一方均不得把自己的意志强加给对方，任何单位或个人不得非法干预保险行为。自愿原则是保险活动的基本原则之一，除法律、行政法规规定必须保险的以外，保险公司和其他单位不得强制他人订立保险合同。依据自愿原则，保险合同当事人订立保险合同的行为完全是各自真实的意思表示，投保人可以自由选择保险公司，与保险公司双方协商约定保险标的、保险责任、责任免除、保险期限、保险金额、保险费率等保险合同内容。大部分财产保险都属于自愿财产保险。

（2）强制财产保险，又称法定财产保险，是指根据国家法律和行政法规的规定必须参加的保险。强制保险通常是指对危险范围较广、影响公众利益较大、与人民群众生活息息相关的保险标的，以颁布法律、法规形式实施的保险，如机动车第三者责任保险、法定雇主责任保险等。凡属于法定范围内的人或机构，都必须按规定的条件向有权经营法定保险业务的保险公司办理保险事项。在国际上实施强制保险的形式有两种：一是规定在特定范围内建立保险公司被保险人的保险关系；二是规定一定范围内的人或财产都必须参加保险，作为从事法律所许可的某项业务活动的前提条件。

4.2.2 财产保险的主要险种

1. 家庭财产保险

家庭财产保险是以城乡居民室内的有形财产为保险标的的保险。家庭财产保险为居民或家庭遭受的财产损失提供及时的经济补偿，有利于安定居民生活，保障社会稳定。我国目前开办的家庭财产保险主要有普通家庭财产险和家庭财产两全险。

根据保险责任的不同，普通家庭财产险又分为灾害损失险和盗窃险两种。

灾害损失险的保险标的包括被保险人的自有财产、由被保险人代管的财产或被保险人与他人共有的财产。通常包括：日用品、床上用品；家具、用具、室内装修物；家用电器，文化、娱乐用品；农村家庭的农具、工具、已收获入库的农副产品等。有些家庭财产的实际价值很难确定，如金银、珠宝、玉器、首饰、古玩、古书、字画等，这些财产必须由专业鉴定人员进行价值鉴定，经投保人与保险人特别约定后，才能作为保险标的。

保险人通常对以下家庭财产不予承保：损失发生后无法确定具体价值的财产，如货币、票证、有价证券、邮票、文件、账册、图表、技术资料等；日常生活所需的日用消费品，如食品、粮食、烟酒、药品、化妆品等；法律规定不容许个人收藏、保管或拥有的财产，如枪支、弹药、爆炸物品、毒品等；处于危险状态下的财产；保险人从风险管理的需要出发，声明不予承保的财产。

家庭财产灾害损失险规定的保险责任包括：火灾、爆炸、雷击、冰雹、洪水、海啸、地震、泥石流、暴风雨、空中运行物体坠落等一系列自然灾害和意外事故。对于被保险人为预防灾害事故而事先支出的预防费用，保险人原则上不予赔偿；但对于在灾害事故发生后，为防止灾害损失扩大，积极抢救、施救、保护保险标的而支出的费用，保险人将按约定负责提供补偿。

保险人对于家庭财产保险单项下所承保的财产由于下列原因造成的损失不承担赔偿责任：战争、军事行动或暴力行为；核子辐射和污染；电机、电器、电器设备因使用过度、超电压、碰线、弧花、漏电、自身发热等原因造成的本身损毁；被保险人及其家庭成员、服务人员、寄居人员的故意行为，或勾结纵容他人盗窃或被外来人员顺手偷摸，或窗外钩物所致的损失等；其他不属于家庭财产保险单列明的保险责任内的损失和费用。

家庭财产保险的保险金额由投保人依据投保财产的实际价值自行估计而定。若估价过低，会使保障不足；若估价过高，保险费将随之增加，而实际灾害发生时，保险人将根据补偿原则，以投保财产的实际价值作为赔偿上限，因而被保险人也不可能靠此获利。投保人明智的做法是，对投保财产做出客观合理的估价，使保险金额尽可能接近所投保财产的实际价值。

普通家庭财产险的保险期限为 1 年，即从保单签发日零时算起，到保险期满日 24 时为止。

盗窃险的保险责任指在正常安全状态下，留有明显现场痕迹的盗窃行为，致使保险财产产生损失。除自行车、助动车以外，盗窃险规定的保险标的的范围与家庭财产、灾害损失险完全一样。对于由被保险人及其家庭成员、家庭服务人员、寄居人员的盗窃或纵容行为造成的损失以及如房门未锁、门窗未关等非正常安全状态下的失窃损失，保险人均不承担赔偿责任。盗窃险保险金额的确定及保险期限的规定，均与灾害损失险相同。

家庭财产两全险是一种具有经济补偿和到期还本性质的险种。它与普通家庭财产保险不同之处仅在于保险金额的确定方式上。家庭财产两全险采用按份数确定保险金额的方式：城镇居民每份 1 000 元，农村居民每份 2 000 元，至少投保 1 份，具体份数多少根据投保财产的实际价值而定。投保人根据保险金额一次性缴纳保险储金，保险人将保险储金的利息作为保险费。保险期满后，无论保险期内是否发生赔付，保险人都将如数退还全部保险储金。

2. 企业财产保险

企业财产保险是指以投保人存放在固定地点的财产和物资作为保险标的的一种保险，保险标的的存放地点相对固定处于相对静止状态。企业财产保险是我国财产保险业务中的主要险种之一，其适用范围很广，一切工商、建筑、交通、服务企业、国家机关、社会团体等均可投保企业财产保险，即对一切独立核算的法人单位均适用。

企业财产按是否可保的标准可以分为三类，即可保财产、特约可保财产和不保财产。可保财产按企业财产项目类别包括：房屋、建筑物及附属装修设备；机器及设备；工具、仪器及生产用具；交通运输工具及设备；管理用具及低值易耗品；原材料、半成品、在产品、产成品或库存商品、特种储备商品；建造中的房屋、建筑物和建筑材料；账外或已摊销的财产；代保管财产等。特约可保财产（以下简称特保财产）是指经保险双方特别约定后，在保险单中载明的保险财产。特保财产又分为不提高费率的特保财产和需要提高费率的特保财产。不提高费率的特保财产是指市场价格变化较大或无固定价格的财产，如金银、珠宝、玉器、首饰、古玩、古画、邮票、艺术品、稀有金属和其他珍贵财物；堤堰、水闸、铁路、涵洞、桥梁、码头等。需提高费率或需附贴保险特约条款的财产一般包括矿井、矿坑的地下建筑物、设备和矿下物资等。不保财产包括：土地、矿藏、矿井、矿坑、森林、水产资源及未经收割或收割后尚未入库的农作物；货币、票证、有价证券、文件、账册、图表、技术资料及无法鉴定价值的财产；违章建筑、危险建筑、非法占用的财产；在运输过程中的物资等。

企业财产保险的保险责任分为基本责任、责任免除和特约责任。基本责任是指投保人要求保险人承担的赔偿责任，包括自然灾害或意外事故，如火灾、爆炸、雷电、暴风、龙卷风、洪水、地陷、崖崩、突发性滑坡、雪灾、雹灾、冰凌、泥石流及空中运行物体坠落等；被保险人的供电、供水、供气设备在遭受保险条款中列明的自然灾害或意外事故而造成的损失，以及由于这些设备损坏引起停电、停水、停气，以致直接造成的保险财产的损失，包括机器设备、在产品和贮藏物品的损坏或报废；在发生上述灾害和事故时，为了抢救财产或防止灾害蔓延，采取合理的、必要的措施而造成的保险财产的损失，以及为了减少被保险财产损失，采取施救、保护措施而支出的合理费用。

企业财产保险中的责任免除包括：战争、军事行动或暴乱；核辐射或污染；被保险人的故意行为；被保险财产遭受保险条款所列明的自然灾害或意外事故引起的停工、停业的损失及各种间接损失；被保险财产本身缺陷、保管不善导致的损失，被保险财产的变质、霉烂、受潮、虫咬、自然磨损及损耗；堆放在露天或罩棚下的被保险财产及罩棚，由于暴风、暴雨造成的损失，其他不属于保险责任范围内的损失和费用。

特约责任又称附加责任，是指责任免除中不保的责任或另经双方协商同意后特别注明由保险人负责保险的危险。特约责任一般采用附贴特约条款承保，有的特约责任也以附加险形式承保。特约责任主要有：矿下财产保险；露堆财产（堆放在露天或罩棚下的被保险财产）保险；特约盗窃保险；堤堰、水闸、涵洞特约保险等。

企业财产保险的保险期限通常为 1 年。在保险单到期前，保险人应通知被保险人办理续保手续。一般根据保险登记簿填制《到期通知单》送交被保险人，以便到期办理续保手段，避免保险中断。

3．建筑工程保险

建筑工程保险是指以各类民用、工业用和公用事业用的建筑工程项目为保险标的的保险，保险人承担对被保险人在工程建筑过程中由自然灾害和意外事故引起的一切损失的经济赔偿责任，简称建工险。

建筑工程保险承保的保险责任相当广泛，概括起来主要有以下几类：列明的自然灾害，主要有雷电、水灾、暴雨、地陷、冰雹等，对于地震与洪水，由于其危险性大，一旦发生，往往造成重大损失，国际保险界一般将其列入特约可保责任另行协议加保；列明的意外事故，主要有火灾、爆炸、空中运行物体坠落、原材料缺陷等引起的意外事故，以及工作人员在施工中的过失造成的间接损失；盗窃及清理保险事故现场所需费用，也有保险人将此类风险另行承保的情况；第三者责任；在建筑工程一切险中，未列入责任免除且不在上述风险责任范围的其他风险责任。

在建筑工程保险中，除了财产保险中的例行责任免除，如被保险人的故意行为、战争、罢工、核污染外，一般还有下列责任免除：错误设计引起的损失、费用或责任，其责任者在设计方，应由直接责任者负责，但如投保人有要求，也可扩展承保该项风险责任；原材料缺陷如换置、修理或矫正所支付的费用，以及工艺不善造成的本身损失；保险标的的自然磨损和消耗；各种违约后果如罚金、耽误损失等；其他除外责任，如文件、账簿、票据、货币及有价证券、图表资料等的损失等。如果是一般建筑工程保险，除外责任还包括保险责任项上未列明而又不在上述除外责任范围内的其他风险责任。

建筑工程保险的保险责任期限一般采用工期保险单，即以工期的长短来作为确定保险责任期限的依据，由保险人承保从开工之日起到竣工验收合格的全过程。但对大型、综合性建筑工程，如有各个子工程分期施工的情况，则应分项列明保险责任的起讫期。根据建筑工程的种类和进程，可以将合同工程划分为以下几个时期：一是工程建造期，即从开工之日起至通过检验考核之日止；二是工程保证期，即从检验考核通过之日起至建筑合同规定的保险期满日止。保险人在承保时，可以只保一个责任期，也可以连同建筑工程保证期一并承保。

4．安装工程保险

安装工程保险简称安工险，是建工险的姐妹险种。它专门承保新建、扩建或改建的工矿企业的机器设备或钢结构建筑物的整个安装、调试期间，由于责任免除以外的一切危险造成保险财产的物质损失、间接费用及安装期间造成的第三者财产损失或人身伤亡而依法应由被保险人承担的经济责任。

安工险的适用范围与建工险相同，主要适用于国有、集体企业及一切涉及、利用外资的项目。保险对象为各种工厂、矿山安装机器设备、各种钢结构工程，以及包含机械工程因素建造工程。

安工险在许多方面，如条款形式、内容与建工险基本相同，但在责任规定上与建工险略有不同。如该保险条款第四条内容是超负荷、超电压、碰线、弧花、走电、短路、大气放电及其他由电气引起的事故，安工险只负责由于上述电气事故造成的其他财产的损失，而不包括电器用具本身的损失。该保险条款的第六条内容是安装技术不善引起的事故。技术不善是指按照要求安装但没有达到规定的技术标准，在试车时往往出现损失。这是安工险的主要责任之一。承保这一责任时，应要求被保险人对安装技术人员进行技术评价，以保证技术人员的技术水平能适应被安装机器设备的要求。

安工险责任免除与建工险责任免除不同的有：该保险条款的第五条内容是因设计错误、铸造或原材料缺陷或工艺不善引起的本身损失及纠正这些缺陷错误所支出的费用。建工险对错误设计造成的损失一般除外，而安工险对错误设计引起的本身损失除外，对由此引起的其他保险财产的损失予以赔偿。第六条内容是由于超负荷、超电压、碰线、弧花、走电、短路、大气放电及其他电气原因造成电气设备或电气用具本身的损失。本责任免除与责任范围内的第四条是相对的。

安工险的第三者责任附加险的保险责任和责任免除与建工险相同。

安工险的保险项目分物质损失、特种危险赔偿和第三者责任三大部分，其中后两部分的内容和赔偿限额与建工险相同。安工险物质损失部分保险金额按以下方法确定。

（1）安装项目。包括被安装的机器、设备、装置、物料、基础工程（地基、机座），以及工程所需的各种临时设施，如水、电、照明、通信设施。

安装工程主要有三类：新建工厂、矿山或某一车间生产线安装的成套设备；单独的大型机构装置，如发电机组、锅炉、巨型吊车等组装工程；各种钢结构建筑物，如储油罐、桥梁、电视发射塔之类的安装管道、电缆的铺设工程等。本项的保额为项目的承包合同价。

（2）土木建筑工程项目。指由于安装工程需要对厂矿进行新建、施工费、运杂费、保险费、税款及其他费用。

本项的保额不能超过安装工程保额的20%，超过20%时，则按建工险费计收保险费；超过50%，则需单独投保建工险。

（3）场地清理费（同建筑工程保险）。

（4）工程所有人或承包人在工地上的其他财产，保额按重置价值计。

安工险费率制定的依据与建工险基本相似。它的组成除试车为单独的一次性费率和安装施工用的机器设备为单独的年度费率外，其他项目均为整个工期的一次性费率。

5. 机动车辆保险

机动车辆保险是以机动车辆本身及其相关经济利益为保险标的的一种不定值财产保险。随着经济的发展，机动车辆的数量不断增加，机动车辆保险已成为我国财产保险业务中最大的险种。

机动车辆是指汽车、电车、电瓶车、摩托车、拖拉机、各种专用机械车、特种车。机动车辆保险一般包括基本险和附加险两部分。基本险分为车辆损失险和第三者责任险。

车辆损失险在下列原因造成保险车辆的损失时，保险人负责赔偿：碰撞；火灾、倾覆；外界物体倒塌、空中运行物体坠落、行驶中平行坠落；雷击、暴风、龙卷风、暴雨、洪水、海啸、地陷、冰陷、崖崩、雪崩、雹灾、泥石流、滑坡；载运保险车辆的渡船遭受自然灾害（只限于驾驶员随车照料者）；发生保险事故时，被保险人对保险车辆采取施救、保护措施所支出的合理费用，但此项费用的最高赔偿金额以保险金额为限。

机动车辆第三者责任险是指被保险人允许的合格驾驶员在使用保险车辆过程中发生意外事故，致使第三者遭受人身伤亡或财产的直接损毁，依法应当由被保险人支付的赔偿金额，保险人依照保险合同的约定给予赔偿。但因事故产生的善后工作，由被保险人负责处理。

机动车辆损失险与第三者责任险的责任免除为：自然磨损、朽蚀、故障、轮胎爆裂、地震、人工直接供油、自燃、高温烘烤、战争、军事冲突、暴乱、扣押、罚没、竞赛、测试、进厂修理，以及直接或间接由于计算机2 000年问题引起的损失等。

另外，机动车辆保险还有一系列附加险，如车上人员座位责任险等。

6. 船舶保险

船舶保险是指以各种船舶、水上装置及其碰撞责任为保险标的的保险。它是运输工具保险中的主要险种之一，一般分为内河船舶保险和远洋船舶保险。船舶保险一般采用定期保险单或航程保险单。

船舶保险的保险责任一般包括各种水上风险，具体有以下几项：海上灾害，即在海洋运输中所遭遇的恶劣天气、海啸、沉没、碰撞、火灾、爆炸等意外事故；船舶失踪，指船舶在海上航行，因遇大风或其他海难中失踪且通过委请有关方面进行搜寻，仍无法确定船舶去向和下落，只要超过规定时间，即可按推定全损处理；碰撞与碰撞责任，是指船与船相碰、船与码头和其他固定建筑物碰撞等造成被保险船舶的损失。船舶碰撞责任则是由于航行疏忽或过失致使他人财产受损，在法律上应负的民事损害赔偿责任。对碰撞责任的划分一般有以下几种情况：一是不可抗拒力所致，如台风造成的失控，碰撞船舶与被碰撞船舶双方损害自负；二是由单方面过失所致，其损害赔偿责任应由过失方承担，这种情况大多发生在港内行使或锚泊等过程中；三是互有过失所致，其损害赔偿责任要按每一方的过失程度的比例，各自赔偿对方所受到的损失。对船舶碰撞的保险属于财产保险范围，对船舶碰撞责任的保险则属于责任保险的范畴。

共同海损是指在海上运输航行中，船方、货方及运方的利益在遭遇共同危险而存在损害时，为了共同安全，有意而合理地做出的特殊牺牲或支付的额外费用，称为共同海损。这种损失将由受益人即船方、货方或承运方按获救价值比例摊付。可以列入共同海损的项目有三大类：一是船舶在航行中遇险的情况下，有意而合理地做出的特殊牺牲，如抛弃货物以解除危险，这种牺牲应属于共同海损牺牲；二是船舶在航行中遭遇危险和意外事故，为使船只脱离危险状态而支付的额外费用，也应属于共同海损费用；三是如果能节省原应列为共同海损的费用，支付的费用可以作为代替费用列为共同海损。被保险船舶由于承保风险遭遇海难，依靠本船的力量无法摆脱困境，只好委请第三方给予协助，由此而发生的费用属于救助费用。

在船舶保险中，保险人一般不承保下列责任：战争、军事行动和政府征用；不具备适航条件；被保险人及其代表的故意行为；超载、浪损引起的事故损失；保险船舶的正常维修、油漆费用、磨损、朽蚀、本身故障；停航、停业及第三者间接损失；木船、水泥船的锚链（缆）、子船的单独损失；清理航道、清除污染的费用；保险船舶上的人员伤亡和货物损失，零星工具、备用材料、燃料及水、盐等给养品和船员的衣物、行李的损失等。

船舶保险的几项特殊规定条款如下。

- 姐妹船条款。姐妹船是指两条或数条船舶同属一个船东所有。姐妹船之间的碰撞或救助不构成法律责任，因此不产生赔偿责任或给付救助报酬的义务。但实际上同一船东的船舶相撞或救助总会造成一定的经济损失。为了补偿被保险人的经济损失，对姐妹船可视同分属两个船主所有，对它们之间发生的碰撞，按照裁定的责任负责赔偿，对它们之间产生的救助，也按照一定救助惯例支付救助费用，但这必须由仲裁人做出公断。
- 碰撞与碰撞责任条款。碰撞指被保险船舶发生碰撞事故后，保险人只承担其本身船舶的损失。碰撞责任指被保险船舶发生碰撞事故后，保险人对被碰撞船舶及其他物体应负的赔偿责任。
- 运河搁浅条款。保险人规定船舶在一些特定运河和运河联结点的搁浅不按搁浅论，如巴拿马、苏伊士、曼彻斯特运河等。
- 船舶出售条款。船舶保险不同于货物运输保险，该保险单不可以随保险标的的转让而自动转让，船舶保险单是记名保险单。条款规定：“被保险的船舶出售以后，如果不向保险公司申请过户，保险单的效力自行消失。但对在航行途中出售的船舶，保险公司应继续负责到船舶到达目的港为止。”

7．飞机保险

飞机保险是以飞机及其相关责任、利益为保险标的的保险。它是随着飞机制造业的发展，在海运险和人身意外伤害险的基础上发展起来的一个保险领域。飞机保险的险别大体可分为：机身保险、第三者责任保险、旅客责任保险、货物责任保险、战争险、劫持非法拘留险；其他与飞机有关的保险业务，如机场及操纵人员法定责任保险、产品法定责任险、机组人员人身意外保险、丧失使用保险、自动人身意外或承运责任保险等。飞机责任保险属责任保险范畴，但在传统习惯上一般仍归入与飞机有关的险别中。

机身保险即飞机损失或损坏险，承保包括机壳及其设备、仪器和特别安装的附件等项目，保险人可以根据保单列明的损失原因，承担被保险人遭受的直接损失；保险人也可以按照一切险的规定，负责赔偿造成的飞机意外损失或损坏。责任免除的内容主要有：飞机不符合适航条件而飞行；被保险人及其代理人的故意行为；飞机任何部件的自然磨损、制造及机械缺陷；为了非法目的而使用飞机；参加竞赛等飞行；除迫降外，在规定航线外的不合格的机场降落；战争、罢工、民变、劫持；不合格驾驶员驾驶飞机等。

飞机第三者责任保险承保投保人因对飞机享有所有权、占有权，非修保养或使用过程中，由于疏忽、过失或意外事故依法应负的有关飞机对地面、空中或机外的人造成意外伤害或死亡事故或财物损毁的损失赔偿责任，其性质与机动车辆第三者责任保险相似。飞机第三者责任保险包括由飞机或从飞机上坠人、坠物所造成的第三者人身伤亡或财产损失依法应由被保险人负责的经济赔偿责任，以及涉及被保险人的赔偿责任所引起的诉讼费用，均可由保险人负责赔偿。该项保险的除外责任有：战争和军事行动、飞机不适航而飞行、被保险人的故意行为、因飞机事故产生的善后工作所支出的费用、被保险人及其工作人员和本机上的旅客或其所有及代管的财产。凡由上述原因所导致的损失，保险人不予负责。飞机第三者责任保险的赔偿限额和保险费是根据不同的飞机类型而制定的。

旅客责任保险承保当乘客进入飞机，被载运或在降落时、或在庇护下的飞行过程中，由事故性原因而招致的身体伤害乃至死亡及财产损失，航空公司应当依法承担的损害赔偿责任。旅客责任保险的赔偿限额各种不一，我国一般规定高于陆上交通事故的同等损害赔偿标准。

货物责任保险也称承运人航空运输货物责任保险或空运货物赔偿责任保险，它是承保航运方在受托运送的货物遭受损失时依法应负的赔偿责任的一种责任保险。按现行《国际航空运输公约》的规定，航空承运人对所受托运的货物如在航空运送期间发生损毁灭失、延迟到货的损失，除非能被证明其本人及其代理人已采取措施防止损害，或确实无法进行损害防范，否则均应负赔偿责任。保险人承担责任与否，也以此为依据，并受保险合同的制约。

8．货物运输保险

货物运输保险是指以运输过程中的货物作为保险标的的，保险人承保因自然灾害或意外事故造成损失的一种保险。货物运输保险是随着海上贸易的发展而产生和发展起来的。进入现代社会后，货物运输出现了内河、航空、陆上、邮递等多种方式，货物运输保险也因此取得了全面的发展。货物运输保险有利于企业进行经济核算和促进货物运输的安全防损工作。

根据不同的标准可以将货物运输保险分为若干类别：按照运输工具分为五类，即水上运输险、陆上货运险、航空运输险、邮包险、联运险；按适用范围分为国内货物运输保险和涉外货物运输保险两种；按照保险人承担的责任可以分为基本保险和综合保险。

货物运输保险的责任范围包括基本责任、除外责任和附加或特约责任。货物运输保险承保的基本责任包括：火灾、爆炸、雷电、冰雹、暴风、暴雨、洪水、海啸、破坏性地震、地面突然塌陷、突发性滑坡、崖崩、泥石流；因运输工具发生火灾、爆炸、碰撞造成所载被保险货物的损失，以及运输工具在危险中发生卸载对所载货物造成的损失及支付的合理费用；在装货、卸货或转载时发生意外事故所造成的损失；利用船舶运输时，因船舶搁浅、触礁、倾覆、沉没或遇到码头坍塌所造成的损失；利用火车、汽车、大车、板车运输时，因车辆倾覆、出轨、隧道和码头坍塌或人力、畜力的失足所造成的损失；利用飞机运输时，因飞机遭受碰撞、倾覆、坠落、失踪（3 个月以上），在危险中发生卸载，以及遭受恶劣天气或其他危难事故，发生抛弃行为所造成的损失；在发生上述灾害或事故时，遭受盗窃或在纷乱中造成被保险货物的损失；在发生保险责任事故时，因施救或保护被保险货物支出的直接的合理费用。

货物运输保险的责任免除包括：被保险人的故意行为或过失；发货人不履行贸易合同规定的责任；保险责任开始前被保险货物早已存在的品质不良和数量短差；被保险货物的自然损耗、市价跌落和本质上的缺陷；货物发生保险责任范围内的损失，根据法律规定或有关约定应由承运人或第三者负责赔偿的部分；战争、军事行动、核辐射或核污染等。

附加或特约承保的责任分为一切险、单独附加险、综合险和特别附加险四种。一切险包括：偷窃、提货不着险，淡水雨淋险，短量险，混杂沾污险，渗漏险，碰撞破碎险，串味险，受潮受热险，钩损险，包装破裂险，锈损险等险种。

货物运输保险的期限具有航程性，责任起讫以约定的运输途程为准，即以被保险货物离开起运地点的仓库或储存处所开始，直至到达目的地收货人的仓库或储存处所时终止，一般没有固定的时间约束。

9．第三者综合责任保险

第三者综合责任保险是指被保险人以第三者依法应负的民事损害赔偿责任为保险标的的保险，属于责任保险范畴。

第三者综合责任保险规定，保险人同意代被保险人赔偿根据合同规定的被保险人有法定赔付责任的全部赔款。个人伤害责任，任何人遭受个人伤害、疾病，包括由此造成的任何时候的死亡的损害赔偿金，包括照顾费用和丧失工作的赔偿金；财产损坏责任，由一次事故引起的财产损坏或毁坏，包括由此而接替使用的赔偿金。双方同意在此提供的保险只限于本保险设项下的操作和与此操作有关的服务所引起的人身伤害、疾病、死亡，以及财产的损坏与毁坏。

本保险的责任免除是：由于战争（不包括战争计划）入侵、外来敌人的行为、敌对行为（不论宣战是否）、内战、反叛、革命、起义、兵变或政变造成的直接或间接的后果；在承保范围第1项下指明的被保险人的雇员在雇用期间的个人伤害和死亡；为被保险人所有、占有、租用的或由被保险人照料、看管、控制的财产和船只的损坏和毁坏、或被保险人的因某种原因进行实际控制的财产（不包括本保险项下承保的合同下的操作）；核辐射与核污染；因故意违法行为造成的索赔；非保险合同承保的作业引起的责任；钻探作业中的责任。

10．公众责任保险

公众责任保险又称普通责任保险。它主要承保被保险人在公共场所进行生产、经营或其他活动时，因发生意外事故而造成的他人人身伤亡或财产损失，依法应由被保险人承担的经济赔偿责任。投保人可就工厂、办公楼、旅馆、住宅、商店、医院、学校、影剧院、展览馆等各种公众活动的场所投保公众责任保险。该险所承保的公众责任有两个特征：一是致害人所损害的对象不是事先特定的某个人；二是损害行为对社会大众利益的损害。这种责任属于侵权责任范围。保险公司在公众责任保险中主要承担两部分责任：一是在被保险人造成他人人身伤亡或财产损失时，依法应承担的经济赔偿责任；二是在责任事故发生后，如果引起法律诉讼，由被保险人承担的相关的诉讼费支付责任。但保险公司的最高赔偿责任不超过保单上所规定的每次事故的赔偿限额或累计赔偿的限额。

公众责任保险适用的范围非常广泛，其业务复杂，险种众多。它主要包括场所责任保险、承运人责任保险和个人责任保险等。

（1）场所责任保险是公众责任保险中业务量最大的一个险别，它是公众责任保险的主要业务来源。根据场所的不同，它又可以进一步分为旅馆责任保险、电梯责任保险、车库责任保险、展览会责任保险、娱乐场所责任保险（如公园、动物园、影剧院、溜冰场、游乐场、青少年宫、俱乐部等）、商店责任保险、办公楼责任保险、学校责任保险、工厂责任保险、机场责任保险等若干具体险种。场所责任保险的承保方式通常是在普通公众责任保险单的基础上，加列场所责任保险条款独立承保，但也可以设计专门的场所责任保险合同予以承保。

（2）承包人责任保险承保的是各种建筑工程、安装工程、装卸作业和各类加工的承包人在进行承包合同项下的工作或其他作业时所造成的损害赔偿责任。承包人是指承包各种建筑工程、安装工程、装卸作业及承揽加工、定做、修缮、修理、印刷、设计、测绘、测试、广告等业务的法人或自然人。承包人责任的特点在于，责任产生于承包人从事受托工作即为他人工作的过程中。虽然行为人是承包人，但与之相联系的却是发包人和委托人的工程项目或加工作业等活动。因此，承包人有转嫁损害赔偿责任风险的必要。承包人责任保险的主要险种有建筑工程承包人责任保险和修船责任保险等。

（3）个人责任保险主要承保私人住宅及个人在日常生活中所造成的损害赔偿责任。任何个人或家庭都可以将自己或自己的所有物（动物或静物）或能造成损害他人利益的责任风险通过投保个人责任险而转移给保险人。主要的个人责任保险有住宅责任保险、综合个人保险和个人职业保险等。

公众责任险的责任免除包括：被保险人依照协议应该承担的责任；对正在为被保险人服务的任何人所遭受的伤害责任，此项责任属雇主责任保险的范围；被保险人或其雇用人员、代理会员所有的财产或由其照管或控制的财产，以及正在从事或一直从事工作的任何物品、土地、房屋或建筑；专门责任险、特约责任险和巨灾保险承保的责任；由于震动、移动或减弱支撑引起任何土地或财产或房屋的损害责任；战争、入侵、军事行动、敌对行为、内战、叛乱、革命、起义或篡权行为直接或间接引起的任何后果所致的责任。

公众责任险一般规定赔偿限额与免赔额。赔偿限额的规定主要有两种方法：一是规定每次事故的赔偿限额，无分项、无累计；二是规定每次事故的赔偿限额，并规定保险期限内的总赔偿金额。

11．雇主责任保险

雇主责任保险是指被保险人所雇用的员工，在受雇过程中从事保险单所载明的与被保险人的业务有关的工作时，因遭受意外事故而受伤、残废或因患有与业务有关的职业性疾病，所致伤残或死亡，被保险人根据法律或雇用合同，须负担医药费用及经济赔偿责任，包括应支出的诉讼费用，由保险人在规定的赔偿限额内负责赔偿的一种保险。

雇主责任保险通常规定以下责任免除：战争、类似战争行为、叛乱、罢工、暴动或由核子辐射所致的被雇用人员伤残或疾病；被雇用人员由于疾病、传染病、分娩、流产及因这些疾病而施行内外科治疗手术所致的伤残或死亡；由于被雇用人员自加伤害、自杀、犯罪行为、酗酒及无照驾驶各种机动车辆所致的伤残或死亡；被保险人的故意行为或重大过失；被保险人对其承包商雇用的员工的责任。

雇主责任保险的赔偿额度分为死亡和伤残两种情况。死亡按保单规定的最高赔偿额度办理。伤残又分为三种情况：永久丧失全部工作能力按保单规定的最高赔偿额度办理；永久丧失部分工作能力按受伤部位及程度，参照保单所规定的赔偿比率乘以保单规定的赔偿额度确定；暂时丧失工作能力超过 5 天的，经医生证明，按被雇用人员的工资给予赔偿。上述各项总的赔偿金额，最高不超过保单规定的赔偿限额。被雇用人员的月工资是按事故发生之日或经医生证明发生疾病之日该人员的前 12 个月的平均工资计算，不足 12 个月的按实际月数计算。

雇主责任保险还规定了两项附加险：附加医疗费保险和附加第三者责任保险。

附加医疗费保险是对被雇用人员在保险有效期内，不论遭受意外伤害与否，因患疾病（包括传染病、分娩、流产）所需医疗费用，包括治疗、医药、手术、住院费用的承保。除另有约定外，一般只限于在国内的医院或诊疗所治疗，并凭其出具的单证赔付。不论一次或多次赔偿，医疗费的最高赔偿金额每人累计以不超过附加医药费保险的金额为限。

12．产品责任保险

产品责任保险是指由于被保险人所生产、出售的产品或商品在承保区域内发生事故，造成使用、消费或操作该产品或商品的人或其他任何人的人身伤害、疾病、死亡或财产损失，依法应由被保险人负责时，保险公司在约定的赔偿限额内负责赔偿的一种保险。对被保险人应付索赔人的诉讼费用，以及经保险公司书面同意负责的诉讼及其他费用，保险公司也负责赔偿，但此项费用与责任赔偿金额之和以保险合同中列明的责任限额为限。如果被保险人或其代表漏报、错报、虚报或隐瞒有关保险的实质性内容，则保险合同无效。

产品责任保险通常对下列责任不负责赔偿：被保险人根据与他人的协议应承担的责任，但即使没有这种协议，被保险人仍应承担的责任；根据《劳动法》应由被保险人承担的责任；根据雇佣关系应由被保险人对雇员所承担的责任；保险产品本身的损失；产品退换回收的损失；被保险人所有、保管或控制的财产的损失；被保险人故意违法生产、出售的产品或商品造成的任何人身伤害、疾病、死亡或财产损失；保险产品造成的大气、土地及水污染及其他各种污染所引起的责任；保险产品造成对飞机或轮船的损害责任；由战争、类似战争行为、敌对行为、武装冲突、恐怖活动、谋反、政变，直接或间接引起的任何后果所致的责任；由罢工、暴动、民众骚乱或恶意行为直接或间接引起的直接或间接的责任；罚款、罚金、惩罚性赔款；保险合同中规定的应由被保险人自行负担的免赔额。

当发生保险合同承保的任何事故或诉讼时，未经保险人书面同意，被保险人或其代表对索赔方不得做出任何责任承诺或拒绝、出价、付款或赔偿。保险人有权以被保险人的名义接办对任何诉讼的抗辩或索赔的处理，有权以被保险人的名义，为保险人利益向任何责任方提出索赔的要求。未经保险人书面同意，被保险人不得接受责任方就有关损失做出的付款或赔偿安排或放弃对责任方的索赔权利，否则，由此引起的后果将由被保险人承担；诉讼或处理索赔过程中，保险人有权自行处理任何诉讼或解决任何索赔案件，被保险人有义务向保险人提供一切所需的资料和协助。

产品责任保险通常对索赔期限有如下规定：生产出售的同一批产品或商品，由于同样原因造成多人的人身伤害、疾病或死亡或多人的财产损失，应视为一次事故造成的损失。被保险人的索赔期限，从损失发生之日起，不得超过 2 年。当发生保险单所承保的任何事故时，被保险人或其代表应立即通知保险人，并在 7 天或经保险人书面同意延长的期限内以书面报告提供事故发生的经过、原因和损失程度；在预知可能引起诉讼时，立即以书面形式通知保险人，并在接到法院传票或其他法律文件后，立即将其送交保险人。

13．职业责任保险

职业责任保险是指承保各种专业技术人员由于工作上的疏忽或过失所造成合同一方或他人的人身伤害或财产损失的经济赔偿责任的保险。

职业责任保险的费率确定是一个非常复杂的问题。各种职业都有自身的风险与特点，因此也需要有不同的费率。一般来说，厘定职业责任保险的费率或收取职业责任保险的保险费，着重考虑下列因素：职业种类，指被保险人及其雇员所从事的专业技术工作；工作场所，指被保险人从事专业技术工作的所在地区；业务数量，指被保险人每年提供专业技术服务的数量、服务对象的多寡等；被保险人及其雇员的专业技术水平；被保险人及其雇员的工作责任心和个人品质；被保险人职业责任事故的历史统计资料及索赔、处理情况；赔偿限额、免赔额和其他承保条件等。在综合考虑上述因素以后，保险人制定出标准不一的保险费率，以适应各类专业技术人员投保不同的职业责任保险的需要。

在职业责任事故导致的索赔发生后，保险人应进行严格审查。如果确属保险人应当承担的责任事故损失，保险人应当按照合同迅速办理。一般而言，保险人承担的赔偿责任有赔偿金和法律费用两项。在赔偿金方面，保险人或者采取规定一个累计的赔偿限额，而不是规定每次事故赔偿限额的办法；或者采取规定每次事故赔偿限额而不规定累计限额办法。法律诉讼费用则在赔偿限额之外另行计算。如果被保险人最终赔偿金额超过了保险赔偿限额，则保险人只能按比例分担法律费用。

以被保险人从事的职业为依据，职业责任保险可以分为医疗责任保险、律师责任保险、代理人责任保险、经纪人责任保险、会计师责任保险、建筑物责任保险、设计师责任保险、兽医责任保险、教师责任保险等众多业务种类。这种划分是保险公司确定承保条件和保险费率的主要依据。医疗责任保险又称医生失职保险，它承保医务人员由于医疗事故而致病人死亡或伤残、病情加剧、痛苦增加等，受害人或其亲属要求赔偿的责任风险。这是职业责任保险中占主要地位的险种。律师责任保险承保被保险人作为一个律师在自己的能力范围内、职业服务中所发生的一切疏忽、错误或遗漏过失行为的责任风险。它包括一切侮辱、诽谤，以及赔偿被保险人在工作中发生的或造成的对第三者的人身伤害或财产损失。律师责任保险通常采用主保单（法律过失责任保险）和额外责任保险单（扩展限额）相结合的承保办法。此外，还有免赔额的规定，其除外责任一般包括被保险人的不诚实、欺诈犯罪、居心不良等。会计责任保险承保由于被保险人违反会计业务上应尽的责任和义务而使行他人遭受损害，依法应负的赔偿责任。这种赔偿责任仅仅限于金钱损害，不包括身体伤害、残废及实质财产的损毁。代理人及经纪人责任保险承保由于各种代理人、经纪人（股票、债券、保险等）业务上的错误、遗漏、疏忽或其他过失行为，致使他人遭受损害的经济赔偿责任。这项责任保险还可扩展承保保险代理人、保险经纪人对其保险人的责任，即由其未依照授权或指示而引起的保险公司的损失。

14. 出口信用保险

出口信用保险是在商品出口或相关经济活动中发生的，保险人（经营出口信用保险业务的保险公司）与被保险人（向国外买方提供信用的出口商或银行）签订的一种保险合同。根据该保险合同，被保险人向保险人缴纳保险费，保险人赔偿保险合同项下买方信用及相关因素引起的经济损失。出口信用保险有两种：一种是承保出口商的国外风险和对出口信贷的保险；另一种是卖方信用保险。

出口信贷保险一般由政府相关职能部门或政府指定的经营机构办理，在以下责任范围内，对本国出口商输出的商品和劳务提供保险：保险由于各种原因买方不能付款致使卖方遭受损失的风险；对银行的贷款提供全额偿还的担保；承担由于汇率的波动，而影响出口商以原值外汇向银行偿付贷款所带来的风险等。出口信贷保险可以免除买方不付款等所带来的风险，使其产品进入国际市场时不必承担由此风险所带来的经济损失，达到出口创收创汇的目的。

出口信贷保险的承保一般从对进口商的调查开始。因为出口合同中往往含有巨额货物的销售和重大工程项目，在承保过程中必须调查买方的资金状况和商业信誉。小型和中型工程产品贷款期限在 6 个月以上者，也必须以同样的方式进行调查。对进口商在向银行借款时所提供的合同要进行审查，必须在此基础上确认其资金和信誉。以分期付款方式出卖的消费性货物，期限达 6 个月的合同都要进行审查。出口信贷保险应坚持承保保密原则，保单持有人不应透露他所投保的有关事实，防止产生道德危险。因此，卖方应严守签订的保险合同的秘密性，这一点通常作为一个承保条件。

出口信用保险的费率分为短期费率和中长期费率。长期业务的费率既可按年支付，也可按日支付；承保特别业务和综合业务的费率，根据补充扩展保险条件由各个合同决定，主要在于经营业务所处的危险周期、市场等级，并不按年费率计算。出口信贷保险一般要求保单持有人将损失的一小部分作为自保，而且所有的出口信用承保人都有这种要求。

15. 保证保险

保证保险是由保险人为被保险人向权利人提供的担保业务。当被保险人的行为或不行为致使权利人遭受经济损失时，保险人负经济赔偿责任。

保证保险属于一项担保业务，由保险人为被保险人向权利人提供担保，因而保证保险不同于一般的保险业务。与一般保险业务相比，保证保险有如下特征。

（1）一般的保险合同是在投保人和保险人之间确定的。变更和终止民事权利义务关系的协议，通常不需要涉及第三方。而在保证保险中要涉及三个方面的当事人，即保证人、被保险人和权利人。

（2）保证保险合同是保险人对另一方的债务偿付、违约或失误承担附属性责任的书面承诺。

（3）当被保证人投保保证保险时，被保证人对保险人为其向权利人支付的任何赔偿，有返还给保险人的义务。

（4）保证保险承保的也是信用，保险人必须严格审查被保证人的资信。

（5）保险公司在承保一般保险业务时，都必须做好赔偿准备；而保证保险是一种担保业务，基本上是建立在无赔款基础上的。

保证保险的性质属担保业务，本身也即有保证书或担保函的意思。保证保险虽然名义上是保险，但实质上是担保业务即保险公司办理的具有保险色彩的、特定范围的保函业务。

16．航天保险

航天保险是指保险人对火箭和各种航天器在制造、发射和在轨运行中可能出现的各种风险造成的财产损失和人身伤亡给予保险赔付的一种保险。航天项目的保险根据航天项目进展的时间划分为：火箭和卫星的制造阶段的保险、发射前保险、发射保险和卫星在轨寿命保险。

制造阶段的保险分为火箭制造保险和卫星制造保险，保险方式与其他财产险相类似，主要承保的风险包括火箭和卫星制造和安装过程的风险及各零部件的测试风险。保险期限通常到火箭和卫星吊装至运输工具上准备运往发射基地时终止。这部分保险通常由火箭和卫星的和制造商购买。

发射前保险也分为火箭的发射前保险和卫星的发射前保险，主要承保包括火箭和卫星从制造场地运送到发射基地阶段、在基地暂时的储存阶段、火箭和卫星的对接阶段、火箭和卫星的燃料加注阶段，以及意向点火后发动机紧急关机或意向点火后火箭未脱离发射架臂的风险。

发射保险主要承保从火箭点火起飞开始将卫星送入预定轨道和卫星定点后实现在轨道测试直至交付使用为止阶段的风险。根据被保险人的要求，保单上通常规定保险期限可以从起飞开始至 180 天或 365 天或更长的时间。

卫星在轨寿命保险承保卫星在轨道运营期间的风险直至卫星寿命结束。保单通常规定保险期限为 1 年，根据卫星在轨道运营的情况逐年续转保单。

航天保险承保的每个阶段风险的起止点往往根据被保险人与火箭和卫星制造商之间合同规定的风险的转移点而确定，他们之间的合同通常是指卫星所有人与火箭制造商之间签订的发射服务合同和卫星制造商之间签订的卫星制造合同。

17．核电站保险

核电站保险是指保险公司为核电站项目提供的一揽子保险，核电站保险主要特点是技术难度高、价值高、风险高。

（1）海运险。通常规定，由业主进行投保，并以业主、主承包商、分承包商和由业主任命的各合作方为共同被保险人，对工程用物料、机器设备和租用设备从供货商仓库到运抵核电站工地的整个运输过程中，由于遭受自然灾害或意外事故（其中包括战争、罢工、暴动和民变等）等原因造成的损失购买保险。

（2）建安工程险。通常规定，在不影响商务合同各方的权利与义务的情况下，业主应以自己的费用购买建安工程险，并以业主、主承包商、分承包商和由业主任命的各合同方为共同被保险人。此种保险应以可自由兑换的货币作为投保币种，并以下列项目的重置价值为基础提供常规风险保险：在建工程；临时建筑物；施工用物料；机器设备；本合同中某条提及的租用设备；本合同中某条提及的项目；工地附近除机器设备外由业主所有的财产，其中包括工棚、临时工地用设施。

所购买的保险应以工程开工日或业主与承包商定的日期为保险起讫日，并以如下日期先发生者作为保险责任中止日：部分完工工程以该部分的验收证书签发为准；核燃料放入核反应堆之后，此后保险责任将在核物质损失险中获得保险；业主与承包商达成的保险中止日。

同时，此保险还应保障保证期间内在验收证书签发前的任何原因引起的损失，或由承包商在执行保证条款履行义务时引发的损失。

（3）第三者责任险。通常规定，在不影响商务合同各合同方的权利与义务的情况下，业主应以自己的费用开支购买保险，并以业主、主承包商和由业主任命的各合同方为共同被保险人。此第三者责任险保险标的是与建筑工地及其附近工程建设（包括工棚和临时工程用设备）有关的造成了第三者人身伤亡或财产损失的一种责任。

所购买的保险应以工程开工日或业主与承包商商定的日期为保险起讫日，并以保证期结束或业主与承包商达成的中止日期的先发生者作为保险责任中止日。

同时，规定此保险应提供的最低责任限额。

（4）雇主责任险。业主应以自己的费用购买雇主责任险或法定保险，保障雇员的利益。

（5）核责任险。业主同意在此条款项下赔偿并放弃对承包商、分包商、代理人及其代表造成的第三者责任的追偿权（除非在商务合同的其他条款中对此有相应的规定。），前提是第三者责任是由于在核电站工地或业主作为电站的营运人在运作电站中因核装置中的核燃烧导致的在中国境内的核事故而引发的一种责任。

由于上述事故导致对承包商、分包商、代理人及其代表索赔时，承包商等需立即告知业主，同时业主有权选择咨询顾问，代表其参与诉讼。

为使业主按上述条款规定获得足够的保障，业主应与中国核集团安排每次事故不得少于一定金额的保险保障。

根据该国法律，在选择业主、雇员、代理人、代表或培训人员到指定国学习之前，该国政府任命的电站操作人员应已购买该电站内发生的任何核事故造成第三者责任的保险，承包商应得到这一保险确认。

在由于上段所述情况所引起的对业主、其雇员、代理人及其代表或培训人员索赔时，业主应立即通知承包商。承包商有权选择咨询顾问，代其参与诉讼。

在此条款规定下赔偿时，应减除索赔原因错误而应自身承担的部分。

由于任何个人的故意行为而导致的核损失，在此条款下应免除赔偿责任。

（6）核物质损失险。通常规定，业主应为自身的利益选择是否投保核物质损失险。一旦此险种生效，业主应放弃对承包商、分包商、代理人及其代表由于核辐射风险及此保单保障风险造成财产损失的追偿。承包商应对由于自身的疏忽、过失、错误及有关错误设计、原材料缺陷及工艺不善等原因导致的核事故造成的工地上的财产损失承担一定的自留额，此责任直到所有保证期结束为止。

在核电站的建设期，核电站的建安工程险和常规电站的建安工程险没有实质上的区别，但是一旦试车开始，与核电站发电密切相关的核风险便开始了。在前期，保险标的包括用于核电站安装的所有部件和材料，而且从材料运抵核电站工地开始便进入保单的保障范围。保单为标准的建安工程险保单，除外责任也为建安工程险标准除外责任，如战争、民众骚乱、被保险人的恶意行为和重大过失、核风险等。在后期，保险标的的情况与前期很相似，唯一的区别是反应堆压力容器和内部设备部件以第一危险承保方式承保。而且，清除核污染费用也以第一危险承保方式承保。

通常情况，再保险分保合同总是将核风险予以除外。但是，对于核电站，如果在试车期发生损失，就有必有对受污染的部分进行清污处理，即发生所谓的清除核污染费用，但清除核污染费用在再保合同中是不予以保障的，因此，这些清除核污染费用应以第一危险承保方式承保，而且保险限额应以直接承保人和临分再保险人的净承保能力为限。

18．农业保险

农业保险是指由保险公司专门为农业生产者在从事种植和养殖业生产的过程中，因遭受自然灾害和意外事故造成的经济损失提供经济保障的一种保险。它是财产保险的重要组成部分。

农业保险的保险标的繁多，保险责任广泛，危险测定困难，损失测定复杂。因此，对农业保险进行分类就十分必要。目前，对农业保险分类方法有不同，可分为种植业保险、养殖业保险和林木保险；按危险性质的不同可分为自然灾害损失保险、疾病死亡保险和意外事故损失保险；按保险责任范围不同，可分为基本责任保险、综合责任保险和一切险。

我国农业保险有着广阔的发展前景，但由于农村面广分散，各地自然条件与经济条件差别很大，自然灾害和意外事故危险发生的条件不同，对农民的生产和生活带来的危害与影响情况也很复杂。所以，在试办农业保险过程中应不断摸索，总结经验。首先，设计制定农业保险的条款办法，要因地制宜，根据实际需要确定保险责任，有的可以承保单项危险责任，有的可以承保几种以上的综合责任，有的还可以列为特约的危险责任。根据农业生产的特点，农业保险的可保利益只能以实际价值和正常情况下年产品产量为最高限度。为使被保险人能注意加强生产管理。一般来说，以只保生产成果的一部分价值为宜。例如，牲畜保险的保险金额一般只保实际价值的七成，农作物保险的保险金额一般只保作物常年产量的 60%，其余部分由被保险人自保。其次，要按照“收支平衡，略留后备”的原则制定农业保险的费率。农业保险的费率关系到国家、集体、农民三方面的经济利益，政策性很强，直接影响着农业保险的发展。费率过高，会增加农民的负担；费率过低，则要影响保险公司的赔付能力和经营的稳定性。因此，制定费率时，必须在深入调查研究的基础上，力求准确并接近实际损失率。制定业务费用附加费率时，要本着节约可靠的精神来确定。同时，费率开价要因地制宜，具有灵活性，并能根据业务经营情况适时加减。

思考与练习

1. 单项选择

（1）以投保时保险标的实际价值或估计价值作为保险价值，其保险金额按保险价值来确定，这种保险被称为（　　）。

A. 不定值保险　　B. 定值保险

C. 定额保险　　D. 超额保险

（2）在抵押贷款的财产保险时，银行以抵押权人名义对抵押品房屋投保，如果银行贷款 10 万元，房屋价值 13 万元，保险金额为 12 万元，则保险人对被保险人的赔偿金额为（　　）。

A. 10 万元　　B. 13 万元　　C. 12 万元　　D. 不予赔偿

（3）某企业投保企业财产险，保险金额为 100 万元，出险时保险财产的保险价值为 120 万元，实际遭受损失 30 万元，保险人应赔偿（　　）。

A. 100 万元　　B. 120 万元　　C. 30 万元　　D. 25 万元

（4）某企业投保企业财产险，保险金额为 100 万元，出险时保险财产的保险价值为 80 万元，当发生全损时，保险人应赔偿（　　）。

A. 100 万元　　B. 80 万元　　C. 30 万元　　D. 20 万元

2. 多项选择

（1）企业财产保险承保的保险标的范围包括（　　）。

A. 属于被保险人所有或与他人共有而由被保险人负责的财产

B. 由被保险人经营管理或替他人保管的财产

C. 具有其他法律上承认的、与被保险人有经济利害关系的财产

D. 土地、矿藏、矿井、矿坑、森林、水产资源及文件、账册、图表、技术资料等

E. 货币、票证、有价证券

（2）企业财产保险基本的保险责任包括（　　）。

A. 由于火灾、雷击、爆炸、飞行物体及其他空中运行物体坠落造成保险标的的损失

B. 被保险人所有的自用的供电、供水、供气设备因保险事故遭受损坏，引起停电、停水、停气以致造成保险标的的直接损失

C. 在发生保险事故时，为抢救保险标的或防止灾害蔓延，采取合理的必要的措施而造成保险标的的损失

D. 保险事故发生后，被保险人为防止或减少保险标的的损失所支付的必要的、合理的费用

E．暴雨、洪水、台风、暴风、龙卷风、雪灾、雹灾、冰凌、泥石流、崖崩、突发性滑坡、地面下陷下沉等原因而造成保险标的的损失

3．简答题

（1）企业财产保险承保的保险标的包括哪些内容?

（2）企业财产保险的基本险、综合险的责任范围是什么?

（3）如何确定车辆损失险的保险金额?

（4）车辆损失的赔偿处理是如何计算的?

（5）机动车辆第三者责任险中的“第三者”是如何定义的?

（6）我国的海上运输货物保险条款对于责任起讫是如何规定的?

（7）定值保险和不定值保险之间的主要区别是什么?

（8）什么叫责任保险?独立承保的责任保险包括哪几类?

（9）信用保险与保证保险的区别主要有哪些?

案例分析

1．张某拥有50万元的家庭财产，向保险公司投保家庭财产保险，保险金额为40万元。在保险期间张某家中失火，当:

（1）财产损失10万元时，保险公司应赔偿多少?

（2）财产损失45万元时，保险公司又应赔偿多少?

评析：

（1）因为第一危险赔偿方式是保险金额范围内的损失均予以赔偿。该保险金额范围内的损失（或第一危险）为10万元，所以保险公司应当赔偿10万元。

（2）保险公司应当赔偿40万元。

该保险金额范围内的损失（或第一危险）为40万元。超过保险金额的部分为第二危险，保险公司不承担赔偿责任。

因为家庭财产保险采用的是第一损失保险而非不定值保险，所以不能采取比例赔偿的方式。也就是说，不论保险金额与全部财产价值的大小关系如何，只要损失金额小于保险金额，保险人就按实际损失赔偿。因此，当家庭财产损失10万元时，损失金额小于40万元的保险金额，保险公司应赔偿10万元；当损失金额大于保险金额时，保险人的赔款就是保险金额。因此，当家庭财产损失45万元时，损失金额大于40万元的保险金额，保险公司只赔偿40万元。

2．某企业投保企业财产保险，保险金额为100万元。在保险期间发生火灾，当:

（1）绝对免赔率为5%，财产损失2万元时，保险公司应赔偿多少?

（2）绝对免赔率为5%，财产损失8万元时，保险公司应赔偿多少?

（3）相对免赔率为5%，财产损失8万元时，保险公司应赔偿多少？

评析：

（1）因为采用了绝对免赔率，当保险事故损失小于免赔额即100万元×5%=5万元时，保险人不负责赔偿。所以，当企业财产损失2万元时，保险公司不赔偿。

（2）因为采用了绝对免赔率，当保险事故损失大于或等于免赔额即5万元时，保险人承担的赔偿责任等于实际损失减去免赔额后剩余的差额，即超出免赔额的部分。所以，当企业财产损失8万元时，保险公司只负责赔偿8万元–5万元=3万元。

（3）因为采用了相对免赔率，当保险事故损失小于免赔额即100万元×5%=5万元时，保险人不负责赔偿；当保险事故损失大于或等于免赔额即5万元时，保险人负责赔偿全部损失。所以，当企业财产损失8万元时，保险公司赔偿8万元。

3．有一批货物出口，货主投保货运险，按投保时实际价值与保险人约定保险价值24万元，保险金额也为24万元，后货物在运输途中出险，出险时当地完好市价为20万元。问如果货物全损，保险人如何赔偿？赔多少？如果部分损失，将受损货物在当地处理后出售获得6万元价款，则保险人如何赔偿？赔多少？

评析：

（1）按照定值保险的规定，发生保险事故时，以约定的保险金额为赔偿金额。因此，保险人应当按保险金额赔偿，其赔偿金额为24万元。

（2）保险人按比例赔偿方式。

赔偿金额=保险金额×损失程度=24×（24–6）/24=18（万元）

4．若某保险公司承保某企业财产保险，其保险金额为4 800万元，在保险合同有效期内的某日发生了火灾，损失金额为600万元，出险时财产实际价值为6 000万元。试计算其赔偿金额，并指出该保险是超额保险还是不足额保险。

评析：保险公司赔偿金额=损失金额×保险保障程度=600×4 800/6 000=480（万元）。因为该保险为不足额保险，所以采用比例赔偿方式。

5．某日，甲、乙两车相撞，经交通管理部门裁定：甲车车损10万元，医疗费12万元，货物损失18万元；乙车车损22万元，医疗费5万元，货物损失13万元。甲车负主要责任，承担经济损失的70%；乙车负次要责任，承担经济损失的30%。该两辆车均投保了车辆损失险和第三者责任险，甲车在A保险公司投保了保险金额为16万元的车辆损失险、赔偿限额为50万元的第三者责任险；乙车在B保险公司投保了保险金额为20万元的车辆损失险，赔偿限额为20万元的第三者责任险。试分别计算A、B保险公司对甲、乙两车的被保险人各应承担赔偿金额。

评析：

车险案例分析时应注意四个要点：明确各保险公司所承保的险种；明确各险种的保险责任范围；明确所保车辆的责任比例；明确各种责任比例对应的免赔率规定。

A 保险公司应赔偿的：

（1）车辆损失险赔偿金额=甲车车损×甲车责任比例×（1–免赔率）

=10×70%×（1–15%）=5.95（万元）

（2）第三者责任险赔偿金额=（乙车车损+乙车医疗费+乙车货物损失）×甲车责任比例×（1–免赔率）=（22+5+13）×70%×（1–15%）=23.8（万元）

B 保险公司应赔偿的：

（1）车辆损失险赔偿金额=乙车车损×乙车责任比例×（1–免赔率）

=22×30%×（1–5%）=5.28（万元）

（2）第三者责任险赔偿金额=（甲车车损+甲车医疗费+甲车货物损失）×乙车责任比例×（1–免赔率）=（10+12+18）×30%×（1–5%）=11.4（万元）

6．刘某 1999 年 9 月 8 日购买一栋房屋，购买价格 240 万元，同月 18 日，刘某向 A 保险公司购买了保险金额 240 万元的房屋保险，保险期限为 1 年，并于当日交清了保险费。2000 年 3 月 15 日，刘某将该房屋以 230 万元的价格卖给李某，刘某并没有经 A 保险公司办理批单手续，也没有告知该保险公司。2000 年 5 月 16 日，因意外事故发生火灾。刘某向 A 保险公司索赔，保险公司拒赔，为什么？若李某向 A 保险公司索赔，保险公司是否赔偿？为什么？

评析：

保险公司应当拒赔。因为刘某将该房屋出售给李某，但未到保险公司办理过户批改手续。所以，刘某作为原保单的被保险人，已经失去对保险标的的保险利益，保险公司对其拒赔是理所当然的。李某虽然是房屋的所有者，也蒙受损失，但他并不是保险合同的当事人，与保险公司之间不存在保险关系，也无权向保险公司索赔。

第 5 章

人身保险基础

本章重点

- 了解人身保险的概念与人寿保险保险费的计算原理；
- 掌握死亡保险、生存保险、两全保险、年金保险、医疗保险与意外伤害保险等传统保险；
- 理解分红保险、投资连结保险与万能保险等新型保险。

5.1 人身保险概述

5.1.1 人身保险的概念

人身保险是指以人的生命和身体为保险标的，当被保险人发生死亡、伤残、疾病、年老等事故或保险期满时给付保险金的保险。当人的生命作为保险标的时，保险以生存和死亡两种状态存在。在定期保险中，如果被保险人在保险期间内死亡，根据保险合同有关条款，保险人给付保险金；在生存保险中，如果被保险人生存至某一约定时点，则保险人给付保险金。当人的身体作为保险标的时，保险以人的健康和生理能力、劳动能力等状态存在。在健康保险中，如果被保险人的身体遭受疾病或意外伤害而导致损失，根据保险合同，保险人给付保险金。

人身保险的保险责任包括生、老、病、死、伤、残等各个方面。这些保险责任不仅包括人们在日常生活中可能遭受的意外伤害、疾病、衰老、死亡等各种不幸事故，而且包括与保险人约定的生存期满等事件。

人身保险的给付条件是，当被保险人遭受保险合同范围内的保险事件，并由此导致死亡、伤残、疾病、丧失工作能力或保险期满、年老退休时，保险人根据保险合同的有关条款，向被保险人或受益人给付保险金。

人身保险与财产保险相比具有一定的特殊性，主要表现在以下几个方面。

1．保险金额的确定

人身保险的保险标的是人的生命和身体，而人的生命或身体不是商品，不能用货币衡量其实际价值大小，因此保险金额的确定不能用财产保险方法衡量，主要有生命价值确定方法和人身保险设计方法。一般情况下，保险金额由投保人和保险人共同约定，其确定取决于投保人的设计需要和交费能力。

2. 保险金的给付

人身保险属于定额给付性保险（个别险种除外，如医疗保险可以是补偿性保险），保险事故发生时，被保险人既可以有经济上的损失，也可以没有经济上的损失，即使有经济上的损失，也不一定能用货币来衡量。因此，人身保险不适用补偿原则，也不存在财产保险中比例分摊和代位追偿原则的问题。被保险人可同时持有若干份相同的有效保单，保险事故发生后，即可从若干保单同时获得保险金。如果保险事故是由第三方造成，并依法应由第三方承担赔偿责任，那么被保险人可以同时获得保险人支付的保险金和第三方支付的赔偿金，保险人不能向第三方代位追偿。

3. 保险利益的确定

人身保险的保险利益不同于财产保险，主要表现如下。

（1）在财产保险中，保险利益具有量的规定性；而在人身保险中，人的生命或身体是无价的，保险利益也不能用货币估算。因此，人身保险没有金额上的限制。

（2）在财产保险中，保险利益不仅是订立合同的前提条件，而且是维持合同效力、保险人支付赔款的条件；而在人身保险中，保险利益只是订立合同的前提条件，并不是维持合同效力、保险人给付保险金的条件。

4. 具有长期性

财产保险如火险等保险期间大多为 1 年，而人身保险大都为长期性保单，长则十几年、几十年或人的一生。

5. 具有储蓄性

财产保险的保险期间一般较短，根据大数法则，在保险期间（有些情况例外，如保险期间内无法确定损失程度等），保险人向同一保单的所有投保人收取的纯保险费等于保险人的赔付总额。因此，保险人无法将纯保险费用于长期投资，财产保险不具有储蓄性。人身保险，尤其是人寿保险，具有明显的储蓄性。一般而言，人寿保险期间较长，采取了不同于自然保险费的均衡保险费的交费方法，这使得在投保后的一定时期内，投保人交付的纯保险费大于自然纯保险费，对于投保人早期交付的纯保险费大于自然纯保险费的部分，保险人可以充分利用，并且获得投资收益。被保险人或投保人在保单生效的一定时间后，就可以对其保单享有一定的储蓄利益，如保单贷款、领取退保金或其他选择。

人寿保险具有储蓄性，但不是说明人寿保险完全等同于储蓄，它与银行储蓄相比，有着较大差别，其主要表现为以下几个方面。

（1）对象不同。储蓄的对象可以是任何单位或个人，没有特殊条件的约束；而人寿保险的对象必须符合保险人的承保条件，经过核保可能会使一些人被拒保或有条件地承保。

（2）技术要求不同。人寿保险集合众多单位和个人面临的同质风险分摊少数单位和个人发生的损失，需要复杂的精算技术；而储蓄则是使用本金加利息的公式，无须特殊的计算技术。

（3）受益期间不同。人寿保险在合同约定期间，无论何时发生保险事故，受益人均可以得到约定的保险金；而储蓄只有累积了一定的期间，才能得到预期的利益，即储存的本金及利息。

（4）行为性质不同。人寿保险利用多数投保人缴纳的保险费建立的保险基金对遭受损失的被保险人提供补偿或给付，是一种互助行为；而储蓄所得就是本人储存的本金及利息，对每个储户都是如此，是一种自助行为。

（5）主要目的不同。人寿保险的主要目的是应付各种风险事故造成的经济损失和给付保险金；而储蓄的主要目的是为了获得利息收入。

5.1.2 人寿保险保险费的计算

人寿保险保险费通常包括两部分：一是纯保险费，用于保险事故发生时保险金的给付；二是附加保险费，主要用于各项管理费用，佣金（个人业务）或手续费（团体业务）支出，其中包括应付精算统计及计算等方面偏差的安全费和预定利润。保险费与保险费率不同，后者是每单位保险金额的保险费，前者是某一保险单所应交的总费，如费率为 0.18%，1 万元保险金额的保险单，应交 18 元保险费。保险费与保险费率的关系为：保险费=保险费率×保险金额。人寿险保险费的计算，即人寿保险价格的确定，与其他工商业产品的定价相比，显得较为复杂。一般企业在决定其产品价格时，以各项已知的成本为根据，易于计算，消费者也容易理解。而人保险价格的确定，是基于地区经营的统计资料，依据大数法则，推算将来可能的各项成本，如被保险人群死亡率或生存率，保险资金运用的回报率及附加费用等，这些工作均涉及一些数理、精算方面的知识，比较专业，一般由公司的精算人员完成，因而有监管的必要。《保险法》第一百零六条规定保险公司拟订的保险费率必须报保险监管机关备案的制度，目的是限制保险公司利用其专业优势，制定不合理的保险费，保护消费者的利益。

人寿保险以被保险人的死亡或生存为保险事故，因此，表示被保险人群死亡率及生存率的表格，即寿险业经验生命表是人寿险保险费计算的重要基础。1996 年 6 月 23 日，我国保险监管机关颁布了第一个《中国人寿保险业经验生命表（1990—1993）》，规定“从 1997 年 4 月 1 日起，在我国境内开展人寿保险业务的保险公司应当统一使用《中国人寿保险业经验生命表（1990—1993）》计算人寿保险费率、责任准备金及退保金”，从此结束了我国境内保险公司长期以来使用日本国民死亡表和我国台湾地区居民生命表的历史。目前，美国人寿保险业，大多采用 1980 年标准生命表，其他国家也均有自编的生命表作为人寿险保险费计算的基础。随着医疗水平的提高，人们生活的改善，死亡率也会下降，因此，生命表经过一段时间后，必须做适度修正。除预定死亡率或生存率外，人寿险大多为长期性合同，在未给付保险金之前，其累积的保险费必须做适当的运用，因此，人寿保险费的计算，理应考虑寿险资金运用预定回报率，即预定利率这个重要因素。一般来说，预定利率越高，人寿保险费率越低，而不成熟的市场往往有预定利率恶性竞争、相互攀高的趋向。有鉴于此，保监会目前规定人寿险年预定利率不得高于 2.5%，对于将来实际的投资回报率与预定利率之间可能的差距，保险公司可以设计分红寿保险单，以保单红利方式分配给投保人共享。此外，保监会对确定人寿险附加保险费的附加费用率上限分险种做了详细的规定，以确保被保险人的利益。

人寿险保险费的计算，简而言之，遵循收支相等的原则，即保险公司所收得纯保险费的总额应与其给付保险金的总额相等，用公司表示为：$Ln\times P=r\times Z$（P 为纯保险费，Ln 为期初生存的被保险人数，r 为领取保险金人数，Z 为保险金）。

我们用人寿保险最简单的 1 年期定期死亡保险为例，说明其纯保险费的计算。假设 100 万名 10 岁儿童购买保险金额 10 万元的 1 年期定期死亡保险，按中国生命表，年内有 1966 人死亡，要求计算每人应交的纯保险费 P。为简化起见，我们不考虑预定利率，根据对等原则，

$$P\times 1\ 000\ 000=1\ 966\times 100\ 000 P=196.6\text{（元）}$$

由此可知，就发生保险事故的一群人而言，付出 196.6 元纯保险费领取 10 万元保险金，而未发生保险事故的其余人虽然交了保险费，可是分文未领。这就是说，就全体而言，其收支是相等的，但就团体的每个人来说，其收支并不相等。这是保险技术的基本原理。

在计算人寿险保险费时，还应遵循四个原则。

- 适当性原则。人寿险保险费主要用于保险金给付和经营所需的各类费用，保险费是否适当，除尽量节省经营费用的开支，提高资金支用回报率外，还应使预定的事故发生率（生命表）与实际情况相符。如果太低，将使保险公司的保险基金不足，导致经营困难。反之，如果过高，则加重投保的负担，使保险公司获得不当利益。
- 公正性原则。每个投保人所交保险费，应与保险公司承担保险责任彼此相当，公正无偏。这个原则实际操作难度较大，原因是保险标的很难有两个完全相同的，除非个别计算，但这样做一方面不现实，另一方面又与保险大数法则相悖。所以，公正性原则通常在大数法则的条件下，力求其完美。
- 稳定性原则。人寿险保险费制定实施后，应在相当时期内保持稳定，不宜随便变动，以免投保的负担不确定。
- 融通性原则。随着经济繁荣，医疗和生活水平的提高，实际事故发生率与预定的事故发生率之间的偏差会越来越大，理应在一定时期后，根据实际统计资料进行必要的调整，以符合适当性和公正性原则。融通性原则与稳定性原则实际上是一致的，即在短期内要注意保险费率的稳定，稳定一定时期后应有必要的调整。

5.2 人身保险的分类及种类

5.2.1 人身保险的分类

人们需求的多样性及变动性，决定了人身保险险种的多样性。对于众多的人身保险险种，如何进行科学的归类，世界上还没有形成一个固定的原则和统一的标准。实际上人身保险险种的归类，在不同的场合根据不同的要求，从各个角度可以有不同的分法。目前主要有下列几种分类方法。

1. 按保险责任分类

按照保险责任的不同，人身保险可以分为人寿保险、人身意外伤害保险和健康保险。

（1）人寿保险。人寿即人的寿命，人寿保险是以被保险人的生命为保险标的，以被保险人的生存或死亡为保险事故的人身保险。在实务中，人们习惯把人寿保险分为定期寿险、终身寿险、两全保险和年金保险。人寿保险是人身保险中最重要的部分。

（2）人身意外伤害保险。人身意外伤害保险简称意外伤害保险。意外伤害是指在人们没有预见到或违背被保险人意愿的情况下，突然发生的外来致害物对被保险人的身体明显、剧烈的侵害的客观事实。意外伤害保险是以被保险人因遭受意外事故造成的死亡或伤残为保险事故的人身保险。在全部人身保险业务中，意外伤害保险只需支付少量保险费就可获得高保障，投保简便，无须体检，所以承保人次较多，如旅行意外伤害保险、航空意外伤害保险等。

（3）健康保险。健康保险是以被保险人的身体为保险标的，保证被保险人在疾病或意外事故所致伤害时的费用或损失获得补偿的一种人身保险，包括重大疾病保险、住院医疗保险、手术保险、意外伤害医疗保险、收入损失保险等。

2. 按保险期间分类

按照保险期间分类，人身保险可分为保险期间1年以上的长期业务和保险期间1年以下（含1年）的短期业务。其中，人寿保险中大多数业务为长期业务，如终身保险、两年保险、年金保险等，其保险期间长达十几年、几十年，甚至终身，同时这类保险储蓄性也较强；而人身保险中的意外伤害保险和健康保险及人寿保险中的定期保险大多为短期业务，其保险期间为1年或几个月，这类业务储蓄性较低，保单的现金价值较小。

3. 按承保方式分类

按照承保方式分类，人身保险可分为团体保险和个人保险。团体保险是指一张保单为某一单位的所有员工或其中的大多数员工（保监会规定至少75%以上的员工，且绝对人数不少于8人）提供保障的保险。团体保险又可分为团体人寿保险、团体年金保险、团体健康保险等。个人保险是指一张保单只为一个人或为一个家庭提供保障的保险。

4. 按是否分红分类

按是否分红分类，人寿保险可以分为分红保险和不分红保险。分红保险是指保险公司将其实际经营成果优于保守定价假设的盈余，按一定比例向保单持有人分配的人寿保险。这种保单最初仅限于相互保险公司签发，但现在股份制保险公司也可采用。一般来说，在分红保险保险费计算中，预定利率、预定死亡率及预定费用率的假设较为保守，均附加了较大的安全系数，因而保险费相对较高，公司理应将其实际经济成果优于保守假设的盈余以红利的方式返还一部分给保单持有人。而在不分红保单中，所附安全系数较小，因为这种保单的成本结余，不能事后退还保单持有人，同时为业务竞争的需要，保险费的计收必须反映提供保险的实际成本。因此，不分红保险的正常利润，仅以红利分配给股东或提存准备金。

除上述分类外，人身保险还可按设计类型分为万能保险和投资连结保险等。

5.2.2 传统人身保险的种类

传统人身保险险种主要有以下几类。

1. 死亡保险

死亡保险是指以人的死亡为保险事故，在事故发生时，由保险人给付一定保险金额的保险。死亡保险目的是避免由于被保险人死亡而使其家属或依赖其收入生活的人陷于困境。

死亡保险根据保险期间的不同，可分为定期死亡保险和终身死亡保险。

定期死亡保险习惯上称为定期保险，是指在保险合同约定的期间内，被保险人如发生死亡事故，保险人依照保险合同的规定给付保险金。如果被保险人在保险期间届满时仍然生存，保险合同即行终止，保险人无给付义务，也不退还已交的保险费。

定期保险的保险期间，通常为 1 年期、5 年期、10 年期、15 年期、20 年期或 30 年期。一般来说，定期保险的被保险人在合同期满时不超过 65 周岁。保险人也可应投保人的要求，为特定的被保险人提供保险期间短于 1 年的定期保险，如保险期间为几个月或几个星期的定期保险。

定期保险的保险条款大多规定，保险人承担的保险责任自保险人同意承保、收取首期保险费并签发保单的次日零时开始，至合同约定终止时止。

由于定期的保险费主要是依据被保险人的死亡概率计算出来的，储蓄因素极少，且保险人承担死亡风险责任的期限是确定的，在保险金额相等的条件下，定期保险的保险费低于其他任何一种人寿保险，从而投保定期保险可以以较低廉的保险费获得较大的保障。正因如此，定期保险的逆选择风险较大。当被保险人在感到或已存在身体不适或有较大风险存在时，往往会投保较大金额的定期保险。为了控制风险责任，保证经营的稳定，保险公司往往要对被保险人进行严格的核保，如对高额保险的被保险人进行严格的体检，对从事危险工作或身体状况略差的被保险人适用较高费率。

终身死亡保险简称为终身寿险或终身保险，是一种不定期的死亡保险。终身保险的保险期间自保险合同生效时起至被保险人死亡时为止，保险人须对被保险人的终身负责，不论被保险人何时死亡，保险人均依照保险合同的规定给付死亡保险金。通常被保险人的年龄以 100 岁或 105 岁为限，若被保险人在 100 岁或 105 岁时仍生存，也可以领取终身保险金。终身死亡保险的最大优点是使被保险人得到永久性的保障。

终身寿险按照交费方式又可分为普通终身寿险、限期交费终身寿险和趸交终身寿险。

普通终身寿险也称终身交费终身寿险。投保人按照合同规定定期缴纳保险费（通常为按年缴纳，也可按每半年或每季、月缴纳），直至被保险人身故。

限期交费终身寿险是指投保人按照保险合同约定的交费期间按期缴纳保险费的一种终身寿险。一般有两种情形：一是交费期间约定为 10 年、15 年或 20 年，由投保人自行选择；二是缴纳期限定为被保险人年满 60 岁或 65 岁时止。在同一保险金额下，交费期越长，投保人每次缴纳的保险费越少，反之亦然。在终身保险中，投保限期交费终身寿险的人较多。

趸交终身寿险是指投保人在投保时一次性交清全部保险费。趸交终身寿险可以避免因停交费而致保单失效的情况发生，但由于保险费需一次交清，因此金额较大。

无论定期保险或终身寿险，保险人并非对所有原因造成的被保险人的死亡都承担给付。保单中对不承担给付责任的除外责任做了明确说明，如投保人、受益人故意伤害、杀害被保险人；被保险人故意犯罪或拒捕、故意自伤；被保险人服用、吸食或注射毒品；被保险人在合同生效或复效之日起两年内自杀；战争、军事行动、暴乱或武装叛乱；核爆炸、核辐射或核污染等。

2．生存保险

生存保险是指被保险人如果在保险期间届满时仍然生存，保险人依照保险合同的约定给付保险金。

生存保险是以被保险人在合同约定期间届满时生存为给付条件的，如果被保险人在保险期内死亡，保险人不承担保险责任，并且不退回投保所缴纳的保险费。因此，保险人依照保险合同规定给付生存者的保险金，不仅包括其本人所交的保险费及保险费所产生的利息，而且包括保险期内死亡者所缴纳的保险费及保险费所产生的利息。

生存保险的主要目的，是为一定时期之后被保险人可以领取一笔保险金，以满足其生活等方面的需要。例如，为子女投保子女教育保险，可以使子女在读大学时有一笔教育基金。

3．两全保险

两全保险又称生死合险，是指被保险人在保险合同约定的保险期间内死亡，或在保险期间届满仍生存时，保险人按照保险合同均承担给付保险金责任的人寿保险。两全保险的死亡保险金和生存保险金可以不同，当被保险人在保险期间内死亡时，保险人按合同规定将死亡保险金支付给受益人，保险合同终止；若被保险人生存至保险期间届满，保险人将生存保险金支付给被保险人。

任何两全保险单中都载明一个到期日。如果被保险人至到期日仍然生存，保险人应将保险单规定的保险金额支付给被保险人。两全保险的期满日既可以是特定的年龄，也可以是某一特定时期的结束日。例如，一张 20 年期的两全保险单的到期日是自该保单生效之日起满 20 年止。投保此类保险的人，除了希望在保险期内获得保险保障，还想以储蓄为目的，期望在一定时期后有一笔较大收入用于特定目的支出。两全保险的到期日也可为被保险人生存至 60 岁或 65 岁止。这种类型适合于那些既想在保险期间内获得保障，又想在年老退休后取得可观保险金的人。被保险人生存至期满日或在期满日前死亡，两全保险都将支付固定的金额。

两全保险具有保障性和储蓄性的双重功能。首先，两全保险对被保险人在保险合同约定的保险期间内可能发生的死亡事故提供保险保障。其次，两全保险在保险期限内不断积存现金价值。因为两全保险通常也采用均衡保险制，保险人早期收取的保险费大于其用于赔付的部分，超过的部分不断积累起来构成准备金用于以后的支付。在两全保险中，积累起来的准备金在保险期间届满时将等于保险金额。因此，两全保险具有很强的储蓄功能。正因为两全保险承担了双重的保险责任，生死合险的保险费率要比单纯的生存保险或死亡保险高。

目前两全保险的业务种类很多，主要如下。

- 普通两全保险，即无论被保险人在保险有效期死亡或生存至保险期满，保险人都给付保险金。
- 双倍两全保险，即被保险人如果在保险期间届满时生存，保险人给付一倍的保险金；若被保险人在保险有效期内死亡，保险人给付两倍的保险金。
- 养老附加定期保险，即被保险人如果在保险期间届满时生存，保险人给付一倍保险金额的保险金；如果被保险人在保险期间内死亡，保险人按照生存保险金的若干倍给付保险金。
- 联合两全保险，即由两人或两人以上联合投保的两全保险。在保险期内，联合被保险人中的任何一人死亡时，保险人给付全部保险金，保险即终止；如果在保险期限内，联合被保险人中无一人死亡，保险期限届满时保险人也给付保险金，保险金由全体被保险人共同受领。

4．年金保险

年金保险是指在被保险人生存期间或一特定期间，保险人按合同约定定期向被保险人或其他年金受益人给付保险金的人寿保险。为与两全保险区别，通常规定连续两次年金给付的时间间隔不超过 1 年（含 1 年）。

年金保险因其在保险金的给付上采用每年定期支付的形式而得名，通常以被保险人的生存为条件，从支付首期年金开始，只要被保险人生存，保险人即按月或季、半年、年给付年金直至保险期满或保险人死亡时止。一旦被保险人在领取期内身故，年金即停止支付。如果被保险人在交费期内身故，保险人通常将保单项下的保险费累积支付给受益人。还有一种不确定年金，年金支付期间完全是事先确定的，其计算基础只有预定利率和预定费用率，没有考虑生存率。

此年金保险在合同约定期间，无论被保险人是否生存，都将支付年金。

与死亡保险不同，参加年金保险的被保险人通常是身体健康、预期寿命长的人，因此无论团体投保还是个人投保，一般不需要进行体检，凡年龄在65周岁以下的居民，均可作为年金保险的投保人。

年金保险在保障寿命较长者有稳定经济收入方面发挥了特殊的作用。这是因为在领取年金前已死亡者所缴纳的保险费贴补了寿命较长者的年金给付。由于年金保险较好地解决了社会生活中高龄者生活安定的问题，世界各国对年金保险都十分重视。目前全世界已有100个国家和地区实行了老年、残废及遗属保险制度，其中绝大多数国家采取了年金给付方式，只是具体的名称和开办方式有所不同。

目前较为常见的年金保险，主要有限期交费终身年金保险、最低保证年金保险和变额年金保险。

限期交费终身年金保险是指投保人在限期内缴纳保险费，被保险人生存至一定时期后，按照保险合同的约定，按期领取年金，直至身故为止。退休养老金保险都属于限期交费终身年金保险性质。年金受领人在年轻有固定工作收入时投保，按月缴纳保险费至满55岁或60岁退休时止，从退休次月起按月领取年金至身故时止。该年金保险大多是为解决劳动者在年老或丧失劳动能力之后可以获得经济生活保险而开办的。

为适应某些年金购买者担心过早死亡而损失本金的心理，最低保证年金保险应运而生。最低保证年金分为两种。一种是确定给付年金，即规定一个最低保证给付年数，在规定期间内，无论被保险人生存与否均可得到年金给付。换言之，若被保险人领取年金的年数未满规定的年数而不幸身故，剩余期间的年金可由其受益人继续领取；若被保险人在领满固定年金后仍生存，可继续领取年金直至身故。另一种为退还年金，即当年金受领人死亡而其年金领取总额低于年金购买价格时，保险人以现金方式一次或分期退还差额。

变额年金保险是近年来产生的一种新型的年金保险，也是一种投资连结保险。传统年金保险的支付额一般是固定不变的。由于年金给付时间长，受通货膨胀的影响较大，为保证若干年后的年金实际购买力不低于投保时的购买力，让人们在年老时获得充分的经济保障，能够依靠保险企业提供的年金安度晚年，故采取变额年金的办法。变额年金保险的出现，克服了定额年金在通货膨胀条件下保障水平降低的缺点。在变额年金保险中，保险人支付的年金额与保险人的资金运用状况紧密联系，相对于传统的寿险，其特点在于：保险费趸交或灵活支付；投资选择的多样性，具体表现为有多种基金可供选择，通常包括一个独立账户选择权，投资风险由投保人承担；保障的最低死亡保险金为账户价值与保险费以较低的利率累积的累积值中的较大者，或更为复杂。

5. 医疗保险

医疗保险是指为被保险人在治疗疾病时发生的医疗费用提供保险保障的保险。这时，医疗费用不仅包括医生的医疗费和手术费用，还包括住院、护理、使用医院设备的费用及各种检查费用和医院杂费。医疗保险是健康保险的主要内容之一。

在医疗保险中，由于疾病的发生导致被保险人遭受实际的医疗费用损失，这种损失可以用货币来衡量。所以，医疗保险可以具有补偿性，即保险人在保险金额的限度内补偿被保险人实际支出的医疗费用。医疗保险也可以采用定额给付方式，但只在某些特定保障项目中适用，如住院医疗费、手术费、护理费等。当医疗保险采用补偿方式时，保险人通常是按照实际医疗费用进行补偿。

医疗保险的费率厘定不仅取决于被保险人的年龄，还取决于被保险人的性别、健康状况、职业与嗜好等因素。例如，性别与某些疾病的发病率相关，某些职业的工作环境及特点与某些疾病的高发率相关。因此，医疗保险的纯保险费是依据损失率来计算的。

医疗给付保险的承保条件一般比较严格，对疾病产生的原因需要相当严格的审查。为防止已患病的被保险人投保，长期医疗保单中常规定一年观察期（多为半年），被保险人在观察期内因疾病支出的医疗费，保险人不负责。观察期结束后，保险人才开始承担保险责任。

医疗给付保险一般规定一个最高保险金额，保险人在保险金额限度内支付被保险人所发生的费用，超过此限额时，则保险人停止支付。医疗费用分摊条款是医疗给付保险的又一主要特征。该条款通常要求被保险人承担部分医疗费用，用以鼓励被保险人将医疗费用控制至最低，从而有助于保险人将医疗给付保险的成本控制在较低的水平上。医疗费用分摊条款通常采取免赔额和比例分担两种形式。免赔额通常是一个固定额度，如 100 元或 200 元。只有当被保险人支付的医疗费用超过一个固定额度时，保险人才开始支付该保险单下发生的医疗费用。大部分医疗给付保险单中都包括一个年度免赔额。在每一日历年度内，被保险人必须先行支付规定的数额，保险人负责承担超过部分的医疗费用支出。医疗费用分摊的另一种形式为比例分担，即对于超过免赔额以上的医疗费用，采用保险人与被保险人共同分摊的比例给付方法。如许多医疗给付保险中都包含了 20%的比例分担条款。在该条款下，被保险人在支付了免赔额之后仍需支付其余部分医疗费用的 20%。这样，既保障了被保险人的经济利益，又促进了被保险人对医疗费用的节约。大多数医疗保险还规定了停止损失条款。停止损失条款规定当被保险人支付的医疗费用超过一定限额后，保险人将全额支付超过部分的医疗费用。

大多数医疗给付保险都明确载明了保险人的除外责任。由于下列原因引起的医疗费用，保险人不负责赔偿：战争、军事行动、暴乱或武装叛乱中发生的医疗费用；被保险人因意外伤害或其他医疗原因、进行整容手术而发生的费用；被保险人故意自伤；因不法行为或严重违反安全规则所致疾病等。

医疗给付保险通常包括普通医疗保险、住院医疗保险、手术保险、综合医疗保险和特种医疗保险。

普通医疗保险为被保险人提供治疗疾病时相关的一般性治疗费用，包括门诊费用、医药费用和检查费用。这种保险的成本较低，比较适用于一般公众。由于医药费用和检查费用的支出控制难度较大，这种保单一般都规定免赔额和费用比例分担。

由于住院所发生的费用相当可观，住院医疗保险通常作为一项单独的保险承担。住院医疗保险一般采用按住院天数定额给付的方式，在保险合同中约定每天给付金额、免赔天数和最多给付天数。保险公司只对超过免赔天数、未超过最多给付天数的住院期间给付保险金。

手术保险负担被保险人因必要手术发生的费用，一般负担部分手术费用。这种保险既可作为单独险种，也可列为附加险种。

综合医疗保险为被保险人提供了全面的医疗费用保险，其保障范围包括医疗、住院、手术等一切费用。其保险费较高，一般都确定一个较低的免赔额和适当的分担比例（如 15%）。

特种疾病保险负担由于某些特殊疾病，如癌症、心脏疾病等，给病人带来的灾难性的费用支出。这种保险的保险金额通常比较高，以足够支付其产生的各种费用。特种疾病的给付方式一般为一经确诊立即一次性支付保险金额。

6. 意外伤害保险

意外伤害保险是指保险人对被保险人由于意外伤害事故所致死亡或残疾，或者支付医疗费用，按照合同约定给付全部或部分保险金的保险。

意外伤害保险的保险责任是被保险人由意外伤害所致的死亡或残疾，或者支付医疗费用，不负责疾病所致的死亡或残疾。其主要由三个条件构成：被保险人遭受了意外伤害事故且意外伤害事故须发生在保险期间内；被保险人死亡或残疾或支付医疗费用；意外伤害事故是死亡或残疾或支付医疗费用的直接原因或近因。被保险人遭受意外伤害事故是构成意外伤害保险责任的首要条件。被保险人遭受的伤害事故首先必须符合意外的含义，即伤害的发生是被保险人事先无法预见的，或伤害的发生违背了被保险人的主观意愿，在技术上不能避免或由于法律或职责的规定不能逃避。而且，被保险人遭受意外伤害必须是客观发生的事实，不能是臆断或推测的。

被保险人遭受意外伤害的客观事实必须发生在保险期间之内。如果被保险人在保险期间开始以前遭受意外伤害，而在保险期间内死亡或残疾或支付医疗费用，不构成保险责任。

被保险人在责任期间内死亡或残疾或支付医疗费用是构成意外伤害保险的保险责任的必要条件之一。责任期间是意外伤害保险和健康保险的特有概念，指自被保险人遭受意外伤害之日起的一定期间（一般为 90 天或 180 天），只要被保险人遭受意外伤害的事件发生在保险期间内，而且在责任期间造成死亡、残疾或支付医疗费用的后果，保险人须承担保险责任，给付保险金。即使被保险人死亡或被确定为残疾时保险期间已经届满，保险人仍须负责给付保险金。如果被保险人在保险期间内遭受意外伤害，责任期间结束时治疗仍未结束，尚不能确定最终是否造成残废及造成何种程度的残废，则推定责任期间结束时这一时点上被保险人的组织残缺或器官正常功能的丧失是永远的，即以责任期间结束时的情况确定残废的程度，并按照这一程度给付残疾保险金。即使被保险人在此之后经治疗痊愈或残废程度减轻，保险人也不追回残废保险金；反之，若被保险人残废程度加重或死亡，保险人也不追加给付。

在意外伤害保险中，被保险人在保险期间内遭受意外伤害，并且在责任期间内死亡或残疾或支付医疗费用，并不意味着必然构成保险责任。只有当意外伤害与死亡、残疾或支付医疗费用之间存在着因果关系，即意外伤害是死亡或残疾或支付医疗费用的直接原因或近因时，才构成保险责任。

保险人在保险单中明确列明不承担给付责任的意外伤害风险有：被保险人故意犯罪；被保险人寻衅斗殴；醉酒；服用、吸食或注射毒品等。对于一些特殊风险，保险人考虑到保险责任不易区分或限于承保能力，一般不予承保。但经过投保人与保险人特别约定，通过额外加费也可予以承保，如战争、核辐射、医疗事故造成的意外伤害，或被保险人在从事登山、跳伞、滑雪、江河漂流、赛车等高风险运动中遭受的意外伤害。

意外伤害保险费率的厘定一般不需要考虑被保险人的年龄、性别等因素。因为被保险人所面临的主要风险不因被保险人的年龄、性别不同而有较大的差异。被保险人遭受意外伤害事故的概率多取决于其职业、工种或所从事的活动。在其他条件相同的情况下，被保险人的职业、工种或所从事活动的危险程度越高，应交的保险费越多。因此，费率厘定时不需要以生命表为依据，而是根据损失率来计算。一般的意外伤害保险不具有储蓄性，保险费率较低，仅为保险金额的千分之几，投保人只要缴纳少量保险费，就可以获得较大的保障。

意外伤害保险的保险期间较短，一般为1年，最多3年或5年。有些极短期意外伤害保险的保险期间往往只有几天、几小时，甚至更短时间，如旅游保险，索道游客意外伤害保险，火车、飞机、轮船旅客意外伤害保险等。

意外伤害保险的承保条件一般较宽，对被保险对象基本没有资格上的限制。

当保险责任构成时，保险人按保险合同中约定的保险金额给付死亡保险金或残疾保险金或补偿医疗费用支出。意外伤害保险中的死亡给付是按照保险合同中的规定进行的，不得有所增减。我国现行的意外伤害保险条款均规定死亡保险金为保险金额的100%。残疾给付则根据残疾保险金额和残疾程度两个因素确定。当发生一次伤害、多次致残或多次伤害的情况，保险人可同时或连续支付残疾保险金，但累计数额以不超过保险金额为限。

5.3 人身保险新型产品

5.3.1 人身保险新型产品概述

人身保险的新型产品是相对于传统产品而言。传统产品指该类产品在市场上出现时间已经很久，已经比较成熟的产品。而在市场上出现时间不太长，还不很成熟的产品，就被称为新型产品。可见新型产品和传统产品都是相对于一定的市场而言的。

在欧美等西方发达国家，寿险的新型产品主要是指投资型寿险产品，包括变额寿险、万能寿险和变额万能寿险产品，因为这三类寿险产品是 20 世纪 70 年代初才开始发展起来的，距今仅有 40 多年的历史。在中国，寿险新型产品除投资连结寿险产品、万能寿险产品之外，还包括分红型寿险产品，而且分红型寿险产品也被视为广义的投资型寿险产品。实际上分红型寿险产品在中国是 2000 年以后才陆续大量发售的，时间很短。

从 20 世纪 80 年代开始，新的投资型保险在西方国家寿险市场的销售量逐步扩大，其发展趋势有如下特征。

- 保单构成要素更加灵活、变化类型日益增多。
- 人寿保险现金价值的利率与当时市场的利率紧密联系。投资型寿险产品的利率不是固定的，而是随市场利率的变动而变动。这种利率敏感型保单既弥补了通货膨胀造成的保障水平的降低，又使被保险人充分享受到经济发展的成果，成为寿险发挥长期保障功能的具体表现。
- 人寿保险的投资功能大大加强。新型险种将资金运用所取得的收益返还投保人，减少通货膨胀因素的影响，保护被保险人的利益。新型保单已经成为一种金融资产，而不仅仅是保障手段。
- 新型险种的营销方式充分促进了保险业和银行业的融合。保险业为了能更有力地参与竞争，借助银行的分支机构，迅速拓宽市场，增强自身的金融服务业务；银行也期望利用原有的客户向保险业渗透，发展银行保险业务，获得更多利润。

投资型寿险在我国是一个全新的保险品类，其实它在国外同样是一个诞生不过 40 年的保险家族新成员。

20 世纪 70 年代后期，在英国的保险市场上，投资连结保险开始出现。它又叫基金连结保险，也就是说，大部分保险资金是进入投资基金进行运作的，摆脱了传统保险资金受利率的约束，保险金额随着投资业绩的波动而变化，这一险种的推出逐渐取代了传统型保险，使得越来越多的传统型保险公司，开始拓展与共同基金结合的寿险商品，再加上在股票市场的稳定获利，使大多数英国人意识到投资型产品的好处，对它的需求不断增大。从 1987 年至 1997 年，英国投资型保险在寿险市场上所占的份额由 39%提高到 50%，十年间增长了 11%。

1976 年，美国 Eguitable 人寿保险公司开发出第一代投资型保险产品，被称做变额保险。它的特点也在于大部分保险资金进入单独账户进行运作，保险公司不承诺保证收益，而是根据实际投资运作情况，最后保险金的给付是变额的。变额人寿保险的理论依据是：股票价格与消费品价格是同向变动的，并且股票投资者能取得股息，这样变额人寿保险通过将保险资金投资股票，不仅能保值，而且比储蓄积累更多的资金。因此，变额人寿保险可以用来对付通货膨胀。从 20 世纪 80 年代开始，变额保险在美国迅速发展，共有 30 余家保险公司销售此类保单，截至

1999 年，变额保险在美国寿险市场上的份额已超过了 30%。美国万能保险最早出现于 1979 年，它的最大特点在于灵活性，保单所有人能定期改变保险费金额，可以暂时终止缴付保险费，还可以改变保险金额，适合于需要长期保障和投资相对安全的人购买。1985 年，美国人寿保险公司又进一步推出了变额万能保险这一新的寿险品种，它融合了万能寿险的保险费和死亡给付金额的灵活性及变额寿险的投资灵活性，因而也被称为灵活保险费的变额保险或第二代万能寿险。

投资型寿险的推出可以说是寿险业的一次革命，它产生了三大趋势：消费者意识的提高、投资选择自主性及保险公司的经营创新。

（1）消费者意识的提高。传统型保险产品缺乏透明度，由于通常不清楚所缴保险费中，所含的危险保险费（风险保险费）是多少？附加费用是多少？投保人会觉得它是非公平产品，而投资型保险将保单成本做了剖析，先扣除死亡保障所需的成本、投资管理费用及其他费用，再将剩余的保险费换算成共同基金投资的单位数。这些扣除费用保险公司会预先向消费者讲清楚，同时提供一份“退保说明”让消费者了解退保须扣除的手续费，以避免可能产生的纠纷争议。

（2）投资选择自主性。20 世纪七八十年代，除了高利率、高通胀以外，还被美国学者称为储蓄革命时代，消费者选择高投资回报的意识增强，不再满足于传统型保险的固定收益。投资型保险的推出，可以让消费者依照自己的资产状况、承担风险能力，选择不同的投资组合，从而满足了投保人投资选择的自主性。同时，投保人也要自行承担投资风险，因此保险公司过度夸大投资回报率是不合适的。香港就明确规定投资回报率最低不低于 5%，最高不高于 11%。

（3）保险公司的经营创新。投资型保险将保障部分和投资部分的账户完全分开，分离计算基础，反映实际市场利率，将投资风险转移给保单持有人，这对保险公司的资金运用是一项创新。保险公司不必担心市场低利率时保单预定的高利率，因为保单持有人可通过投资型保险来选择最合适自己的投资组合。投资型保险也是寿险公司在全球金融整合浪潮下的一大调整。寿险业要想和其他金融行业一比高低，就必须调整产品。以法国银行保险的发展为例，从 20 世纪 70 年代的养老保险、80 年代的纯保障型到后来的投资型保险的持续发展可得到印证。

事实上，我国保险业在不长的发展过程中也同样经历了从保障型、储蓄型到投资型的变化。

我国自 1996 年以来连续八次下调利息率，银行存款利率一下子从 10.98%降到现在的 1.98%，再加上征收利息税，实际一年期存款利率只有 1.584%。而长期寿险合同在签订的时候都是以较高的预期利率厘定保险费的，这样的预定利率相对于银行存款显然极具诱惑力，所以每次调整银行利率时都会出现人们排队购买保险的事情，而不管自己是不是真需要。保险公司自然不会继续出售这样的保单，因为按照原来的规定，保险公司的资金只能存在银行或买国债，这样下去，保险公司非亏了血本不可。可是，在保险公司推出修改了预定利率的新保单之后，又显然对客户不具吸引力了。越来越具投资观念的消费者们对保单提出了越来越高的要求。而保险公司却面临着双重的困境：一方面，低利率的保单对客户没有吸引力，在市场上不具竞争力；另一方面，由于投资渠道有限，又不能提高利率，否则就面临严重的“利差损”，保险公司有点左右为难。

终于，对保险资金投资渠道的限制开始破除坚冰。保监会于 1998 年 10 月允许保险资金加入同业拆借市场从事债券买卖业务；1999 年 10 月，保险资金获准通过证券投资基金进入证券市场，限定的比例也从最初的 5%逐步扩大到 10%到 15%不等。前不久，最新出台的规定允许平安保险等三家公司的投资连结产品的单独账户资金可以全部投资于证券投资基金。

这一新的规定对保险公司来说不啻于一条极大利好消息，给了保险公司一个自由伸展的空间。各家公司纷纷在险种的设计上做出创新，除了众多的分红保险的出台，投资型保险也开始在中国发展起来，大家比较熟悉的有平安保险公司和新华人寿推出的投资连结型产品、中宏人寿投资连结附加险种及太平洋保险公司的万能寿险等。

虽然每个投保人的资金是有限的，但保险公司汇集了成千上万投保人的资金，便可“聚沙成塔、集腋成裘”为一笔巨额资金，就可以充分发挥“规模效应”。正如大企业具备小企业不具有的先天优势，巨额的资金在投资运用收益方面的优势也是零散资金不具备的，这就是“规模效应”。比如，保险公司的巨额存款就可以与银行协商存款利率，资金达到一定规模后还可以通过分散投资渠道来分散风险。同时，保险公司有着一批具有专业知识、训练有素的专业人员，有着更完备的信息收集渠道和更先进的技术支持。这些都使保险公司相较于个人投资者拥有优势。具体而言，保险公司专业投资的优势体现在以下几个方面。

- 投资渠道相对较广。保险公司目前除了可以投资普通银行存款、国债、证券投资基金，还可以与商业银行协商大额存款利率。保险公司的资金已被允许间接进入股市，投资股市的方式有两种，一是在二级市场上买卖经我国证监会批准设立的已上市证券投资基金；二是在一级市场配售新发行的投资基金。此外，保险资金还可以进入银行间同业拆借市场、进行国债回购等。
- 投资方式灵活。保险公司可以合理利用各种金融工具进行组合投资。
- 投资成本低。由于保险公司的资金规模大，因此在交易过程中的佣金和手续费上也占有优势。在买卖差价不大的情况下，可能个人投资者扣除交易费用后无利可图，而大额的资金只要一点的价差空间便收入不菲。追求长期的投资回报率也使保险资金不会频繁地出入证券市场，节省交易费用，而且保险投资机构作为机构投资者，其本身的交易费用就比一般普通投资者低。

5.3.2 分红保险

1. 分红保险含义

人寿保险按照有无利益分配可以分成分红保险和非分红保险两类。分红保险是指保险公司在每个会计年度结束后，将上一会计年度该类分红保险的可分配盈余，按照一定的比例，以现金红利或增值红利的方式分配给被保险人的一种人寿保险。要了解分红保险，可以追溯到保险的初期。

保险最初的目的和原理就是通过具有相同保险需求的一大批人的互助行为来分担每个人都可能遭遇的风险和损失。因此，其实早在古希腊时期就存在了具有保险特征的各种社团组织和罗马协会，这些社团和协会向成员征收一定的会费，用于救助遭受死亡、疾病等风险的成员和家属，这样一种相互救助的利益团体进一步发展，就演变成了最初的以公司形态出现的保险机构——相互保险公司。相互保险公司是保险业特有的一种公司形式，最早出现于 1669 年的英国。只要缴纳保险费，就成为公司的成员，并且同时是投保人、被保险人和保险人。因为公司不是以赢利为目的的，它只是通过将每个成员缴纳的保险费汇集起来，在成员发生保险事故时给付给他，因此如果成员缴纳的保险费超过了实际给付的保险金，盈余部分自然也要在成员之间按各自缴纳保险费的份额进行分配，或者把盈余作为下一期的保险费，如果发生亏空，同样需要根据保单持有人缴纳保险费的多少来计算分摊亏损。这样一种不以赢利为目的的保险组织形式是与保险本身的互助性高度吻合的，因此一段时间内在全世界迅速普及。至今欧洲国家还有为数不少的相互保险公司，而日本的国内人寿保险公司则几乎全是这种形式。

股份制保险公司原本不销售分红保单，但因为市场的竞争，为了增强保单的吸引力，也借鉴了相互保险公司的做法，开始销售分红保单。到 20 世纪 60 年代，西方发达国家的保险公司又对分红保单进行了多样化的开发，使分红保险在两百多年的发展历史中一直受到人们的普遍欢迎。在北美，80%以上的寿险险种具有分红功能。分红保险在我国自 1999 年面世以来，基本上各家保险公司都推出了具有各自特色的分红产品。分红保险也以其自身的优势很快地取代了传统的非分寿险产品，在市场上所占的比重越来越大。

2. 分红保单的红利来源与风险

我们知道分红保单所分享的是公司的经营利润，那么保险公司又是如何通过经营获取它们的利润的呢？

保险公司在确定保险费时考虑三个因素，即预定死亡率、预定利率和预定费用率。保险公司的特殊性质决定了它必须遵循稳健经营的原则，因此在估计三个预定值的时候都会采取相对保守的数据。在实际营运过程中，实际的死亡率可能会低于预定死亡率，从而减少保险金的给付，我们称此部分为死差益。同样，一个投资运作良好的保险公司可能投资回报率很高，超过预定利率从而形成利差益，而内部管理科学完善的公司也能使费用开支低于预定费率形成费差益。这三部分就形成了公司的利润来源。当然，“三差”是正的，保险公司就会拿出一部分利润与投保人分享（分红比例一般在签单时确定，如可分配盈余的 70%或更高）。而对于非分红保单来说，这部分利润是公司独享的。

一家寿险公司所经营的寿险业务，既有分红寿险产品，也有传统的非分红寿险产品，还可能有投资连结寿险产品，以及人身意外伤害保险、健康保险等险种。保险公司向分红寿险产品的投保人所分的红利，只能是经营分红寿险产品所获利润的一定比例，不能将经营其他寿险产品及人身伤害保险、健康保险所获得的利润也分配给分红寿险产品的投保人。所以，保险公司首先要按产品的类别核算收入、成本和利润，计算出分红寿险产品的利润并且把此项利润的一定比例分配给分红寿险产品的投保人。按照中国保监会的规定，分红寿险产品向投保人的分红比例不得低于可分配利润的 70%。

分红保单相对于传统寿险产品增加了分红功能，这就使投保人有机会参与到保险公司的经营运作中。保险公司经营状况良好，死差益、利差益、费差益这“三差益”就很高，那么投保人也将分享公司的成绩。“三差益”中最重要的部分是利差益，保险公司拥有作为专业技术机构的投资技术、投资渠道、投资人才、投资信息等，相对于单个投资者来说是存在优势的，因此一家成熟而优秀的保险公司能够获得较高的投资收益，从而可以分配给投保人的利差益也会较多，这就使保单持有者在享受风险保障的同时还为资金找到了一条很好的投资途径，这也是分红类保险会在市场上引起强烈反响的原因。

当然，收益和风险总是对称的，因为投保人有了参与分享公司利润的权利，所以一般分红保单的保险费会略高于同类的传统保单，如果公司运营情况不好，则可能无红利可分。因此，尽管有保底利率，有可能投保人的回报甚至低于一张无分红的传统保单。对此，投保人一定要有心理上的充分认识。同时，这也凸显出了对于分红保险非常重要的一面，即对保险公司的选择。一家结构完善、运营科学并且在投资方面具有丰富实践经验的成熟稳健的保险公司才可能提供给投保人满意的分红回报。因此，投保时不但要慎重选择，还要经常关注和分析保险公司的运营情况。

3. 分红保险的红利领取方式

分红寿险产品一般每年分配一次红利。具体的分红形式一般包括以下几种。

（1）现金分红。也就是保险公司将每张保单应当分配的红利，以现金形式支付给投保人。

（2）抵缴保险费。在采用分期缴纳保险费方式时，保险公司将每张保单应当分配的红利抵消投保人当年应缴纳的部分保险费，投保人只缴纳差额即可（在一般情况下，红利不足以抵消一年的保险费）。

（3）提高保额。也就是保险公司将每张保单应当分配的红利作为投保人增缴的保险费，相应提高该保单的保险金额，以提高保障程度。这部分保险费的计算是以纯保险费为依据的，也就是说不会再把附加保险费计算进去，同时也不需要再对投保人进行体检等承保审查，可保性证明、如实告知义务等都可以统统省略。

（4）累积生息。保险公司将每张保单各年度应分配的红利留存在保险公司，以一定的利息率按复利方式累积生息（利息率要在保险条款中列明或由保险公司每年公布），当被保险人死亡、保险合同期满或投保人要求退保时，一并支付给投保人。

（5）购买 1 年期定期寿险。不过，定期寿险的保险金额中只能以原有保单上现金价值为限。如果红利超过了这一定期寿险所需的保险费，那么剩余部分还是会以其他形式派发给保单持有人。对于那些经常借用保单现金价值的人来说，这是一个很好的选择，因为一旦发生保险事故，保险金给付是要扣除借款部分的，而如果用红利增购了一份定期寿险，就没有这样的后顾之忧了。

（6）两全保险提前给付。这种方式其实是把红利累加到公司为保单提取的准备金中去。我们知道，公司为每一张保单提取准备金，在保单到期时刚好使提取的准备金等于应该给付的保险金额。现在由于有红利的加入，保险公司就可以使准备金提前达到保险金数额。这样，公司就可以提前将给付保险金给生存的保单持有人。当然，对于死亡的给付仍以原保单为准。此种方法适用于现阶段资金充裕，没有缴费困难，但希望较早领取保险金的人。

在保险条款中，可以列出若干种分红形式，由投保人选择、约定，也可以直接约定采用何种分红形式。上述六种分红形式中，前面四种较为常用，后面两种方式使用得较少。

一般来说，投保人乐于选择现金分红形式，认为这样才“看得见、摸得着”，更为现实。其实在绝大多数情况下，每年的分红额并不大，为了较小的金额（如几元、几十元、几百元）办理每张保单的支付领取手续，实在不划算。在分期缴费情况下，抵缴保险费与现金分红的实际效果是一样的，还可以减少许多小额的支付、领取手续。提高保额实际上是一种非常有意义的形式。因为购买寿险产品的主要目的和出发点应当是获取风险保障，无须增付保险费，以分红作为增付保险费提高保险额，符合购买保险的初衷。

4．红利分配的依据和基数

保险公司在每一会计年度决算后，计算出每一分红寿险产品的利润及应当向投保人分配的红利总额，还要将红利总额具体分配到每张保单，因为各保单缴纳的保险费不同，缴费年期不同，如果平均分配当然不公平。

如果把寿险产品看做储蓄的类似产品或替代产品，由于储蓄是以本金为基数计息，似乎分红寿险产品应当以保险费为基数分红。不少投保人存在这一观念，他们认为，购买同一分红寿险产品，支付的保险费相同，分红就应当相同。但是，这一观念是错误的，因为寿险产品毕竟不是储蓄。

保险公司计算保单分红的依据，理论上是按每张保单对保险公司利润产生的贡献大小分配的，但实际上采用的方法非常复杂，而且有若干种，各种方法都有一定的科学性和合理性。下面仅简要、通俗地介绍分红计算的一般原理。

从理论上讲，红利的不同来源——利差益、死差益、费差益，应当有不同的分配基数。

利差益是保险公司投资收益率超过保单保证利率之所得。保险公司投资运用的资金包括两个来源，一个来源是保险公司的自有资金，也就是保险公司资本金中的一部分，另一个来源是投保人缴纳的储蓄保险费。资本金的投资收益当然不能分配给投保人，保险公司向投保人分配的只是储蓄保险费的投资收益（分红保单的纯保险费一般被分解成保障保险费和储蓄保险费两部分）。储蓄保险费的投资收益，扣除按保证利率计算的部分之后，才是可以分配的利差益，可分配利差按一定比例（70%以上）被公平、合理地分配到每张保单。投保人历年所交的储蓄保险费一方面由于按保证利率计息而增值，另一方面每年又用于承担保险责任（给付保险金）而扣减，所以利差益的分配不是简单地以每张保单历年所缴的储蓄保险费为基数，而是以每张保单的责任准备金为基数。

每张保单的责任准备金要运用复杂的精算技术进行计算，它大致上相当于：从每张保单历年所缴纳的全部保险费中，扣除附加保险费（用于向推销人员支付佣金和保险公司管理费用开支的部分），减去历年用于承担保险责任的保险费，加上按保证利率计息所生的利息。每张保单在某一时刻的责任准备金，大致上相当于这张保单在这一时刻退保所能领取的保单现金价值。

死差益是保险公司承保的被保险人的实际死亡率低于预定死亡率使保险公司获得的利润。由于被保险人死亡或生存到保险期满时，保险公司要按保险金额给付保险金，所以从理论上讲，死差益的分配应当以保险金额为基数进行分配。

费差益是保险公司实际费用开支少于保险费所含附加保险费所获得的利润，从理论上讲，费差益的分配应当以附加保险费为基数进行分配。

虽然利差益、死差益、费差益的分配基数理应不同，但是由于利差效力所占的比重一般较大，为了简化计算，也可以对所有红利的分配，均以平均责任准备金（一张保单在会计年度初和会计年度末责任准备金的平均数）为基数。而平均责任准备金与当年所缴保险费之间没有确定的比例关系，会因被保险人年龄、保险期间、保险金额、缴费年期、所在保单年度等而有所不同。所以，同一分红寿险产品的两张保单，在某一年度所缴保险费相同，而分红额却可以不同。综上所述，从理论上讲，保险公司是按各张保单对利润形成的贡献进行保单分红，其计算技术十分复杂。

5. 独立账户与红利处理办法

经营传统保单的保险公司是不会与客户分享利润的，公司从“三差益”中获利多少客户一般无从知晓。而分红保单的一个显著不同即在于它的透明度较高。对于分红保单，保险公司专门为其设立一个独立账户，与其他非分红保单完全分开。所有与该分红保单有关的保险费收入、投资收入、佣金支出、费用支出、理赔支出、责任准备金提取等都在这个账户中进行核算，不受其他险种损益影响。保险公司会将年度可分配盈余的大部分（70%以上）分配给投保人或保单持有人。同时，保险公司还会向每位客户寄送分红业绩报告，说明该类分红保险的投资收益状况、费用支出及费用分摊方法、当年盈余和可分配盈余、该客户应得红利金额及其计算的依据和计算方法等。

一般来说，公司不会隐瞒业绩，也没有必要。保险公司推出分红保单，就是希望通过分红增加对客户的吸引力以提高公司的竞争能力。如果一家公司隐瞒利润，连年给客户的红利回报都让人失望，而相比另一家公司红利回报诱人，投保人和潜在投保人们就会做出自己的判断和选择。隐瞒红利的保险公司便会出现门可罗雀的现象，而另一家诚实守信的公司却会门庭若市。因此，竞争的环境会使每个保险公司都尽力使自己的红利发放更令人满意，而保单所有者也是与保险公司同享收益、共担风险的。

分红寿险产品在某一会计年度的实际分红额，与这一会计年度独立账户的经营利润额之间的关系，一般允许有两种处理办法。

第一种处理办法是：某种分红寿险产品在每一会计年度的分红，直接取决于这种分红产品在本会计年度的赢利状况，赢利多则分红就多，赢利少则分红就少，没有赢利或发生了亏损，就不能分红。受保险公司的经营投资环境等多种因素的影响，同一种分红寿险产品在各会计年度的赢利状况不同，有时还相差很大。按照这种处理办法，有的年度分红多，有的年度分红少，还有的年度不能分红，极不稳定。

第二种处理办法是：谨慎合理地估计某种分红寿险产品在保险期间内完成的利润和分红总额，对于各会计年度的保单分红额进行适当调剂、均衡，再按照每一会计年度实际实现的利润进行调整，使各会计年度的分红额不致相差过多。按照这种处理办法，每一会计年度的分红额与保险公司当年实现的利润没有直接关系，但一张分红寿险保单在各会计年度的分红额累计数，与采用第一种处理办法基本上相等。

一般来说，投保人更乐于接受第二种处理办法，保险公司目前一般也是采用第二种处理办法。

6. 分红额与投资收益率的关系

保险公司在分红寿险产品的宣传材料中，往往列示本公司在上一年度或以前若干年度的投资收益率（包括综合投资收益率和大额协议存款、国债、证券投资基金等各类投资项目的收益率）。但是，保险公司的投资收益率与保单分红额之间究竟是什么关系呢？保险公司的投资收益率一般来说与保单分红额是息息相关且成正比的，但不能误解为按投资收益率计算红利。以下理解是错误的：购买的分红寿险产品的投资收益率是 5.5%，那么每缴纳 100 元保险费，每年大约能得到 5.5 元的保单红利。即使保险公司列示的投资收益率是完全真实的，它对客户仍然会有一定的误导作用。

（1）保险公司的投资收益率是投资收益与投资额的比率。证券投资基金、大额协议银行存款等个别项目的投资收益率水平并不能代表综合投资收益率的水平，因为保险公司还有一些收益率较低的投资项目，投资额也并不一定完完全全等于保险费总额。

（2）保险公司分配的保单红利，是经营寿险所获利润的一定比例。经营寿险所获利润来源于死差益、利差益、费差益，保险公司的投资收益率较高，充其量只能说明利差益较多，并不能说明保险公司经营寿险的利润率一定也很高。如果存在死差损、费差损，就会抵消一部分利差益，使总体的利润率下降。

（3）即使我们不考虑死差益、费差益，假设保险公司只向投保人分配利差益，那么投资收益扣除按保证利率对储蓄保险费计息后，才是利差益，而且利差益也只是向投保人分配一定比例，而不是全部。

（4）投资收益率是投资收益相对于投资额的比率，投资额大致相当于储蓄保险费，少于投保人缴纳的全部保险费，投资收益相对于保险费的比率要小于投资收益率。

下面试举一个例子说明，为了简明、便于理解，我们省略一些不必要的环节，不考虑死差益、费差益。

假设：

（1）某年1月1日保险公司某分红寿险产品收取保险费100亿元。

（2）100亿元保险费中含附加保险费15%，也就是用于保险公司管理费用开支和向推销人员支付的佣金一共是15亿元。

（3）100亿元保险费中含风险保险费（危险保险费或保障保险费）5%，也就是用于当年承担死亡给付责任需5亿元。

（4）保险公司收到100亿元保险费后，扣除15亿元的附加保险费和5亿元风险保险费，将80亿元，储蓄保险费进行投资运用。其中：购买证券投资基金10%，即8亿元；大额协议银行银行存款20%，即16亿元；其余投资项目70%，即56亿元。

（5）当年12月31日，证券投资基金实现收益1.6亿元，收益率20%；大额协议银行存款实现收益0.96亿元，收益率6%；其他投资项目实现收益1.68亿元，收益率3%。投资收益共计4.24亿元，综合投资收益率5.3%，即4.24÷80=5.3%。

（6）保险公司在制定保险费时，设定的保证利率是2.5%，因此对80亿元储蓄保险费要按2.5%的保证利率计息，计2亿元。从投资收益4.24亿元中，减去2亿元，余额2.24亿元才是当年实现的利差益。

（7）保险公司决定将利差益的70%分配给投保人，分红额为2.24×70%=1.568（亿元）。

（8）分红额相对于储蓄保险费（80亿元）的比率是1.96%，相对于投保人所缴保险费（100亿元）的比率是1.568%。

如果说存在“分红率”的概念的话，那么由于保单分红主要是以平均责任准备金为基数，应当是指分红额与平均责任准备金的比率。但是，由于投保人并不了解自己持有的保单在某一年度的平均责任准备金是多少，所以实际上保险公司并不使用“分红率”的概念。保险公司宣传投资收益率，投保人不能将其作为所缴保险费为基数的分红率。

在上述假设例子中，虽然保险公司投资于证券投资基金的收益率达到了20%，综合投资收益率也已达到5.3%，但所分红利相对于保险费的比例只是1.568%。实际情况和计算分红的过程当然要比上述假设例子复杂，但道理和原理是一样的。

7．经营分红保险的业务要求

分红保险的红利分配功能要求保险公司具有较高的管理水平和服务水平及投资理财和风险控制能力。具体说来，这些能力体现在以下方面。

（1）要有一支较强的精算师队伍。保险公司只有拥有一批合格的获得国际所认可的精算师资格的精算师队伍，才能在开发分红保险产品和决定每年红利分配金额的过程中，做出准确的计算和决策。

（2）具有成熟的投资运作能力。分红产品的利润来源于“三差益”，其中最重要的就是利差益，因此成熟的投资运作能力对公司的产品竞争能力就显得非常重要。保险公司应该能够制定专门的投资策略，拥有专门的投资人才，并在投资决策的过程中注意获利性和稳健性，以期获得良好的投资收益。

（3）具有完善的会计制度。分红保险要求保险公司在非分红保险账户之外，专门为分红保险设立一个独立账户，所有与分红保险有关的保险费收入、投资收入、佣金收支、费用支出、理赔支出、责任准备金提取等都在这个独立账户中进行核算，不受其他险种损益的影响，从而确保红利分配的公平合理。没有完善会计制度的保险公司是达不到财务管理稳健的要求的。

（4）具有出色的核保技能。要想获得死差益，核保技能的水平是关键。只有通过核保人对投保人的资料进行仔细地研究和分析，才能够确保将承保风险控制在有效的范围之内，才能够造成实际死亡人数比预计死亡人数少的有利局面，从而取得死差益而不是死差损。现代保险的发展使核保技能对于保险公司越来越重要。

（5）拥有一套先进的电脑系统。分红保险要求保险公司必须拥有一套先进而强大的电脑支持系统，可以每天进行大量数据和信息的贮存、检索和处理，为营运管理提供快速、准确的支持。

（6）有一批业务能力过硬、讲究职业道德的营销人员。根据国家保监会的规定，销售分红保险的业务人员或代理人必须具备一年以上寿险产品的推销经验，并经过专门的分红保险培训而且考核合格。因此，素质良好、业务娴熟的保险营销人员对于保险公司的发展非常重要，它是公司与保险客户之间沟通和联系的桥梁，决定了保险公司是否能搞好分红保险的销售并能否为保险客户提供优质服务。若分红保险的营销人员不注重职业道德，不诚实守信，夸大分红功能，误导顾客，也会给保险公司带来巨大危害和长期隐患。

8．分红保险宣传材料中的演示利率

为了让投保人简明、直观地了解分红产品，保险公司往往在宣传材料中演示未来的分红情况，演示一般又分为高、中、低三种利率复利分红情况。根据保监会的有关规定，对于分红保险，暂定高、中、低三个演示利率分别不得高于 6%、5%、4%，现金红利累积年利率不得高于 3%。投保人往往误以为保险公司在一般年份会按中等情况分红，即使保险公司的经营状况较差，分红额也不会低于宣传材料中演示的低等分红额。实际上这是一种误解。能否分红及分红额多少取决于保险公司的经营状况，如果保险公司的经营成果较差，分红额有可能达不到宣传材料中演示的低等分红额；如果保险公司发生了较大的亏损或偿付能力已严重不足，也有可能不分红。宣传材料中的演示利率并非保证利率，保险公司并不保证每年向分红保单的投保人分红，更不能保证分红额不低于宣传材料中演示的低等分红额。

与传统的非分红寿险产品相比，分红寿险产品的特征就是投保人可以享受保单分红。投保人在购买分红寿险产品时，除一般应予特别注意事项外，还应注意以下问题。

- 分红本身属于不确定的利益，每年分红额折算成利率也是不确定的，今年高，明年就低。对此，客户一定要有清醒的认识，不要被宣传材料中固定的演示利率所误导。
- 红利累积生息利率由保险公司确定，一般不会高于银行定期存款利率，因为保险公司还需扣除账户管理费用等其他费用。而且，银行利率为单利，但累积生息利率相当于复利率。
- 保险公司宣传材料中演示的较低分红情况，也不是保险公司保证的最低分红额。分红额有可能是零，也就是可能不分红。
- 了解保险公司以前各年度的实际分红水平。虽然以前年度的分红水平并不能代表以后年度的分红水平，但分红水平毕竟有一定的连续性，在正常情况下，起伏一般不会太大。

5.3.3 投资连结保险

1. 投资连结保险含义

投资连结保险产品在国内习惯上简称为投资连结产品，在英国等欧洲国家称为“Unit Linked”，也有译为连锁寿险产品，在美国称为“Variable Life”，一般译为变额寿险。投资连结保险是一种融保险保障和投资理财于一身的新型寿险险种。具体地说，就是被保险人每年所缴纳的保险费里，一小部分用于保险保障，大部分则转入专门设立的投资账户，由保险公司代为管理投资，投资收益除扣除少量管理费用外，全部归被保险人所有。所谓连结，就是将投资与人寿保险结合起来，使投保人既可以得到风险保障，解决自身家庭的未来收入、资产安排问题，又可以通过强制储蓄及稳定投资为未来需要提供资金。

投资连结保险起源于20世纪70年代的英国，是保险公司为适应人们的需要而推出的，当时人口老龄化加剧，但政府却减少社会养老福利开支，所以，人们纷纷制定个人养老计划。由于它既有保障功能又有投资功能，并且分享了当时股票市场大幅上涨的成绩，因此它一经推出就引起了人们很大的购买热情。问世20多年来，投资连结保险一直在欧美国家人寿保险中占有重要地位。

在我国，目前推出投资连结保险的公司有平安保险公司的“世纪理财投资连结保险”（第一代）、新华人寿保险公司与通用——科隆再保险公司合作推出的“创世之约投资连结型个人终身寿险”和中宏人寿推出的“投资管家”投资连结附加险种。目前，这些投资类产品的销售不如最初，但对客户仍有很大的吸引力。由于这一险种的风险性较大，而客户却往往只顾及利益，不考虑风险，所以目前仍处于试点阶段，相信这一极具市场潜力的产品很快能让更多的客户与投资者接受。

2. 投资连结寿险产品的经营过程

投资连结产品的保险责任一般为生死两全保险，保险期间可长达 10 年、20 年。以下就以两全的投资连结产品为例进行说明。虽然投资连结产品也是多种多样，各有特色，但保险公司经营投资连结产品的过程一般大致如下。

（1）设立投资账户。

- 为了经营投资连结产品，保险公司首先要专门设立专用的投资账户。投资账户上的资产要与保险公司的其他资产，如资本金形成的资产、其他寿险产品收取保险费后形成的资产等严格区分，相互独立。保险公司可以只设立一个投资连结产品的专用投资账户，但一般是设立若干个投资账户，以满足不同投保人的需要。当保险公司设有多个投资账户时，各投资账户之间的区别主要是投资方向和资产结构不同，因而风险和预期收益也不同。有的投资账户中风险较大的资产占的比重较大，因而有可能获得较高的收益率，但也可能会发生较大亏损；有的投资账户中风险大的资产占的比重很小，不可能获得较高的收益率，但也不可能发生较大的亏损。

当保险公司设有若干个投资账户时，为了加以区别对待，一般对每个账户赋予一个名称，也就是给每个投资账户取个名。各投资账户的投资方向、资产结构应当在保险条款中明确规定，以供投保人选择。

保险公司设立的若干投资账户之间，资产也应当相互独立，以准确地评估、计算各投资账户的价值。

- 各投资账户的全部资产应当划分为等额的投资单位，也就是把每个投资账户上的全部资产划分为一定数量的投资单位，每个投资单位的价值相等。假设某个投资账户上全部资产价值是 100 万元，若划分为 100 万个投资单位，那么每个投资单位的价值是 1 元，如果没有增加新的投资单位，这个投资账户上的资产经过一段时间的投资运作增值为 110 万元，那么每个投资单位的价值就变为 1.1 元。这种状况就如同股份有限公司将全部资本金划分为等额股份。

投资账户上每个投资单位的初始价值（设立投资账户时每个投资单位的价值）由保险公司规定，一般是 1 元。

- 保险公司要定期评估、公布各投资账户上每个投资单位的价值。在投资连结产品经营过程中，由于投资账户上资产的价值和投资单位的数量每天都在变化，所以每个投资单位的价值也随之变化。从理论上讲，保险公司可以每天评估、公布一次各投资账户上每一投资单位的价值。但是，评估、公布投资单位的价值需要花费一定的费用，每天评估、公布一次成本较大，在许多情况下并不必要，所以保险公司可以根据保单数量每月或每周评估、公布一次投资单位的价值。例如，规定每周五或每月最后一个工作日评估、公布一次投资单位的价值。评估投资单位价值的日子，称为评估日。按照中国保监会的规定，经营投资连结产品的保险公司至少每月评估、公布一次投资单位的价值。

（2）投保人缴纳保险费购买投资单位。

- 投资连结产品的保险费一般每年缴纳一次。保险公司收到每一年度的保险费后，首先要从中扣除这一保单年度需要开支的附加保险费，也就是保险公司的管理费用和向推销员、代理机构支付的佣金，剩余部分是纯保险费。纯保险费用于购买投资账户上的投资单位，也就是说只有纯保险费才进入投资账户。至于购买哪个投资账户上的投资单位，则由投保人进行选择。

虽然投保人在每个保单年度向保险公司缴纳的保险费金额相等，但保险公司在各保单年度需开支的管理费用和向推销人员支付的佣金不等。在保单年度的前几年，保险公司需开支的管理费用和向推销人员支付的佣金占保险费的比例很大，这就意味着用于购买投资单位的纯保险费占保险费的比例较小。在各保单年度投保人缴纳的保险费中有多大比例（或多少金额）进入投资账户用于购买投资单位，保险公司必须在保险条款中明确规定。

- 由于几乎每天都有投保人缴纳保险费，但保险公司并不是每天都评估、公布投资单位的价值，因此，保险公司一般都规定，投保人缴纳保险费后，以缴费日之后的第一个评估日公布的投资单位的价值购买投资单位。假设保险公司规定每月最末一天评估、公布投资单位的价值，那么 4 月 1 日至 4 月 30 日缴纳的保险费，都要按 4 月 30 日评估、公布的投资单位价值购买投资单位。

投保人每次缴纳的保险费所购买的投资单位数量取决于所缴保险费中纯保险费的金额（也就是进入投资账户的金额）和当时每一投资单位的价值。其计算公式为：投保人购买的投资单位数量=进入投资账户金额/每一投资单位的价值。假设某投保人 4 月 15 日缴纳保险费 1 000 元，这一保单年度纯保险费的比例是 90%，那么进入投资账户的金额是 900 元，保险公司 4 月 30 日评估、公布的投资单位价值是 1.5 元，那么投保人这次缴纳保险费购买的投资单位数量是 600 个。

（3）保险公司从投资账户中扣缴风险保险费。

两全的投资连结产品，保险公司承担的保险责任包括两项，即死亡给付责任和满期生存给付责任。

投保人每次缴纳的保险费，保险公司已从中扣除附加保险费，但附加保险费的用途并不是承担保险责任，纯保险费才用于承担保险责任。由于纯保险费已进入投资账户，购买了投资单位，因此，用于承担死亡给付责任的纯保险费（以下简称风险保险费，在保险条款中有时称为危险保险费、保障保险费、保障成本等），当然也就只能从投资账户中扣缴。

虽然投保人一般是每年缴纳一次保险费，但保险公司一般是每月从投资账户中扣缴一次用于当月承担死亡给付责任的风险保险费。保险公司扣缴风险保险费的金额也要折算成为投资单位，所以保险公司一般在投资单位价值评估日扣缴风险保险费，将扣缴的风险保险费按照投资单位价值折算成若干个投资单位。

在保险期间内，一张保单的投保人所拥有的投资单位数量，因缴纳保险费购买投资单位而增加，因保险公司扣缴风险保险费而减少。

保险公司一般按照被保险人死亡保险金额和在当月的死亡概率（两者之积）扣缴当月的风险保险费，而当月的死亡概率按当年死亡概率的1/12计算。随着被保险人年龄逐年增加，死亡概率也逐年增大，保险公司每月扣缴的风险保险费也逐年增加（在一个保单年度之内，各月扣缴的风险保险费相等）。保险公司在各保单年度内每月扣缴的风险保险费金额在投保时就可以确定，但每次扣缴折算为几个投资单位，则取决于扣缴时投资单位的价值。保险公司每次扣缴风险保险费后，投保人拥有的投资单位数量相应减少。

例外的是，在第一个保单年度，保险公司收取第一年保险费后，一般可以一次性扣除本保单年度（12个月）的风险保险费。

（4）保险事故发生及合同解除。

- 若被保险人在保险期间内死亡，保险公司首先要按照保险金额给付死亡保险金。然后，将该保单拥有的投资账户上的资金退还，一般也由死亡保险金的受益人一并受领，其金额是被保险人死亡时，保单所拥有的投资单位数量与每个投资单位价值的乘积。而投资单位的价值一般按被保险人死亡后第一个评估日的评估价值计算。

但是也有的投资连结产品在保险条款中规定，被保险人死亡时，保险公司只给付死亡保险金（按保险金额计算）和当时投资账户金额两者中金额较大的一项。如果采用这种办法，在计算保险费时就已考虑了这一因素。

- 被保险人生存到保险合同期满时，保险公司要给付满期生存保险金。投资连结产品的满期生存保险金不是按照固定的保险金额给付的，而是把投资账户上的金额给付被保险人，投资账户上的金额等于保险合同满期时保单拥有的投资单位数量与价值的乘积。投资单位的价值按保险合同满期日之后的第一个评估日的评估价值计算。
- 在保险期间内，投保人可随时提出退保（解除合同），保险公司应向投保人退还保单的现金价值。投资连结产品在某一时刻的保单现金价值，就是这一时刻保单拥有的投资单位数量与每个投资单位价值的乘积。因此，投保人要求退保时，保单现金价值等于合同解除当日保单拥有的投资单位数量与投资单位价值的乘积，投资单位的价值则应按合同解除日之后第一个评估日的评估价值计算。

不同的投资连结产品在一些细节上会有所区别，但基本过程和原理如上所述。

3．投资连结保险与传统寿险的主要区别

与传统寿险相比，投资连结保险的最大特色是兼具保险保障与投资理财双重功能。传统寿险都有一个固定的预定利率，保险合同一旦生效，无论保险公司经营状况如何，这个预定利率都固定不变。也就是说，在整个保障期间，保障金额固定不变。而投资连结产品有固定的保障

作为基本保险保障，但却没有固定的预定利率，投保人的投资收益具有不确定性。具体地说，保险公司将投保人缴纳的纯保险费分为两个部分，小部分用于购买保险保障，大部分划入专门的投资账户，由保险公司的投资机构进行运作。保险公司只对这部分资金收取少量的管理费用（约为总资金的0.1%～0.35%），在保险客户需要的时候还可以随时提取投资账户中的现金价值。这就相当于客户将这笔钱委托给保险公司代为运作。因此，保险公司不会向客户承诺投资回报率。若投资运作较为成功，客户就可以获得高额回报，一旦投资失败，损失也将由客户承担。这有点类似于开放基金。不过，即使投资收益不理想，被保险人仍然可以获得人身保险保障，包括人身意外、疾病、身故等基本保障。

投资连结保险与传统寿险的差异还体现在以下几个方面。

（1）保单价值不同。传统寿险的保单价值是确定的，而投资连结保险由于有至少一个投资账户，所以其保单价值必须与投资状况相联系，随投资状况的变动而不断变化。

（2）费用收取不同。投资连结保险比传统寿险多收取了关于投资的费用，如印花税、交易费等。既然投资收益完全由保险客户获得，这部分费用也自然由客户承担。

（3）保险费收取不同。在传统寿险中，缴多少保险费是和被保险人的年龄息息相关的，但投资连结保险缴纳保险费却与年龄无关。同时，传统寿险中投保人不知道所支付的保险费是如何分摊的，而投资连结保险在运作上是透明的，投保人能够知道所缴保险费的各项用途。

（4）保险给付不确定。投资连结保险在投保人发生死亡、全残或期满给付时是以保险金额与保单价值二者中的较大值为准，或者与投资账户价值相关联。而传统寿险则按事先约定的保额进行给付。

4．投资连结保险与分红保险的主要区别

在前面曾经讲过，分红保险在提供保障功能的同时，也能够参与公司经营利润的分配，保单的投资收益率也是不固定的，同样具有一些投资理财功能。那么，投资连结保险与分红保险究竟有哪些主要的区别呢？

（1）它们的性质是不一样的，严格地说，分红保险从理论上讲仍然属于传统寿险。因其涉及投资收益即利差益分红，在中国与投资连结产品几乎同时出现，因而从广义的角度仍将其视做新型投资型寿险产品。但从本质上看，分红保险仍属于传统寿险，它除了可以参与公司利润分红外，在其他设计原理和运作基础方面和传统寿险是一样的。而投资连结保险是在传统寿险产品上的创新，重在投资连结功能，因此被称为非传统寿险。

（2）保单的收益来源不同。投资连结保险的收益只是来源于“一差”即利差益，也就是投资账户的经营收益。投资账户的资金由保险公司的投资专家进行投资管理，投资所得收益（利差益）扣除部分账户管理经营费用之后全部摊入投资账户，回馈给被保险人。分红保险让被保险人分享的红利来源于“三差”（利差益、死差益和费差益），所以叫“三差分红”，但实际上死差益与费差益占的比例很小，红利的大部分还是来源于投资收益。“三差”实现的利润并不是全

部分给投保人，可分配盈余的多少，需公司方面做出决定。

（3）被保险人承担的风险不同。投资连结保险的收益完全由被保险人享有，被保险人也相应地承担投资过程中的全部风险。分红保险的收益由保险公司和被保险人分享，因此投资风险也由双方共同承担。

（4）收益的分配不同。投资连结保险投资账户的投资回报，保险公司除每月从中提取管理费用之外，剩余的投资利润全部分配给被保险人。分红保险当年度的可分配盈余，保险公司最多可自留 30%，70%或更多必须分配给保单所有者。

（5）公司收取的费用不同。出售投资连结产品的保险公司每月按一定比例收取投资账户管理费、保单管理费等。开办分红保险的保险公司在保险期间除了收取保险费及保单分红管理费之外，不再另外收取费用。

（6）退保支付不同。购买投资连结保险的被保险人如果要退保，保险公司将按收到退保申请后的下一个资产评估日的投资账户价值来计算保单价值，退还给被保险人。投保分红保险的被保险人退保时，他得到的退保金是保单现金价值与过去应该领取却未领取的累计红利的总和。

（7）身故保险金的给付不同。购买投资连结保险的被保险人身故后，保险公司将身故保险金额或投资账户价值或二者中的较高者给付受益人。分红保险的受益人在被保险人身故后除得到保险金额保障外，还可领取被保险人尚未领取的红利。

5. 投资连结保险的透明度

相对于分红寿险产品而言，投资连结产品的透明度较高。至于传统的非分红产品，因保单利益确定，投保人不需要了解太多的保险公司投资运作及收益情况，也就是说不需要透明度。这就类似出租一间营业用房，如果谈好月租金为每月 5 000 元，你就不必了解承租者的营业额是多少，但如果谈妥的租金是营业额的 5%（不确定的金额），你就有必要了解承租者每月的营业额是多少。投资连结产品的透明度主要表现在以下方面。

（1）保险公司开设的各个专用投资账户的投资方向、资产结构应当在保险条款中说明，并按照规定的资产结构进行投资运作。

（2）每张保单在各保单年度缴纳的保险费，保险公司从中扣除多少管理费用，有多少金额用于购买投资单位，以何种价格购买投资单位，投保人可以完全了解。

（3）保险公司按照一定的规定评估投资账户上资产的价值，在确定的新闻媒体上定期向社会公布投资账户资产的评估价值和每一投资单位的价值。投保人在任何时刻都知道自己拥有的投资单位数量，并可随时了解到（估算出）保单现金价值的变动情况。

（4）保险公司管理投资账户上的资产并进行投资运作，也要收取一定管理费用，从投资收益中直接扣除。收费标准要在保险条款中说明，投保人事先知情。

（5）保险公司必须严格按照《人身保险新型产品信息披露管理暂行办法》披露信息。信息公告的内容包括：投资账户财务状况的简要说明；投资账户过去 5 年的投资收益率，投资账户设立不足 5 年的，为设立期间各年的投资收益率；投资账户在报告日的投资组合；报告期投资账户收取的管理费用；投资账户投资政策的任何变动。

保险公司应当在每个保单周年日后 45 日内，向保单持有人寄送一份保单状态报告，说明保单持有人于保单周年日后第一个计价日在每个投资账户中持有的单位数、单位价值、保单价值、保险金额、部分解约、保单贷款、费用扣除等内容。

保险公司出具的年度报告是必须经国家保监会认可的经过独立会计师事务所审计过的报告。投资连结产品中储蓄保险费的增值直接与保险公司的投资收益状况挂钩，投保人有必要了解保险公司的投资收益状况。由于投资连结产品的透明度较高，在一定程度上可以满足投保人的这一要求。

6. 投资连结保险的经营费用

投资连结寿险产品是人寿保险与基金相融合的新型寿险产品，在国外，投资连结产品又被称为基金连锁产品，是保险与基金相融合、兼具保险和基金性质的金融产品，具有风险保障与投资双重功能，而且具有很高的透明度。

保险公司从投资连结产品保险费中收取的费用一般包括以下几项。

（1）初始费用。指保险费进入个人投资账户之前扣除的费用，用于向推销人员支付佣金及保险公司的管理费用。初始费用于每次收到保险费时扣除，以所交保险费为基数，按一定比例扣除。从各保单年度所交保险费中扣除初始费用的比例可不同，一般第一年扣除的比例较高，以后年度扣除比例较低。

（2）投资单位买卖差价。有的保险公司对投资单位以评估价为基础，分别规定投资单位的买入价和卖出价。买入价高于评估价（即为投保人购入的价格），卖出价低于评估价（即为投保人卖出投资账户中投资单位的价格），其差价收益为保险公司获得。投资账户中投资单位的买卖差价实质上是保险公司的一项收费，于投保人每次买入和卖出投资单位时收取。保险费扣除初始费用之后，用于购买保险公司投资账户上的投资单位，购买时按买入价计算可购买的投资单位数。发生满期给付、死亡给付或退保时，按卖出价将投资单位折算为现金。投保人要求转换投资账户时，保险公司也要收取买卖差价，先将原投资账户的投资单位按其卖出价折算为现金，再按新选定投资账户的投资单位的买入价购买。

（3）风险保险费的分离。这是保险公司为承担死亡给付责任而收取的费用。风险保险费一般每月或每年收取一次，从投资账户中扣除，扣除金额取决于被保险人年龄（死亡概率）和保险金额。将风险保险费扣除额折算为投资单位时，也按投资单位的卖出价折算。

（4）保单管理费。为了维持保险合同而收取的费用，一般每月或每年收取一次，按一定的金额收取，如每月 5 元或每月 10 元。

（5）手续费。保险公司在应投保人的要求办理投资账户转换手续时收取的费用。投保人进行投资账户转换时，保险公司不但收取投资单位买卖差价，而且可另外再收取手续费。有的保险公司对于投保人在一个保单年度内转换一次或两次投资账户不收取手续费。转换投资账户的手续费可以按转换金额的一定比例收取，也可按次收取。若投保人不要求转换投资账户，则不收取此项手续费。

（6）资产管理费。保险公司为管理投资账户资产，将其进行投资增值而收取的费用。资产管理费按投资账户资产净值的一定比例收取，一般每月从投资账户资产净值中扣取，其比例为每月末投资账户资产净值的2‰左右。无论投资账户的资产是赢利还是亏损，是增值还是减值，保险公司都要按照既定的标准收取资产管理费用。

（7）退保险费用。投保人要求退保（解除合同）或领取部分保单现金价值时，保险公司首先将投资单位按卖出价折为现金，然后再从中扣除一定比例退保险费用，才支付给投保人。退保险费用的比例各保单年度可以不同，投保后第一个保单年度内退保，扣除比例较高，以后年度递减，若干年后退保可不再收取退保险费用。

不同的投资连结寿险产品收取各种费用的项目、频度、比例、金额也不相同，但必须在保险条款中列明，并不得单方面变更。在保险条款中未列明的费用项目，保险公司不得单方面决定收取。

7．投资账户转换与风险保险费扣缴

保险公司一般会设立若干个投资连结产品的专用投资账户，各账户的投资方向、资产结构不同，因而风险程度也不同，供投保人进行选择。投保人在投保时，必须至少选择一个投资账户，投保人缴纳的保险费用于购买这一投资账户的投资单位。

保险公司一般都允许投保人转换投资账户。在保险期间内，投保人可以要求将其拥有的某一投资账户的投资单位转换为另一投资账户的投资单位，保险公司一般按投保人提出申请后第一个评估日的投资单位的价值进行转换。由于不同投资账户上每一投资单位的价值不同，所以转换后，投保人拥有的投资单位数量会发生改变，这就如同人民币 100 元转换成美元后不再是 100 美元一样。

投保人转换投保账户会增加保险公司的工作量，所以保险公司一般要收取一定的手续费。收取手续费的办法也要在保险条款中规定。

如果向保险公司投保传统非分红产品的死亡保险，而又采用分期缴费方式，保险公司一般采用均衡保险费制，以避免随着被保险人年龄的增大，所需缴纳的保险费逐年增多。投资连结产品一般是两全保险，投保人每年缴纳的保险费是相等的（均衡的），保险公司按自然保险费制从投资账户上扣缴风险保险费。虽然随着被保险人年龄的增大，所需扣缴的风险保险费逐年增多，但投保人每年向保险公司缴纳的保险费是相等的，并不逐年增加。保险公司每月扣缴一次风险保险费，可以简化核算，每一会计年度末无须再提取责任准备金。当然，保险公司也可能每年扣缴一次风险保险费，但这样做每一会计年度末就要提取责任准备金，虽然在核算上要费一些事，但也比采用均衡保险费制下提取责任准备金简单得多。如果保险公司每年扣缴一次风

险保险费，由于是在投保人缴纳保险费后即扣缴，所以风险保险费是从保险费中直接扣缴，不再进入投资账户。由于不从投资账户扣缴风险保险费，这样做的结果是，投保人拥有的投资单位数量只因每期缴纳保险费而增加，不因扣缴风险保险费而减少。

5.3.4 万能保险

1．万能保险的含义

万能保险是集基本保险保障与投资理财功能于一体的新型寿险产品。“万能”的含义主要体现在两个方面；一方面，产品功能上，既有灵活可调的风险保障，又有独具优势的专家理财，保障、理财两相宜。另一方面，由于灵活可变的特点，同是一个险种，可以变化出千差万别的保单。保单所有人能定期改变保险费金额，可暂时停止缴付保险费，还可以改变保险金额，真正是一张“万能”的保单。

万能寿险最早出现于 1979 年，是美国人寿保险的创新品种之一。由于它的灵活多变性，很快受到了人们的青睐。1985 年，美国万能寿险市场占有率为 38%，至今仍占个人寿险新保单的 1/4 左右。目前我国推出的万能寿险品种，相当于国外“变额万能寿险”，如太平洋保险公司的“太平盛世・长发两全保险（万能型）”。

万能寿险同样是为客户的资金设立专门的账户，但是它会提供一个基本的最低收益率，即保底收益率，如太平洋保险公司的万能保险的保底收益率为银行同期两年期居民定期储蓄存款利率。一旦保险公司的实际投资收益率高于保证收益率（保底收益率），公司就将会把超额收益率拿出来与客户一起分享。

2．万能保险的经营过程

万能寿险产品是缴纳保险费方式灵活的寿险产品。万能寿险产品的储蓄保险费，既可以按固定的保证利率计算增值，也可以采用投资连结方式增值，与保险投资的资产收益直接挂钩。从保险责任上看，万能寿险产品可以是死亡保险，也可以是两全保险。为了便于理解万能寿险产品，这里描述一下万能寿险产品的经营过程。以两全的万能寿险为例，其一般经营过程如下。

（1）投保人选定死亡给付的保险金额、保险期间，并缴纳首次保险费后，保险合同生效。

（2）保险公司收到首次保险费后，首先从中扣除保险公司的管理费用和向推销人员支付的佣金，还要从中扣除在当期（一个月或一年、一个季度内）承担死亡给付责任所需的风险保险费。风险保险费的多少，取决于被保险人当时的年龄和保险金额。在做了上述扣除后，剩余部分就是储蓄保险费。若储蓄保险费采用投资连结方式增值，则将储蓄保险费购买保险公司投资账户的投资单位（其办法与投资连结产品相同）；若采用固定保证利率计算方式增值，则将储蓄保险费记入保险公司为每一投保人设立的个人账户，按保证率计息增值。

（3）保险合同生效后，投保人可以不定期、不定额地向保险公司缴纳保险费。保险公司一般会规定每次缴纳保险费的最低额（起点），这样投保人可以在保险期间内的任何时间缴纳任何金额的保险费（起点以上）。

（4）自保险合同生效起，保险公司每月（每年或每季度，要在保险条款中明确规定）从投资单位的价值中或个人账户中扣缴一次用于当期（本月或本年、本季度，下同）承担死亡给付责任的风险保险费。如果投资单位的价值或个人账户中的资金已不足以扣缴当期的风险保险费，保险公司会及时通知投保人缴纳保险费。如果投保人不按保险公司的通知及时缴纳保险费，则保险合同因此而终止。

（5）在保险期间内，若被保险人死亡，则保险公司按约定的保险金额给付死亡保险金，同时退还投资账户或个人账户的资金。若被保险人生存到保险期满，则保险公司给付满期保险金，其金额是投资单位的总价值或个人账户上的资金。

（6）在保险期内，投保人若急需现金，不必向保险公司申请保单质押贷款，而是可以要求支取投资账户的部分价值或个人账户上的部分资金，但要保证账户金额足以扣缴下一期的风险保险费。若投保人申请退保，保险公司退还投资单位的部分价值或个人账户的全部资金。

（7）虽然投保人缴纳的保险费时间和金额是不固定的，但保险公司扣缴风险保险费的时间是固定的（如每月一次或每年、每季度一次），扣缴风险保险费的金额则由死亡给付保险金额和被保险人在扣缴风险保险费时的年龄确定。随着被保险人年龄增大，每期扣缴的风险保险费逐年增加（在一个保单年度内的各月、各季度相同），这是事先就可以确定的（投保时）。投保人要保证其投资单位的价值或个人账户的资金足以扣缴下一期风险保险费，这就是对投保人缴纳时间和金额的硬性约束条件。

3．万能保险产品的意义

虽然投资连结寿险产品和万能寿险产品都被称为新型寿险产品，但投资连结寿险产品改变了储蓄保险费的增值方式，而万能寿险产品并未增加新的储蓄保险费增值方式，只是增加了一种新的保险费缴纳方式，由按固定的时间和金额缴纳保险费改为灵活缴费（时间和金额不固定，但也要受约束）。

保险公司推出万能寿险产品的意义在于满足了一部分投保人的要求。

（1）有的投保人家庭收支不太固定，如从事个体经营的人，购买万能寿险产品可以根据自己的收支情况灵活地掌握缴纳保险费的时间和金额，不会因不能按时缴纳保险费造成保险合同失效（效力终止）。

（2）投保人急需资金时可支取部分投资账户的价值或个人账户的资金，无须偿还，不必办理保单质押贷款手续，无限定的还款期限，不必支付贷款利息，方式较为灵活。

（3）在保证投资单位的价值或个人账户的资金足以扣缴下一期风险保险费的前提下，投保人缴纳保险费的多少，不影响死亡给付的保险金额，只影响满期给付的金额，从而使投保人可以根据需要的满期给付金额掌握缴纳保险费的金额。在储蓄保险费以投资连结方式增值时，投保人可以根据投资单位的增值情况决定缴纳保险费的时间和金额，做出有利于自己的选择，获得较高的收益。

（4）万能寿险产品对投保人的透明度较高。在储蓄保险费采用投资连结方式增值时，其透明度相当于投资连结寿险产品。在储蓄保险费采用按固定保证利率计息增值时，其透明度也高于传统的非分红寿险产品，因为投保人可以知道每期缴纳的保险费中，有多少被扣除用于保险公司的管理费用和向推销人员支付佣金，可以知道保险公司每月（或每年每季）用于承担死亡给付责任所需的风险保险费是多少。如果投保人购买传统的非分红寿险产品，则不能了解这些信息。

4．万能保险与投资连结保险的主要区别

万能保险与投资连结保险都属于非传统寿险，都具有保险保障和投资理财双重功能。在具体操作上都是将投保人所缴纳的保险费分为两部分，在扣除附加费用后，一部分用于风险保障，另一部分记入由保险公司为其设立的个人投资账户，由保险公司投资专家进行管理投资。操作透明度高，保单的收益都来自这一投资账户，投保人能够参加到赢利的分配中来。

但作为创新产品的两个不同品种，它们还是有着明显的差异，投资连结保险重在其基金连结性，风险和收益都更大一些；而万能产品重在其灵活性，风险相对较小，风格相对稳健。具体说来，差异表现在以下方面。

（1）承担的投资风险不同。万能保险投资收益一般上不封顶，下有保底（即设有保证利率），超过保证利率的超额利润部分，由保险公司和投保人分享；投资连结保险无保证收益率，完全根据实际投资情况，除管理费外，投资收益全部归投保人所有，投资风险也全部由投保人承担。

（2）身故保险金不同。万能寿险的身故保险金由身故保险金额和账户余额（投资和收益总和）两部分之和构成；投资连结保险的身故保险金取两者较大者。

（3）灵活性程度不同。万能寿险灵活性很强，在缴费时间和金额、保险金额、保险期限等方面都有很灵活的规定；投资连结保险最初推出的投资连结产品在很多方面是固定不变的，如保险费的缴纳、保额的确定等，后期的产品则在不断地做出改进，以期更灵活、更能满足客户的需要。而且，同时设有多个投资账户的投资连结产品还可以选择资金在各投资账户之间的比例。

5．万能保险中的保险权益转换

在一些保险公司推出的万能型保险保单中，有一条保险权益转换条款，其中规定了两项内容。

- 规定在被保险人生存至保险合同期满后，被保险人可将满期保险金（即满期日个人账户余额的钱）全数投保养老金保险，并享受一定比例的保险费优惠。也就是保险公司只按被保险人申请转换养老金保险合同时的年龄所应缴付（趸缴）保险费的95%（假设享受5%的保险费优惠）收取保险费。
- 规定被保险人身故后，受益人可将其所领的身故保险金投保其本人的人身保险，并且享受一定比例的保险费优惠，也就是保险公司经审核后同意受益人转换为以他本人为被保

险人的人身保险合同，只按受益人申请转换新合同时的年龄所应缴付（趸缴）保险费的95%（假设保险费优惠比例为 5%）收取保险费。

这一条款对客户很有吸引力，既可以使被保险人用投资收益所得通过保险权益转换来获得养老保障，也可以使他的受益人通过这一条款获得其自身的保险保障，就像保险公司对老客户的优惠一样。保险权益转换条款同样体现出了万能寿险的灵活性。

6．万能保险灵活性的具体体现

万能保险的“万能”含义主要体现在其灵活性方面。

（1）在保险金额方面，万能寿险的保险金额由保险人与投保人在投保时进行约定，但确定承保的最低额，如太平洋公司的万能保险的最低额为 10 000 元。保险金额没有最高限额。并且在购买了保单之后，保额还可根据自身需要，每年调整一次，以确定保障与投资的最佳比例。投保人在申请减少保险金额时，必须保证不低于最低限额。保险金额的调整一般以 1 000 元为最小调整单位。

（2）万能寿险缴费较为灵活。表现在缴费时间上，在保险期满之前，投保人可约定定期或不定期地缴纳。投保人不用因为哪段时间资金周转不过来而为缴保险费发愁，而可以完全根据自己的情况来自由安排保险费支出。表现在缴费数额上，每次保险费的缴纳是多是少完全由投保人自己决定，只要保证最低金额在 1 000 元以上就可以了。

（3）在保险期限上，一些万能寿险设有 10 年、15 年、20 年、25 年、至被保险人 55 周岁、至被保险人 60 周岁和至被保险人 65 周岁等 7 种保险期限供客户选择，充分显示了万能保险在保险期限上的灵活性。

（4）当被保险人急需钱用或投资安排改变时，还可以从个人的单独账户中提取部分现金价值。以太平洋公司的万能保险为例：在万能保险合同生效期满 2 年后，客户可以从个人账户中提取部分现金。但为保证合同有效，必须满足以下条件：每年只能提取 1 次；每次最低以 100 元为限，最高不超过上个结算日个人账户余额的 50%；个人账户余额足以支持其 1 年的保障费用。满足这些条件后，万能寿险就能辅助客户合理安排个人财务，真正实现个人理财投资。

7．万能保险的费用扣除与结算利率

万能保险的保险费主要由附加费用、保障保险费和投资（储蓄）保险费构成，在保险费进入个人投资账户之前，必须扣除以下费用。

（1）手续费。公司进行承保时所发生的各种费用包括营业费用和代理佣金，一般为每次所缴保险费的 7%～10%。

（2）管理费。公司进行投资所发生的各种费用，在每一结算日按结算日账户余额比例计提，随合同生效期延长而扣除比例减少。

（3）保障费。用来对被保险人身故、全残提供保险保障的费用，在第一次缴费及每一结算日根据客户选择的保险金额和被保险人的年龄、性别、职业等情况扣除。

关于万能保险每一期的结算利率，各种不同类型的万能保险算法各有不同。下面以太平洋保险公司推出的“太平盛世·长发两全保险（万能型）”为例加以说明。该保险规定了它的单独账户保证的最低收益率，即银行同期两年定期存款利率。在有超额投资收益率的情况下，公司与客户分成具体如下。

- 当实际投资利率小于或等于银行同期两年定期存款利率时，结算利率为两年期定期存款利率，也就是说，投资失败的损失由保险公司承担。
- 当实际投资收益率大于两年期定期存款利率，且小于或等于五年期定期存款利率时，结算利率为实际投资收益率。
- 当实际投资收益率大于或等于五年期定期存款利率时，结算利率=（实际投资收益率–五年期定期存款利率）×80%+五年定期存款利率。

也就是说，一旦投资成功，获得了超额的投资收益率，超出部分由公司和客户“二八分成”。毕竟万能寿险提供了最低保证收益率，公司承担了一部分投资失败的损失，在有超额回报的时候，公司自然有权分享，这也是万能寿险与投资连结保险的一个显著区别。

保险公司每年度会向投保人寄送万能保险的个人账户对账单，在账户上详细列明上一年度个人账户的保险金额、缴费、提取、各项费用扣除及投资增值情况，供投保人对账查询。投保人需要时可随时要求查询。

8．万能保险与传统寿险及其他投资形式的比较

万能保险与传统寿险产品比较，万能保险的优势主要表现在以下方面。

（1）风险承担方。传统寿险产品的风险承担者是保险公司，客户不能分享到保险公司的投资利润；万能寿险的风险承担者主要是客户，客户能分享到保险公司的投资成果，而且保险公司承诺保证收益率。

（2）现金价值。传统型寿险产品其现金价值是保险公司预先设定好的；万能保险的现金价值是随着投资账户价值变动的。

（3）死亡给付。传统型寿险的死亡给付额是固定保额，而万能寿险的死亡给付额为固定保额加上投资账户的余额。

（4）灵活性。传统寿险产品保险费的缴纳、保额的确定等都是在保单订立时就已经确定；万能寿险保险费的缴纳、保额的确定可以根据投保人的实际情况进行调整。而且，传统型寿险没有加保选择权，但万能寿险有加保选择权。

（5）回报。传统型寿险其保单的回报在合同列明；万能寿险的回报和保险公司的资金运用赢利率紧密相关，一般“下有保底，上不封顶”。

（6）透明度。传统寿险产品费用分摊及保单的结构不透明；万能寿险保单结构透明，客户可以随时了解投资账户余额及各项费用情况。

万能寿险的产生是为适应消费者对保险的一些新的要求。保险消费者参加保险不单纯为了

要求保险保障，同时也把保险当成了一种投资理财工具。因此，消费者对于万能保险这类投资型保险的保值、增值能力要求也较高。

下面把万能寿险与其他几种投资理财工具进行比较。

（1）与银行存款相比。银行存款的优点是流动性好，风险低，回报率稳定，但是缺乏高回报。万能寿险除风险保障之外，还有可能通过专家理财获得较高的投资回报。同时，万能寿险对于个人账户中的现金价值部分通常能够部分提取，也具有相当的流动性，适合家庭的投资理财。

（2）与国债相比。国债的优点是安全性好，收益稳定，流动性稍差。与万能寿险相比，国债与银行存款一样存在两方面缺陷：一是无法为消费者、投资人提供人身风险保障；二是很难获得高额的投资回报。

（3）与股票相比。股票的优势在于可能获得更高额的回报，但是股票投资通常风险巨大，并完全由投资人负担。而万能寿险与股票相比具有三个优点：一是它积聚大量散户资金，由专家进行大规模投资，能给投资人带来较高的收益；二是万能寿险通常设有最低保证利率，这种形式实际上是保险公司与客户共同承担了投资风险；三是万能寿险还能为客户提供人身风险保障。

9. 万能寿险的产品设计原理

（1）死亡给付方式。万能寿险主要提供两种死亡给付方式。这两种方式习惯上称为 A 方式和 B 方式。A 方式是一种均衡给付的方式，这与传统的给付模式类似；B 方式是保额直接随保单现金价值的变化而改变的方式。在 A 方式中，个人账户中的资金经过保险公司长期投资运用，其价值可能会超过合同中约定的固定死亡给付额，从而使万能寿险变成了纯粹的投资工具，使客户不能享受到法律提供的税收优惠政策。为了避免这种情况的出现，保险公司通常会规定一个最低净风险保额，从而使得总的死亡给付额增加。在 A 方式中，死亡给付额是固定的，死亡给付是等于净风险保额加上个人账户的现金价值。净风险保额每期都进行调整，以使得净风险保额与个人账户现金价值之和成为均衡的死亡给付额。这样，如果个人账户现金价值增加了，则净风险保额就会相应减少，投保人支出的净风险保险费也相应减少，总的死亡给付不会发生变化；反之，如果个人账户现金价值减少了，则净风险保额就会相应增加，投保人支出的净风险保险费就相应增加，同样总的死亡给付不会发生变化。在 B 方式中，死亡给付额是变动的，死亡给付额是净风险保额加上个人账户现金价值之和。B 方式中，净风险保额是固定不变的。如果个人账户中的现金价值增加了，不会改变净风险保额，但是总的死亡给付额会等额增加。在 B 方式中，由于其净风险保额是固定的，所以其净风险保险费是不变的。

（2）现金价值。万能寿险保险费扣除各种分摊后的累计价值为其现金价值。保单通常都规定一个最低的现金价值累积利率，在一些高利率时期这个利率似乎低了些，但它是一种长期承诺，能给保单持有人带来较高的收益。有的保险公司向投保人提供一种滚动式的利率，保险单的最低利率不低于外界某一移动平均利率，如 5 年期国债利率等。

（3）保单的附加费用。通常有两种等价的保单费用附加方法：预先附加和事后附加。早期的万能寿险主要采用预先附加法，而新的万能寿险主要采用事后附加法。保险公司为了维护客户的利益，通常保单的附加费用都相对较低。所以，万能寿险的费用附加很少能足以支付实际发生的费用。首年的超额费用通常希望通过以后各期的费用附加、退保险费用、利差益、死差益来弥补。其中，利差益是保险公司弥补额外费用的重要来源。

（4）保险费缴纳。万能寿险的保单持有人可以在保险公司规定的幅度内选择任何一个数额，在任何时候缴纳保险费。尽管大多数投保人缴纳的首期保险费超过首期的死亡给付及费用的分摊，但保险公司仍要求将这一分摊额作为首期保险费的最低限。万能寿险的一个潜在弊端是由于没有保险费缴纳的严格限制，从而使得保单持有人轻易退保。为了弥补这一缺陷，保险公司按保单签订时投保人的意愿建立一个目标保险费表，这样保单持有人就可以提前计划其开支，利用银行自动划拨，而保险公司也可以到时通知其缴纳保险费。由于保单持有人对保单的未来状况不能很好地预测，许多保险公司引入了基于缴纳最低保险费时的不失效承诺。在这一承诺下，即使保单已无现金价值，但是只要保单持有人缴纳了保单规定的最低保险费，保单就会继续有效。

（5）死亡给付费用。万能寿险的死亡成本是按照保单的净风险保额计算的。净风险保额由于死亡率的不同而变化，这主要是根据被保险人年龄、性别及选择不同的保额来计算死亡给付成本的。

10. 万能寿险的操作原理

传统人寿保险产品中的死亡率、投资回报和经营费用等因素对保险影响并未清晰地加以区分。而万能寿险合同突出的一点就是这些因素对保单的影响是独立分开的。保险公司为每一个保单持有人设一个独立的个人投资账户，账户包括以下两个方面。

- 收入项。新支付的保险费；保证能获得的利息；额外的投资回报。
- 支出项。死亡保障的保险费支出；管理和手续费用；中途退保和账户其他支出（包括部分提取、给付等）的费用。

上述收入项与支出项之差将投入到保单持有人的累积账户中。我们可视保单持有人的累积账户为一个容器：三个收入项从容器顶部流入，三个支出项通过一个“小龙头”从容器底部流出。

万能寿险保险资金流动式为：上一结算日的累积资金+本期支付的灵活可变保险费–本期的部分费用–本期死亡保障支出–退保额和账户其他支出=本期开始时用于投资的累积价值+本期的投资回报=本期结束的投资回报–本期退保险费用=本期结束时的现金价值（新保单的初始累积价值为零）。

绝大多数万能寿险保单在第一年要求投保人支付保险费数额不能小于最小金额。在以后的年份里，投保人可以自己决定所缴保险费的数额大小，但其上下限由保险公司规定。如果保单的现金价值足以补偿本期死亡保障金额和任何其他费用的支出时，投保人可以不缴纳保险费。反之，如果保单的现金价值不足以支付本期死亡保障金额和费用，并且未缴纳续期保险费，保险合同就会失效（一般投保人会有一定宽限期）。保险管理和营销费用要在本期所缴纳的保险费中扣除。保单持有人可以随时从账户中领取现金或以当期现金价值为标准申请保单贷款，但金额不能超过本期的现金价值。如果保单持有人取出账户全部资金，保险合同终止。部分取现和保单贷款都将减少保单持有人的死亡收益和现金价值。这一点能防止投保人的逆选择。

万能寿险保单持有人的账户资金会随每一结算时期对各种经营费用、死亡率费用和部分取现费用的扣除而增长，增长比例反映了保险公司运用保险费所得进行投资的回报状况。保险公司每年要向投保人报告这种影响，其公开陈述报告的内容有：记入保单个人账户的总的投资回报率；死亡保障费用；保险经营管理费用；累积价值和账户现金价值的变化。

万能寿险提供了一个人终其一生仅需要一张寿险保单的可能性。弹性的保险费缴纳和可调整保障，使它十分适合进行人生终身保障。

思考与练习

1. 单项选择

（1）人身保险的保险金额一般由（　　）。

A．保险人确定　　B．被保险人确定

C．保险人和投保人协商确定　　D．保险人和被保险人协商确定

（2）人寿保险的保险标的是（　　）。

A．被保险人的生命　　B．投保人的生命

C．被保险人的生命或身体　　D．被保险人的身体

（3）人寿保险采用（　　），即保险人在各年度均收取数额相等的保险费，把被保险人应在若干年负担的保险费的总和，运用科学的计算方法平均分摊于各个年度。

A．自然保险费　　B．均衡保险费

C．纯保险费　　D．总保险费

（4）按照（　），年金保险可以分为定额年金和变额年金。

A．保险费是否变动　　B．保险金额是否变动

C．给付额是否变动　　D．给付期间是否变动

（5）不可抗辩条款规定，从保单生效之日起满（　　）后，保险人不能以投保人和被保险人于投保时故意隐瞒、过失、遗漏或不实说明为由否定合同的有效性。

A．三个月　　B．半年　　C．一年　　D．两年

2. 多项选择

（1）人寿保险均衡保险费的含义是（　　）。

A．随着年龄的增长，投保人每年需缴纳的保险费越来越多

B．随着年龄的增长，投保人每年需缴纳的保险费越来越少

C．投保人在各年度均缴纳数额相等的保险费

D．保险费不随被保险人年龄的逐年增长而变化

E．把投保人应在若干年内负担的保险费总额，运用科学的计算方法平均分摊于各个年度

（2）健康保险承保的疾病风险具有的特点包括（　　）。

A．由于非明显的外来原因造成的

B．由于非先天原因造成的

C．由于非长期的原因造成的

D．不是由于偶然的原因造成的

E．由于被保险人自身内在的原因引起的

（3）健康保险特别是医疗保险一般通过（　　）等方式进行成本分摊。

A．规定免赔款　　B．实行共同保险　　C．规定给付比例

D．规定给付限额　　E．比例再保险

（4）意外伤害保险中意外事故的构成必须具备的要素是（　　）。

A．事故的发生是非本意的　　B．是外来的　　C．是突然发生的

D．是被保险人内在原因造成的　　E．是可以预见的

3. 简答题

（1）与财产保险相比，人身保险有何特点？

（2）与银行储蓄相比，人寿保险有哪些不同？

（3）人身保险是如何分类的？

案例分析

1．用户张某在2000年8月购买了一台N公司的价值2 500元的电热水器。该用户按照说明书的要求使用不到两个月，一次因热水器漏电造成张某在洗澡中意外身亡，热水器损失2 000元，事后修理热水器花去500元。N公司曾向H保险公司投保了产品质量保证保险，保险期限自2000年1月1日至2000年12月31日止。此外，张某所在单位曾集体向Z人寿保险公司投保了意外伤害保险，保险期限自2000年6月1日至2001年5月31日止，每人保险金额为100 000元。分析此案例，并回答下列问题。

（1）张某的损失属于上述哪个保险险种的保险责任？

（2）对于修理热水器的损失，张某的家人可以索赔的对象有哪些？

（3）H保险公司负责张某的损失赔偿，保险人应赔偿多少？

（4）承保意外伤害保险的保险公司应承担的赔偿责任是多少？

（5）如该热水器厂家在向H保险公司投保产品质量保险的同时又投保了产品责任保险，经裁定，人身死亡给付150 000元，则保险人H保险公司应承担的赔偿责任是多少？

（6）张某的受益人总共可向H保险公司和Z人寿保险公司索赔多少元？

评析：

（1）属于意外伤害保险的责任范围。

（2）H保险公司、Z人寿保险公司、生产热水器的厂家。

（3）因为电热水器价值2 500元，所以应赔偿2 500元。

（4）张某所在单位曾集体向Z人寿保险公司投保了意外伤害保险，保险期限自2000年6月1日至2001年5月31日止，每人保险金额为100 000元。所以应赔偿100 000元。

（5）因为事后修理热水器花去500元，所以共赔付150 500元。

（6）由（4）（5）小题可得：100 000+150 500=250 500（元）。

2．1996年11月9日，李某为其儿子向某保险公司投保了一份少儿保险。根据保险条款约定，被保险人自保单生效时起至22周岁前因意外事故死亡，保险公司给付死亡保险金。1997年12月，李某向保险公司报案称：1997年11月4日清早，在给儿子喂服糖浆时，发现他神情异常，脸色和嘴唇发紫，遂送往医院抢救。当日上午9时许，因抢救无效死亡，次日火化。李某以哺水呛噎致死为由，要求保险公司赔付意外身故保险金。保险公司经调查核实，医生出具的死亡通知单注明李某的儿子在入院时就已死亡。门诊记录卡是医生应李某的要求在11月28日开具的。经鉴定，保险公司认为“哺水呛噎致死依据不足”，做出了退还保险费、解除保险合同的决定。请根据案情，回答如下问题。

（1）本案的处理，涉及保险事故发生后的什么问题？

（2）我国《保险法》对出险后的通知期限有没有明确规定？

（3）目前，国际上对于投保人或受益人未在保险合同约定的时间内通知保险公司所产生的后果，通常采用的做法是什么？

评析：

（1）投保人或受益人及时通知义务。

（2）没有明确规定。

（3）因延迟通知而导致必要的证据及保险事故的性质、原因无法认定或增加保险公司的勘察、检验等项目费用的，受益人应承担由此造成的损失。因延迟通知，同时近因无法确定，保险公司可以不承担保险责任。

3．某企业于 2001 年 9 月 28 日为全体职工投保了团体人身意外伤害险，保险公司当即签发了保险单并收取了保险费，但在保险单上列明，保险期限自同年 10 月 1 日起到第二年 9 月 31 日止。投保后两天即 9 月 30 日，该企业一职工工余时间去海上钓鱼，不慎坠崖身亡。保险公司负不负保险责任？为什么？

评析：

保险公司不负赔付保险金责任。保险人仅对保险期限内发生的保险事故承担赔偿或给付保险金义务，本案中保险责任尚未开始（或保险合同尚未生效）。

4．田某为其妻子钱某投保了一份人寿保险，保险金额为 10 万元，田某为受益人。半年后田某与妻子离婚，离婚次日钱某意外死亡，死亡前未变更受益人。对保险公司给付的 10 万元保险金，钱某的父母提出，田某已与钱某离婚而不再具有保险利益，因此保险金应该由他们以继承人的身份作为遗产领取。您认为这种说法正确吗？为什么？

评析：

错误。人身保险合同订立时要求投保人必须具有投保利益，而发生保险事故时，或发生保险事故给付时，则不追究具有保险利益。原因在于人身保险的保险标的是人的生命和身体，同时人寿保险具有储蓄性。因此，保险金受益人应为田某。

第6章

再保险基础

本章重点

- 掌握再保险的概念和作用；
- 掌握比例分保、非比例分保、临时分保、合同分保、预约分保；
- 理解国际主要再保险市场与中国再保险市场。

6.1 再保险概述

6.1.1 再保险的概念

再保险是指保险人将其承担的保险业务，以承保形式部分转移给其他保险人。再保险是保险人的保险，也称分保。

再保险合同当事人双方均为保险人。作为再保险的需求者即买方，在保险术语上称为再保险业务的分出人或分出公司。作为再保险的供给方即卖方，称为再保险人或分保接受人，也可以称为再保险业务的分入人或接受公司。

在再保险交易中，原保险人向再保险人分出的保险金额为再保险金额，这部分责任金额对分出公司来说称为分出额，对分入公司来说称为分入额。除了再保险的部分外，保险人留给自己承担的保险金额为自留额。

保险人进行再保险的目的，在于减轻自身负担的风险责任，当发生再保险合同约定的事故损失时，可以从再保险接受人那里摊回赔款。但是，通过再保险转嫁风险责任也要支付一定的费用，这种费用就是再保险费（分保险费）。

再保险的责任额度按接受公司对于每一具体的危险单位、每一事故或每一年度所承担的责任在合同中分别加以规定。再保险在本国范围内进行的，称为国内再保险。一些大的再保险项目，当其风险责任超过国内保险市场的承受能力时，需要在世界范围内寻求再保险保障，这种再保险称为国际再保险。

我国《保险法》也有优先在国内办理分保的规定，这项规定对再保险买卖双方都有约束力。

它对分出公司的约束力表现在：分出公司有分保需求时，首先应考虑分给中国境内的保险公司或再保险公司，只有当中国境内的公司拒绝接受，或接受条件明显差于外国公司时，才可以分到国外。它对再保险公司的约束力表现为：中国境内的分保接受人，如需转分保，也应优先考虑分给中国境内的保险公司，只有当中国境内的保险公司拒绝接受，或接受条件明显差于国外公司时，才能转分到国外。当然，这里的优先，主要是同等条件下的优先。不同等条件下的优先，有可能影响买方利益和保护落后。

再保险与原保险既互相联系又互相区别，其联系表现如下。

- 原保险是再保险的基础，是再保险存在的前提，再保险合同不以离开原保险合同而单独存在。同时，原保险承担的风险与责任也要依赖再保险才能进一步分散。
- 再保险人的责任、再保险金额和有效期限均以原保险合同的责任、保险金额和有效期限为限。再保险人和原保险人是利益共享、损失共担的合作关系。
- 作为保险的原则，即保险利益原则、最大诚信原则和损失补偿原则，同样适用于再保险。原保险和再保险都是以法律为依据的经济合同行为，都是以大数法则为依据实现分散风险的。

再保险与原保险的区别如下。

- 原保险标的是物、责任、信用或人的身体和生命，而再保险的标的是原保险人承担的风险和责任。
- 再保险合同是以原保险合同为基础的合同，但它又是脱离原保险合同的独立合同。主要表现在：再保险合同有自己独立的当事人，即原保险人和再保险人；一般情况下，再保险人不得请求原投保人交付保险费,原保险的被保险人也不得向再保险人提出赔偿要求；不论再保险人是否履行再保险赔偿义务，原保险人都应对原被保险人履行赔偿义务；当原保险人因破产或其他原因未履行赔偿原被保险人的义务时，再保险人不得因此而免除对原保险人履行的再保险赔偿义务。
- 原保险合同分为补偿性合同和给付性合同两种，而再保险合同一般只参与补偿性原保险合同的分保。

6.1.2 再保险的职能和作用

再保险的基本职能是分散风险，把一个保险人承担的自然灾害和意外事故的责任在同意承担的同业之间进行分摊。

保险商品在出售时，大部分成本是不确定的。随着社会的发展和科学技术的进步，一次灾害事故造成的财富损失和人身伤害程度不断增大。巨灾的损失会使任何保险人打消独自承保此类风险的念头。在业务经营中，保险人对承保面不宽、保险金额又较高的业务，感到责任过重，风险太大，担心一旦风险事故发生，会威胁到自身的生存。再保险解决了这个问题。再保险把众多保险人的承保能力集合在一起，使资金实力发挥联合积聚的作用，扩大了抵御风险的能力。同时把那些超过保险人自身承受能力的风险，在国内乃至国际同业之间分散。例如，中国人民保险公司承保的一架波音 747 飞机，1993 年 11 月 4 日在香港启德机场着陆后因台风冲入海湾，22 人受伤，保险损失 1.55 亿美元，通过再保险，国际上几十家保险公司分摊了赔款。

再保险的作用主要表现在以下几方面。

1. 分散承保风险

分出公司可以运用再保险，减少自身承担的赔付责任，将风险责任控制在一定范围内，防止赢利水平的大起大落，实现稳定经营。分出公司在履行支付再保险费的义务后，就可以在发生较大损失时从接受公司那里请求摊回赔款。1963 年 5 月 1 日，我国自行制造的万吨级船舶“跃进轮”装载 1.2 万吨玉米由青岛驶往日本途中触礁沉没。该船保险金额共 125 万英镑，其中属于中国人民保险公司的自留额为 21 万英镑，余 104 万英镑由英国、苏联、捷克斯洛伐克等 20 个国家的 90 家保险公司分摊，从而保证了中国人民保险公司的稳定经营。

2. 扩大原保险公司承保能力

保险公司的承保能力体现在两个方面：一是承担巨大风险的承保能力；二是承受累积保险费数量的承保能力。为了保证保险公司的偿付能力，各国法律都规定了保险人经营业务量与其资本额的适当比例，并对每一危险单位的最高自留额做出限制，对保险人签单承受保险费总数，通常也有一定限额。在保险资本参与分保的情况下，原保险公司可以接受较大、较多的业务，扩大承保能力，增加业务量。

3. 增强保险公司参与巨灾保险的能力

地震、洪水、飓风等自然灾害所造成的损失，通常都比人所能提供的保险保证金要大得多，因此，在没有政府支持的情况下，保险公司介入的困难很大。这样一来，国家将不得不充当最后保险人的角色，不得不将用于发展的资源用于经济的复原工作。由于保险公司参与巨灾经济补偿减轻了财政负担，许多国家在鼓励本国保险市场提高承保能力的同时，都十分重视通过国际再保险分担巨灾风险。

4. 促进保险公司加强企业管理

再保险在保险公司内部管理上起着积极的作用。这体现在两个方面：一是通过再保险业务交换和再保险联营组织的运作，保险同业之间结成了互相依赖的合作伙伴，通过再保险传递的有关核保、费率、新险种开发等信息对于加强企业管理有促进作用；二是有些公司借助再保险加强内部管理。如挪威国内所有经营船体保险的公司，都参加船体保险联营组织，并将所承保的每艘船的 0.5%分入联营组织，其目的仅为获取各项核保承保资料，观察市场变化以便于管理。我国 20 世纪 40 年代末华商成立的“上海民联分保交换外”，也曾发挥过重要的行业管理作用。

6.2 再保险的分类

6.2.1 比例分保

比例分保是以保险金额为基础计算分出公司自留额及接受公司承保额的分保方式。比例分保有成数分保和溢额分保两方式。

1. 成数分保

成数分保是指原保险人将每一危险单位的保险金额，按约定的比例向再保险人分保的方式。即使是一笔保额很小的业务，也必须按比例分给再保险人。接受人则必须按比例接受，自动生效。发生赔款亦按同样比例摊算赔款。这种分保方式的自留额将随每一笔保险金额不同而各有不同。再保险人承受的是超过分出人自留额的保险金额，但也有最高限额。

例如，某成数分保合同，每危险单位的最高限额约定为 200 000 元，自留比率为 25%，分出比例为 75%。保险责任分配如表 6-1 所示。

表 6-1 保险责任分配 （单位：元）

	保险金额	自留部分 25%	分出部分 75%	其　他
保单 A	10 000	2 500	7 500	
保单 B	100 000	25 000	75 000	
保单 C	150 000	37 500	112 500	
保单 D	220 000	50 000	150 000	20 000

在上述合同中，超过限额的 20 000 元，如无其他合同再保险人接受，则由分出公司自负。

成数分保的最大优点是容易计算，手续简便。但分出公司受到比例限制，对约定业务不分良莠大小均按比例分出，若业务品质好也只能按比例分出，并无选择的机会。也正因为如此，成数分保方式的分保手续费较高，而且可以交换分保业务。这种分保方式一般限于中小公司采用，目的在于改善公司承保能力。因为在分散危险方面，成数分保的效果明显，而在稳定赔付率和对抗巨灾方面，成数分保作用一般。

2. 溢额分保

溢额分保是分出公司先确定每一危险单位自己承担的自留额，当每笔业务保险金额超过分出人的自留额时，才将超过部分分给再保险人。按约定，接受公司的承保限额应为自留额的一定线数（倍数），保险费和赔款分摊亦按自留额和分出额对保额的比例分配。这种分保方式称溢额分保。限额、自留、线数为溢额分保三大关键事项。限额是合同项下所承担的最高责任额。自留是分出公司自承担的责任额。线数是计算分出公司自留金额及接受公司接受金额的计算单位。如果某合同最高限额为 10 条线，分出公司的自留额为 1 条线，金额为 100 万美元，则合同限额为 1 000 万美元。

溢额分保合同可由分出公司根据需要分层设计，即先放满自留部分，再纳入第一溢额合同。第一溢额合同放满之后，再纳入第二个合同，以此类推。

6.2.2 非比例分保

非比例分保是以损失金额为计算基础，当分出公司赔款超过约定额度或标准时，其超过部分的一定额度或标准由接受公司承担的一种再保险。非比例分保有险位超额赔款分保、事故超额赔款分保和赔付率超额赔款分保三种方式。

1. 险位超额赔款分保

险位超额赔款分保的自留额是以赔款金额设定的。每一危险单位或每一保单在一次事故中发生一次或一连串损失时，接受公司对超过分出公司自留额的损失负约定的限额或百分比之责任。例如，有一笔超过 200 000 元以后的 800 000 元的火险险位超额赔款分保，损失分摊如表 6-2 所示。

表 6-2　损失分摊　（单位：万元）

	赔款总金额	分出公司自留额	接受公司分摊额
保单 A	10	10	0
保单 B	48	20	28
保单 C	100	20	80

由于此种再保险是以每一危险单位为基础，因此，每一危险的赔款自留额也是独立的，互不相关。自留责任额和赔款限额均以每一危险单位所发生的赔款金额来计算。它比较适合保障出险频率高而损失幅度比较平均的业务，如汽车保险或汽车乘客责任险等。

险位超额赔款分保的主要优点是分出公司分出保险费较少，并且不必像溢额再保险那样追踪每一笔分出业务，管理费用较低。由于再保险费低，再保险人通常也就不支付分保手续费。它在承担大型危险可能导致的巨额赔款方面较比例分保更具优势。

2. 事故超额赔款分保

事故超额赔款分保是以每一次事故所造成的累积损失作为划分自留额和分保限额的基础，用来保障分出人的累积责任的一种分保方式。由于主要是以保障异常大灾害为对象，故又称巨灾再保险。

事故超额赔款分保的自留额与险位超额赔款分保的自留额有相同之处，均可以用一固定金额或百分比表示，但不同的是事故超额赔款分保的自留额是以一次事故造成的累积损失为计算基础，而不以每一危险单位的单独损失为计算基础。这样，对一次事故的界定就很必要。在合同中，通常以时间条款对一次事故做室间和时间的限制。

- 对于旋风、飓风、台风、地震和火山爆发等自然灾害规定为 72 小时。
- 对于暴动、罢工、内乱和恶意破坏也规定为连续 72 小时，并限于同一城、镇或乡的范围之内。
- 其他巨灾事故规定为连续 168 小时。

事故开始时间可由分出公司选择，但最早不能超过分出人所登记的第一次损失的时间。

异常灾害造成的损失十分巨大，最高责任额过低难以满足分出公司的需要，过高则接受公司赔款责任过于沉重。为了便于接受公司承担额外负担，通常采用分层的办法。分层是指将整个所要求的超额赔款保险数额分割为几层。各接受公司可以选择参与某一层或若干层的超额赔款分保，确认自己的接受成分。这样，也便于按层次分别制定费率。

如某公司拟安排一个超过 1 000 万元以后由接受公司负责 10 000 万元的巨灾分保合同，可分四层安排超额赔款。

第一层：1 000 万元以后的 1 000 万元。

第二层：2 000 万元以后的 2 000 万元。

第三层：4 000 万元以后的 3 000 万元。

第四层：7 000 万元以后的 4 000 万元。

设计巨灾分保的主要目的是保障巨灾，平抑巨灾损失累积所造成的赔付率的过度波动。

3. 赔付率超额赔款分保

赔付率超额赔款分保是按年度以分出公司某特定部分业务所发生的赔款与入账保险费的比例为自留额与分保责任额的计算基础，约定比例以内的部分由分出公司自负，超过约定比例的部分由接受公司负责至一定额度或一定金额。

赔付率超额赔款分保是一种对保险人财务损失的保障，而不是对个别危险负责，它可以将分出公司某项业务的年度赔付率控制在一定限度之内，故又称损失中止超额赔款分保。赔付率超额赔款合同一般规定两个限额：一是自负损失赔付率限额，当损失达到此限额时，分出公司必然已蒙受若干亏损；二是接受公司给予补偿的最高赔付率限额，这种补偿是在其他再保险已完成赔偿之后才负责的最后保障，其功能在于稳定分出公司核保绩效，将遭受突然打击形式的亏损控制在分出公司财力所能承受的范围之内。对接受公司的责任同时可用一定金额限制。例如，合同约定，接受公司的责任在赔付率 90%至 120%之间，但最高责任额不得超过 120 万美元，以先达到者为限。

赔付率超额赔款分保主要适用于农作物雹灾险和年度变化较大难以稳定的业务。对于小额损失集中而累积繁重的情况已有数年，且不能在短期内缓和解决时，往往要用这种再保险形式。

6.2.3 临时分保

临时分保是指保险人有分保需要时，临时同分保接受人达成协议的再保险行为，故又称为选择性再保险或自愿再保险。也就是说，对某一风险是否安排分保、自留额多大、分出额多大、分保条件等具体要求，完全由保险人视风险特点和自身的财务能力，以及接受公司的有关情况而定。保险人以一张保险单或一个危险单位为基础，逐笔与再保险人洽谈，再保险人根据风险的承保情况，如风险的性质、责任大小、与保险人的关系等因素，确定其接受金额或婉言拒绝。由此可知临时分保可以自由安排和选择，在业务成交前无约束力。

再保险的各种安排方式中，临时分保的历史最长，至今还在沿用。其特点可归纳如下。

- 以一张保单或一个危险单位为基础。原保单一般分为四种，即特定保单、流动保单、总括保单和预约保单。不论哪种保单办理临时分保，都要以一张保单为基础，或者以一个危险单位为基础，如以一个工厂为危险单位安排火险临时分保。
- 保险人随意安排，再保险人自由接受，在临时分保业务成交前，双方均不受任何义务的约束。
- 分保条件清楚，便于分保接受人了解、掌握业务的具体情况，因此，责任不易累积。
- 与合同再保险相比，临时分保手续费一般较低，通常不扣保险费准备金和纯益手续费，账单编制发送较及时。
- 分出公司的每笔业务都需与分保接受人联系洽分或续转，手续烦琐，费用较高。
- 时间性较强，若因工作疏忽或分保条件的吸引力较差而未及时洽分完毕，一旦发生巨灾，保险人就要自食苦果。

临时分保主要用于以下几个方面。

（1）刚开办的新险种或新业务。保险公司刚开办的新险种或新业务，往往由于业务量不多，保险费较少，尚不具备较稳定的合同再保险的条件，所以再要用临时分保方式安排分保。

（2）不属于合同承保范围的业务。经营分保业务的保险公司，一般要组织安排不同种类的分保合同，而各分保合同都会规定严格的承保范围，因此凡不属于承保范围的业务均不能放入分保合同。有此业务不得不另行安排，采用临时分保方式。

（3）合同规定的除外业务。不少分保合同往往规定除外业务。比如货物运输合同，有的列明现钞险除外，保险公司若有此类业务，就须另行安排临时再保险。

（4）不愿放入合同的业务。竞争、效益逼迫保险人将一些成绩不稳或质量较差、本可放入合同的业务另行安排临时分保，将所承担的责任转让出去。

（5）合同余额业务。分保合同承保能力都有一定的限制，即规定一个限额。当有较大保额业务，超过合同规定的限额时可运用临时再保险，以保证其承保能力。

（6）需要超额赔款保障的业务。对于个别应放入分保合同的业务，分出公司为了本公司和接受人的共同利益，有时可另行安排临时超额赔款保障，以减少其承担的责任。对此，所支付的分保险费将按再保险合同当事人的比例予以分摊。所以，人们把这种超额赔款保险称为共同账务。

6.2.4 合同分保

合同分保是指由分出公司与分入公司预先订立分保合同，在一定时期内对某类业务进行缔约人之间的约束性的再保险安排方法。在分保合同中，分保双方经协商将分保方式及成分、分保佣金、盈余佣金、自留责任、合同最高限额、业务明细表的编送、再保险账单的编送和结付、赔款的摊付、责任的开始与终了、货币的种类及汇率的变动、物价指数的变化等各种各样的分保条件预先固定下来，以明确双方的权利和义务。凡属合同规定范围内的业务，分出公司自动分出，接受公司必须如数接受，对双方都有强制性。因此，这种分保方式又称为固定分保。

合同分保双方分保关系固定，可以保证原保险人及时转移风险责任，有利于稳定经营；再保险人也可以比较均衡地得到数量多、风险较为分散的整批分保业务。因此，它是国际再保险市场上普遍采用的主要分保方法。归纳起来，合同分保有以下特点。

1. 强制性

合同分保具有强制性。再保险合同一经签订，便具有法律效力，缔约双方均应遵守，所有业务均按合同规定办理。这就意味着，凡属于合同规定范围内的业务，不论质量好坏，保险人都应按合同约定成分向再保险人分保，不得少分，也不得多分，也不必通知再保险人；再保险人对其承保范围内的业务亦没有挑选的余地，不管好坏良莠，均须接受，不得拒绝。

2. 险种单一性

合同分保的承保范围一般仅限于某一险种，比如水险分保合同、火险分保合同、航空险分保合同、建筑工程一切险分保合同等。如果将不同险种的业务混在一起安排再保险，则这种合同称为一揽子分保合同，它是基于另外一种分保情况设计的。

3. 稳定性

合同分保中的业务通常较多，少则几十笔，多则上万笔。因此，保险费较多，有的能应付几个全损。即使个别保险标的发生全部赔偿，对整个合同来说往往无足轻重，合同再保险业务较稳定，这是大数法则的典型例子。

4. 起讫

合同分保的起始期多为公元纪年的 1 月 1 日，个别国家例外，如日本多为 4 月 1 日。时限最低 1 年，通常规定年终前 3 个月或更长一些时间由一方或双方互发临时注销通知，否则自然延续 1 年合同有效。

合同分保的赔案一般由分出人负责处理，如涉及分保接受人的责任，按规定告知接受人。可能要求接受人支付现金的大的赔款，应随时将赔款处理情况、估计损失的数字及发生的费用通知接受人，使分保接受人对现金摊赔有所准备，及时汇付。许多合同分保中都规定，一次事故的赔款及费用达到约定的数字时，分出人可要求分保接受人在 10 天内或其他已约定的时间内汇付他们应承担的份额。

6.2.5 预约分保

预约分保又称临时固定再保险，是介于临时再保险和合同再保险之间的一种再保险安排方式。预约分保规定对某些特定的风险，在一定的限额内，分出公司有权决定是否进行再保险，而再保险接受人有义务接受分出公司分来的再保险业务。也就是说，原保险人对预约分保规定的业务是否办理再保险，完全可以自行决定，而再保险人却是被动的，对属于预约分保范围内的业务无权拒绝，必须接受。

与合同分保相比，预约分保的业务量一般较少，因此业务稳定性较差，而且对分保接受人来说又具有强制性，所以，这种分保方式通常不太受再保险人欢迎。预约分保具有以下几个特点。

（1）预约分保分出公司可以自由决定是否办理分保，这样有利于分出公司对超过合同限额的业务自动安排分保。但对分保接受公司来说没有挑选的余地，犹如接受合同分保合同一样。

（2）预约分保较临时再保险手续简单，节省时间。

（3）接受公司对预约分保的业务质量不易掌握。由于分出公司可以任意选择将其预约合同范围内的业务分给接受公司，而接受公司无法有选择地接受，所以对分出业务的质量很难掌握，特别是那些由经纪人中介订立的预约合同业务，更难了解。

（4）预约分保业务的稳定性较差。由于分出公司可以自由决定是否分出业务，所以往往是将稳定性好的业务自留，而将稳定性较差的业务进行分保，以稳定自己的经营，获得较大收益。

预约分保主要适用于火险业务和水险业务。

6.2.6 财产险再保险

再保险按国际惯例可分为两大类：财产险再保险（即所谓的非寿险再保险）和人身险再保险。财产险再保险又可按不同的分类方法分成不同的类型。按责任限制分类，财产险再保险可分为比例再保险和非比例再保险。比例再保险又可分为成数再保险和溢额再保险，非比例再保险又可分为超额赔款再保险和超额赔款付率再保险。按照分保安排方式分类，财产险再保险又可分为临时再保险、合同再保险和预约再保险三类。按照险种分类，又可分为火灾险再保险、运输工具险再保险、货物运输险再保险、工程险再保险、责任险再保险、水险再保险等。

1．火灾险再保险

火灾保险的危险性质或程度，因财产占用的性质、建筑材料与结构不同而有较多差别，而且不同标的的保额差别较大，因此，火灾险分保安排一般采用溢额分保方式。自留额和分出额根据不同情况而定。

（1）按保险金额和风险的分类等级而定。如规定一类危险自留额为 10 万元，分保额为自留额的 4 条线，即 4 倍，计 40 万元，最高承保能力为 50 万元；二类危险单位的自留额为一类危险单位自留额的 30%，即 3 万元，分出额为自留额的 4 倍即 12 万元，最高承保能力为 15 万元。

（2）按最大可能损失而定。如有一工厂保额为 1 000 万元，估计最大可能损失为保额的 10%，计 100 万元，那么最大损失自留额 20 万元，分出额为自留额的 4 倍即 80 万元，总计 100 万元，损失额相当于完成了 1 000 万元保额保障。

2．水险再保险

水险再保险一般分为货运险再保险和船舶险再保险。

（1）货运险再保险。在货运险再保险中，对于单一风险单位一般采用成数分保为基础以适合中小业务的需要，再结合溢额分保以满足大业务的承保需求。当所承保的责任超过合同的最高限额时，则再安排临时分保或预约分保。另外，对于港口和码头仓库无法预知的积累责任，一般安排事故超额赔款分保予以保障，对于特大责任还可能要分层设计。

（2）船舶险再保险。船舶险分保安排与货运险分保安排类似，不过，自留额的确定一般是以单一船只作为风险单位，根据船舶的种类（如海运或内河运输）、船龄（如 15 年以上和 5 年以下）、毛吨和等级的规定不同而不一样，或者只按船舶的分类规定单一的自留额，至于船龄等因素可在费率上进行调整。

3．汽车险再保险

汽车险保单一般是综合性保单，大致包括三项责任：汽车的损坏和偷窃、对第三者的责任及驾乘人员的人身意外伤亡。所以，汽车险再保险是按每次事故安排超额赔款分保。由于责任的积累，可能还需分层设计。

4．责任险再保险

责任险的种类较多，包括的责任大致为人身伤亡、物质损失和经济损失三个方面，可按责任险的不同种类分别采用比例和非比例方式安排分保。有时，考虑要保障分出公司全年全部业务自留部分的责任积累，还要安排赔付率超额赔款分保。

6.2.7 人身险再保险

人身险再保险与财产险再保险的分类相同。

1．人身险再保险的传统分类

（1）比例再保险方式。

- 长期人身险的比例再保险。长期险业务一般包括长期健康险和寿险，其保险费的构成取决于精算所采用的风险发生率、预定费用率和预定利率等。长期人身险的比例再保险一般分为 1 年定期、联保和修正联保三种方式。1 年定期方式是指分出公司公将长期险业务的发生率风险转嫁给再保险公司的一种分保方式。换言之，分出公司将死亡风险转嫁给再保险公司。联保方式是指分出公司将某一特定长期险种的全部风险转移给再保险公司的分保方式。分出公司将被保险人的原始保险费按比例支付给再保险公司，同时也将发生率风险和利率风险转移给再保险公司。修正联保方式是上述两种方式的综合。分出公司将原始保险费按比例支付给再保险公司，但保险费中准备金部分则留存在分出公司。这种方式使分出公司的风险得到转嫁，又减少了保险费的实际支付。

- 短期人身险的比例再保险。由于个人意外险期限较短且标的分散性好，因此，个人意外险比例再保险采用成数方式的很少，主要以溢额方式进行。对于团体业务和特殊风险，以及分出公司所开展的新业务，分出公司得到接受公司的技术支持，依然采用成数方式分保。

（2）非比例再保险方式。人身险的非比例再保险主要包括单人超额赔款、止损超额赔款和超额赔款付率超额赔款等。单人超额赔款是指单个人的索赔超过一定金额后由超额赔款接受人承担的一种超额赔款方式。止损超额赔款是指分出公司的整体索赔超过一定金额或比例后由分入公司承担超出的部分。超额赔款付率超额赔款是指分出公司的特定险种索赔超过一定赔付率后由分入公司承担超出部分。

2．人身险的财务再保险

人身险的财务再保险目前已发展成非常丰富的非传统形式业务。此类再保险业务不但有传统再保险所具有的分散死亡或疾病风险的职能和作用，而且可以分散分出公司产品投资风险并满足保险监管部门对分出公司偿付能力监督和管理的需要。

财务再保险是对传统再保险业务的重大发展，目前仍未形成完整系统的理论和做法。各国保险监管机构对财务再保险的政策差别很大。在发达国家，只要偿付能力的监管要求得到满足，监管机构并不干涉再保险的具体做法，因此其财务再保险亦较发达。在保险业发展相对落后的国家，监管机构一般对财务再保险实行较为严格的控制。需要强调的是，由于人身险业务的相对特殊性，其财务再保险与财险的财务再保险尽管在原理上有某些类似，但在具体做法上差别极大。

6.3　再保险市场

6.3.1　再保险市场概述

1．再保险市场的概念

再保险市场指从事各种再保险业务的再保险交换关系的总和。它可以有许多买方和卖方自由进出，在保险和再保险商品的价格、条件和可用性上自由讨价还价。鉴于世界再保险能极大提高原保险承保能力和分散承保风险，保障保险公司的稳定经营，再保险得到了保险人重视，使全球的再保险业务量稳步上升。

2．再保险市场形成必须具备的条件

- 比较稳定的政局。
- 发达的保险市场。
- 现代化的通讯设备和信息网络。
- 具有丰富的再保险知识和实践经验的专业人员。
- 比较宽松的外汇制度。
- 拥有适当的律师、会计师和精算师等专业服务人员。

目前，保险界公认的位居世界前列的再保险市场是：伦敦、纽约、东京、慕尼黑、巴黎、苏黎世、新加坡、中国香港地区及百慕大。

3．再保险市场的分类

（1）以区域范围划分，再保险市场可分为国内再保险市场、区域性再保险市场和国际再保险市场。

（2）以再保险责任限制划分，再保险市场可分为比例再保险市场和非比例再保险市场。伦敦的超额赔款分保市场是典型的非比例再保险市场，而德国的汽车再保险市场是典型的比例再保险市场。

4．再保险市场的特点

（1）再保险市场是国际保险市场的重要组成部分。在再保险市场上全世界的保险人可以充分地安排分保，确保业务的稳定性。如果离开了再保险市场，保险人在开展业务时会过多地考虑资金的风险平衡问题，从而限制保险业务的发展。相反，被保险人在投保时会担心索赔不易及时到位，从而对保险持怀疑态度，也会影响经济活动的正常进行。特别是国际间的重大经济贸易活动，如航空航天项目、核电站工程这样超巨大的风险责任，更加需要再保险。因此，尽管再保险市场是从保险市场发展而来的，但绝不是保险市场的简单延伸，而是国际保险市场不可缺少的重要组成部分。

（2）再保险市场具有广泛的国际性、网络性。虽然在世界上有许多区域性再保险市场，但每一项巨额业务的分保，几乎都要从一个市场向另一个市场分保或转分保。一旦发生赔款，牵连的保险公司多达几十甚至几百家，这充分说明了再保险业务本身具有广泛的国际性、网络性。

（3）再保险市场交易体现了保险人和再保险人的合作精神。再保险市场的交易基础是互相信任，遵守最大诚信原则，一般的趋势是由保险公司依靠工作人员作为个别市场的参与者，与顾客建立和保持密切的联系，在保险人和再保险人之间，双方的良好接触起着决定性作用。对承保的风险及对风险的判断、鉴定都需要全面直接了解，掌握第一手材料。对于签订长期的再保险合同，分出人往往在订约前或订约后，要对可能发生的技术问题、市场问题，与分保接受人进行磋商，所以再保险交易在某种程度上也是一种合作经营。

（4）再保险市场上互惠交换业务方式盛行。所谓互惠交换业务，是指有再保险关系的保险人之间互相交换业务，一方保险人向一方保险人分保，又从另一方保险人处获取回头的分保业务。如此互通有无，不但扩大了业务面，提高了净保险费收入，而且避免了总业务量的减少，进一步分散了风险，降低了费用开支。

6.3.2　国内国际主要再保险市场

目前，世界上主要的再保险市场有伦敦、美国和欧洲（英国除外，下同）。我国的再保险市场才刚刚起步，发展得很不充分。

1. 伦敦再保险市场

伦敦再保险市场是以劳合社为主、众多保险公司并存、相互竞争、相互促进、完善有序的市场，主要包括劳合社再保险市场、伦敦保险协会再保险市场、伦敦再保险联营组织（集团）、伦敦保险与再保险市场协会。在近百年的发展过程中，英国的保险业已形成了严格的立法、严密的组织结构、广泛的配套网络、巨大的承保能力和很强的技术人才的保险及再保险市场。伦敦再保险市场是世界再保险中心之一。世界保险市场中，航空航天保险及能源等保险的承保能力有 60%以上集中在伦敦再保险市场。

2. 美国再保险市场

美国作为世界再保险最发达的国家之一，其再保险市场已越来越为人们所瞩目，其中最著名的是纽约再保险市场。美国保险市场广阔，保险费收入占全球保险费收入的 40%左右。纽约再保险市场经过最近 20 多年的快速发展，已跻身于世界再保险市场前列。

纽约再保险市场主要由国内和国外专业再保险公司组成，公司的规模有大有小，组织结构多种多样，发展速度之快，业务来源之广，已使其成为世界再保险市场的主要力量。

纽约再保险市场的再保险交易主要有三种方式：第一种是通过互惠交换业务；第二种是由专业再保险公司直接与分出公司交易；第三种是通过再保险经纪人。其业务主要来源于北美洲、南美洲和伦敦市场。在扩展再保险业务问题上，美国再保险摒弃了欧洲再保险的传统做法，即不用打电话、直接飞来飞去的展业方式，而是选择长久的立足点渗入再保险市场。

3. 欧洲再保险市场

欧洲再保险市场主要由专业再保险公司构成，其中心在德国、瑞士和法国。欧洲再保险市场的特点是完全自由化、商业化、竞争很激烈，并且逐步从不很重要变得在世界再保险市场中举足轻重。在国际上最大的 20 家经营再保险业务的保险公司和再保险公司中，欧洲市场就占有三分之一之多。

欧洲大陆最大的再保险中心是德国，在世界前 15 家最大的再保险公司中，德国占了三分之一。德国的再保险市场很大程度上是由专业再保险公司控制的，直接由保险公司做的再保险业务量很有限。

欧洲大陆第二大再保险中心是瑞士。瑞士稳定的社会和经济、成熟的金融业和自由的法律环境，特别是苏黎世金融机构的发展，瑞士法郎持续坚挺，资金流动和货币兑换无限制，使瑞士成为国际保险和再保险的中心。

4．中国再保险市场

我国的再保险市场起步于 20 世纪 30 年代。当时的分保业务由外商操纵。华商保险公司实力薄弱，通过联合经营，扩大自留额，增强了对巨额业务的承保力量。

中华人民共和国成立后，为扶持私营保险公司经营，除由中国人民保险公司和中国保险公司（以下简称“人保”和“中保”）接受私营公司分出业务外，政府还支持私营保险公司在自愿参加原则下组成上海民联分保交换处（以下简称“民联”）。1949 年 7 月开业时，参加的公司有 47 家，1950 年 1 月实行保险业合并经营，只保留了太平和新丰两家私营保险公司，“民联”完成了同业互惠分保的历史使命，于 1952 年 4 月宣告解散。上海“民联”在营业期间，曾与在天津成立的华北“民联”订立分保合约，接受其预约分保，还在南京、苏州设立办事处。

由于政府取消了在华外国保险公司的种种特权，规定华商保险公司保险业务在溢额分全部向“人保”和“中保”办理分保，在华外国保险公司业务来源枯竭，纷纷退出中国保险市场，因此彻底结束了外国保险公司长期垄断我国保险市场的局面。1953 年，随着私营保险公司合并经营和外商保险公司退出，再保险市场主体逐渐减少，分保业务逐步演变成由“人保”一家办理国际再保险业务的局面。1959 年，我国国内保险业务停办以后，国外业务由中国人民银行国外业务管理局保险处负责，统一经办国际分保业务，这种状况一直延续到 1979 年。

改革开放以后，再保险市场有了较大的发展。再保险业务快速增长，业务险种不断增多，自留额迅速提高。目前我国保险公司与 100 多个国家和地区的 1 000 多个保险公司和再保险公司建立起直接或间接的再保险业务关系。

再保险法规的逐步完善。1995 年 6 月《保险法》出台以后，在国家保险监管机关和保险公司的共同努力下，于 1996 年制定了《财产险法定分保条件》和《人身险法定分保条件》及相应的《分保业务实施细则》，使法定分保有法可依，有章可循。

再保险的主体机构不断健全。随着保险体制改革的深入，1996 年 2 月中保再保险有限公司（以下简称中保再）正式成立，从而结束了新中国成立以来无专业再保险公司的历史。“中保再”在经营法定分保业务的同时，还协理其他各类非法定分保业务。为适应再保险市场发展的新情况，1999 年初，“中保再”又改组成为中国再保险公司，成为独立的一级法人，经营各类再保险业务。中国再保险公司的成立，标志着我国再保险市场主体趋向成熟。

2003 年，中国再保险公司改制，成立中国再保险集团公司（以下简称中再集团），基本形成集团化、多元化、专业化的“一拖六”管理架构和经营格局。下一步战略发展目标是把中再集团建成世界一流的再保险金融集团。中再集团旗下目前已拥有中国财产再保险公司、中国人寿再保险公司、大地保险公司、中再保险资产管理公司、华泰保险经纪公司和中国保险报业股份公司这六家子公司，并参股保险职业学院，涉及直保、再保、投资、保险经纪、教育培训、传媒等多个领域。而“一拖六”新架构的成形，为中再集团的长远发展奠定了坚实的基础。

2004年中再集团及下属再保、直保子公司共实现保险费收入205.95亿元，同比增长5.71%，集团和各子公司均超额完成业务计划。中再集团的业务结构正在从政策性向商业性转变。到2004年年底，在法定分保收入由于政策调整而下降15.4%的情况下，商业分保险费比重迅速提高到26.25%。加上直保业务收入，中再集团的商业性保险费收入为64.85亿元，占总保险费收入的比重已达31.5%。

思考与练习

1. 单项选择

（1）分入公司根据分保险费付给分出公司一定费用以支付分出为展业及管理等所产生的费用开支，叫做（　　）。

A．盈余佣金　　B．分保佣金

C．纯益手续费　　D．分保险费

（2）世界上最早的专业再保险公司是（　　）。

A．瑞士再保险公司　　B．慕尼黑再保险公司

C．林肯再保险公司　　D．科隆再保险公司

（3）某一赔付率超额赔款再保险合同规定，分入人承担超过60%之后的50%，假设当分出人净自保险费为2 000万，赔款2 500万，则分出人负担（　　）。

A．1 200万　　B．1 500万　　C．1 000万　　D．1 250万

2. 多项选择

（1）下列关于再保险的描述正确的有（　　）。

A．再保险是对风险的第一次转嫁

B．再保险是对风险的第二次转嫁

C．再保险合同与原投保人没有直接关系

D．分入人将所接受的风险再分摊给其他保险人的行为称为转分保

E．再保险是对风险的横向转嫁

（2）再保险与原保险的区别主要在于（　　）。

A．保险标的不同　　B．合同当事人不同

C．保险合同的性质不同　　D．经营目的的不同

E．保险监管机构不同

3．简答题

（1）比例分保与非比例分保有何主要区别？

（2）原保险与再保险有什么区别？

（3）比例再保险合同可分为哪几类？

（4）再保险合同包括哪些主要内容？

案例分析

美国“9.11”遇袭保险赔偿高达几百亿美元

美国遭受袭击，保险公司也面对赔付灾难。业内粗略估计，直接损失约有 3 000 亿美元，而保险公司的赔付额将达到几百亿美元。寿险赔偿将创世界纪录。

首先面临灾难的是世界许多大型的财产保险公司和再保险公司。它们必须赔偿世界贸易中心和周围建筑物的损失，以及大厦在修复或重建期间，因业务中断导致的利润损失。

广东方中保险公估有限公司总裁吴德华介绍，按目前最常用的市场评估价格，保守估计纽约世贸中心姐妹楼的赔付金额不低于 40 亿美元。大楼内各公司的办公设备、豪华装修、高价值的藏品等损失几乎“无法估计”，地下车库成千上万辆私家车也成为保险公司赔付的主要对象，而这些曼哈顿精英们的“坐骑”大多都是名车。

在这次灾难中，寿险公司也不可避免地面临“大出血”。吴德华介绍，1998 年美国人的投保率高达 132.49%，而保险密度（人均保险费）为 2 722 美元。据统计，美国人寿保险业 2000 年全年保险费收入为 440 亿美元，当年赔付额达到 380 亿美元。吴德华说：“2001 年，美国人寿保险业的赔付将创下世界纪录。”在此之前，损失最严重的人为灾难是 1992 年洛杉矶骚乱，保险赔偿高达 7.75 亿美元。

业内人士估计，美国国际集团（AIG）、安联（Allianz）、慕尼黑再保险（Munich Re）、瑞士再保险（Swiss Re）等国际性的大保险公司都将面临“大出血”。

保险公司面临破产危险

那么，保险公司会因此破产吗？业内人士指出，尽管此次损失不至于使一些巨型公司破产，但“后遗症”将十分明显，日后的经营、资产质量、偿付能力都将受到影响。事发后，一些国际性的保险公司纷纷宣称自己公司实力雄厚，不会危及偿付能力，但日后的“影响是深远的”。欧洲的保险公司和再保公司的股价在纽约世贸中心遇袭倒塌后立即下跌，最高跌幅达到 10%，而股价下跌则意味着资产缩水。

业内人士指出，这次爆炸事件的定性问题，可能直接关系到保险公司是否赔付。根据我国财产保险条款有关规定，如此次爆炸近因定为“恐怖活动”或“类似战争行为”，而保单未扩展承保这类风险，即可能发生保险公司拒付的情况，甚至引发法律纠纷。但吴德华认为，和我国不同，国际上的财产保险条款一般都将“恶意破坏”列为保险责任。因此，这次恐怖袭击引发保险纠纷的可能性不大，即使引发法律纠纷，根据欧美的判例法，保险公司也必须赔偿。同时，对保险公司来说，如果拒赔，则有可能影响保险公司的声誉，破坏人们对保险公司的信心。

评析：

美国大爆炸震动了世界，如何防范风险成为业界认真思考的问题之一。

首先协调好保险费收入与再保险的关系。一般认为，楼房等建筑物的风险比较小，费率也远远低于货运险、水险等，因此一些保险公司往往对这些标的不进行分保。这样万一发生意外，保险公司则面临着巨额赔付。从防范风险出发，保险公司要考虑到自己的支付能力，将风险分担出去，短期来看保险费收入减少，但从长远看则减少了公司的经营风险。

国人的保险意识还应加强。美国每年人均保险费为2 722美元，而国内即使2000年保险密度居全国之首的广东省，也只有222.67元，而许多市民乘机经常“省略”航意险……这样万一有意外发生，全部的风险都要由自己承担。

第 7 章

保险组织与保险中介组织

本章重点

- 掌握保险公司的组织形式；
- 理解保险公司的基本内容；
- 熟悉保险代理人；
- 掌握保险经纪人；
- 熟悉保险公估人。

7.1 保险公司

7.1.1 保险的组织形式

依照保险业组织形式的法定定义，我国《保险法》第七十条规定，保险公司应当采取下列组织形式：股份有限公司；国有独资公司。

保险组织形式的原始形态为古代中国、印度、希腊和罗马存在的非赢利性的兄弟会组织，兄弟会向其成员提供疾病或丧葬方面的帮助。兄弟互助会作为保险业的组织形式存在于现代，但并不代表主流形式，保险业的组织形式主要还是采用保险股份有限公司、相互保险公司或相互保险社等形式。由于各国的国情不同，保险的组织形式往往各有不同。如美国规定的保险组织形式是股份有限公司、相互保险公司、保险合作社、劳合社（个人保险组织形式）和自保公司；日本规定的保险组织形式主要是股份有限公司、相互保险公司和保险互济合作社三种；英国有保险股份有限公司、相互保险公司、保险合作社和劳合社；中国台湾采取股份有限公司和保险合作社。纵观各国的保险组织形式，最基本的有两种：股份保险公司和相互保险公司，同时也辅助采取一些其他的保险形式，如国有独资保险公司、保险合作社、劳合社等。

1．保险股份有限公司

股份有限公司是现代企业制度最典型的组织形式，它是由一定数目以上的股东发起组织，全部注册资本被划分为等额股份，通常以发行股票来筹集资本，股东以其所认购的股份承担有限责任，公司以其全部资产对公司债务承担民事责任。股份有限公司的资本以股东购买股票的形式筹集，股东以领取股息或红利方式分配公司利润。公司内部组织机构主要由权力机构、经营机构和监督机构（即股东会、董事会和监事会）三部分组成。保险股份有限公司是世界各国的主要保险组织形式。在美国，保险股份有限公司的业务约占财产及责任保险业务的 2/3，而经营人身保险的机构约有 90%为股份公司；在日本，23 家经营财产保险的公司中有 21 家采取股份公司的形式。

保险股份有限公司作为最基本、最普遍的保险组织形式有许多优势：一是保险公司的所有权与经营权相分离，这有利于提高经营管理效率，分散风险，经营安全，对被保险人的保障强；二是保险股份有限公司通过发行股票容易筹集到大额资本，有利于业务扩展；三是保险股份有限公司由于组织规模较大、资本雄厚，容易吸纳优秀人才；四是保险股份有限公司采取确定保险费制，使投保人保险费负担固定在某一水平上，比较符合现代保险的特征和投保人的需要，为业务扩展提供了便利条件。当然，保险股份有限公司也有不足之处：公司的控制权操纵在股东手里，经营目的是为投资者攫取利润，被保险人的利益往往被忽视；出于利益上的考虑，股份保险公司往往不愿意承保那些风险较大、利润不高的险种，承保限制较多；一旦上市，公司将受到来自股市的巨大压力，波动的股市会对其经营产生不利影响。

2. 相互保险公司

相互保险公司几乎是与股份制保险公司并驾齐驱的另一种重要的保险组织形式。据 2001 年美国《财富》杂志对 1999 年全球 500 强的分类统计，在全世界进入 500 强的 53 家保险公司中有 21 家是相互保险公司。1997 年，世界排名前 10 名的保险公司中有 6 家是相互保险公司，世界前 50 名保险公司中有 21 家为相互保险公司。

相互保险公司是指投保人或被保险人依照公司法的规定自己出资而设立的经营保险业务的股份有限公司或有限责任公司。也就是说，相互保险公司是由所有参加保险的人自己设立的保险法人组织，相互保险公司为现代保险业的特有公司组织形态，其成员以投保人或被保险人为限。投保人作为法人的组成人员即社员设立公司，社员向公司缴纳保险费，公司在发生保险责任时进行保险赔付，出现盈余时，对社员进行分配。因此，相互保险公司是公司保险与合作保险相结合的一种保险形式，其参与者并非股东，仅是合同当事人（会员），社员作为投保人，既是保险人，也是被保险人，当保险关系终止时，会员资格也随之消失。相互保险公司的组织机构为社员大会、董事会和监事会。社员大会或社员代表大会为公司最高权力机构，董事会为业务执行机构，监事会为业务监督机构。保单持有人即为相互保险公司的社员，并取得参加公司年会、表决、依照保险单取得股利、被选举为公司董事的权利。保险股份有限公司可以依法改组为相互保险公司。

（1）相互保险公司具有的优势。一是相互保险公司的投保人同时为保险人，社员的利益也就是被保险人的利益，社员可参加业务的经营，这可以避免保险人的不正当经营和被保险人的欺诈行为。同时，由于社员身份的双重性，相互保险公司没有股份公司、股东与经营者之间的明显利益冲突。二是相互保险公司不以赢利为目的，而是以全体社员利益为重，因而对投保人即社员收取的保险费比较低，这为经济条件相对较差的客户寻求保险保障提供了机会。三是投保人可参与公司分配经营结果的盈余部分，有利于鼓励他们关心保险经营。四是对于长期保险项目更具有灵活性。与股份公司迫于赢利的压力而较注重短期行为不同，相互保险公司对于那些对被保险人有利益的长期保险项目，可以灵活主动地进行开发，保持公司业务的持续发展。五是由于相互保险公司的投保人具有双重性，公司可以根据实际需要调整预定利率，从而可以避免利差损问题。

（2）相互保险公司的劣势。一是营运资金募集相对困难，利用资本市场的能力有限。相互保险公司成立时，需募集较多的资本作为业务费用和保证基金，因无利可图，投资者的积极性往往不高；在经营过程中，主要依靠留存盈余来扩大资本规模，不可以直接到资本市场筹资，因而其资本量远不能与股份有限公司展开竞争。二是相互保险公司的保险费往往采取课赋制或确定保险费制，导致赔付保险金的能力受到一定的限制，特别是遇到经营不善时，将无法获得足额的赔偿。

综上所述，相互保险公司与股份制保险公司有明显区别，各有利弊。二者的区别主要体现在以下方面：

- 从企业主体看，股份制保险公司的主体是股东，相互保险公司的主体是社员。股份制保险公司股东因投资关系而成为股东，并不限于投保者，而相互保险公司的社员必须是投保者。
- 从经营资本看，股份制保险公司的资本来源于股东认购股本，相互保险公司则为基金，其来源不限于社员，可向外人借入，但偿还时要支付利息；股份保险公司股本为公司财产，相互公司的基金则系公司债务。
- 从公司决策的地位看，相互保险公司社员的地位是平等的，实行社员每人一票的表决权；股份制保险公司则依股东所持的股份数决定。
- 从权益转让看，股份制保险公司的股东对股本所有的权益有权加以处分，可自由转让股份，无须公司同意；而相互保险公司的社员对其所持的权益如要转让必须经公司同意。

3．国有独资保险公司

国有独资公司是指国家授权投资的机构或国家授权投资的部门单独投资设立的有限责任公司。有限责任公司为企业法人的一种。经国家或地方政府依照《保险法》、《公司法》及其他法律的规定，出资组建的经营保险业务的国有独资公司，为国有独资保险公司。

国有独资公司一般设董事会和监事会。董事会是由全体董事参加的公司法定和常设业务执行机关，其主要职权有：决定公司的经营方针和投资计划；制定和审议批准公司的利润分配方案和弥补亏损方案；制定和审议批准公司的年度财务预算方案、决算方案；制定公司增加或减少注册资本方案；拟订公司合并、分立、变更、解散的方案，决定公司内部管理机构的设置；聘任和解聘公司副经理、财务负责人，决定其报酬事项；制定公司基本管理制度。

监事会由保险监管部门、有关专家和保险公司工作人员的代表组成，对公司提取的各项准备金、最低偿付能力和资产保值增值等事项，以及高层管理人员违反纪律、行政法规或章程的行为、损害公司利益的行为进行监管。国有独资保险公司是国家加强对保险市场的宏观管理和调控的重要手段，并担负着经营强制性保险业务的重要职能。在我国，中国人民保险公司、中国人寿保险公司、中国再保险公司为国有独资保险公司，在全国范围内经营保险和再保险业务。

4．保险合作社

保险合作社是由一些对某种风险具有同一保障要求的人，自愿集股设立的保险组织。它一般属于社团法人，是非营利保险经营机构。最早的保险合作组织为 1867 年英国的合作保险公司。其后，该组织逐渐地发展起来。迄今为止，全世界 30 多个国家和地区有保险合作社组织，其中以英国的保险合作社数量最多、范围最大，是世界合作保险的中心。在法国、美国、日本、新加坡等国，保险合作社均有一定的影响。

与相互保险公司进行比较，保险合作社的基本特点有以下几个。一是保险合作社由社员共同出资入股设立，加入保险合作社的社员必须缴纳一定金额的股本。而相互保险公司却无股本。二是只有保险合作社的社员才能作为保险合作社的被保险人，但社员也可不与保险合作社建立保险关系。因此，保险合作社与社员间的关系比较长久，只要社员认缴股本后，即使不利用合作社的服务，仍与合作社保持关系；而相互保险公司若保险合同终止，双方即自动解约。三是保险合作社的业务范围仅局限于合作社社员，只承担合作社社员的风险。四是保险合作社采取固定保险费制，事后不补缴；而相互保险社保险费采取事后分摊制。

7.1.2　保险公司的基本内容

1．保险公司的设立

设立保险公司应当符合国家规定的设立保险公司的各项条件，并经保险监督管理委员会的批准。我国《保险法》第七十二条规定，设立保险公司应当具备下列条件：有符合本法和《公司法》规定的章程；有符合本法规定的注册资本最低限额；有具备任职专业知识和业务工作经验的高级管理人员；有健全的组织机构和管理制度；有符合要求的营业场所和与业务有关的其他设施。金融监督管理部门审查设立申请时，应当考虑保险业发展和公平竞争的需要。例如，依照保险监督管理委员会的规定，在全国范围内经营保险业务的保险公司，实收货币资本金不低于人民币 5 亿元，在特定区域内经营保险业务的保险公司，实收货币资本金不低于人民币 2 亿元。

2. 保险公司的筹建

设立保险公司的申请经初步审查合格，申请人应当依照《保险法》和《公司法》进行保险公司的筹建。我国《保险法》第七十五条规定，具备本法第七十一条规定的设立条件的，向金融监督管理部门提交正式申请表和下列有关文件、资料：保险公司的章程；股东名册及其股份或出资人及其出资额；持有公司股份10%以上的股东的资信证明和有关资料；法定验资机构出具的验资证明；拟任职的高级管理人员的简历和资格证明；经营方针和计划；营业场所和与业务有关的其他设施的资料；金融监督管理部门规定的其他文件、资料。

3. 保险公司的登记

保险监督管理委员会自收到设立保险公司的正式申请文件之日起 6 个月内，应当做出批准或不批准的决定。经批准设立的保险公司，保险监督管理委员会应当向申请人颁发经营保险业务许可证。自取得经营保险业务许可证后，逾 6 个月无正当理由未向工商行政管理机关办理保险公司设立登记的，其经营保险业务许可证自动失效。

经营保险业务许可证，是国家允许保险公司经营保险业务的证明文件。我国《保险法》第七十七条规定，经批准设立的保险公司，由批准部门颁发经营保险业务许可证，并凭经营保险业务许可证向工商行政管理机关办理登记，领取营业执照。工商行政管理部门收到设立保险公司的营业登记文件后，经审查无误，应当予以核准登记，并发给企业法人营业执照。保险公司自领取营业执照之日起正式成立。

4. 保险公司的变更

经批准设立的保险公司，不得任意变更批准事项。需要变更批准事项的，应当经保险监督管理委员会批准。我国《保险法》第八十二条规定，保险公司有下列变更事项之一的，须经金融监督管理部门批准：变更名称；变更注册资本；变更公司或分支机构的营业场所；调整业务范围；公司分立或合并；修改公司章程；变更出资人或持有公司股份10%以上的股东；保险监督管理部门规定的其他变更事项。保险公司更换董事长、总经理，应当报经金融监督管理部门审查其任职资格。

5. 保险公司的解散

保险公司的解散，又称为保险公司的终止，是指依法设立的保险公司因为法定原因或经保险监督管理委员会批准，关闭其营业而永久停止从事保险业务。

（1）保险公司经保险监督管理委员会批准解散。保险公司因分立、合并或公司章程规定的解散事由出现，经保险监督管理委员会批准后，可以解散。我国《保险法》第八十五条规定，保险公司因分立、合并或公司章程规定的解散事由出现，经金融监督管理部门批准后解散。经营有人寿保险业务的保险公司，除分立、合并外，不得解散。

（2）保险公司被依法撤销而解散。保险公司违反法律、行政法规，保险监督管理委员会有权吊销其经营保险业务许可证，并撤销保险公司；保险公司因主管机关的撤销令而解散。我国《保险法》第八十六条规定，保险公司违反法律、行政法规，被金融监督管理部门吊销经营保险业务许可证的，依法撤销。由保险监督管理部门依法及时组织清算组，进行清算。

（3）被依法宣告破产。我国《保险法》第八十七条规定，保险公司不能支付到期债务，经保险监督管理部门同意，由人民法院依法宣告破产。保险公司被宣告破产的，由人民法院组织保险监督管理机构等有关部门和有关人员成立清算组，进行清算。

6. 外国保险公司

外国保险公司是指在我国境外依照外国法律登记成立的保险公司。外国保险公司在我国境内不得开展保险业务活动，除非其取得我国保险监督管理委员会的批准。

外国保险公司经批准在我国境内开展保险业务，主要采取设立外资参股的保险公司和设立分支机构的形式。外国保险公司参与我国境内的保险市场竞争，应当适用我国法律。我国《保险法》第一百五十四条规定："中外合资保险公司、外资独资保险公司、外国保险公司分公司适用本法规定；法律、行政法规另有规定的，适用其规定。"

外国保险公司在我国境内设立分支机构，应当依照《保险法》向保险监督管理委员会申请核准，未经核准的，不得以任何形式在我国境内开展保险业务。外国保险公司经核准在我国境内设立分支机构，其分支机构不能独立承担民事责任，外国保险公司应当对其分支机构在我国境内的保险业务活动承担民事责任。

7.2 保险中介

7.2.1 保险中介概述

保险中介是指依照保险法的规定，并根据保险公司的委托或基于被保险人的利益而代为办理保险业务的单位或个人。保险中介主要包括保险代理人、保险经纪人和保险公估人。我国《保险法》第一百三十二条规定，保险代理人、保险经纪人应当具备保险监督管理委员会规定的资格条件，取得经营保险代理业务许可证或经纪业务许可证后，向工商行政管理机关办理登记，领取营业执照，并缴存保证金或投保职业责任保险。

保险代理人或保险经纪人应当具有必要的专业知识和业务工作经验，并具备担任保险代理人或保险经纪人的开业资格；其开业资格由保险监督管理委员会具体规定，凡不符合保险监督管理委员会规定条件的任何单位或个人，不得从事保险代理业务或保险经纪业务。保险代理人或保险经纪人在开展保险中介业务前，应当取得保险监督管理委员会的核准，由保险监督管理委员会颁发经营保险代理业务许可证或经纪业务许可证。

申请保险代理或经纪业务许可，当事人应当提交申请报告、可行性调查报告、保险代理或经纪人员名单及其简历、营业场所证明材料等材料。保险代理人或保险经纪人经保险监督管理委员会核准，并取得经营保险代理业务许可证或经纪业务许可证的，应当向工商行政管理部门办理营业登记，自取得营业执照之日起，开始从事保险代理或经纪业务。

保险代理人或保险经纪人在领取营业执照后，应当缴存保证金或投保职业责任保险。缴存保证金或投保职业责任保险，其数额应当和保险辅助业务的规模相适应，具体标准可以由保险监督管理委员会制定。保险中介业务的经营应当规范化，国家不允许开展没有经营场所、没有账簿记载的保险中介业务。我国《保险法》第一百三十三条规定，保险代理人、保险经纪人应当有自己的经营场所，设立专门账簿记载保险代理业务或经纪业务的收支情况，并接受保险监督管理机构的监督。

保险中介不得利用不正当手段从事保险中介业务。我国《保险法》第一百三十一条规定，保险代理人、保险经纪人在办理保险业务活动中，不得利用行政权力、职务或职业便利及其他不正当手段强迫、引诱或限制投保人订立保险合同。

7.2.2 保险代理人

保险代理人是根据保险公司的委托，向保险公司收取代理手续费，并在保险公司授权的范围内代为办理保险业务的单位和个人。我国《保险法》第一百二十五条规定，保险代理人是根据保险人的委托，向保险人收取代理手续费，并在保险人授权的范围内代为办理保险业务的单位或个人。保险代理是代理行为的一种，属民事法律行为。从经营角度看，保险代理是保险人委托保险代理人扩展其保险业务的一种制度。保险代理人是指根据保险人的委托，向保险人收取手续费，并在保险人授权的范围内代为办理保险业务的单位和个人。保险代理人的权利来自保险代理合同中所规定的保险人的授权。

1. 保险代理人的法律特征

（1）保险代理人的保险代理行为是由民法调整的法律行为。法律行为是公民或法人旨在确立、变更和终止民事法律关系而实施的行为。代理是民事法律行为之一。《中华人民共和国民法通则》规定，代理人在代理权限内，以被代理人的名义实施民事法律行为。被代理人对代理人的代理行为，承担民事责任。因此保险代理具备民事代理的一般特征：一是保险代理人以保险人名义进行代理活动；二是保险代理人在保险人授权范围内做独立的意思表示；三是保险代理人与投保人实施的民事法律行为，具有确立、变更或终止一定的民事权利义务关系的法律意义；四是保险代理人与投保人之间签订的保险合同所产生的权利义务，视为保险人自己所做的民事法律行为，法律后果由保险人承担。因此，保险代理行为是由民法调整的民事法律行为，应遵循民法的基本原则。

（2）保险代理人的保险代理是基于保险人授权的委托代理。保险代理产生于保险人的委托授权，因而属于委托代理。委托保险代理一般都采用书面形式。保险代理合同是保险人与代理人关于委托代理保险业务所达成的协议，是证明代理人有关代理权的法律文件。

（3）保险代理人的保险代理行为是代表保险人利益的中介行为。保险代理人在代理合同授权范围内，代表保险人开展业务，代表保险人的利益。在一定条件下保险人与保险代理人被视为同一人。

2. 保险代理关系

保险代理人的代理行为和民法上的代理有相同的效果，除《保险法》另有规定外，保险代理适用民法关于代理的规定。

保险代理人经保险公司的授权，代办保险业务，不论其行为或结果是否有利于保险公司，保险公司均应当承担责任。我国《保险法》第一百二十八条规定，保险代理人根据保险人的授权代为办理保险业务的行为，由保险人承担责任。

保险代理人知悉的一切情况，均视为保险人已知悉，投保人向保险代理人所为的告知，对保险人亦有效力。保险代理人代为办理保险业务时，若有欺骗投保人、被保险人或受益人；对投保人隐瞒与保险合同有关的重要情况；阻碍投保人、被保险人履行《保险法》规定的如实告知义务，或者诱导其不履行《保险法》规定的如实告知义务；向投保人、被保险人或受益人承诺给予保险合同规定以外的保险费回扣或其他利益等行为，即使未经保险人授权，保险人也应当负责。

保险代理人应当在保险人的授权范围内，办理保险业务。保险代理人超越代理权限所为行为，应当区别以下四种情形而分别对待：与保险无关的行为，保险人不承担责任；保险代理人的越权行为未经追认，对保险人不发生效力；保险代理人的越权行为经追认，对保险人发生效力；保险代理人的越权行为，成立表见代理的，保险人应当承担保险责任。

3. 保险代理人的种类

根据《保险法》及有关管理规定，中国保险代理人分为专业代理人（即保险代理机构）、兼业代理人和个人代理人三种形式。

（1）保险专业代理人。保险专业代理人，即保险代理机构，是指根据保险人的委托，在保险人授权的范围内代为办理保险业务的单位。

（2）保险兼业代理人。保险兼业代理人是指受保险人委托，在从事自身业务的同时，为保险人代办保险业务的单位。常见的兼业代理人主要有银行代理、行业代理和单位代理三种。保险人利用银行与社会各行各业接触面广的特点，通过银行代理向企业和个人进行保险宣传，可取得十分显著的效果。行业代理的保险业务一般为专项险种，如由货物运输部门代理货物运输保险业务，由航空售票点代理航空人身意外伤害保险等。行业代理充分运用各行业的优势，对发展保险业务起到重要的推动作用。单位代理主要是由各单位工会、财务部门代理，办理一些与职工生活关系密切的保险业务，方便群众投保。

（3）保险个人代理人。保险个人代理人是指根据保险人委托，向保险人收取代理手续费，并在保险人授权的范围内代为办理保险业务的个人。

4．保险代理合同当事人的权利和义务

保险代理合同双方当事人的权利和义务的具体内容是由双方当事人协商确定的，但一般来说，保险代理合同双方当事人的权利和义务主要包括以下内容。

（1）保险代理人的权利和义务。

- 保险代理人的权利。保险代理人的权利是由接受保险人的委托并签订保险代理合同而产生的。由于保险代理人进行的是民事活动，因此其权利的产生必须符合法律程序并受法律保护。所谓符合法律程序，就是双方当事人必须签订明确双方权利和义务关系的保险代理合同，并使合同的内容符合有关法律法规的规定。概而言之，保险代理人的权利主要有以下两个方面。

一是获取劳务报酬的权利。保险代理人有权利就其开展的保险代理业务所付出的劳动向保险人索取劳务报酬。获得劳务报酬是保险代理人最基本的权利。代理手续费的支付标准和支付方式应在保险代理合同中予以明确。在我国现阶段，保险代理费的支付不应超出国家的有关规定。

二是独立开展业务活动的权利。保险代理人在代理合同规定的授权范围内，具有独立进行意思表示的权利，即有权自行决定如何同投保人洽谈业务。例如，保险代理人在保证承保质量的前提下，有权自主选择投保人，在承保时间和地区上也有相对的自主权。

- 保险代理人的义务。保险代理人的义务就是保险代理人依据代理合同约定，必须进行某种代理活动或不得进行某种代理活动，以实现保险人的合法权益。保险代理合同是义务合同，一方的权利就是另一方的义务。保险代理人的具体义务以下三个方面。

一是诚实和告知义务。保险代理人基于保险人的授权从事保险代理业务，承担着保险人所应承担的义务，所以，保险代理人必须遵循诚信原则，即保险代理人必须履行如实告知义务。诚信也即诚实信用。告知，即对保险代理活动有影响的重要事项的申报。保险代理的诚信原则应反映在保险代理活动的全过程之中。一方面，保险代理人应将投保人、被保险人应该知道的保险公司业务情况和保险条款的内容及其含义，尤其是保险条款的免除责任事项如实告知投保人、被保险人；另一方面保险代理人也应将投保人、被保险人所反映的实际情况如实告知保险人。

二是如实转交保险费的义务。受保险人委托，保险代理人可以在业务范围内代收保险费，代收的保险费应立即上缴保险人或按合同规定的方式转账上缴给保险人。保险代理人无权擅自挪用代收的保险费。此外，对于投保人欠缴的保险费，保险代理人也没有垫付的义务。

三是维护保险人利益的义务。保险代理人不得与第三者串通或合伙隐瞒真相，损害保险人的利益。在代理过程中，保险代理人有义务维护保险人的利益。这是保险代理关系和代理活动的特点所决定的。因此，从某种意义上说，保险人的利益就应是代理人的利益。

（2）保险人的权利和义务。

- 保险人的权利。保险人的权利也是根据签订的保险代理合同而产生的。

规定代理权限的权利。保险人有权规定保险代理人代理本公司的保险业务种类及业务范围。保险人也有权要求保险代理人按照保险人规定的条款、费率及实务手续开展业务活动。保险代理人无权擅自变更保险费率或保险条款及代理业务范围。

监督保险代理人代理行为及业务的权利。因为保险代理人的代理行为后果直接作用于保险人，所以在不干涉保险代理人独立开展业务的前提下，保险人有权监督代理人的行为及业务活动状况。比如，一般保险代理合同都规定在一定期限内代理人应该完成的最低保险业务量，保险人则有权监督这一量化指标的完成情况。

- 保险人的义务。保险人的义务就是保险人依据代理合同约定，必须进行的某种行为或不得进行的某种行为。

支付代理手续费的义务。保险人在接受保险代理人为其代理的业务成果的同时，必须按代理合同规定的标准和方式支付保险代理手续费。一般代理手续费的支付既要考虑代理业务数量，也应考虑其业务质量，即考虑退保率、赔付率等因素，这些因素的考虑应在保险代理合同中有关手续费的支付标准和方式上加以体现和明确。此外，任何形式的代理佣金的拖欠和减少均视为保险人的违约行为。

提供辅助资料的义务。保险人必须及时向保险代理人提供开展代理业务所必需的保险条款、费率、实务手续说明及各种单证等。

对保险代理人进行业务培训的义务。虽然保险人与保险代理人以平等的合同当事人身份签订代理合同，但在代理关系建立的初期，保险代理人对保险人的业务险种及公司的其他事项是完全陌生的。为了更好地让保险代理人了解公司的宗旨，以便积极地为公司开展业务活动，保险人有义务对代理人进行岗前培训；为了提高保险代理人素质，增强其遵纪守法的意识，保险人有义务在代理期限内对代理人进行定期或不定期的业务培训、技术技巧训练和法律法规教育。

7.2.3 保险经纪人

《保险法》第一百二十六条规定，保险经纪人是基于投保人的利益，为投保人与保险人订立保险合同提供中介服务，并依法收取佣金的单位。在我国，保险经纪人的存在形式是保险经纪公司。保险经纪人的发展，已经经历了较长的历史。17 世纪和 18 世纪，英国成为海上贸易大国，海上保险业务随之兴起。由于早期保险业承保能力较低，没有哪个商人敢于单独承担一次航行的全部风险，一些人不得不跑遍伦敦全城，安排许多商人来共同为一次远航的轮船提供保险，于是产生了早期的保险经纪人。此后，保险经纪人的数量不断发展壮大，业务量也不断上升。发展到现在，保险经纪业务已经成为世界性的行业，不仅其经纪的险种已经到了无孔不入的地步，而且出现了一些大型的保险经纪跨国公司，控制着大量保源业务。在英国，劳合社承保的每一笔业务都是以保险经纪人为媒介而实现的。作为保险经纪人，无论办理哪类业务，都必须进行以下的业务操作：选择市场，接受委托，寻找业务接受人，准备必要的文件和资料；监督保险合同的执行情况，协助索赔。要熟练地开展以上业务，成为一名合格的保险经纪人，必须掌握大量的保险法律知识和保险业务实践经验，了解投保人所在行业的专业知识，并具有良好的道德品质。世界各国对保险经纪人都有较高的资格要求，并规定有专门的资格考试。我国保险经纪人发展的历史比较短，而且发展得相当缓慢，规模也很有限。大约在 20 世纪初，我国开始出现保险经纪人，到 30 年代，在几个主要城市保险经纪人具有了一定的规模，当时的保险经纪人多为洋商所控制。50 年代以后，我国保险经纪人逐渐在保险市场上消失。90 年代以来，随着改革开放步伐的加快，保险市场主体的增加，保险经纪人的市场需求日益明显。对此，中国保监会加大了保险经纪人队伍的建设力度，建立经纪人资格考试制度，批准保险经纪人公司进行筹备。

1. 保险经纪人的种类

（1）直接保险经纪人和再保险经纪人。根据委托方划分，保险经纪人分为直接保险经纪人和再保险经纪人。

- 直接保险经纪人。指直接介于投保人和保险人之间、直接接受投保人委托的保险经纪人。按业务性质的不同，直接保险经纪人又可分为寿险经纪人和非寿险经纪人。

寿险经纪人是指在人身保险市场上代表投保人选择保险人，代办保险手续并从保险人处收取佣金的保险经纪人。寿险经纪人必须熟悉保险市场行情和保险标的的详细情况，掌握专项业务知识，还要懂法律，并且会计算人身保险的保险费，以便为被保险人获得最佳方案。在国外，寿险经纪人主要从事公司员工福利计划中的团体寿险和高收入者养老金保险的经纪业务。

非寿险经纪人指为投保人安排各种财产、责任保险，在保险合同双方间斡旋，促成保险合同订立并从保险人处收取佣金的保险经纪人。由于保险产品的复杂性，非寿险经纪人必须要掌握相关的专业知识，以便能与业务投保人进行沟通，为投保人提供风险评估、风险管理、选择最佳保险人和索赔等服务。非寿险是保险经纪人活动的主要领域。

- 再保险经纪人。指促成再保险分出公司与接受公司建立再保险关系的保险经纪人。他们把分出公司视为自己的客户，在为分出公司争取较优惠的分保条件的前提下选择接受公司并收取由后者支付的佣金。再保险经纪人不仅介绍再保险业务，提供保险信息，而且在再保险合同有效期间对再保险合同进行管理，继续为分出公司服务，如合同的续转、修改、终止等问题，并向再保险接受人递送分保账单。

再保险经纪人应该熟悉保险市场的情况，对保险的管理技术比较内行，具备相当的技术咨询能力，能为分出公司争取较优惠的条件。他们与众多的投保人、保险人和再保险人保持着广泛、经常的联系，以便及时获取有用的信息，为分出公司争取再保险交易。事实上，许多巨额的再保险业务都是通过再保险经纪人促成的。由于再保险业务具有较强的国际性，因此充分利用再保险经纪人就显得十分重要，尤其是巨额保险业务的分保更是如此。在保险业发达的国家，拥有特殊地位的再保险经纪人能够在有利条件下为本国巨额保险的投保人提出很多有吸引力的保险和再保险方案，并把许多资金实力不强、规模有限的保险人组织起来，成立再保险集团，承接巨额再保险业务。

（2）个人保险经纪人、合伙保险经纪组织和保险经纪公司。根据组织形式划分，保险经纪人分为个人保险经纪人、合伙保险经纪组织和保险经纪公司。

- 个人保险经纪人。大多数国家都允许个人保险经纪人从事保险经纪业务活动，在英国、美国、日本、韩国等国家，个人保险经纪人是保险经纪行业中的重要组成部分。为了保护投保人的利益，各国保险监管机关都要求个人保险经纪人参加保险经纪人职业责任保险或缴纳营业保证金。例如，英国保险经纪人注册委员会规定了个人保险经纪人的最低营运资本额和职业责任保险的金额。日本劳合社对其个人保险经纪人的职业责任保险的金额要求更高，要求个人保险经纪人缴存保证金或参加保险经纪人赔偿责任保险。韩国的要求更为严格，规定个人形式的保险经纪人的最低营业保证金为1亿韩元。如果保险经纪人参加了财政经济部实施令指定的保险经纪人赔偿责任保险，则可减少其应缴存的营业保证金，但不得少于最低限额。我国的《保险法》和《保险经纪公司管理规定》只认可法人形式的保险经纪人。
- 合伙保险经纪组织。英国等一些国家允许以合伙方式设立合伙保险经纪组织，并且要求所有的合伙人必须是经注册的保险经纪人。合伙保险经纪组织是由各合伙人订立合伙协议，共同出资、合伙经营、共享收益、共担风险，并对合伙企业债务承担无限连带责任的营利性组织。合伙组织是企业组织的一种重要形式，特别适合需要专门技术的服务性行业，如律师、会计师、建筑师等。
- 保险经纪公司。一般是有限责任公司和股份有限公司形式。这是所有国家都认可的保险经纪人组织形式。我国《公司法》规定，有限责任公司是指由两个以上股东共同出资，每个股东以其认缴的出资额对公司承担有限责任，公司以其全部资产对其债务承担责任的企业组织。各国对保险经纪公司的清偿能力都有要求，规定保险经纪公司要有最低资本金，并缴存营业保证金或参加职业责任保险。我国也要求保险经纪公司按其注册资本金的15%缴存营业保证金或购买职业责任保险。

2．保险经纪公司的业务范围

根据《保险经纪公司管理规定》，经过保险监督管理机构批准，保险经纪公司可以经营下列全部或部分业务。

（1）以订立保险合同为目的，为投保人提供防灾、防损或风险评估及风险管理咨询服务。保险公司与客户订立保险合同，是根据保险标的的风险状况来确定是否承保或以什么条件承保的。如果被保险人的防灾工作做得好，风险管理工作做得好，就可以以较低的费率获得保险保障。保险经纪人基于被保险人的利益，可以为被保险人提供防灾、防损或风险评估、风险管理方面的专业服务，以便减少被保险人的保险费支出。

（2）以订立保险合同为目的，为投保人拟订投保方案，办理投保手续。在标的庞大复杂特别是一揽子保险的情况下，投保方案的选择是一项专业技术性很强的工作，投保方案拟订合理，可以减少不必要的保险费支出，可以使标的获得最大程度的保障，这种工作通常不是被保险人自己能够胜任的。保险经纪人可以根据保险标的的情况及保险经营主体的承保情况，为投保人拟订最佳投保方案，代为办理投保手续。在国际上，一些大的企业和社会知名人士，往往聘请较为固定的保险经纪人，将自己的保险事宜委托经纪人办理。这种情况在我国也将成为趋势。

（3）为被保险人或受益人代办检验。在保险标的或被保险人遭遇事故和损失的情况下，索赔处理过程中有时需办理检验手续，保险经纪人有专业知识，可以为被保险人或受益人提供服务。

（4） 为被保险人或受益人向保险人索赔。一般社会大众的保险专业知识都较为有限，受专业知识、索赔经验及时间的限制，很多被保险人将把向保险人索赔的事宜交给自己的保险经纪人办理，这样可以更好地维护自己的利益，保险经纪人也乐于提供这种服务。因为这样可以更好地联络客户的感情，有助于使客户长期将保险业务交给自己办理。

（5） 安排国内分入、分出业务。在再保险市场上，办理再保险业务的一方都希望把业务交给资信好、财务状况稳定、承保技术强、服务质量好的保险公司。相反，接受业务的一方都希望分出业务的公司承保质量较好、理赔坚持原则。但事实上，要了解一家保险公司是否具有上述良好条件十分不易。出于同业竞争的原因，各保险公司一般都不愿意公开自身的经营状况。因此在再保险市场上，要想寻找到合适的买（卖）方，比较全面地了解对方，往往需耗费大量的人力和财力。而再保险经纪人却能凭借其特殊的中介人身份，与许多保险公司保持长期稳定的联系。他们熟悉各保险公司的情况，因此安排国内分出、分入业务较为方便。

（6）安排国际分入、分出业务。国际再保险市场的情况比国内市场更复杂，基于与国内再保险业务中相同的理由，保险公司往往愿意通过再保险经纪人为其安排国际分入、分出业务。

3. 保险经纪人和保险代理人的区别

保险经纪人与保险代理人同属保险中介范畴，均凭借自身的保险专业知识和优势活跃于保险人与被保险人之间，成为保险市场的重要组成部分，都应当具备金融监督管理部门规定的资格条件，并取得金融监督管理部门颁发的许可证，向工商行政管理机关办理登记，领取营业执照，方可从事保险中介服务。但是二者具有明显区别，其表现如下。

（1）保险代理人是保险人的代表。保险代理人是受保险人的委托，代表保险人的利益办理保险业务；保险经纪人则是基于被保险人的利益从事保险经纪业务，为被保险人提供各种保险咨询服务，进行风险评估，选择保险公司、保险险别和承保条件等。

（2）保险代理人代理销售的产品为保险人所指定。保险代理人通常是代理销售保险人授权的保险服务品种；保险经纪人则接受被保险人的委托为其与保险公司协商投保条件，向被保险人提供保险服务。

（3）保险代理人的代理佣金由保险人支付。保险代理人按代理合同的规定向保险人收取代理手续费；保险经纪人则根据被保险人的要求向保险公司投保，保险公司接受业务后，向经纪人支付佣金，或者由被保险人根据保险经纪人提供的服务，给予一定的报酬。

（4）保险代理人的行为被视为保险人的行为。保险经纪人的法律地位和保险代理人的地位截然不同。保险经纪人是被保险人的代表，其疏忽、过失等行为给保险人及被保险人造成损失，应独立承担民事法律责任；保险代理人的行为则视为保险人的行为，《保险法》明确规定，保险代理人根据保险人的授权代为办理保险业务的行为，由保险人承担责任。

（5）保险代理人的业务以合同为前提。保险代理人与保险公司签订保险代理合同才能从事保险代理业务，保险经纪人开展业务活动前无需与被保险人签订固定合同。

7.2.4　保险公估人

保险公估人是指依照法律规定设立，受保险人、投保人或被保险人委托办理保险标的的查勘、鉴定、估损及赔款的理算，并向委托人收取酬金的公司。

保险理赔是保险经营的重要环节。在保险业发展初期，对保险标的的检验、定损等工作往往由保险公司自己进行。随着业务的发展，其中的局限性日益暴露。一是保险理赔人员专业的局限性越来越难以适应复杂的情况；二是保险公司从经营成本考虑，也不可能专门配备众多的、门类齐全的工程技术人员；三是保险公司既是承保人又是理赔人，直接负责对保险标的进行检验和定损，其做出的结论难以令被保险人信服。于是，地位超然，专门从事保险标的查勘、鉴定、估损的保险公估人应运而生。保险公估人的出现，使保险赔付趋于公平、合理，有利于调停保险当事人之间关于保险理赔方面的矛盾。正因为如此，保险公估人在全球各个保险市场上均得到快速发展，现已成为保险市场中不可缺少的重要一环。以香港为例，仅 1 069 平方公里的土地上就有 40 多家保险公估公司。

我国早在 20 世纪二三十年代就曾出现过保险公估人，如当时上海的益中公证行、联合保险公证事务所、中国公证行、华商公估行、天津的永年公估行，汉口的保险赔案公断委员会，重庆的中国公估行等，这些保险公估人对当时的保险业曾起过十分重要的作用。新中国的保险公估业起步较晚，发展也较缓慢，远远不能满足市场的需求。因此，加速发展保险公估市场，完善保险公估法律法规，促进保险公估事业健康稳定发展，是当前保险中介产业建设的又一件大事。

保险公估人的主要职能是按照委托人的委托要求，对保险标的进行检验、鉴定和理算，并出具保险公估报告。保险公估人的作用体现在其工作的公平、公正、公开、合理性方面。保险公估人及其工作人员在对保险标的进行评估时，主要通过查勘、检验（包括必要的检测及分析）、鉴定与估损等几大步骤，再通过综合汇总，最后提出一个完整的保险公估报告。保险公估报告必须基于公开、公正、公平、合理的理念做出，不能偏袒任何一方当事人。因此，保险公估报告可以作为保险合同各方当事人处理保险理赔的重要依据。保险公估制度的确立，有助于协调保险合同当事人之间的关系，保险公估人出具的保险公估报告在解决保险合同当事人的争议或诉讼过程中具有一定的权威性，但是并不具有法律约束力。保险公估人对其提出的保险公估报告及有关文件材料负有相关的法律责任。

1．保险公估的特征

（1）经济性。保险公估人通常通过储备专业技术人员，接受诸多保险人委托，处理不同类型的保险公估业务，积累保险公估经验，提高保险公估水平，从而可以帮助保险人降低成本，提高经济效益。

（2）专业性。由于保险公估人面向众多的保险人或被保险人处理不同类型的保险理赔、评估业务，因此，保险公估机构必须拥有具有各种专业背景并熟悉保险业务的专业工程技术人员。与保险公司的理赔人员相比，他们处理保险理赔案件的技术更加熟练，经验更加丰富。

（3）超然性。保险公估人作为保险市场的中介人，相对保险当事人而言地位超然，在存在保险公估需求的情况下，既可以接受保险人的委托，又可以接受被保险人的委托；在理赔过程中既为保险当事人提供理赔技术服务，又可以缓解当事人双方的矛盾。保险公估人的工作或保险公估结论容易被双方当事人特别是被保险人接受。

保险公估人的公估结论对保险当事人并不具有法律效力。如果保险人对保险公估人的公估报告不满意，保险人可以不予接受；如果被保险人对保险公估人的公估报告不满意，被保险人可以与保险人继续协商或通过法律程序解决。

2．保险公估人的种类

（1）核保公估人和理赔公估人。根据执业顺序的分类，按保险公估人在保险公估执业过程中的先后顺序的不同，保险公估人可以分为两类：一类是核保时的公估人；另一类是理赔时的公估人。前者主要从事保险标的的价值评估和风险评估。后者是在保险事故发生后，受托处理保险标的的检验、估损和理算。保险理赔公估人依其执行业务的性质或范围，又可以细分为三种，即损失理算师、损失鉴定人和损失评估人。

（2）保险型公估人、技术型公估人和综合型公估人。根据保险公估人执业性质的不同，保险公估人可以分为三类。第一类是保险型保险公估人。英国的保险公估人多属此类。第二类是技术型保险公估人。该类保险公估人侧重于解决技术方面的问题，其他保险方面的问题涉及较少。德国的保险公估人多属此类。第三类是综合型保险公估人。这类保险公估人不仅解决保险性问题，同时解决保险业务中的技术性问题。欧洲其他国家的保险公估人多属此类。

（3）海上保险公估人、火灾及特种保险公估人和汽车保险公估人。根据保险公估人参与保险公估业务内容的不同，保险公估人也可以分为三类：第一类是海上保险公估人，这类保险公估人主要处理海上、航空运输保险等方面的业务；第二类是火灾及特种保险公估人，这类保险公估人主要处理火灾及特种保险等方面的业务；第三类是汽车保险公估人，该类保险公估人主要处理与汽车保险有关的业务。

（4）受托于保险人的公估人与受托于被保险人的公估人。根据委托方的不同，保险公估人大体分为两类：一类是受托于保险人的保险公估人；另一类是既受托于被保险人又受托于保险人的保险公估人。例如，在德国和意大利，保险公估人可以为保险人或被保险人服务，而在法国、日本和韩国，保险公估人不可以为被保险人服务，只能受聘于保险人。

（5）雇用保险公估人与独立保险公估人。根据保险公估人与委托方的关系，保险公估人可分为雇用保险公估人与独立保险公估人。雇用保险公估人一般长期固定受雇于某一家保险公司，按照该保险公司的委托或指令处理各项理赔业务，这类公估人一般不能接受其他保险公司的委托业务。独立保险公估人可以同时接受数家保险公司的委托，处理理赔事务。

3．保险公估人的设立

（1）保险公估人的从业资格。保险公估人居于第三者地位，由于保险经纪人从事的保险居间业务或代投保人投保的佣金一般由保险人支付，为了防止保险经纪人为获得较高的佣金而损害投保人的利益，所以在保险费收据中载明。相对而言，保险公估人的要求比保险经纪人的更高，是某方面的专家，因而，许多国家的保险法对保险公估人的资格予以严格的规定。根据《保险公估公司管理规定》的要求：保险公估机构从业人员应当通过中国保监会统一组织的保险公估从业人员资格考试，考试通过取得保险公估资格证书，并取得执业证书者，方可执业。凡通过保险公估从业人员资格考试者，均可向中国保监会申请领取资格证书。资格证书是中国保监会对保险公估从业人员基本资格的认定，并不具有执业证明的效力。保险公估从业人员执业证书是保险公估从业人员开展保险公估活动的证明文件。

（2）设立的条件。设立保险公估公司应具备法律规定的条件。设立保险公估机构的条件一般包括：资本金要求、章程要求、人员要求、高级管理人员要求、营业场所要求。具体对不同的组织形式要求不同。根据《保险公估机构管理规定》的要求，设立合伙企业形式的保险公估机构应同时具备下列条件：有 2 个以上的合伙人，并且具有相应民事行为能力；有符合法律规定的合伙协议；出资不得低于人民币 50 万元的实收货币；有符合法律规定的合伙企业名称和住所；具有符合中国保监会任职资格管理规定的高级管理人员；持有保险公估从业人员资格证书的保险公估从业人员不得低于员工人数的 2/3；法律、行政法规要求具备的其他条件。设立有限责任公司形式的保险公估机构应同时具备下列条件：有 2 个以上至 50 个以下的股东；有符合法律规定的公司章程；注册资本不得低于人民币 50 万元的实收货币；有符合法律规定的公司名称、组织机构和住所；持有保险公估人从业人员资格证书的保险公估从业人员不得低于员工人数的 2/3；具有符合中国保监会任职资格管理规定的高级管理人员；法律、行政法规要求具备的其他条件。设立股份有限公司形式的保险公估机构应同时具备下列条件：有 5 个以上符合法律规定的发起人；有符合法律规定的公司章程；注册资本不得少于人民币 1 000 万元的实收货币；有符合法律规定的公司名称、组织机构和住所；持有保险公估从业人员资格证书的保险公估从业人员不得低于员工人数的2/3；具有符合中国保监会任职资格管理规定的高级管理人员；法律、行政法规要求具备的其他条件。

其中，保险公估机构的高级管理人员除应持有保险公估从业人员资格证书外，还应符合下列条件之一：具有经济、金融、理工、法律专业本科以上学历，从事保险公估或相关工作3年以上；具有非经济、金融、理工、法律专业本科以上学历，从事保险公估或相关工作5年以上；从事保险公估或相关工作10年以上的，其学历要求可适当放宽。

上述条件是对设立保险公估机构实质要件的规定，中国保监会审查设立申请时，除要审查上述条件外，还应考虑保险市场发展的需要。但是，依据有关法律、行政法规和中国保监会的规定不能投资于保险公估机构的单位和个人，不得成为保险公估机构的股东、发起人或合伙人。例如，各级党政机关、部队、社会团体及国家拨给经费的事业单位及保险公司不得向保险公估机构投资入股。

（3）设立审批。保险公估机构的设立，要经过一定的程序。首先，向保险监管机构申请，并按规定提交有关的资料，保险监管机构自收到申请成立的材料之日起，在30日内书面通知申请人是否受理。如果同意的，经批准成立开业的保险代理机构应按规定领取经营保险公估业务许可证（以下简称许可证）。其次，保险公估机构经中国保监会批准并颁发许可证，并在工商行政管理机关注册登记后，取得营业执照，方可营业。

同时，保险公估机构应按其注册资本或出资额的5%到中国保监会指定的商业银行缴存营业保证金，或按中国保监会的规定购买职业责任保险。该规定在于保证保险公估公司具有偿付能力，因为“保险公估人在保险业务中的过失行为，对保险人或被保险人造成损失的，由保险公估人承担民事赔偿责任”。显然，只有保证保险公估人有足够的偿付能力，才能使保险人、被保险人的利益得到保障。

思考与练习

1．单项选择

（1）保险公司用于满足年度超常赔付、巨额损失赔付及巨灾损失赔付的需要而提取的责任准备金，称为（　　）。

A．未决赔款准备金　　B．已发生未报告赔款准备金

C．总准备金　　D．未了责任准备金

（2）保险公司总准备金在（　　）中提取，逐年积累而成。

A．税前利润　　B．税后利润　　C．保险费　　D．保证金

（3）根据我国《保险法》规定，经营财产保险业务的保险公司当年自留保险费，不得超过其实有资本金加公积金总和的（　　）。

A．5倍　　B．4倍　　C．3倍　　D．2倍

（4）根据我国《保险法》规定，保险人的组织形式只能是（　　）。

A．国有独资公司和保险合作社　　B．相互保险公司和相互保险社

C．国有独资公司和股份有限公司　　D．有限责任公司和股份有限公司

2．多项选择

（1）保险组织的监管包括（　　）。

A．组织形式的限制　　B．保险公司的设立

C．保险公司的停业解散　　D．外资保险公司的监管

E．偿付能力

（2）股份有限公司的内部组织机构应包括（　　）。

A．股东大会　　B．董事会　　C．监事会

D．审核大会　　E．权力机构

（3）我国《保险法》第七十三条规定："申请设立保险公司，应当提交（　　）。

A．设立申请书　　B．注册资本　　C．可行性研究报告

D．业务范围　　E．金融监督管部门规定的其他文件、资料

（4）《保险公司管理规定》第十二条规定，保险公司可以根据业务发展申请设立分支机构，分支机构应采取（　　）的形式。

A．分公司　　B．（中心）支公司　　C．营业部

D．经营部　　E．办事处

3．简答题

（1）保险组织形式是如何分类的？

（2）保险公司的解散需要哪些条件？

（3）保险代理人与保险经纪人的区别是什么？

（4）保险公估人的特征有哪些？

（5）保险公估人的种类是如何划分的？

阅读材料

1．中国人民保险公司股改上市

2003年11月6日，中国人民财产保险股份有限公司（以下简称人保财险）在香港联合交易所主板挂牌交易，成为内地第一家在海外上市的金融机构。

中国人保重组改制海外上市工作历时三年，主要分为三个阶段。

一是提出发展战略目标和思想动员阶段。

二是重组改制阶段。2002 年 2 月，公司成立了股改领导小组和股改办公室。股改进入实质性运作阶段。经过缜密的准备，重组改制上市方案于 2002 年 12 月 23 日获得国务院批准。同时，在麦肯锡公司的协助下，完成了股份公司的组织架构设计，为新公司的设立和发展奠定了基础。2003 年 6 月 23 日，经国务院同意、中国保监会批准，中国人民保险公司独家发起设立中国人民财产保险股份有限公司。7 月 6 日，中国人保股份正式成立。

三是发行上市阶段。公司和有关中介机构完成了三年一期的财务审计报告、2003 年赢利预测报告等重要文件，完成了招股说明书的撰写、修改工作。2003 年 7 月 11 日，人保财险向香港联交所递交了上市申请文件。2003 年 8 月至 10 月，公司完成了全系统范围的机构人员重组。为提升公司市场形象，推动经营理念的切实转变和关键技能的尽快提高，公司引入了 AIG（美国国际集团）作为战略投资者。AIG 持有公司本次发行后 9.9%的股份，并锁定五年。9 月 25 日，公司最终通过了香港联交所的上市聆讯，从而进入了股票发行上市的路演阶段。

鉴于公司优良的素质和成功推介，市场对其股票的需求非常旺盛。截至簿记收口日，国际投资者订单总金额达 108 亿美元，公司最终股票发行价格为 1.8 港元，属于定价区间的高端。这是一个非常理想的定价，因为这一市盈率高出美国上市财险公司平均水平 16%，高出 H 股公司平均水平 11%。与近两年来发行新股的财险公司相比，本次发行也非常成功。

此次上市募集资金后公司认可资产增加约 86 亿元人民币，实际偿付能力达到 114 亿元，偿付能力充足率为 191.9%，比上市前增加 126.2 个百分点。为公司今后发展开辟了广阔的空间，打下了良好的基础。

2003 年 11 月 6 日，公司股票在香港联交所正式挂牌交易。人保财险股票上市就以 2.425 港元开盘，以 2.7 港元收盘，涨幅达到 50%。

2. 中国人寿保险公司股改上市

2003 年 12 月 17 日，中国人寿保险公司（以下简称中国人寿）分别在纽约证券交易所和香港联合交易所上市，在行使超额配售权以后共发行股票 74.4 亿股，筹集资金 34.8 亿美元。公司因此成为中国内地第一家在海外上市的寿险公司，第一家在香港和美国两地同步上市的金融保险企业，并创造了年度全球首次公开发行筹资额的最高纪录。中国人寿的重组上市工作，大致分为三个阶段。

第一阶段，提出改革设想，制定实施方案。2000 年 7 月提出要进行股份制改革，随后明确了重组改制的初步设想。2001 年 7 月，经反复论证，拿出了重组改制并创造条件在境外上市的方案。总的原则是由中国人寿保险公司以 99 版及以后的寿险、健康险、意外险保单及相应资产进行重组，独家发起设立中国人寿保险股份有限公司，并以 H 股先在境外上市。2002 年 5 月，方案上报国务院和有关部门，并于 12 月 24 日得到国务院批准。

第二阶段，开展清产核资，实现重组改制。全面进行清产核资和业务、资产的优化重组，以 99 版保单为界对业务、资产进行实质性剥离，着手构建多元化、综合性保险金融集团发展平台，组建集团公司。按照现代企业制度要求，成功组建了具有较强竞争实力的股份有限公司。在重组过程中，聘请国际知名的咨询机构为股份公司设计了符合国际惯例的治理结构、组织架构、薪酬体系和激励机制，制定了符合公司实际和资本市场需要的新的保险发展战略和业务计划。公司的重组改制工作取得了阶段性成果。

第三阶段，完成路演招股，成功发行上市。2003 年 8 月 28 日和 29 日，公司分别向美国证监会和香港联交所进行了上市秘密申报。11 月 20 日，公司通过了香港联交所的最后聆讯，美国证监会、香港联交所正式受理了公司的上市申请。12 月 1 日至 12 日，公司兵分两路进行上市路演，反响热烈。92 家参加“一对一”会谈的机构投资者全部下了订单，推介成功率达 100%，全球超一级的 101 个大基金也都下单认购。据统计，全球机构配售部分的簿记总需求达到了 550 亿美元，相当于超额配售后发行规模的 166 倍。香港公开发行的总需求达到 246 亿美元。12 月 17 日和 18 日，中国人寿分别在美国纽交所和香港联交所成功上市。中国人寿股份公司上市后，实际偿付能力额度由 295 亿元增加到 582 亿元，最低偿付能力由 2.8 倍提高到 5 倍多。

第 8 章

保险实务

本章重点

- 掌握保险公司的承保；
- 熟悉保险公司的理赔；
- 掌握保险的防灾防损。

8.1 保险公司的承保

8.1.1 保险之投保实务

1. 保险人的投保服务

投保人的投保亦称购买保险，即投保人通过购买保险与保险公司建立保险合同关系。正因为如此，一方面，保险人应加强对投保环节的经营管理，为投保人提供良好的服务，使投保人在投保时能真正享受到合理选择保险的权利；另一方面，投保人有责任自觉地增强保险意识，为自身的利益做出明智的投保选择。通常，投保人愿意向资金雄厚、管理良好、保障和服务都能满足自己需要的保险公司投保。因此，投保人衡量保险公司是否提供良好服务的标准之一，就在于它是否能为投保人提供较多选择的机会。

在保险活动中，投保人需要保障的基本权利有：获得准确保险信息的权利；保证安全的权利；自由选择保险险种的权利；申诉、控告所遭受不良待遇的权利；要求开发和改进险种的权利；获得良好售后服务的权利等。

保险人应当了解投保人可用于投保的资金并不完全在于个人收入的数额，更重要的是在于个人的生活方式，在于个人对未来风险的认识。有些人的实际收入并不低，但将主要部分用于提高和丰富现实生活，这样就使能用于保险的资金大为减少。对于这种人，保险人应帮助他们处理好维持现时生活与获得风险保障这二者之间的关系。保险人替投保人安排保险计划时确定的内容应包括：保险标的情况、投保风险责任的范围、保险金额的多寡、保险费率的高低、保险期限的长短，等等。

2. 投保人的投保选择

保险意识较强的或明智的投保人，在购买保险时应该做出对自己负责的选择，包括选择保险中介人和保险公司。

（1）选择保险中介人。相当多的投保人是通过保险中介人来实现投保的。因此，投保人必须学会选择保险中介人。选择保险中介人，必须了解他们的业务、工作性质及资格限定等信息。保险中介人可以分为保险代理人和保险经纪人等。

（2）选择保险公司。投保人选择保险公司需要考虑各家保险公司在经营品种、保险价格、偿付能力、经营状况、理赔方式及服务水平上的差别。比较价格时要注意选择公正的价格而不是最低的价格。选择公正的价格的方法之一，就是对各家公司相同险种的费率进行比较。但是在比较费率时应注意两种情况：一是费率开价较高的保险公司，通常费率高的原因或是其保险单具有特殊的优势，或是该公司有着不同于其他公司的优越之处；二是费率开价较低的公司，可能是免责规定过多，或是在续保时加上一些限制性保险条款，等等。可见，选择保险价格时应首先了解开出价格的保险公司情况怎样。从长远的观点来看，经济效益好的保险公司往往是价格最便宜、服务最好的公司。

投保人选择保险公司应着眼于它的经济实力，而对其实力的考察，又以其偿付能力和经营状况为主。考察保险公司偿付能力的方法有两种。一是查看保险监管机构或评级机构对保险公司的评定结果。国际上有许多专门对银行、保险公司等金融机构的信用等级进行评估的机构，如美国的穆迪公司、标准普尔公司、贝思特公司和日本投资家服务公司等。如果评定的等级越高，就表明该保险公司的偿付能力越强。二是对保险公司的年终报表进行直接分析，如果净资产与负债的比率为 1：1，说明该公司有足够的偿付能力。此外，还要分析保险费与净资产的比率，一般来说，保险费与净资产的比率不超过 2：1 被视为安全。如果超过这个比率，就说明保险费收入过多，所承担的赔偿责任也会相应增大，而现有的准备金就会相对不足，保险公司的偿付能力将受到威胁。

8.1.2 保险之承保实务

保险承保是保险合同的签订过程，即保险公司对投保人所提交的投保单进行审核并同意接受的行为。广义上，保险承保工作包括保险业务的要约、承诺、核查、订费等签订保险合同的全过程。保险承保的基本要求是：一是既要扩大承保的业务面，保证业务质量，又要根据保险公司本身的承保能力承保保险业务，采取有效的方法分散风险；二是既要合理收费，又要保证保险合同中所规定的义务切实执行。

保险承保是一项专业性、技术性很强的工作。要保证每笔业务都符合保险人的经营方向和原则，业务来源有利于分散危险，就必须对保险标的的信息进行进一步的审核并对保险合同的内容做进一步的控制，这种控制我们称之为保险承保。具体地说，保险承保就是保险人依据保险条款承担投保人投保标的的保险责任的行为，是保险人对愿意参加保险的人所提出的投保申请经过审核，决定是否接受的过程。承保是保险经营的一个重要环节，承保质量的好坏直接关系到保险人经营的财务稳定性和企业经济效益的好坏。同时，它也是反映保险人经营管理水平高低的一个重要标志。

保险人提供的保险商品是面向全社会的，任何一个人都可以向保险人提出投保申请，然而并不是所有投保人的投保对象即投保标的的预期损失都是相等的，有的高于平均数值，有的低于平均数值。例如，在财产保险中，保险标的物的火灾发生率要受到许多因素的影响，诸如标的物本身的物理性能、防火设施状况、周围环境状况等，这就使财产保险标的发生火灾的概率各异。同理，在人寿保险中，保险人经营的危险是死亡危险，而人的死亡率是受许多因素影响的，尤其是年龄因素，它使每个人在不同年龄的死亡危险呈递增趋势，而其他因素的影响又使同龄人的死亡危险也有所不同，从而所适用的保险费率也有差异。然而保险危险的同质性要求每个投保单位发生损失的机会是相等的。因此，在保险经营中，承保是非常重要的环节，承保人通过承保，对危险程度不同的保险标的分类，按不同标准决定是否承保，以及实行怎样的费率。另外，在保险投保中经常发生逆向选择的现象，从保证保险业务稳定的角度出发，保险人也必须进行承保活动。

1. 保险承保的要求

（1）扩大承保能力并保证保险人经营的稳定性。保险经营是否稳定不仅关系到保险企业自身的生存和发展，还关系到对被保险人赔偿责任的履行，直接影响着社会经济生活。因此，要求保险经营的承保额与其承保能力相适应，即保险承保者的总承保金额要等于或小于其总承保能力。所谓承保能力，是指基于公司净资产规模基础之上的公司业务容量。它是通过净承保险费对公司净资产的比率，即业务容量比率来衡量的。保险人在一个给定的时期内（通常为一个会计年度）所发售的所有有效保单的保险费之和为总承保保险费，也包括再保险保险费，而净承保保险费只包括原保险保险费。

承保能力成为限制公司接受新业务的理由有两个。第一，保险费实际上是保险人对投保人的负债，保险人接受的保单越多，其负债越大；同时，发售新保单还意味着保险人要支付新的费用，如保单的制作、代理人的佣金、经营的各项成本等，这在短期内必然会造成保险企业净资产的减少。第二，如果保险公司接受的新业务太多，损失和费用又超过了净承保保险费，公司就必须动用以前的盈余来偿还债务。这两种情况无疑都将增大保险人的经营风险。因此，保险人必须在其业务容量允许的范围内保持业务量的增长。保险公司对某一投保单位的总承保能力等于自留额与可能分出去的分保额的总和。保险公司的自留额直接受其自身偿付能力的制约，而保险人的偿付能力又是由保险人能用于补偿或给付的资本金及公积金总和所决定的。在资本金及公积金既定的情况下，保险人可以通过危险分散、对现有承保资源的充分利用、分保方式的运用三种方法来维持和扩大其承保能力并保证经营的稳定性。

- 关于对危险的分散，根据不同的情况，可以从两方面来理解。首先，由于每一个保险人的承保能力都要受到一定的限制，保险人应在自己的经营业务范围内尽可能广泛地分配自己的资源，即通过不同类型的业务、不同的市场、不同的地域来分散自己的业务。如在承保水灾险时，保险公司不宜在一个经常有水患的地区，一次性地大量、巨额地接受多家大型投保人的投保单。因为，一旦该地区发生水灾，保险人就会面临巨额的赔偿给付义务。其次，我们对危险分散原则也可以反过来理解，保险的意义就在于将某一同质的危险集中到保险人处，并通过保险人向广大投保人收取保险费的形式，使危险造成的损失在广大被保险人之间得以分摊。保险人也就是这种互助制度的中介，损失的赔偿金额最终由全体被保险人共同负担，保险人不应该以自己的资本金赔付被保险人的损失。因此，保险人必须以合理的方法，准确地计算保险经营的成本和收益。为使保险的数理基础大数定理充分发挥作用，所需具备的条件是应存在相当多同质的危险单位。因此，就某一险种而言，同性质的保险标的越多越好。如儿童人身意外伤害险，参加的适龄儿童越多，危险也就越分散。
- 对现有承保资源的充分利用。保险人的承保资源既包括资金、办公场所、工具设备之类的有形资源，也包括人力资源、技术与管理和品牌等无形资源。保险人既可以通过加强管理，使保险企业的人力、财力、物力保持正常的结合状态，形成一种综合的创造力，并得到合理利用；还可以通过加强管理，充分挖掘保险企业内部和外部各方面的潜力，调动一切积极因素，减少开支，降低保险经营损耗，不断提高保险企业的整体效益水平。

对于任何一家保险公司来说，承保管理一个重要的基本原则是：不要承保自己不熟悉的业务，即在对承保险种的选择问题上，选择自己最有优势的险种，以发挥自己的优势。在自己有较大优势的险种上，保险人有专业的险种设计、展业、承保、理赔及防灾防损人员和机构，有长期积累的相关经验和一整套的规章制度，在该保险市场上有一定的比例和份额，从而更具有竞争力。保险人如果脱离自己具有比较优势的险种，而从事并不在行的险种的承保，由于保险人过去在这一方面没有多少实践，承保人员和理赔人员这方面的知识和经验也都非常有限，要识别可能引起重大损失的危险因素，要确定理赔，都是很困难而且代价是非常昂贵的，那么防灾防损工作就可能起不到应有的作用，贪大求全往往不利于保险公司稳健经营。为了防止这种经营风险，我国的保险监管当局禁止一家保险公司同时从事人身保险和财产保险业务。

- 分保方式的运用。分保又称再保险，是直接承保人将其所承保的保险业务的部分或全部分出给其他承保人的过程。分保与承保在现代保险运行中具有极为密切的关系。虽然从理论上可以把承保和分保分为两个环节，在顺序上也可以认为是先有承保，后有分保，但在实践中，承保和分保是同一过程的两个方面。保险人在承揽保险业务时，往往要确定自身的自留额，同时也就确定了向其他承保人的分出额，自留额与分出额共同构成了承保额。不仅如此，在现代保险制度下，分保大多是采取预先商定的分保合同形式进行的，某一保险人在承保前，必须事先签订分保合同。从这个意义上讲，分保是承保的一个前提条件。

分保有利于扩大保险人的承保能力，增加业务范围。保险人自身的承保能力与其资本金之间存在制约关系，分出的保险业务则不计算在其中，而且分保有利于分散危险，控制承保责任。当保险人独自承保大额的保险合同或承保的责任超过其经济实力时，一旦发生重大的保险事故时，将会使保险人陷入危机。而通过分保，将自己承保的保险金额控制在其最高赔付能力的额度内，将超过自留额的部分分给其他保险人，从而将危险也分散给其他保险人，使自身的赔付责任得到控制，以实现稳健经营的目标。

（2）保证承保质量，获得最大经营收益。保险人所承保的危险并不是没有条件限制的所有危险，也并非对所有的投保标的都给予承保。为了保证保险业务的质量，保险公司对投保标的要认真进行选择，区别对待：对符合承保条件的投保标的应该积极地给予承保；对出险具有必然性的投保标的不予承保即拒保；对于高出一般危险程度的投保标的应通过提高费率进行承保；对于保险责任以外的危险可在增加附加条款的前提下给予承保。

对是否给予承保的分析实际上是在保险费收入和损失支出之间进行比较和取舍。一份非常严格、选择标准很高的保单可能降低损失率，但同时也会减少保险费收入，而保险费收入本身又是获取投资收益和支付损失即费用开支的基础；但一份选择标准很低的保单将提高损失率，甚至会使额外增加的保险费也不足以支付额外的损失赔偿和给付。因此，承保人员需要依据成本与收益的比较，在保险费收入和损失率之间进行审慎的选择。

在保险合同签订后，承保人员还要定期或不定期地检查保险标的和被保险人的情况，以便观察这些条件和因素是否发生了重大的变化。如果保险标的的危险因素增加了，那么承保人员在进行续保业务时，可能需要提高保险费，以反映危险因素增加这一客观事实，甚至不接受投保人的续保。

承保活动需要在保险财务稳定的前提下获得最大的赢利。保险赢利来源于保险费，在一般情况下，保险费越多，赢利也会越多。在费率一定的情况下，保险费的多少取决于所承保的总金额的大小，承保金额越大，保险费就越多，赢利也就越大。由此可见，保险人的赢利与承保金额呈正相关关系。但是，如果承保总金额超过了保险人承保能力的限度，又会导致财务的不稳定。承保金额与赢利既统一又矛盾。因此，实现最大赢利就要求寻找承保额与赢利的最佳结合点。

若要找到最佳结合点，保险经营者首先要合理选择投保标的。在财产保险中根据保险标的的危险的不同性质和程度来收取保险费。在人身保险中对被保险人进行适当的分类，分类的标准主要是年龄、性别、职业、生活习惯、收入水平等，针对不同的被保险人确定适当的费率。其次，保险人所定的费率，不是以已保标的已经发生损失的资料为基础，而是依照过去的损失统计与费用记录为基础，即以过去的损失资料作为计算今后成本的依据，而且需要依赖大数定律的原理来加以平衡，同时要求在计算保险费率时，将特大事故发生的因素也考虑进去。由于危险的因素是在不断变化的，保险费率也必须不断得到修正以反映这些变化。虽然费率是由精算师确定的，但承保人员的工作也是定价过程中的一个非常重要的组成部分。事实上，对一些罕见的保险标的来说，其费率往往由承保人员根据以往的经验来决定。最后，要科学合理地确定每个危险单位的自留额，在保证保险人经营稳定性的前提下，承保最高的自留额。

2. 保险业务的核保

在保险承保过程中应加强保险业务的核保。核保又称为风险选择，它是对投保的保险标的或被保险人的风险程度进行评估与分类，并做出是否承保，适用何种费率或采取什么限制措施的决定。也就是说，保险业务的核保包括保险业务的选择与承保的控制。在保险实务中，承保只不过是签单、出单、通知、登记存档等工作，而承保前大量实质、关键和技术性的工作是核保。从这个意义上讲，核保是承保的前提。

核保工作的目的，在于辨别投保风险的优劣，并使可接受承保的风险品质趋于一致，从而保证业务质量，保证保险企业的稳健经营。核保的重要性具体体现在以下方面：一是通过核保，淘汰不宜承保的投保申请；二是通过核保对承保的保险标的或被保险人分别确定采取何种费率，是否要限制保额或责任免除事项，从而维持差别费率的公平原则，并防止逆选择；三是加强核保，有利于防范保险欺诈。

不同的险种，在核保过程中所考虑的主要核保因素不同。例如，在火灾保险中，主要的核保要素有投保人的管理能力、对保险财产管理的态度、保险标的的构造、周围环境、用途及防护状况等。在汽车保险与汽车第三者责任险中，主要的核保要素有驾驶员的驾驶技术、道德素质、是否酗酒、有无肇事车祸记录、汽车车辆的性能、是否适宜驾驶等。普通个人寿险的核保要素分为医学因素与非医学因素，或分为影响死亡率的相关因素与非死亡率因素。医学因素又称为健康因素，非医学因素是指那些本身与医学无关但却会影响被保险人将来安全与健康的因素。影响死亡率的相关因素包括医学因素与部分非医学因素，具体有被保险人的年龄、性别、体格、健康状况、病历、家族病史、职业、航空危险、嗜好、习惯、居住地与环境等。非死亡率因素包括保险金额的大小、保险合同的种类、保险费缴纳的方法，投保人、被保险人、受益人的财务状况及受益人等，它们都属于非医学因素。另外，在核保过程中，还要考虑公司的经营政策因素。团体保险与健康保险在核保中所考虑的因素与普通个人寿险不同。

保险核保在我国是一种新的经营管理方式，这几年发展很快。但是，由于长期以来，我国保险业实施的是一种粗放型经营管理方式，所以保险核保过去并不很受重视。因此，保险核保技术还比较落后。

（1）对投保人的核保。根据《保险法》的规定，投保人必须具备两个条件：一是具有相应的民事权利能力和民事行为能力；二是投保人对保险标的应具有法律上承认的利益，即保险利益。审核投保人的资格主要是审核后者，即了解投保人对保险标的是否具有保险利益。一般来说，财产保险合同中，投保人对保险标的的保险利益来源于所有权、管理权、使用权、抵押权、保管权等合法权益；人身保险合同中，保险利益的确定是采取限制家庭成员关系范围并结合被保险人同意的方式。保险人审核投保人的资格，是为了防止投保人或被保险人故意破坏保险标的，以骗取保险赔款的道德风险。

（2）对投保标的的核保。保险标的是保险人承担危险责任的对象，保险标的的性质、状况及环境与危险的大小直接相关。例如，化工厂发生爆炸的可能性比机械厂大，油漆商店比一般商店遭遇火灾的可能性大等。即使在同类企业中，管理水平的高低也会使危险大小产生差异。因此，保险人对投保标的的控制，主要是审核投保标的的危险状况。对那些危险较大的标的，承保人员应拒绝承保或采用较高的保险费率。

（3）对保险责任的核保。通过对危险的评估，确定承保责任范围，明确对所承保的危险应付的赔偿责任。只有通过风险分析与评价，保险人才能确定承保责任范围，才能明确对所承担的风险应负的赔偿责任。一般来说，对于常规风险，保险人通常按照基本条款予以承保，对于一些具有特殊风险的保险标的，保险人需要与投保人充分协商保险条件、免赔金额、责任免除和附加条款等内容后特约承保。特约保险是在保险合同中增加一些特别约定，其作用主要有两个方面：一是为了满足被保险人的特殊需要，以加收保险费为条件适当扩展保险责任；二是在基本条款上附加限制条件，限制保险责任。通过保险责任的控制，将使保险人所支付的保险赔偿额与其预期损失额十分接近。

（4）对人为风险的核保。避免和防止逆选择和控制保险责任是保险人控制承保风险的常用手段。但是有些风险，如道德风险、心理风险和法律风险，往往是保险人在承保时难以防范的。因此，有必要对这些风险的控制做出具体的分析。

任何国家的法律对道德风险都有惩罚的方法，而且保险人对道德风险尚可在保险条款中规定，凡被保险人故意造成的损失不予赔偿。但心理风险既非法律上的犯罪行为，而保险条款又难制定适当的规定限制它。因此，保险人在核保时常采用的控制手段有两个。第一，实行限额承保，即对于某些风险采用低额或不足额的保险方式，规定被保险人自己承担一部分风险。保险标的如果发生全部损失，被保险人最多只能够获得保险金额的赔偿；如果只发生部分损失，被保险人则按保险金额与保险标的实际价值的比例获得赔偿。第二，规定免赔额（率）。免赔额有绝对免赔额和相对免赔额之分。绝对免赔额是指在计算赔偿金额时，不论损失大小，保险人均扣除约定的免赔额。相对免赔额是指损失在免赔额之内，保险人不予赔偿，损失额超过免赔款时，保险人不仅要赔超额部分，还要赔免赔额以内的损失。这两种方法都是为了刺激被保险人克服心理风险因素，主动防范损失的发生。

保险人控制逆选择的方法是对不符合保险条件者不予承保，或者有条件地承保。事实上，保险人并不愿意对所有不符合可保风险条件的投保人和投保标的一概拒保。例如，投保人就自己易遭受火灾的房屋投保火灾保险，保险人就会提高保险费率承保；又如，投保人患有超出正常危险的疾病时，保险人就会不同意他投保定期死亡保险的要求，而劝他改为投保两全保险。这样一来，保险人既接受了投保又在一定程度上抑制了投保人的逆选择。

法律风险主要表现有：保险监管机构强制保险人使用一种过低的保险费标准；要求保险人提供责任范围广的保险；限制保险人使用可撤销保险单和不予续保的权利；在保险合同双方当事人对保险合同条款存在疑义时，法院往往会做出有利于被保险人的判决，等等。这种风险对于保险人的影响是，保险人通常迫于法律的要求和社会舆论的压力接受承保。例如，我国机动车第三者责任险就是一种强制性保险，其费率不高，而赔偿责任却不小，保险人不能以此为由不承保该项保险业务。

（5）对保险金额的核保。保险金额是保险人确定其可以承担的最高责任限度。保额的确定依据是标的的价值及投保方对标的所具有的保险利益额度。任何背离这两个依据的保额，都可能诱发道德危险。因此，一定要避免超额承保。控制保额除了避免超额承保外，对于一些高危险、高保额的业务，应注意控制保险人所承担的保额限度。在实践中，应根据不同业务特点对保额进行控制。例如，对于人身保险的高额投保，保险人应注意保险金额大小应与投保人的收入和财产状况相一致。

3. 保险承保的程序

（1）接受投保单。投保人购买保险，首先要提出投保申请，即填写投保单，交给保险人。投保单是投保人向保险人申请订立保险合同的依据，也是保险人签发保险单的凭证。投保单的内容包括：投保人的名称、投保日期、被保险人名称、保险标的名称、种类和数量、投保金额、保险标的坐落地址或运输工具名称、保险期限、受益人和赔付地点，等等。

（2）审核验险。保险人收到投保单后，应详细审核投保单的各项内容，如保险标的及其存放地址、运输工具行使区域、保险期限、投保明细表、对特殊要求的申请等。

验险是对保险标的风险进行查验，以便达到对风险进行分类的目的。验险的内容，因保险标的的不同而有差异。

人身保险的验险内容包括医务检验和事务检验。医务检验主要是检查被保险人的健康状况，如检查被保险人过去的病史，包括家族病史，以了解各种遗传因素可能给被保险人带来的影响。有时也会根据投保险种的需要进行全面的身体检查。事务检验主要是对被保险人的工作环境、职业性质、生活习惯、经济状况及社会地位等情况进行调查了解。

财产保险的验险内容主要为以下六个方面。

- 查验投保财产所处的环境。例如，对所投保的房屋，要检验其所处环境是工业区、商业区还是居民区；附近有无易燃易爆的危险源；一旦发生火灾，有无蔓延的可能；附近救火水源如何，距离最近的消防队有多远，房屋周围是否通畅，消防车是否能靠近；是否属于高层建筑等。
- 查验投保财产的主要风险隐患和重要防护部位及防护措施状况。首先，要认真查验投保财产可能发生损失的风险因素，如查验投保财产是否属于易燃易爆或易损物品，对温度和湿度敏感如何；机器设备是否常常超负荷运转，使用的电压是否稳定；建筑物的材料结构状况，等等。其次，要重点查验投保财产的关键部位，如建筑物的承重墙是否牢固；船舶、车辆的发动机保养是否良好。再次，要严格检查投保财产的风险防范情况，如有无消防设施、报警系统、排水通风设备；机器有无超载保护、降温保护设施；运输货物有无符合要求的包装；运输方式是否合乎标准，等等。

- 查验有无正处在危险状态中的财产。正处在危险中的财产意味着该项财产必然或即将发生风险损失。如果保险人承保必然或确定发生的风险，就会造成不合理的损失分摊，这对于其他被保险人不公平。
- 查验各种安全管理制度的制定和落实情况。健全的安全管理制度是预防和降低风险发生的重要保障。因此，保险人要检查投保人是否制定了安全管理制度及其实施情况。若发现问题，应督促其及时改正。
- 查验被保险人以往的事故记录，包括被保险人发生事故的次数、时间、原因、损害后果及赔偿情况。
- 查验投保人或被保险人的数量及相互关系。

（3）数字准确。填制保险单时，每个数字都代表着保险人和被保险人的利益，在这些数字上的疏忽都可能给保险合同双方当事人造成重大损失，或导致不该发生的纠纷。例如，在填写保险金额时，若是100万元的数字因疏忽少写一个零，就可能给被保险人造成90万元的损失而得不到保险保障的后果。所以填制保险单时一定要反复核对每一个数字，切实做到数字准确无误。

（4）复核签章。保险人签发的保险单是保险合同成立的依据之一，其他单证也是保险合同的重要组成部分。因此，每一种单证都应要求复核签章，如投保单上必须有投保人的签章；验险报告上必须有具体承办业务员的签章；保险单上必须有承保人、保险公司及负责人的签章；保险费收据上必须有财务部门及负责人的签章；批单上必须有制单人与复核人的签章；等等。

（5）签发保单。这是指与那些通过核保确认可以承保的投保人签订正式保险合同。保险单的签发意味着保险经济关系的正式确立，保险双方将各自履行义务，行使权利。签发的保险单的基本内容主要有以下几项。

- 声明事项。载明保险人的名称和住所，投保人、被保险人的名称和住所，保险标的，保险期限，保险金额，保险费率，保险费及支付方法等。
- 保险事项。载明保险人承担赔偿责任的范围，即保险责任。例如，财产保险基本险规定的保险责任是火灾、雷击、爆炸、飞行物体及其他空中运行物体坠落等造成的保险标的的损失。又如，车辆损失险的保险责任为碰撞、倾覆、火灾、爆炸、外界物体倒塌、空中运行物体坠落、行驶中平行坠落、雷击、暴风、龙卷风、暴雨、洪水、海啸、地陷、冰陷、崖崩、雹灾、泥石流、滑坡等原因造成保险车辆的损失。

- 免责事项。明确列明不属于保险赔偿范围的责任。如一般人身意外险规定战争行为、叛乱、罢工、暴动或由于核辐射造成伤残或身故；疾病、传染病、分娩、怀孕及内外科治疗手术而致的伤残或身故；自加伤害、自杀或犯罪行为而致的伤残和身故；打猎、登山、参加各种竞赛、滑雪、斗殴或因酒醉、服用药物、神经错乱而致伤残或身故，保险人不负赔偿责任。
- 条件事项。保险双方的其他权利义务的规定，如保险人的赔偿处理义务、被保险人及投保人的如实告知义务、对保险标的的安全管理义务、施救义务等。

（6）单证管理。签发保险单后，经过投保人或被保险人交付保险费和签收保险单环节，有关单证应即归档，并妥善保管。尤其是人寿保险有关单证，更是需要长期保管。在我国一些保险机构，借助现代科学技术，建立了保险单证电子微缩管理库和全方位的电子查询网络，标志着保险单证管理工作进一步走向现代化、高效化。

8.2 保险公司的理赔

8.2.1 保险理赔的基本内容

1．保险理赔的含义

普通的商品在售出之后，销售者的责任一般不会随所有权的转移而消失，作为具有补偿特性的保险商品更是如此。风险事故的发生，对每一个被保险人来说是不确定的，这样保险才得以存在，而对于保险人，尽管采取了防灾防损各项措施，但由于聚集了大量危险，在某种程度上，风险事故的发生是确定的。因此，从单个合同的处理看，理赔也就成为保险经营实务中的主要事项。保险理赔即处理赔案，是在保险标的发生保险事故后，保险人对被保险人所发生的保险合同责任范围内的经济损失履行经济补偿义务，对被保险人提出的索赔进行处理的行为。从法律角度来看，理赔是履行保险合同的过程，是法律行为；从保险经济角度来看，理赔是保险经营的最后主要环节，同时也是实现保险经济关系的过程，属于经济范畴。

理赔的发生直接由索赔引起。索赔与理赔是一个问题的两个方面，它们直接体现了保险合同当事人的具体权利和义务，实现着保险的职能。索赔是指被保险人（或受益人）在保险标的遭受损失后，按照保险合同的有关规定，向保险人提出赔偿损失的行为。它是被保险人实现其保险权益的具体体现。在索赔的过程中，及时通知原则的贯彻是十分重要的。及时通知保险人，首先，可以使保险人能立即展开对保险事故原因、损失情况的调查，任何迟延都会使调查工作遭遇更多困难；其次，事故发生后通知越及时，被保险人隐藏或销毁证据的机会就越小；最后，及时通知可以使保险人得以采取适当的方法，以防止损失进一步扩大并抢救被保险的财产。因此，如果被保险人没有履行及时通知的义务而影响了保险人的利益时，保险人可以解除其赔偿损失的责任。

2. 保险理赔的意义

关于理赔的意义，主要有以下两个方面。

（1）理赔使保险经营活动得以完成，使保险的基本职能——分散危险、实行经济补偿得以实现。被保险人通过与保险人签订保险合同来转移自己所面临的危险，获得了一旦发生危险事故、造成经济损失即可获得经济补偿的权利。保险理赔是保险补偿功能的具体体现，是保险人依约履行保险责任和被保险人或受益人享受保险权益的实现形式。理赔工作做得好，被保险人的损失才可得到应有的补偿，保险的职能作用才可能有效发挥，社会再生产的顺畅运行和人民生活的正常安定才可能得到保障。

（2）保险经营实务过程实际上是一个连续不断、周而复始的过程。从循环运动的角度来考查保险经营活动时，保险理赔既是上一个保险经营活动的终点，又是下一个保险经营活动的起点。良好的理赔工作，对于刺激和推动下一轮保险经营活动的开展具有极其重要的意义。同时，通过理赔，保险承保的质量得到检验。保险展业是否深入，承保手续是否齐全，保险费率是否合理，保险金额是否恰当，在发生赔偿案件之后，都一一暴露出来。此外，通过理赔，有利于暴露防灾防损工作中的薄弱环节，便于保险人进一步掌握灾害事故发生的规律，总结和汲取经验教训，尽量做好事前预防工作，进一步降低事后赔偿的可能性。

3. 保险理赔的原则

保险人要保证其保险经营的正常运行和健康发展，在理赔中应该体现以下几项基本要求。

（1）重约守信原则。保险人同被保险人之间的权利义务关系是通过保险合同来实现的。保险合同条款是保险人履行其义务、承担赔偿责任或给付责任的依据，对合同双方当事人都具有法律的约束力。保险合同中的各项条款，保险人都应严格遵守，恪守信用，既不要任意扩大保险责任范围，也不要惜赔。双方当事人都应恪守合同约定，保证合同顺利实施。对于保险人来说，在处理各种赔案时，应严格按照保险合同的条款规定受理赔案、确定损失。理算赔偿金额时，应提供充足的证据，拒赔时更应如此。

（2）实事求是原则。被保险人提出的索赔案件形形色色，案发原因也错综复杂。因此，对于一些损失原因极为复杂的索赔案件，保险人除了按照条款规定处理赔案外，更应该实事求是、合情合理地处理，这样做才是既符合条款规定，又遵循实事求是的原则。此外，实事求是的原则还体现在保险人通融赔付方面。所谓通融赔付，是指按照保险合同条款的规定，保险人可赔可不赔的经济损失，由于一些其他原因的影响，保险人给予全部或部分补偿或给付。当然，通融赔付不是无原则的随意赔付，而是对保险损失补偿原则的灵活运用。具体说，保险人在通融赔付时应掌握的要求有：第一，有利于保险事业的稳定与发展；第二，有利于维护保险企业的信誉和在市场竞争中的地位；第三，有利于社会的安定团结。

（3）公平合理原则。该原则要求保险人在保险理赔中做到“主动、迅速、准确、合理”，其宗旨在于提高保险服务水平，争取更多客户。任何拖延赔案处理的行为都会影响保险人在被保险人和投保人心目中的声誉，从而抑制以后的投保行为。因此，理赔人员办理出险案件时要积极主动受理，不推诿，办理速度要快，不拖延时间。“准确”和“合法”就是要求理赔人员对损失案件查勘、定责定损及赔偿计算等，力求准确无误，不发生错赔和滥赔现象，同时分清责任，严格按照保险合同的约定和保险法规有关条款处理赔案。

8.2.2 保险理赔的通用程序

在保险事故发生之后，被保险人或受益人应将事故发生的时间、地点、原因及其他有关事项，以最快的方式通知保险人，并提出索赔请求，理赔的程序因索赔而启动。以财产保险为例，理赔通常需要经过损失通知、受理赔案、初步审核、进行损失调查、确定赔偿金额、赔偿、给付保险金、损余处理和代位追偿等程序。以上程序是顺序发生，任何一个环节中断，都会使其后的步骤中止，导致理赔事项的结束。一个理赔活动不一定要走完上述全部过程，但一定是顺序经过。

1. 损失通知

保险事故发生后，被保险人或受益人应将事故发生的时间、地点、原因及其他有关情况，以最快的方式通知保险人，并提出索赔请求。发出损失通知是被保险人必须履行的义务。发出损失通知通常有时限要求，被保险人在保险财产遭受保险责任范围内的损失后，应当及时通知保险人，否则保险人有权不予赔偿。

被保险人发出损失通知的方式可以是口头的，也可以是书面的。如果采用口头方式，随后应及时补发正式的书面通知，并提供各种必备的索赔单证，如保险单、账册、发票、出险证明书、损失鉴定书、损失清单、检验报告等。如果损失涉及第三者责任时，被保险人在获得保险赔偿金后还需出具权益转让书给保险人，由保险人代为行使向第三者责任方追偿的权益。

2. 受理赔案

保险人在接受出险报案以后，应立即受理。在这一环节，主要包括如下工作内容：保险理赔部门接到保险索赔或给付保险金申请后，应迅速做好登记工作，如保险客户名称、地址、保险单号码、出险时间、地点、自述的原因和自述的损害情况；查抄案底，根据保险客户的申请（书面申请、电话申请或口头申请），查抄留存公司的保险底单；核对保险客户的申请与保险底单；对核对无误的索赔申请立案编号登记。

3. 初步审核

受理赔案后，理赔人员应立即了解出险情况，掌握第一手资料，首先认定以下事实，以便初步确认保险人是否应承担赔偿责任或给付义务。

（1）保险合同是否仍有效力，是否有暂停保险或保险合同已被解除的情况。例如，美国的火灾保单规定：当其引起的危险增加时，或是所保建筑物空出或无人居住连续达 60 天以上时，保险效力即行停止。如在此情况下发生火灾损失，保险人不负赔偿责任。我国《保险法》第二十八条规定，被保险人或受益人在未发生保险事故的情况下，谎称发生了保险事故，向保险人提出赔偿或给付保险金的请求的，保险人有权解除保险合同，并不退还保险费。投保人、被保险人或受益人故意制造保险事故的，保险人有权解除保险合同，不承担赔偿或给付保险金的责任。《保险法》第十六条规定：投保人故意隐瞒事实，不履行如实告知义务的，或者因过失未履行如实告知义务，足以影响保险人决定是否同意承保或提高保险费率的，保险人有权解除保险合同。在保险人采用以上解除保险合同的措施后，保险合同归于无效，而不必承担赔偿或给付保险金的责任。

（2）损失是否由所保危险引起，是否是保险合同所承担的损失。例如，住院医疗保险只有在疾病恶化至住院医疗后才给予补偿；单纯的火灾保险只保障因火灾而直接造成的损失，而因水灾造成的损失则不给予赔偿。又如，某食品公司投保了水灾险，当年公司所在地区连降暴雨，泛滥成灾，导致道路交通完全中断，使该公司生产的大量食品无法及时运走，全部积压在仓库里，导致腐烂变质，蒙受了巨大损失，该损失就不是保险合同所应承担的损失。

（3）已遭损毁的财产是否是所投保的财产，在损失发生时，被保险人是否对保险标的具有保险利益。保险合同并不承保被保险人的一切财产，其所承保的财产通常都会在合同中加以规定。例如，某棉织厂投保了财产综合险，期限为 1 年。该厂与一家制衣厂签订了 1 万米棉布的购销合同。按照合同的规定制衣厂派人送来购货款，并进行货物验收，在验收交货完毕之后，制衣厂来人将 1 万米棉布存放在棉织厂的仓库中，准备次日运回。当天夜里发生火灾，将 1 万米棉布全部烧毁。保险公司对该 1 万米棉布不应给予赔偿。这是因为该 1 万米棉布由于购货款已付并经过了验收，即完成了财产所有权的转移，不再归属被保险人所有，当然也就不再是保险标的。这部分财产在出险当晚由被保险人代管，说明这 1 万米棉布与被保险人之间还存在着利害关系，但这已不是保险利益了。

（4）损失是否在被保的地域范围内发生。保单承担的损失常有地点的限制，经常在国内乘坐飞机的人都知道，自己所购买的航空保单，只有乘坐在飞机内才有效，一旦离开了飞机，保单就同时失效了。例如，美国汽车保单承保的地区，以美国本土、属地及加拿大为限，在这些地区以外发生的损失，保险公司无赔偿责任。又如，海上保险保单一般都规定了起航港、目的港和规定的航线，一旦被保船舶从其他非规定的起航港开船或驶往其他非规定的目的港或未按规定的航线航行，保险单不承保该危险，除非另有特别规定。

（5）损失是否在承保时间内发生。保险合同一般都规定了保险有效的起止时间，损失只有在保险有效时间内发生，才能获得保险公司的赔偿。比如，某企业于 2000 年 1 月 28 日为全体职工投保了团体人身意外伤害险，保险公司当即签发了保单并收取了保险费，但在保险单上列明，保险期限自同年2月1日起，到第二年1月31日止。投保后两天，即1月30日，该企业一职工不慎意外身亡。事故发生后，企业相关人员与受害人家属到保险公司索赔，保险公司拒绝负保险责任，理由是保险合同成立的时间与保险责任开始的时间并不是一回事，保险责任的开始时间应根据保险合同约定的保险期限而定。保险期限是保险人对于保险合同约定的保险事故所造成的损失负给付责任的时间段。保险事故在此期限内发生，保险人负给付保险金的义务；反之，则不负给付义务。虽然保险合同成立于2000年1月28日，但保险期限却始于2月1日，所以1月30日发生的保险事故，保险公司不负给付保险金的责任。

（6）索赔的人员，是否有权提出赔偿要求。就人身保险而言，索赔的人员不一定是投保人或被保险人，而是保单内所指明的受益人，因此，必须查明受益人的身份。在财产保险中，如被保险人在损失发生时不幸同时身亡，也会发生何人可以合法受领赔款的问题。

4. 进行损失调查

保险人审核保险责任后，应派人到出险现场进行实际勘查，了解事故情况，以便分析损失原因，确定损失程度。

（1）分析损失原因。在保险事故中，造成损失的原因通常是错综复杂的。例如，船舶发生损失的原因有船舶本身不具备适航能力、船舶机械的自然磨损、自然灾害或意外事故的影响等。只有对损失的原因进行具体分析，才能确定其是否属于保险人承保的责任范围。可见，分析损失原因的目的在于保障被保险人的利益，明确保险人的赔偿范围。

（2）确定损害程度。保险人要根据被保险人提出的损失清单逐项加以查证，如对于货物短少的情况，要根据原始单据上的到货数量，确定短少的数额；对于不能确定货物损失数量的，或受损货物仍有部分完好或经修复后仍有价值的，要估算一个合理的贬值率来确定损失程度。

（3）认定索赔权利。保险合同中规定被保险人的义务是保险人承担赔偿责任的前提条件。如果被保险人违背了这些事项，保险人可以此为由不予赔偿或扣减赔款。例如，当保险标的的危险增加时，被保险人是否履行了通知义务；保险事故发生后，被保险人是否采取了必要的合理的抢救措施，以防止损失扩大等。这些问题足以影响被保险人索赔的权利。

5. 确定赔偿金额

在保险人是否承担赔偿责任和给付义务被确定下来以后，需要保险理赔人员进一步调查分析，确定危险损失价值，确定赔偿和给付金额。下面分别以财产险和人身险为例来说明这个问题。

（1）确定损失价值。正确地估计和确定损失的价值是确定赔偿金额的前提，对理赔工作的顺序进行具有十分重要的作用。在保险理赔的实践中，人们主要使用实际现金价值法、重置价值法和约定价值法来确定财产保险标的发生全损情况下损失的价值。

- 实际现金价值是指重置成本减去折旧或自然磨损等后确定的价值，而不是指该保险标的在发生保险事故前本身所具有的价值。实际现金价值是符合保险利益和损失补偿基本原则的。保险利益和损失补偿原则的基本要求是：保险利益必须是确定的、能以货币度量的、合法的。在投保时，被保险人必须对保险标的具有保险利益，但保险利益在保险合同的有效期内，可能随着地域、经济、社会等诸多因素的变化而增加或减少。只要在出险时保险利益还存在，保险人就应负赔偿责任，这时保险利益的大小是以保险价值来度量的，被保险人由于出险失去的保险利益的大小是以保险价值由于出险而减少的减少量来度量的。而且，被保险人购置财产的目的通常是利用其使用价值来创造新的财富。保险人所提供的保险保障绝不应该是教条地对于将保险标的一模一样地、分毫不差地恢复到出险前状态的费用提供补偿，而是实事求是地对于将保险标的恢复到原有的使用性能、状态、水平的费用提供补偿。如果不遵循这些原则，对保险标的的估价超过其实际价值，被保险人因此而得到的赔偿超过其实际的损失，谋求保险赔偿的不良企图和行为发生，就会加剧道德危险。例如，某人为新车买了保险，5 年以后，车因车祸撞毁，如果保险人赔付一辆新车的钱，就有可能导致道德危险，使人有利益驱使让旧车出险来换取新车。如果用重置成本减去折旧，则不会有这种情况发生。

- 重置价值法是指按照损失发生时的市场价格所购商品的价值，即按照重新购置同样的全新财产所花费的成本及费用来确定的价值。它与实际现金价值的区别在于，实际现金价值扣除了折旧，重置价值不扣除折旧。这主要是因为折旧本身的因素造成的。折旧通常的做法是：如果规定有折旧率的，按照折旧率乘以使用年数计算折旧；没有规定折旧率的，则根据保险标的在使用过程中由于退化、过时所造成的实际贬值情况来计算。后者是一个十分模糊的提法，在实际理赔工作中难以操作，没有明确的标准，会导致理赔人员自由裁量权过大，诱使其利用手中的自由裁量权同被保险人做交易，减少折旧价值，使保险人的利益受到损害；反过来，保险人也可能利用这一模糊的规定，提高折旧价值，减少应赔付给被保险人的金额，损害被保险人的利益，同时影响整个保险行业的声誉。因此，简单规则在某些情况下往往会带来高效，但这样也毫无疑问增加了发生道德危险的可能。重置价值法适合于比较方便找到重置成本但不好确定折旧率的保险标的的损失估价。
- 约定价值法，即按照保险合同双方在签订合同时约定的财产价值为赔偿给付时的价值的一种估价法。值得注意的是，合同所约定的财产价值往往不是当时新购买保险标的物的价值，而一般比重置成本要低一些。具体如何约定价值，还需要根据当时的实际情况而定。不同的保险标的物，不同的折旧速度，可能发生道德危险的程度，对通货膨胀或通货紧缩的预测不同，保险合同签订双方的讨价还价能力等决定了约定价值的不同。对于保险人而言，把关于评估价值的分析、研究工作全部集中到了签订保险合同之前。在保险合同生效之后，一旦出险，保险人只要确定了保险责任，就无须再评估价值，只要按约定价值来进行赔偿就可以了，操作起来十分简单明了。对于被保险人，则进一步增加了诱发道德危险的可能,因为为获得保险金而进行的各种保险欺诈活动的收益是确定的,只需要根据进行欺诈的成本来决定是否进行保险欺诈。当然，从另外一个角度来看，也有利于保护被保险人的利益，因为只要双方签订了保险合同，一旦发生了合同规定的损失，保险人就必须付出事先约定的金额，否则就有违约责任。

以上考虑的是保险标的发生全损时的情况，在保险标的发生部分损失时，确定损失价值就十分复杂了，不仅要考虑保险标的的价值，还要考虑保险标的的损失程度。

（2）确定赔偿额。在确认了损失价值后，便是确定赔偿金额的问题了。下面介绍四种基本的赔偿方式，用这些方式计算出的保险赔偿金额的结果是不相同的。这四种方式是：比例责任赔偿方式、第一危险责任赔偿方式、限额责任赔偿方式和定值保险赔偿方式。

- 比例责任赔偿方式。这种方式按保险财产的保险金额与出险时实际价值的比例来计算赔偿金额，如果保险金额低于实际价值则得不到全部赔偿。因此，它要求保险财产按实际价值足额投保，否则未保部分视做投保人自保，保险人只负责投保部分的比例责任，也就是在发生保险事故时损失要由保险人与投保人按比例分摊。其计算公式在定值保险和不定值保险下各不相同。

在不定值保险情况下，保险赔偿金额按保险保障程度计算，其计算公式为：保险赔偿额=保险财产实际损失额×保险保障程度

在定值保险情况下，保险赔偿按财产受损的损失程度来计算，其计算公式为：保险赔偿金额=保险财产保险金额×保险损失程度

从上述公式中，可以看出保险金额越接近实际价值，赔偿金额就越接近损失金额，按实际价值投保的，损失就能得到十足补偿，但保险金额高于实际价值时，由于赔偿金额不得超过损失金额，赔偿金额就只能等于损失金额。这种赔偿方式鼓励投保人尽量按财产的实际价值投保，以获得完全的保障。

- 第一危险责任赔偿方式。指在保险金额限度内的损失，被保险人可以得到全部的赔偿，即赔偿金额等于损失金额，但不得超过保险金额。这种赔偿方式是将实际上不一定可分的保险财产价值分为两个部分：第一部分价值与保险金额相等，是足额 100%投保；第二部分价值是超过保险金额的部分，视为未投保。凡是在保险金额以内的任何一部分保险财产因保险事故所致的损失，保险人都应予以赔偿，而且按实际损失赔付，第三部分损失则由投保方视做自保而自行负担。该赔偿方式的特点是赔偿金额取决于保险金额与损失金额，而不考虑保险金额与财产价值之间的比例关系。这对足额保险而言，是一种简明的计赔方式。但对不足额保险而言，未投保的财产也视为投保财产，投保方未尽足够缴费义务而多享受赔偿权利，对保险人是欠公平的。家庭财产保险经常采用此赔偿方式。
- 限额责任赔偿方式。分为限额责任赔偿和免责限度赔偿两种。限额责任赔偿指保险人只

承担事先约定的损失额以内的赔偿，超过损失额部分，保险人不负赔偿责任。这种赔偿方式适用于农作物收获保险，保险人与被保险人签订保险合同确定保险人的保障限额——标准收获量，当实际收获量低于保险产量时，保险人赔偿其差额；当实际产量已达到标准收获量，即使发生保险事故，保险人也不负赔偿责任。

免责限度赔偿指损失在限度内保险人不负赔偿责任，这种限度是保险人享受的免责权。免责限度又分为相对免责限度和绝对免责限度两种。相对免责限度指财产受损程度超过免责限度时，按全部损失赔偿，其计算公式为：赔偿金额=保险金额×损失率；绝对免责限度指财产损失程度超过免赔限度时，只对超过部分负赔偿责任，其计算公式为：赔偿金额=保险金额×（损失率–免赔率）

免责限度赔偿方式的采用是为了减少或避免因大量小额赔款带来的一系列理赔手续和费用的麻烦，可以避免对保险标的必然发生的自然耗损赔偿，特别是对出险率高的险种，可促使被保险人增强对保险标的的责任感，有利于保险事业的发展。

- 定值保险赔偿方式。指在签订保险合同时，对保险金额的确定以双方约定的保险价值为基础，作为结论性价值。当发生保险事故造成损失时，如全部损失，按保险金额全数赔偿；如部分损失，只需确定损失程度，按损失程度的比例赔偿，不再估算受损财产的实际价值。这种赔偿方式适用于海洋运输货物保险、船舶保险和无法鉴定价值的高档工艺品、古玩、珠宝等特约保险。

保险人对保险赔偿金额的认定必须经过被保险人、投保人或受益人的确认，如果后者对赔偿金额有异议，未能达成一致的，可以按保险合同有关条款的规定提起仲裁或诉讼。

在这里特别提出注意的是人身保险的给付特点，人身保险合同是以人的生命或身体为保险标的，不像财产保险能用金钱表示其价值，并且一旦保险事故发生，也不能用金钱衡量其损失。人身保险的给付金额是按照合同事先约定的数额赔偿受益人，这在表面上与定值保险赔偿方式是相同的。但是人身保险的保险标的无法以双方事先约定的保险价值为基础作为结论性价值。

6．赔偿、给付保险金

在确定了赔偿或给付的具体数额之后，保险人应及时履行给予赔偿的义务。按照我国《保险法》第二十四条的规定，保险人在与被保险人达成有关赔偿协议 10 日内，应当履行赔偿保险金的义务。即使是核赔手续未办妥或尚未核定具体的赔款额的案件，如已十分明确属于保险责任范围，就应该对被保险人预付赔款，以及时补偿被保险人的经济损失，使其尽快恢复生产经营和生活。我国《保险法》第二十六条以法律条文的形式予以保证，保险人自收到赔偿或给付保险金的请求和有关证明、资料之日起 60 日内，对其赔偿或给付保险金的数额不能确定的，应当根据已有证明和资料可以确定的最低数额先予支付，保险人最终确定赔偿或给付保险金的数额后，应当支付相关的差额。

就保险赔偿方式而言，财产保险的赔偿方式有以下几种。

- 货币赔付。保险赔偿方式多采用货币赔付——支付保险金方式，尤其是责任保险、信用保证保险、人身意外伤害与疾病保险中的医疗费及其他人身保险的给付，通常都采用货币赔付的方式。
- 修复原物。当保险标的发生部分损失或部分零部件的损残，通常保险人委托有关维修部门，对受损害的被保险标的物予以修复，修复费用由保险人承担。
- 更换部件。当保险标的物的零部件因保险事故所致损失无法修复时，保险人通常采用替代、更换的方法进行赔偿，如对玻璃的保险。
- 重置。重置是当被保险标的损毁或灭失时，保险人负责重新购置与原被保险标的等价的标的物，以恢复被保险人财产的原来面目，重置实际上就是恢复保险标的的本来面目。无论该种恢复费用有多高，不能以保险金额作为最高赔偿限制，因此，危险较大，保险人一般不会采取这种赔偿方式。

保险赔偿方式的选择其主要依据是受损标的的性质及受损情况等。

到此，保险理赔的程序进行了六步，在每一步中均有可能出现保险人的理赔结果不能为被保险人所接受，保险双方在保险责任的归属及赔偿数额等问题上意见不一致的情况，即发生理赔纠纷。当理赔纠纷是由于合同条款用语不明确，或保险双方对合同条款的解释、理解不同而引起时，应该按照保险合同解释的原则进行处理。双方发生理赔纠纷时，应当首先通过协商解决问题，如果双方协商不成，可以通过仲裁或诉讼方式解决。当事人向仲裁机关申请仲裁解决时，争议双方应当达成有关仲裁的协议；没有仲裁协议时，任何一方均可向法院起诉，通过诉讼程序解决争端。

7．损余处理

一般来说，在财产保险中，受损的财产会有一定的残值。如果保险人按全部损失赔偿，其残值应归保险人所有，或是从赔偿金中扣除残值部分；如果按部分损失赔偿，保险人可将损余财产折价给被保险人以充抵赔偿金额。

在财产保险中，当财产标的遭受保险责任事故损失后，一旦保险人履行了对被保险人的赔偿义务，即拥有对保险标的的所有权。根据我国《保险法》第四十四条的规定，保险事故发生后，保险人已支付了全部保险金额，并且保险金额等于保险价值的，受损标的的全部权利归于保险人；保险金额低于保险价值的，保险人按照保险金额与保险价值的比例取得受损标的的部分权利。除了保险标的物质形态完全灭失外，受损标的尚有残值，如果不进行物上代位处理，将会使被保险人因保险而获利，扩大发生道德危险的可能性。在实际处理赔案中，通常将损余物资估价，冲减赔款数额，然后将损余物的所有权交给被保险人，必要时损余物资也可归保险公司处理。保险人处理损余物资要坚持“物尽其用”的原则。

8．代位追偿

如果保险事故是由第三者的过失或非法行为引起的，第三者对被保险人的损失须负赔偿责任。保险人可按保险合同的约定或法律的规定，先行赔付被保险人。然后，被保险人应当将追偿权转让给保险人，并协助保险人向第三者责任方追偿。如果被保险人已从第三者责任方那里获得了赔偿，保险人只承担不足部分的赔偿责任。

在财产保险中，一个被保险人如果因为他人的原因发生损失，当其获得保险公司的赔偿后，如再允许他向导致损失的他人要求赔偿，则将获得超过损失的赔偿，显然违反财产保险使用的补偿原则；反之，如在获得他人的赔偿以后，允许其再向保险公司要求赔偿，亦将同样违反补偿原则。然而，被保险人在获得保险公司的赔偿后，如让有过失的他人逃避其在法律上的赔偿责任，亦不符合社会公平原则，因此便出现了代位追偿的条款规定。我国《保险法》第四十五条明确规定：因第三者对保险标的的损害而造成保险事故的，保险人自向被保险人赔偿保险金之日起，在赔偿金范围内，代位行使被保险人对第三者请求赔偿的权利。

并不是所有的保险理赔都有处理损余、行使代位追偿权这一环节，大部分人身保险的理赔就没有这一程序（健康保险中有例外），因为人身保险的标的是人的生命或身体，没有损余物可言。同样，人的生命和身体与财产的性质不同，其价值难以估量，不会发生多重获益的问题。所以，如果被保险人在保险事故中致残或身亡，受益人即可获得保险金，也能同时向第三方要求获得其赔偿。

8.3 保险的防灾防损

8.3.1 保险防灾防损的概述

1．保险防灾防损的含义

保险防灾防损是保险人对其所承保的保险标的可能发生的危险采取各种组织措施和技术措施，以减少保险标的发生灾害事故的可能，以及在灾害事故发生时，尽可能地降低保险标的发生损失的程度。保险防灾防损与一般性社会防灾防损既有联系又有区别。一般性社会防灾防损，是指为预防和减少灾害事故的发生及其所造成的生命和财产损失而采取的各种组织措施和技术措施。一般性社会防灾防损并非保险经营的特有内容，而是在人类产生后为适应人类生存和社会发展的需要而产生并逐步发展的。在早期人类社会，灾害事故的种类较少，主要是各种自然灾害，如洪水、干旱、地震等。随着科技进步和人类社会的不断发展，人类在防灾防损方面取得了一定成效。但灾害事故本身也日益复杂，灾害事故种类日益增多，尤其是各种人为灾害事故不断增多；灾害事故发生的范围越来越大；灾害事故发生的频率越来越高；灾害事故所导致的后果越来越严重。对安全的需求是人类的基本需要之一，人类发展的历史也就是与灾难斗争的历史。在长期的防灾防损实践中，人们建立了各种防灾防损制度，规范了各种防灾防损秩序，采取种种事前预防、事后应急处理的措施，对灾害事故加以控制或施加影响，降低灾害事故的发生频率，减轻灾害事故的损失程度。

保险作为一种处理危险的普遍可靠的方法，保险企业的防灾防损工作走在全社会防灾防损工作的前列。

对于理解保险防灾防损的含义，应明确以下几点。

- 防灾防损的主体不同。保险防灾防损的主体是保险人，而社会防灾防损的主体广泛，包括社会专门防灾的机构或部门，以及全体社会成员。
- 防灾防损的范围不同。保险防灾防损的范围是保险人所承保的保险标的范围，而社会防灾防损的范围是全体社会成员的生命财产及全部社会财富，覆盖面非常广。
- 防灾防损的对象不同。保险防灾防损的对象是保险人承保范围内的危险事故，而社会防灾防损的对象是各种各样造成社会财富损失的灾害事故。
- 防灾防损的依据不同。保险防灾防损的依据是保险合同，根据保险合同权利与义务的规定所表现出的保险人和被保险人之间的经济利益关系；社会防灾防损的依据是社会成员的利益动机及国家法律法规的强制规定。

2．保险防灾防损的手段

（1）法律手段。法律手段是管理保险经济的基本的、重要的手段，也是保险防灾防损的手段之一。它是通过国家颁布有关的法律法规来实施保险防灾防损管理的。例如，我国《保险法》第三十六规定，被保险人应当遵守国家有关消防、安全生产操作、劳动保护等方面的规定，维护保险标的的安全；根据保险合同的约定，保险人可以对保险标的的安全状况进行检查，及时向投保人、被保险人提出消除不安全因素和隐患的书面建议；投保人、被保险人未按照约定履行其对保险标的的安全应尽的责任的，保险人有权要求增加保险费或解除合同；保险人为维护保险标的的安全，经被保险人同意，可以采取安全预防措施。

（2）经济手段。经济手段是当今世界各国普遍运用的进行保险防灾防损管理的基本手段。通常，保险公司根据客户防灾防损的动机和措施不同而采取不同的费率来体现这一经济手段。也就是说，在其他条件相同的情况下，通过调整费率的高低来保护和促进防灾防损活动。我们将在保险防灾防损主要内容中详细说明。

（3）技术手段。技术手段即运用先进的技术和设备从事保险防灾防损活动，是目前发达国家较为普遍运用的科学而先进的手段。一些发达国家的保险公司专门设立从事防灾防损技术研究的部门，对保险防灾防损进行有关的技术研究。它们运用有关的技术和设备对承保危险进行预测，对保险标的进行监测，研制各种防灾防损的技术和设备及制定有关的安全技术标准。这些国家的保险公司的防灾防损活动不仅使保险公司获益，而且使公司在社会上也获得了良好的声誉，而它们的防灾防损技术往往领先于社会其他部门，从而促进了社会防灾防损技术的发展。

（4）行政手段。行政手段即通过行政命令等强行规定保险人和被保险人必须采取某些防灾防损措施。行政手段在社会保险及一些具有强制性的险种中常有运用，但在服从市场规律的商业保险中，运用得越少越好。

8.3.2 保险防灾防损的内容

保险防灾防损包括两方面内容，一是积极参与社会的防灾防损工作；二是把防灾防损贯穿于整个保险经营实务中。

1. 积极参与社会的防灾防损工作

（1）加强与其他防灾防损组织的联系，加强防灾防损宣传。防灾防损是全社会人们共同的责任和义务，在完成这一社会系统工程的各种社会力量中，保险企业以其特有的经营性质和技术力量，走在社会防灾防损前列，发挥着越来越大的作用。保险企业要注意保持和加强与各专业防灾防损部门的联系，并根据企业主客观条件，积极派人参加各专业防灾防损的活动。参与社会防灾防损组织与活动，既是保险企业对社会的贡献，也是对保险企业防灾防损技术和能力的综合检验。同时，在与社会各专业防灾防损部门的合作中，通过与各专业专家的接触与交流，还可使保险防灾防损工作博采众长，增长保险防灾防损工作人员的专业知识，提高防灾防损技术水平和综合能力。

保险企业还要配合各级公安消防部门、各级防洪防汛指挥部、气象台、气象站或气象中心、地震局及各种安全管理委员会等开展防灾防损宣传，让广大投保人意识到，保险防灾防损既是保险人的利益所在，也是被保险人及整个社会的利益所在。做好保险防灾防损，既是保险公司的应尽职责，也是被保险人必须履行的义务，保险双方应相互配合，并协同社会有关部门，共同做好这项工作。保险人应重点宣传国家颁发的各种安全法规和条例，使各级负责人和广大群众提高执法、守法的自觉性。树立以预防为主的指导思想，建立严格的安全管理制度，使防灾防损工作纳入制度化、法制化轨道。此外，还应宣传防灾防损的基本常识，提高全社会防灾防损的能力。

（2）进行防灾检查，参与抢险救灾。对投保人要经常进行防灾防损检查，不断发现危险隐患，减少不安全因素。保险公司的防灾防损人员应深入现场，对保险标的进行检查。防灾防损检查是发现和消除隐患，落实整改措施，预防灾害事故的重要手段，也是保险防灾防损技术服务的基础工作。防灾防损检查应根据不同的险种、投保的对象和季节有所侧重。保险防灾防损人员可组织进行电气、消防器材、机动车辆等单项检查，也可以进行防火、防洪、防盗等系统检查。汛期应重点检查工厂、商店、仓库的防洪、防雨、防风等安全措施。在检查中，若发现不安全因素和事故隐患，保险公司要向被保险人及时提出整改建议，并在以后就整改建议进行复查，确保保险标的的安全。

参与抢险救灾，不仅可以抢救所承保的保险标的，减少保险赔款，而且可以提高保险企业的声誉，加强与投保人的联系，扩大保险的社会影响，为保险展业开辟道路。在灾害事故发生时，要与社会防灾防损部门及被保险人一起，组织抢救保险财产，防止灾害进一步蔓延。在灾害事故发生之后，要与被保险人一起对受灾财产进行整理、保护并妥善处理损余财产。

（3）开展灾情调查，积累统计资料。加强对各种危险因素的分析研究，便于了解和掌握发生灾害的规律性，为有关部门提供比较可靠的防灾防损信息，有利于指导和提高今后的防灾防损工作。在灾害事故发生之后进行有关灾情的调查研究和积累大量的灾情资料也是十分必要的。在保险防灾防损工作中，无论制定防灾防损计划，还是开展防灾防损宣传，都离不开真实、系统的灾情资料。而且，完备的灾情资料也是制定保险费率、进行保险理论研究和业务开拓的重要依据。因此，保险防灾防损工作中的一项重要内容，就是要广泛地开展灾情调查，认真、实事求是地收集、整理灾情资料，然后按照档案资料管理规章妥善保管。为使积累的灾情资料更加全面和具有代表性，保险人应主动与社会防灾防损部门合作，并建立起长期的资料交换关系。

（4）提供防灾防损费用，增强社会防灾防损的力量。保险人每年从收入的保险费中提取一定的比例作为防灾防损基金，并以其中的一部分作为社会防灾防损的补助费用，结合保险业务的开展，与社会有关防灾防损部门一起，对社会防灾防损工作提供一定的支持。主要用于补助当地消防、交通、航运等部门增添防灾防损设备。另外，保险人可以根据自身经营的不同险种，针对具有共性的、覆盖面积大的灾害事故，以及新的防灾防损技术，同各大专院校、科研机构的专家合作研究，支付课题费用。美国的一些财产和责任保险公司为搞好防灾防损，减少社会财富和保险标的的损失，扩大保险公司的影响，资助汽车和高速公路的安全行车装置的设计开发。随着保险业务的迅速发展，防灾防损费用将会不断增加，其资助范围也将逐步扩大。无论如何增加和扩大，都必须掌握一个基本原则，即资金运用要有利于减少保险事故的发生，有利于降低保险标的的损失程度，有利于保险人的经营。

2. 把防灾防损贯穿于整个保险经营实务中

保险防灾防损与保险承保、保险理赔一起，构成了保险经营实务的主要内容。保险防灾防损工作应贯穿到保险承保、保险理赔等各经营环节中去，因为它们之间有着相辅相成的关系。在保险承保工作中，要由保险防灾防损人员对准备承保的标的物进行检查，提供场所、机器设备、生产操作等方面的安全管理情况，这是承保的重要信息来源，有利于提高承保工作的质量，对发现的不安全因素提出纠正措施，并把它作为承保的一项条件，这样就有可能使一些本来不合格的业务转变为可以承保的业务，扩大了承保面。在保险理赔工作中，熟悉保险标的的防灾防损人员可以向理赔人员提供技术援助。在比较复杂的赔案中，调查出险原因和核定损失时经常需要专职的防灾防损工作人员到现场参加调查，并总结事故发生的经验教训，提供防灾防损的建议。由此可见，保险防灾防损工作直接影响到展业、承保和理赔工作的质量，是保险经营的一个重要环节。把防灾防损贯彻于保险经营实务的整个过程之中，主要体现在以下两个方面：

（1）在保险承保工作中，要进行防灾防损措施和安全管理制度的全面检查，提出整改建议。承保时和承保后，要由保险防灾防损人员对保险标的进行检查，了解和熟悉被保险人的基本情况，如保险标的所处位置，面临的危险状况，被保险人防灾防损的措施、设备，各项安全制度的制定与执行情况等。例如，在承保检查方面，要对建筑结构、电源、易燃品、易爆品的储存和保管，生产工艺流程的危险部分（如锅炉、电焊），以及消防设施和安全管理制度进行全面检查，整改建议应摘录存档，并在提出整改措施后予以复查，以确保保险标的的安全。又如，对于参加人寿保险的被保险人的不良生活习惯和不利于健康的生活环境，必要时在合同中列明特别禁止条款进行约束。

（2）把保险防灾防损工作与理赔相结合。从保险经营环节的角度看，由于受科技水平限制，加之灾害事故的偶然性与必然性，尽管防灾防损卓有成效，灾害事故的发生总是难免的。灾害事故有其原因和规律，而理赔则是寻找这种规律和原因的重要途径。在保险标的出险后，通过理赔过程可以从中了解到出险的直接原因，以及与出险有关的其他制约条件和因素所在，将收集到的大量出险信息进行综合分析处理，认清导致出险的内在规律性和外在制约条件，从而使防灾防损更富于科学性和针对性。这样的防、理结合，不仅帮助被保险人查明了事故原因，促使他们增强了“防”的意识，且也为保险人提高防灾防损的工作质量积累了经验，创造了条件。

思考与练习

1. 单项选择

（1）保险人在承保管理中，审核投保人资格时不要审核的内容是（　　）。

A．投保人对保险标的的保险利益　　B．投保人的民事行为能力

C．投保人的民事权利能力　　D．投保人的缴费能力

（2）风险程度高的人比风险程度低的人更愿意投保，这种倾向称为（　　）。

A．保险欺诈　　B．逆选择

C．负选择　　D．道德风险

2. 多项选择

（1）保险人提供的投保服务包括（　　）。

A．帮助投保人分析自己所面临的风险　　B．帮助投保人确定自己的保险需求

C．帮助投保人估算投保险费用　　D．帮助投保人制定具体的保险计划

E．帮助投保人选择保险公司

（2）保险公司承保管理程序的内容包括（　　）。

A．接受投保单　　B．审核验险　　C．接受业务

D．缮制单证　　E．计划赔款

（3）保险公司的理赔原则包括（　　）。

A．重约守信原则　　B．自我有利原则　　C．实事求是原则

D．赔付最小原则　　E．公平合理原则

(4) 承保管理的内容包括( )。

A. 审核投保申请　B. 审核保险责任　C. 控制保险责任

D. 进行损失调查　E. 接受业务

(5) 审核投保申请主要包括( )。

A. 审核投保人的资格　B. 审核保险标的　C. 审核保险费率

D. 审核保险责任　E. 审核验险

(6) 控制保险责任通常有以下几个方面( )。

A. 控制损失　B. 控制逆选择　C. 控制保险责任

D. 控制人为风险　E. 控制保额

(7) 保险人在核保时对心理风险常采用的控制手段有( )。

A. 限额承保　B. 规定免赔额(率)　C. 验险

D. 体检　E. 不予承保

3. 简答题

(1) 什么是防灾防损?

(2) 防灾防损的主要手段有几种?

(3) 什么是保险理赔? 它的基本要求是什么?

阅读材料

车辆保险索赔指南

1. 保险车辆发生单方肇事如何索赔? 发生双方肇事如何索赔?

如果您的车辆发生单方肇事,应在出险后24小时内向承保公司报案,索赔时应提供以下材料,向承保公司索赔:保单正本、保险公司出具的估价单、修车发票及修车清单、司机写的事故经过、驾驶证复印件、出险通知书、施救费用的原始单证、肇事的旁证证明。保险车辆发生双方肇事,应及时保护现场,通知当地交警事故处理部门并在24小时内向承保公司报案。经交警事故处理部门处理完毕提供以下材料向承保公司索赔:保单正本、保险公司出具的估价单、修车发票及修车清单、司机写的事故经过、驾驶证复印件、出险通知书、施救费的原始单证、事故调解书及责任认定书、第三者的车损发票、车损估价单及人员伤亡的诊断证明(人员伤亡的医院诊断证明必须以县级以上医院为准)、住院证、出院证及医疗费发票、伤残等级鉴定书、公安部门出具的死亡证明等有关证明材料。

2. 保险车辆在外地出险如何报案?

各大保险公司机构遍布全国,全系统内制定了委托代查勘、代定损制度。如果您的车辆在省内肇事,应及时保护现场,通知当地交警事故处理部门,同时通知当地保险公司代查勘、代定损并拍损失照片。如果您的车辆在外地肇事，应及时保护现场，通知当地交警事故处理部门，同时通知承保公司，承保公司同意后以书面形式委托当地保险公司代查勘、代定损并拍损失照片。事故处理完毕带回代查勘报告、代定损清单、照片向承保公司索赔。

3．保险车辆在外地出险如何报案?

保险车辆在停放中被盗或在使用过程中被抢劫，经向公安部门报案，在三个月以上仍未破案，提供以下材料向承保公司索赔：在当地登报的启事，市、区县公安刑侦部门的报案证明，购车发票，车辆所有权益转让书等有关证明材料。

第 9 章

保险公司的内控与监管

本章重点

- 掌握保险的经营风险；
- 理解保险公司的内控；
- 熟悉保险公司的监管。

9.1 保险公司的内控

9.1.1 保险经营风险概述

保险经营风险具有潜伏期长、隐蔽性强、震动面广、危害性大等特点，因此必须提高防范保险经营风险的认识。

保险公司内部管理不科学、不规范、不严格是产生保险公司经营风险的根源，因此建立科学的管理体制，强化保险公司的内部控制是防范保险公司经营风险的有效保证。

保险公司内部的组织机构设置是否适当，直接关系到企业能否合理地组织经营活动，及时发现和处理经营活动中所出现的问题，保证企业经营活动能够有序协调地进行。机构臃肿，人浮于事，工作就会拖拉、疲沓、扯皮、推诿，管理效率就会降低。保险企业应加强对企业组织机构设置的控制，保证整个保险经营机制的良好运行。

在选择“总公司—分公司—支公司”组织形态的保险企业中，总公司是法人机构，分、支公司不具备法人资格，只有总公司才具有民事权利和民事行为能力；总公司以其全部资产对其债务承担有限责任，分、支公司对其债务不具备承担责任的资格；总公司享有法人财产权，分、支公司不享有。在我国，保险公司选择的是“总公司—分公司—支公司”的组织形态，必须强化统一法人制度，在企业组织形态上体现法人的单一性。由于长期以来受计划经济体制的影响，保险公司没有坚持和落实统一法人制度，造成管理混乱。尤其是计划经济体制下形成的企业“行政级别”观念，应在实行统一法人制度下逐渐淡化消除，分公司的“行政级别”只是执行具备法人资格的公司的决策权和服从公司的利益的某种象征而已。因此，保险公司应建立、健全各级分支机构的授权管理制度。只有健全和落实各级机构的授权管理制度，才能正确处理个人与集体、局部与整体、分支公司与总公司的关系，才能明确各自权利与义务的界限，实现科学管理和规范经营，从而有效地防范内部经营风险。

在建立科学的组织机构基础上建立适当的责任制度，是组织控制的一项重要内容。责任制度以明确责任、检查和考核责任履行情况为主要内容。在保险内部经营管理过程中，一方面要实行部门责任控制，合理确定各个部门的工作内容、责任范围，合理制定部门之间的联系和协调制度，并经常检查执行情况，使企业内部各部门既能各司其职，又能协调配合，从而有条不紊地完成各自的工作任务，实现企业的总体目标；另一方面要推行岗位责任制，在合理分工的基础上划分工作岗位，然后按照岗位明确责任，考核责任，以考核成绩决定奖罚，从而提高每个职工的责任心和工作效率。

在保险经营业务管理过程中，要加强业务质量控制。按公司制定的险种条款、费率、规章和实务规程，以及保险业务管理办法，规定保险业务的处理程序，使业务处理规范化、标准化。目前，保险公司应重点加强对承保业务质量、理赔业务质量、投资业务质量的控制，建立和完善核保、核赔制度，严格控制承保、理赔风险，加强资金运用管理，有效地控制投资风险。

保险公司的内部控制是规范经营、防范风险的关键环节。保险经营风险大，必须大力加强内控制度建设，建立企业内部稽核机构，加大稽核力度。定期检查财务收支和清查财产，及时发现问题，堵塞漏洞，防止弄虚作假、擅自提高费用标准、扩大开支范围等违反纪律的行为，保证公司财产的安全。通过内部稽核机构或人员对保险经营活动进行的监督，有效地防范保险经营风险。

9.1.2 保险公司的内部控制

由于内部控制在公司管理中的特殊地位和作用，决定了只有抓好内部控制，才能带动公司的全面科学管理，而系统全面地理解内部控制则是加强公司内部控制的前提。关于内部控制的含义有多种说法，但最权威的莫过于美国反欺骗性财务报告委员会（COSO）对内部控制所下的定义：内部控制是一个靠组织的董事会成员、管理层和其他员工去实现的过程，实现这一过程是为了合理地保证组织经营的效果性和效率性、财务报告的可靠性、对有关的法律和规章制度的遵循性。

1. 保险公司内部控制的主要内容

（1）控制环境。控制环境包括公司实行内部控制的各种影响因素，其中有公司特征、产品与服务构成、公司文化、领导风格、法律制度、管理层对内部控制的认识和公司信息管理系统等。这些因素都直接或间接地对内部控制的推行、效果或效率产生正面或负面的影响。比如，公司的机构发生变化，可能意味着公司业务面临重组，公司经营过程、局部目标或业务范围发生变化，内部控制的方式与范围必然要相应地发生转变。

（2）风险评价。内部控制的目标是发现风险、分析风险、防范风险，并使风险可能造成的损失降至最低。其中重要内容是对风险本身进行评价，即对风险的真实性、风险可能造成的损失、防范风险可能采取的有效措施，这些措施可能产生的效果和风险发生后将产生的内外部影响进行分析和评价。所谓风险，是指公司运行过程中出现偏离公司目标的情况及其可能带来的损失。对公司来说，研究、开发、销售、质量、财务、资产、组织运行与人事稳定性都可能发生偏离既定目标的情况。内部控制应当对这些风险进行即时监控与分析，发现风险。更重要的是，内部控制应当建立相应的风险自动反应机制，以便对公司可能出现的风险即时做出反应。

（3）控制活动。对可能发生或已经发生的风险采取应对活动，纠正偏差，使公司的运行朝既定目标发展，其中包括相关的政策和程序。

（4）信息和沟通。内部控制涉及公司的各个环节和各个方面，特别是涉及管理层的态度、管理层对风险的看法和对控制措施的配合，甚至可能涉及一些利益团体或项目团队的集体态度。为了获得有关内部控制充分准确的信息，为了使控制措施得到充分的响应和有效的配合，同时为了使风险评价客观公正，广泛的信息来源和相关人员之间的充分沟通与理解是内部控制中十分重要的工作环节。

（5）监督。整个内部控制过程，包括风险评价和控制活动，本身都必须处于有效的监控之中，并根据具体情况进行及时的动态调整，以提高内部控制的准确性、有效性和控制效率。

2．保险公司内部控制的方式

按照控制与事件发生的时间前后顺序来分类，内部控制可以分为前馈控制、同期控制和反馈控制。

（1）前馈控制发生在实际工作之前，是未来导向的。质量控制培训项目、预测、预算、实时的计算机系统都属于前馈控制。前馈控制是管理者最渴望采取的控制类型，因为它能避免预期出现的问题，而不必当问题出现时再补救。

（2）同期控制是发生在活动进行之中的控制，最典型的方式是监督视察。同期控制可能使管理者在问题发生后及时纠正问题。

（3）反馈控制发生在行动之后，通常是通过实际与标准或预算的对比来确认差异，在问题出现后要求采取纠正措施。客户回访、对承保和理赔情况进行检查和分析、评估客户投诉、监督退保情况等都属于反馈控制。其优点表现在两个方面：一是为管理者提供了关于计划的效果究竟如何的真实信息，能够使管理者通过实际与计划来分析偏差产生的原因，便于管理者制定出更有效的新计划；二是能够增强员工的积极性，因为人们希望获得评价他们绩效的信息，而反馈恰好提供了这样的信息。反馈控制的主要缺点在于管理者是在损失发生后才获得信息。

9.2 保险公司的监管

9.2.1 保险监管的含义

保险监管是指政府对保险业的监督管理，是保险监管机构依法对保险人、保险市场进行监督管理，以确保保险市场的规范运作和保险人的稳健经营，保护被保险人利益，促进保险业健康、有序发展的整个过程。

我国自 1979 年恢复国内保险业务以来，保险监管方面的法规建设得到了加强。1985 年国务院发布了《保险企业管理暂行条例》；1992 年中国人民银行公布了《保险代理机构管理暂行规定》，并于同年 9 月 11 日公布了《上海外资保险机构暂行管理规定》；1995 年第八届全国人大常委会颁布了《中华人民共和国保险法》；1996 年 2 月 2 日中国人民银行公布了《保险代理人管理暂行规定》，同年 7 月 25 日又公布了《保险管理暂行规定》；1997 年 11 月 30 日中国人民银行修订并公布了《保险代理人管理规定》（试行）；1998 年 2 月 24 日中国人民银行公布了《保险经纪人管理规定》（试行）；1999 年中国保监会公布了《保险公司管理规定》（试行）；2000 年又公布了《保险公估人管理规定》（试行），同时与此相关的法律法规亦已颁布；2002 年国务院颁布了《中华人民共和国外资保险公司管理条例》；2002 年 10 月 28 日第九届全国人大常委会修订并颁布了《保险法》，从而初步形成了以《保险法》为核心的保险法律法规体系。

保险监管和保险内控存在一定的关系。保险监管是政府为保护被保险人的合法利益对保险业依法监督管理的行为；而保险内控则是保险企业在国家法律允许的范围内为维护本企业利益而采取的行为。如股份有限公司的监事会就是企业内控的一个方面，监事会对股东大会负责，对董事会监督，从而保证公司既合法经营，又执行股东大会的决议。因此，两者的共同点是都以国家的保险法为其基本依据，但目标存在区别，保险监管的最基本的目标是保护被保险人的合法利益，而保险内控的目标则是在法律允许的条件下维护企业的合法利益。

1. 保险监管的目标

不同国家对保险监管的目标存在一定的差异，同一国家随着经济的发展和保险业所处的不同阶段，保险监管的目标也会有所侧重或不断产生新的监管目标。一般来说，保险监管的目标主要表现在以下四个方面。

（1）维护被保险人的合法权益。保险监管必须把保护被保险人的合法权益放在第一位。保险监管机构通过对市场准入、条款审核备案、费率厘定、准备金提取等方面的监督管理，来确保保险公司的偿付能力和保护被保险人的合法权益。

（2）促进保险业持续健康协调发展。保险监管机构通过制定保险业长远发展规划、调整实施监管政策、完善市场结构、创造良好竞争环境等措施来促进保险业的持续健康协调发展。在市场条件成熟时，可以适当加快批准符合条件的内、外资保险机构和中介机构，适当放宽保险资金运用范围等。这样做有利于开创良好的竞争环境，为保险公司的进一步发展创造条件。

（3）维护正常的保险市场秩序和公平竞争的环境。保险市场秩序正常与否，对于公平竞争、行业发展、行业形象、行业核心竞争力等有着重要的影响，因此，通过整顿保险市场，维护正常的保险市场秩序是保险监管不可或缺的目标。

（4）防范和化解保险经营风险。防范和化解经营风险是保险业持续健康发展的重要内容。对于不同发展阶段的保险公司，这一方面的监管目标又略有差异，对新成立的公司应着重防范其经营风险，而对于经营时间较长的公司应将防范和化解风险并重。注重对保险公司偿付能力监管，保证保险人有足够的财务实力履行其对保单所有人的保障责任，及时对偿付能力不足的保险人采取有效监管措施，是防范化解风险的核心。

2. 保险监管的原则

保险的监管原则与监管目标是一致的，二者相互促进、相辅相成，主要保险监管原则如下。

（1）依法监管的原则。法律是国家意志的最高体现，是依靠国家机器的强制力来实现的，任何个人或单位必须在法律允许的范围内行事，不能凌驾于法律之上，否则就会受到相应的法律制裁。在市场经济条件下，保险公司必须依法接受保险监管机构的监督管理，而保险监管机构也必须依法进行监督管理。在保险市场中，为了维护被保险人的合法权益，确保保险业的健康协调发展，必须保持保险监管的权威性和强制性，从而达到保险监管的有效性。

（2）适度监管的原则。完全竞争的市场是理想化的市场，现实中的市场普遍存在种种市场失灵的现象。为此，必须引入外部的适当干预，即适度的保险监管。为了维护保险市场的正常运行，防止保险市场失灵，减少由市场失灵造成的危害，保险监管的重点应该是创造适度竞争的市场环境，保持适度竞争的格局，防止出现过度竞争或恶性竞争。

保险监管必须避免两种极端观点。一要避免过度监管，某些人认为保险监管是万能的，从而任意干预保险公司的内部经营管理。保险公司是自主经营、自负盈亏的独立法人，有权在法律法规允许的范围内，独立地决定自己的经营方针和发展策略，尤其是在市场经济条件下，只要保险公司不违反国家有关法律法规和政策，不违反社会公共利益和公共道德，保险监管机构就不应该任意干预其经营行为。保险监管不是万能的，监管失灵与市场失灵同样存在，不能认为保险市场中存在的任何问题都可通过某种或某些监管手段得以纠正和解决，否则容易导致过度干预，扰乱市场信号，使市场机制无法有效发挥作用，不利于保险业有效竞争机制的建立和完善。二要避免过度放松监管，某些人盲目崇拜市场机制的作用，抹杀政府监管的应有地位和积极作用。这些人更倾向于能不监管就不监管，以免监管不当遭起诉，更易导致过度放松监管，弱化保险监管功效，滋生市场恶性竞争，损害保险行业信誉，削弱行业竞争能力。事实上，保险监管应该努力做到“管而不死，活而不乱”，既鼓励竞争又规范竞争，促使保险公司科学合理地权衡利润和风险。

9.2.2 保险监管的内容

1. 保险监管的方式

（1）公示方式。公示方式，即国家对保险业的实体不加任何直接监管，而是把保险业的资产负债、经营成果及其他相关事项予以公布。至于业务的实质及其经营优劣由社会公众和被保险人自行判断。关于保险业的组织、保险合同格式的设计、资金运用由保险公司自主决定，政府不做过多干预，这是国家对保险市场最为宽松的一种管理方式。其优点是通过保险业的自主经营，使保险业在自由竞争的环境下得到充分发展，缺点是社会公众往往缺乏对保险业进行合理评判的标准和能力。采用这种监管模式的国家必须具备相当的条件：客观上该国国民经济高度发展，保险竞争主体多元化，投保人具有选择优劣的可能，保险公司具有一定的自制、自律能力，市场具有平等竞争条件和良好的商业道德；主观上国民具有较高的文化水准和参与意识，投保人对保险公司的优劣有适当的判断能力和评估标准。这种方式在采用英国监管模式的国家较为常见。

（2）规范方式。规范方式又称准则主义，是由政府规定保险业经营的一定准则，要求保险业共同遵守。政府对保险经营的重大事项，如最低资本金要求、资产负债表的审核、法定公司事项的主要内容、管理当局的制裁方式等都有明确规定。这种方式比公示方式对保险业的管理有所进步，但政府对保险业是否真正遵守规定，仅仅在形式上加以审查。由于保险专业技术性强，有关法规很难适用所有保险机构，因此，形式上合法、实质上不合法的行为时有发生，存在较大的执行难的问题。

（3）实体方式。实体方式又称许可方式，即国家制定完善的保险监管规则，国家保险监管机构具有较大的权威和能力。在保险组织的创设时，必须经政府审批核准，发放许可证；经营开始后，在财务、业务等方面进行有效的监督和管理；在破产清算时，仍予以监管。这是当今多数国家，如美国、德国、日本等采用的监管模式，我国也采用该种方式。目前在保险费率监管、保险条款审定、竞争约束、资金运用等方面，许多原来监管严格而市场秩序较好的国家，对此有放松监管的趋势。

2. 保险监管的方法

（1）现场检查。现场检查是保险监管机构履行监管职能的重要方式。可以确保职能部门独立地审查保险公司的承保、理赔、内部管理和财务状况，直接观察保险机构经营管理水平和财务会计系统的质量。建立规范化的现场检查制度，是实施有效监管的重要手段。检查工作要围绕促进保险业持续健康发展这个中心任务，结合倾向性问题，突出重点，组织力量按规定程序对保险机构进行定期或不定期的现场检查，达到彻底澄清事实、掌握真实情况的目的，以便对可能发生的风险进行及时的救助，把握监管工作的主动权。

现场检查工作一般可以划分为三个阶段。

- 检查准备阶段。在每次实施现场检查之前，根据近期监管工作的重点，结合收集到的材料和掌握的信息，确定检查工作的目标和内容，编制检查项目工作计划。根据检查项目工作计划，组成检查工作组，对与本次检查相关的被检查单位的业务经营和财务管理等情况进行检查前的调研，在调查研究的基础上拟订具体的检查工作方案。检查工作方案的主要内容包括：检查的目的和要求、检查的范围和内容、检查人员的分工、检查的方式和方法、工作时间表、检查统计和记录。准备工作就绪后，向被检查单位下达书面的检查通知书。
- 检查实施阶段。现场检查的实施阶段是指从检查工作组进驻被检查单位开始，直到检查工作结束，撤出被保险单位为止。在实施阶段，检查工作组要向被检查单位领导和相关人员明确本次检查的目的和内容，提出具体的工作要求。检查工作组要在计划的期间内完成进点会谈、调阅资料、对账表的现场审核、内部控制测试、执行检查程序、检查质量控制、编制工作底稿等。在现场审核过程中，检查工作组首先应对被检查单位账表数据的真实性、完整性和合法性进行现场检查，其目的是避免有问题的账表数据误导检查人员。检查工作底稿是检查过程中连贯的具体的检查工作记录，是编制检查工作报告的基础性资料，它包括被检查单位和个人提供的证明材料、会计原始凭证、账簿和报表的复印件证明，有关的业务文件摘录证明，实物证据等。检查人员要特别注意做好检查记录，提供完整的检查工作底稿。
- 检查终结阶段。检查工作组根据编制的检查工作底稿，对被检查间单位的检查事项做出客观公正的分析、评价和决定，编制检查工作报告，依照程序征求被检查单位对检查报告的反馈意见，经审定的检查报告作为检查终审报告。报告的内容应当包括本次现场检查的目的、内容、投入工作量、审计金额状况、存在问题、金额情况、检查的起止日期、检查工作的重大情况、发现的主要问题及其性质、评价和处理建议。保险监管部门根据检查工作组提交的检查报告，对检查监督意见书和检查监督决定进行审核并签署意见，报送有关领导审批执行。在现场检查工作终结后，凡记录检查过程、反映检查结果、证明检查结论的文件、数据资料及工作底稿都应依照有关的规定立卷归档。

通过现场检查，可以强化对保险公司的稽核监督，对公司经营管理和经济效益给予客观、公正的评价，针对保险公司在业务活动和经营管理方面存在的问题，提出稽核检查建议和整改措施。同时，可以审核保险人和被保险人的行为是否合理、合约、合法，权利和义务是否对等，责任是否明确，有利于保险人的正常经营和被保险人的根本利益不受侵犯，促进我国保险业稳定、持续、快速、健康发展。

（2）非现场检查。保险监管机构可以通过检查各保险机构报送的报表、资料，以及其他辅助表格或事项，从资本充足率、责任准备金、资产质量、管理水平、赢利能力、资金流动性、偿付能力等几个方面入手来判断保险机构是否达到了手续健全、稳健经营的要求。我国保险业的非现场检查制度处于刚刚起步阶段，正逐步建立健全监管报表报送制度、各种报告制度及监管报表分析制度，努力完善适合我国国情的非现场检查考核体系。非现场检查是对保险业实施日常监管的重要方式。

依据监管报表报送制度，各保险机构定期向保险监管部门报送各种监管报表，主要包括资产负债表、损益表、资金运用表、业务统计表、最低偿付能力状况表、利润分析表、分保业务统计表等。同时，我国的精算报表体系也逐步完善起来，主要包括责任准备金评估报表和业务统计报表两大类别。为确保报表的真实性、及时性和规范化，监管报表实行法人代表签字制度。监管报表分析是保险监管的基础性工作，可以过地对各种报表、统计表及其他资料的分析，了解保险机构的业务状况、财务状况和资金运用状况，从分析中找到监管的依据。同时，通过建立电子化保险监管的信息网络，形成预警系统，以便于加强事前监督，引导和规范保险业的健康发展。我国的保险监管报表分析，已经形成了比较成熟的监管指标体系，为分析结果的准确性、科学性和实用性打下了良好的基础。

保险监管指标按反映对象分为非寿险业务指标、寿险业务指标、资金运用指标、财务状况指标四类。非寿险业务指标主要用于监测财产保险、意外伤害保险和短期健康保险业务。寿险业务指标主要用于监测长期寿险业务和长期健康保险业务。资金运用指标主要用于监测各类保险公司资金运用状况。财务状况指标主要用于监测各类保险公司的偿付能力和保险公司财务状况。

保险监管指标按性质分为约束性指标和关注性指标。约束性指标是指保险公司的指标值必须在规定的指标值范围以内，否则即违反有关法律法规，监管部门将视其情节轻重及造成的影响给予处罚并责令其纠正。关注性指标是指保险公司的指标值以在设定的范围以内为宜，如果超出设定的范围，并不一定表示保险公司有违法行为或财务状况恶化，但监管部门要对该公司进行跟踪调查，结合其他相关指标综合分析，必要时可要求该公司做出合理的解释。

约束性指标一般仅适用于保险法人机构。我国保险监管指标体系中主要包括四个约束性指标。

- 非寿险业务中的自留保险费指标。

$$自留保险费率=本期自留保险费\div（实收资本+公积金）\times 100\%$$

该指标主要监测财产保险公司自留保险费规模，指标值越高，表明保险公司最终抵御风险的能力越低，按照我国《保险法》规定，该指标值应小于 400%。

- 单类资金运用率和单类资金运用变化率指标。

$$单类资金运用率=单类资金运用金额\div 资产总额\times 100\%$$

$$单类资金运用变化率=本期单类资金运用率-上期单类资金运用率$$

该指标主要监测保险公司是否按照规定的保险资金运用项目来运用保险资金，以及各资金运用项目在总资金运用中的比重，使其资金运用风险不致过于集中。

- 最低偿付能力指标。保险公司最低偿付能力是指保险公司实际资产减去实际负债的差额。该指标主要监测保险公司最低偿付能力。
- 固定资产率指标。

固定资产率=固定资产总额÷（实收资本+资本公积）×100%

现行的指标体系中，“固定资产总额”包括“在建工程”项目所占用的资金，该指标主要监测保险公司固定资产占资本金的比重，控制保险公司的实物资本比例。该指标值应小于或等于 50%。

（3）外部监管。自从 1995 年 10 月 1 日实施《保险法》以来，我国的保险监管工作开始逐步走向正轨。但是，由于多方面的原因，我国的保险监管工作与快速发展的保险业相比还有很大的距离。主要表现在：一是监管力量不足；二是基础性工作薄弱；三是法律、法规不健全。这在一定程度上制约了我国保险事业的进一步发展。在努力建立、健全现场检查制度和非现场检查制度的同时，也要充分依靠并运用外部资源，包括注册审计师、注册会计师及各种与保险业相关的专业人才，提高保险监管业务水平。

审计监督是中国保监会实施保险监管的主要内容。从国内外审计的现状来看，按不同的审计主体可以划分为政府审计、内部审计和注册会计师审计。政府审计（也称国家审计），是由国家审计机关代表国家依法对国家经济活动进行的审计。在我国，政府审计主要监督检查政府部门的财政收支及公有制经济体的资金收支、运用状况。内部审计是由各部门、各单位内部设置的审计部门进行的审计工作。内部审计主要监督检查本单位的财务收支和经营管理活动。注册会计师审计（也称独立审计、民间审计）是由经政府有关部门审核批准的注册会计师组成的会计师事务所进行的审计。会计师事务所不附属于任何机构，自收自支、独立核算、自负盈亏、依法纳税，它具有独立的法人资格，在业务上具有较强的独立性、客观性和公正性。

在审计监督体系中，政府审计、内部审计和注册会计师审计既相互联系，又各自独立，各司其职。在保险业的监管过程中，中国保监会的职能部门要充分考虑这三种审计的特点，依靠政府有关部门认可的审计师和注册会计师，保证监管质量。参与保险业审计工作的专业人员，在出具审计意见时，通常包括以下三个方面的内容。

- 合法性。参与保险业审计工作的审计人员应当判明，被审计单位会计报表的编制与其财务会计处理是否遵循了有关会计准则及国家其他有关财务会计法规的规定。
- 公允性。参与保险业审计工作的审计人员应当判明，被审计单位的会计报表是否公允地反映了被审计单位在会计核算期末的财务状况及整个会计核算期间的经营成果和资金变动情况。审计人员的审计意见应当合理地保证会计报表使用者确定已审计的会计报表的可靠程度，从而促使保监会职能部门做出科学的判断或决策。
- 一贯性。参与保险业审计工作的审计人员应当判明，被审计单位会计处理方法是否符合一贯性原则的要求，实质上也就是合理地保证我国保监会职能部门使用的会计报表所反映的信息是否具有可比性。

3. 保险监管的手段

各国对保险市场的管理手段因监管方式的不同而异。监管手段一般包括法律手段、经济手段和行政手段。

（1）法律手段。作为保险监管手段的法律，一般是指有关经济方面的法律和保险法规。保险法规包括保险法律、规定、法令和条例等多种形式。国家通过保险法规对保险公司的开业资本金、管理人员、保险公司经营范围、保险费率、保险条款等重大事项做出明确规定。《公司法》、《票据法》、《海商法》、《保险法》是西方各国的有关保险法规四个主要部分。《保险法》包括《保险公司法》和《保险合同法》两大部分，可以分别制定，也可以合二为一。我国 1995 年 10 月 1 日实施的《保险法》采用合二为一的体例，这是我国保险法律体系的核心部分。

（2）经济手段。经济手段是根据客观经济规律的要求，国家运用财政、税收、信贷等多种经济杠杆，正确处理各种经济关系来管理保险业的方法。用经济手段管理保险市场，客观上要求做到：尊重经济规律，遵守等价交换原则，充分发挥市场、价格、竞争等作用，讲求经济效益。通过调整经营者利益或损失的方法来实现鼓励或抑制其经济活动的目的，如为促进农业保险业务发展，国家采取财政补贴或减免税收等倾斜政策予以扶持。

（3）行政手段。行政手段是发展中国家监管保险的重要手段。行政手段就是依靠国家和政府，以及企业行政领导机构自上而下的行政隶属关系，采用指示、命令、规定等形式强制手段干预保险活动。商品经济并非绝对排斥国家和政府的行政管理，有时还要凭借这些行政力量为保险经济运行创造良好的外部环境和社会条件，及时纠正干扰保险市场正常秩序的不良倾向。但是，过分集中化、行政化管理会阻碍保险业务的拓展和保险经营者的积极性发挥，因此，在行使行政手段时一定要妥善把握好尺度。

4. 保险监管的趋势

（1）保险监管理念将不断提升。我国保险业的发展空间巨大，但保险业能否快速健康发展、能否在经济建设和社会发展中发挥更大的作用，监管理念是关键因素。保险监管机构将紧紧围绕全面建设小康社会的奋斗目标，坚持寓监管于服务之中的指导思想，加强和改善监管，把监管职能继续转移到主要为市场主体服务和创造良好发展环境方面，始终将加快发展作为首要任务，充分发挥保险功能，更好地服务经济建设和社会发展全局。

（2）保险宏观调控将逐渐加强。宏观调控是国家综合运用经济、法律和行政等手段，对国民经济运行过程进行全面监控和调节。保险业进行宏观调控，就是按照保险业初级阶段的特点和状况，运用行政、经济、法规和政策指导等手段对保险市场运行、保险机构经营和风险状况等进行监控和调节，对保险业发展趋势进行有效分析和科学把握，实现保险业持续健康发展、市场公平竞争、公司偿付能力充足和保护被保险人利益等调控目标。当前，随着市场取向改革的大力推进和《行政许可法》的颁布，建立宏观监管调控体系、加强保险市场宏观调控是监管机构面临的一项新课题。

（3）保险监管法规将逐步健全。在《保险法》修订实施后，原来适用的许多法规、条例都必须进行相应的调整或修正。在完善监管法规的基础上，坚持依法监管十分重要。我国逐步建立的市场经济的实质是法制经济，对于保险监管而言，就是要根据市场取向原则依法监管、依法行政。随着由法律、行政法规、规章和规范性文件等组成的保险监管法规体系逐步建立和健全，监管机构将进一步加大普法力度，提高执法水平，坚持依法监管。

（4）市场行为监管将继续强化。在我国保险业处于初级阶段的发展时期，加强市场行为监管，整顿和规范保险市场秩序是重要工作之一，保险监管机构将亟须重点加强以下几方面的监管：一是严肃查处寿险新型产品的误导行为，强化保险机构对代理人的管理责任，更好地保护被保险人的利益；二是进一步整顿车险市场秩序，坚决制止借车险改革之机扰乱市场秩序和侵害被保险人利益的行为，维护市场正常的竞争秩序；三是加大保险中介机构违规行为的查处力度，建立相应的市场退出机制，通过市场竞争和优胜劣汰，优化中介市场结构，形成一批信誉好、实力强和经营规范的保险中介机构；四是加快保险业信用体系建设，逐步建立健全保险信息披露制度、保险信用评级制度和保险失信惩戒制度。

抓好上述各项监管工作的关键是加强对法人机构的监管。保险市场上的各种违法违规行为，表面看在分支机构和代理人，其根源还是出自总公司，加大对法人机构的监管力度可以起到事半功倍的效果，具体包括：一是深化公司体制改革，完善法人治理结构，促使法人加强对分支机构的管理；二是加大对法人机构的检查力度，开展治理结构、内控制度等项检查，防范和化解系统风险；三是建立违法违规行为定期通报制度，实行分类和差异化监管，跟踪、关注重点公司的市场行为。

（5）偿付能力监管将持续推进。偿付能力涉及保险公司业务运作的各个环节，不仅依赖于产品定价、准备金提取、再保险安排和投资收益等内在因素，还受宏观经济环境、市场利率、资本市场等外部因素的影响。我国保险业的偿付能力监管制度建设已经取得积极进展，今后将进一步补充、完善和落实。2003 年 3 月颁布的《保险公司偿付能力额度及监管指标体系管理规定》为偿付能力监管打下了良好的基础，中国人民保险有限公司、中国人寿股份有限公司、中国平安保险（集团）股份公司相继在海外、境外成功上市，有效地缓解了我国保险行业偿付能力不足的问题。下一阶段将从以下几方面进一步完善和落实：一是抓紧制定监管会计准则；二是出台《非寿险责任准备金提取办法》，统一非寿险业务准备金的计提标准和计提方法；三是健全保险保障基金制度；四是加强保险资金运用监管，建立投资决策、投资交易和资金托管相分离的防火墙制度；五是加强与有关部门的合作，防范系统风险。

（6）新的监管课题将不断涌现。随着经济全球化、金融创新的发展，金融融合趋势日益明显。近来，我国在陆续出现了一批保险集团公司，如中国人保控股、中国人寿（集团）、中国再保险（集团）、中国保险（控股）、中国太平洋保险（集团）、中国平安保险（集团）。如何加强对保险集团公司的监管成为今后的监管新课题。

保险公司股份制改革和上市是近年来做大做强保险业的重大举措，其根本目的在于转换经营机制、提高竞争能力，真正建立资本充足、内控严密、运营安全、服务效益良好的现代保险企业。保险公司上市后与资本市场联系更为紧密，对金融改革进程的推进有着重要影响。今后还有一些保险公司将陆续上市，这对保险监管工作提出了新的要求和挑战。

促进保险公司的公司治理结构将日益成为今后监管及保险业关注的重点。尽管在技术层面上风险管理的技术已取得很大的发展，近年来国内外大型公司，尤其是金融类企业失败的案例都显示出一个值得关注的共同特征，即如果一个公司在所有人、所有人代表机构与经理人之间没有一个可约束的、清晰的、权力平衡的治理监督结构，风险控制可能在最重要的环节上遭到有意或无意的破坏。这方面的例子既包括大股东通过直接控制公司运营的某一方面，操纵、掠夺公司资源，也包括在没有有效权力制衡、监督情况下产生的经理人玩忽职守，造成公司重大损失的案例。因此，深入探讨有效的公司治理结构，并做出相应要求，采取适当监管措施，将是保险监管的重要任务。

思考与练习

1. 单项选择

（1）中国保险监督管理委员会是我国的保险监督机构，它成立于（　　）。

A．1996 年　　B．1997 年　　C．1998 年　　D．1999 年

（2）以下（　　）是我国《保险法》规定的保险公司应当采取的组织形式。

A．相互保险公司　　B．股份有限公司

C．有限责任公司　　D．保险合作社

（3）保险公司的偿付能力大小以偿付能力额度表示，偿付能力额度等于（　　）。

A．资产减负债　　B．资本减负债

C．认可资产减认可负债　　D．认可资本减认可负债

（4）根据保监会 2003 年的《保险公司偿付能力额度及监管指标管理规定》，保险公司偿付能力充足率（%）为（　　）。

A．实际偿付能力额度/最低偿付能力　　B．实际偿付能力额度/总资本额

C．最低偿付能力额度/总资本额　　D．实际偿付能力额度/实际认可资产

（5）国际公司惯于将（　　）业务称为第三领域。

A．财产保险　　B．人寿保险　　C．意外险和健康险　　D．人身保险

2. 多项选择

（1）各国曾采用的三种主要保险监管方式是（　　）。

A．公告方式　　B．规范方式　　C．实体方式

D．公示方式　　E．告示方式

（2）保险监督的目标在于（　　）。

A．保证保险人有足够的偿付能力　　B．规范保险市场，维护保险业公平竞争

C．防止保险欺诈　　D．弥补自行管理的不足

E．优化保险资源的配置

（3）根据我国《保险法》及有关管理规定，我国保险代理人可以划分为（　　）。

A．保险专业代理人　　B．保险兼业代理人

C．保险混业代理人　　D．保险团体代理人

E．保险个人代理人

（4）绝大部分国家允许第三领域兼营的原因是第三领域与第二领域（　　）。

A．性质相同　　B．费率厘定依据相同

C．损失频率相同　　D．损失程度相同

E．经营技术相同

（5）按照我国《保险代理机构管理规定》，设立股份有限公司形式的保险代理机构，需要满足的基本条件有（　　）。

A．有 5 个以上符合法律规定的发起人

B．有符合法律规定的公司章程

C．公司实收资本不得低于人民币 1 000 万元

D．持有《资格证书》的保险代理人从业人员不得低于员工总数的 1/2

E．具有符合任职资格的高级管理人员

3. 简答题

（1）保险经营风险防范的意义是什么？

（2）保险公司内部控制的主要内容有哪些？

（3）保险公司内部控制的三种方式是什么？

（4）简述保险监管的目标。

（5）保险监管的趋势有哪些？

阅读材料

保险法说她该得 27 万保险金　刑法说她该坐 10 年大牢

一起案情并不复杂的骗保案，何以历时两年仍悬而未决？何以惹得省市县 7 个公检法机关纠缠其中，并要最高法院亲自释法化解？“帅英骗保案”的背后，不仅是保险市场上可能产生

的连锁反应，也不仅是民法与刑法的法律冲突，更重要的或许是法律理念上的激烈碰撞，普通人及至法律界对保险法认识的缺失。

帅英原本只是一名普普通通的会计，在四川省达州市渠县有庆镇财政所工作，但经过一起曲折的“骗保案”后，她出名了。

她曾两度被关进看守所，第一次 85 天，第二次 143 天。她告诉本报记者，她几年前为母亲投的人寿保险，恰好撞进保险法和刑法交叉的盲区。

2003 年领到中国人寿保险公司渠县分公司理赔的 27 万元后，她和丈夫将其中一部分用于装修新家和购买家具。岂料数月之后，2003 年 7 月 24 日，帅英被警察从新家带走了。

警察说她修改母亲年龄，保险理赔获得的钱不是合法收入。帅英丈夫廖顺洪连忙四处筹钱，想着退了钱妻子就能回家了。然而当他把钱送到派出所时，警察出示了逮捕证——如果保险诈骗罪名成立的话，27 万元的诈骗金额可让帅英坐牢 10 年以上。

修改年龄投保

这场突如其来的祸端在 7 年前已经生根。一切皆来源于两份“康宁终身保险”(下称康宁险)。

康宁险的合同约定，“凡 70 周岁以下，身体健康者均可作为被保险人”。被保险人身故后，保险公司将赔付基本保额 3 倍的保险金。据达州分公司理赔中心杨晓辉经理称，康宁险在全国很受欢迎。

1998 年、2000 年帅英两次为母亲投保。其实，1998 年时帅英母亲已有 77 岁高龄。

事发后帅英向法庭申辩，母亲在乡政府的集体户口由于其他私人原因，在投保前已经修改过，她在第一次投保时曾经问过保险业务员，业务员说按户口情况填就可以；第二次投保时她照样问过，业务员让她照第一份保单的内容填。

母亲的实际年龄可能是帅英和保险业务员一个心照不宣的秘密。当 2001 年帅英母亲过八十大寿时，镇代办所一名保险业务员还前来贺寿吃酒。

2003 年帅英母亲身故后，渠县分公司进行理赔调查，帅英再次修改母亲入党申请书上的年龄。帅英说，年龄是她和一名保险业务员商量后改的。当时的业务员，其中一名已经不在当地工作，另一名称“这个情况我不清楚”。

后来一名法官说，保险公司这样审查是不负责任的，乡政府的集体户口、入党申请书等“查了都不能代表他们查了”，只有公安机关的户籍登记才能作为法定证据。

帅英获得的 27 万元保险金是当时达州市最高的一笔人寿赔付金额。渠县分公司专门在镇里召开现场会，市、县分公司领导及一名副县长亲自到场。保险公司希望现场会的示范效应能够引来更多的保单。

但现场会不久，四川省分公司收到了十多个具名举报，称帅英母亲年龄有假。达州市分公司接到省分公司转来的举报信后立即报案，公安局仅立案侦查一天便宣告破案。

渠县检察院不起诉

在看守所里，帅英并没有意识到问题的严重性。她在日记中写道："我不想把保险业务员的误导及欺骗说出来（因大家是朋友），同时，市公司经理也向我说明了他们不想让我刑拘，因而我一人揽了责任。"

帅英两次修改母亲年龄的事实确凿，但她是否就是保险诈骗罪犯却难下结论，在渠县检察院及之后进行的一审、二审都演变成为一场法律辩论，帅英的命运维系在法官对法律的认识上。

刑法这样定义保险诈骗罪：投保人故意虚构保险标的，骗取保险金。邹宏律师代理此案后，向渠县检察院递交了一份关于帅英的行为不构成保险诈骗罪、请求变更强制措施的紧急报告。他试图说服检察官接受这样的观点：一是康宁险的保险标的指的是人的寿命和身体，也就是人的生存状况和健康状况，此案中的标的是帅英母亲的生或死，并非她的年龄，因此帅英没有虚构标的，不适用刑法；二是《保险法》对帅英这种情况已经明确规定，保险公司如在两年内不解除合同的话，合同将受法律保护。

后者指的是保险法第五十四条。"这五十四条是保险法中非常重要的一个条款，它规定了一个两年的除斥期，在两年内如果保险公司查出问题，可以在扣除手续费后解除合同。满两年后，保险公司就不能以投保人在订立合同时不诚实而解除合同，这个合同就是有效的。"邹宏说。

渠县检察院随后做出了一个"需要勇气"的决定：不起诉。

"我们内部有争议，但主流意见还是觉得帅英不构成犯罪。"渠县检察院公诉科科长聂定说，"这个案子影响很大，因为帅英这种情况在达州很多。1998 年保险业务刚刚起步的时候，业务员发保单像发传单一样，不见被保险人也不审查。"如果从这个角度解读，渠县检察院的不起诉决定书恰恰在"起诉"保险业务员的不负责任。

一审宣判无罪

在渠县检察院做出不起诉决定之后，公安局马上做出反应：要求复议此案。负责侦查此案的警察曾跟律师邹宏讲："司法太腐败了，帅英这么重的罪还被说成无罪。"

市检察院复议后觉得渠县检察院的法律适用有问题，担忧这样的骗保案子如果不遏制的话，后果不堪设想。于是，市检察院指定另一个检察院——大竹县检察院起诉。

据悉，市检察院给了大竹县检察院一个"优惠"政策：如果帅英今后被宣告无罪，将不按"错案追究制"追究检察院和检察官责任。有业内人士把市检察院的这个"松绑"政策解读为大竹县检察院不愿意接受此案，因为二者的法律观点有冲突。

2004 年 3 月，已经开始正常生活的帅英再次被刑拘。

法律辩论再度展开。大竹县法院开庭审理时，达州市公安局两名办案警察和中国人寿保险公司达州市分公司杨晓辉经理特地驱车 70 多公里前往旁听，许多与帅英情况近似的投保人也悄悄赶到法庭。大竹县检察院出庭公诉的是副检察长和公诉科正、副科长。邹宏律师称，公诉人规格之高"实属罕见"。

大竹县检察院认为，帅英的行为具有严重的社会危害性，这种危害性已经不能用《保险法》这样的民法来遏制，必须使用《刑法》来调整。虽然帅英后一次篡改年龄是在两年的除斥期之外，但这两次篡改年龄具有连续性，犯罪行为在她拿到钱时才形成。大竹县检察院认为帅英的行为属故意诈骗，是保险法第五十四条的例外。

同时，年龄与人的寿命或身体不能单独分开，也就是说，年龄是康宁险的标的。

但大竹县法院没有支持检察院的观点，宣告帅英无罪，理由是投保距离案发超过两年，帅英的投保行为已经产生法律效力，应当受到法律保护。

一直争到最高法院

大竹县法院宣判帅英无罪之后，大竹县检察院提起抗诉，市检察院支持再度公诉。有检察官称，大竹县检察院抗诉是依照检察系统的一个惯例，凡是涉嫌重大刑事犯罪的，如果法院宣判无罪，检察院一般都会抗诉，让高一级法院进行审理。有法官诟病这实际上是检察系统的“错案追究制”在制造麻烦。

虽然邹宏拼命为帅英辩护，但他也没有必胜的把握，特别是检察院提起公诉之后。邹宏的家庭也卷入到这场辩论中，以致一个冬天晚上夫妻俩辩论到深夜 12 时睡觉之后，还两次叫醒对方起床再辩。

鉴于案件争议极大，帅英没有被三度刑拘。达州市中院开庭审理时，中国人寿保险公司达州市分公司有 50 多名员工到场旁听，用杨晓辉经理的话说：“这也是一个教训。”

达州市中院形成了两派意见，一称适用《保险法》，另一种则称适用《刑法》。两派争执不下，此案随后报给四川省高级人民法院。

据悉，省高院同样出现两种观点，此案又被上呈最高人民法院。据多名业内人士忖度，最高法院可能正咨询相关部门，了解保险法第五十四条的立法本意。

不过，有检察官觉得这场法律之争是不必要的，“保险法第五十四条本身已经承认有虚构年龄的情况，并且给了保险公司两年的审查期限，双方的民事责任规定得很清楚。两年内查不出问题合同就有效，帅英的 27 万元是合法收入。所以，虽然帅英有修改年龄的行为，但她获得的不是非法收入，《刑法》保护的正是公民的合法收入。这才是案件的关键地方。”

“这个案件意义就在于，当民事法律已经有明确规定的情况下，还需不需要刑事法律来调整。”这位检察官称，在民法和刑法之间还有很多类似交叉的条款。比如《民法》上的“不当得利”和《刑法》上的“侵占罪”行为上基本一致，两者的界限在于非法收入 2 000 元以下或以上，“当民事法律有明确规定之后，如果刑事法律再介入就是对民事法律的干预了。”

有罪无罪影响巨大

“保险合同讲究诚信原则，我们不是公安部门，只能靠客户提供资料，我们也没想到投保人会篡改年龄。”杨晓辉经理说。同时她表示，对于此案的理赔调查，保险公司已经尽了责任。但后来中国人寿保险公司从北京给本报记者打来电话，称杨晓辉接受采访未经总部同意，她的陈述是不负责任的。

2003 年帅英被抓在当地引起轰动。帅英单位里就有两名同事修改年龄参保。律师邹宏说："一名业务员在我的证词里讲到，在保险业务刚刚打开时，我们巴不得有人投保，谁还理他的年龄？如果我们不拉，别人就拉走了。"

调查发现，许多人以同样的手段投了同样的险种，他们从帅英身上看到了问题严重性。据镇上一个居民称，帅英被抓之后，镇里掀起了一股退保高潮。另一个居民称渠县分公司经理告诉他，帅英案发后保险公司的损失已经上百万元了。

达州市分公司否认这种说法。不过很多检察官、法官、居民都不约而同地阐述一个事实：帅英这种情况不在少数。一名市民甚至认为帅英被抓只是她"运气不好"，"我父母都是保同样的险，改小年龄 20 多岁，保险金比帅英的还多。"

帅英的两名同事在事发后均到渠县分公司退保。有一部分人则选择恢复真实年龄，补齐少缴的费用。渠县保险市场上这些小震动凸现了帅英一案的影响力。

杨晓辉经理认为帅英有罪，哪怕是给她最轻的刑罚，"宣判无罪会引起连锁反应。员工都说大家以后都可以改年龄了。"

目前帅英正在家里等待最后的判决。她说自己对判决结果已经麻木了。

第 10 章

保险经营环节与原理

本章重点

- 掌握保险经营的特征与原则；
- 理解保险的产品开发；
- 熟悉保险的市场营销；
- 理解保险的资金运用。

10.1 保险经营的特征与原则

10.1.1 保险经营的特征

虽然保险企业正在由单纯的保险产品提供者向综合性的金融产品服务提供商转变，但经营风险管理业务，为企业、家庭与个人提供经济保障，仍是保险企业的核心业务。在核心业务方面，保险经营的特征有以下几点。

1．保险经营是提供经济保障服务

不断创新服务，改进服务过程质量，通过服务创造客户价值，是保险企业保持竞争优势的源泉。在经营含有保障成分的产品方面，保险企业不能离开客户购买保险产品的根本目标——在发生保险事故时，迅速获得理赔服务。

2．保险经营资产具有负债性

保险经营的资产中，自有资本所占的比重很小，绝大部分来自于投保人按照保险合同向保险企业缴纳的保险费、保险储金，以及保险企业从保险费中所提取的各项准备金。保险企业经营资产的很大一部分实质上是其对被保险人未来赔偿或给付的负债。

3．保险经营成本具有不确定性

首先，保险费率是根据过去的统计资料计算出来的，与未来的情况有偏差；其次，保险事故的发生具有偶然性；最后，就每一保单而言，在保险期限内，保险事故发生得越早，成本越

大。如果保险事故在保险期限内未发生或保险合同期满，就基本上不存在保险成本。

4．保险经营利润具有特殊性

保险企业经营的利润在以当年收入减去当年支出的基础上，还要调整年度的业务准备金，调整数额的大小直接影响企业的利润。从直观的角度看，寿险企业的利润基本上来自于利差益、死差益与费差益。

5．保险投资是保险经营的基石

由于保险经营中的保险费的收缴与赔偿或给付存在时间与数量上的不对称，从而形成一笔闲置资金，构成投资的资金来源。现代保险业由于承保利润很低，甚至发生连续的承保亏损，为了保证赔偿或给付，并形成与增加经营利润，必须运用好闲置资金，并要追求比较好的投资业绩。而优秀的投资业绩有利于推行更低的费率，扩大承保业务，增强企业的竞争能力，使保险经营呈现良性发展态势。

6．保险经营具有分散性和广泛性

保险企业承保的风险范围广，经营险种多，囊括社会生产和生活的各个领域，影响面广泛。

10.1.2　保险经营的原则

保险经营活动既有商品经营的一般共性，也有别于其他行业的经营特性。因此，保险经营除贯彻一般商品经营原则，如经济核算原则、随行就市原则、薄利多销原则等，还应遵循一些特殊的经营原则，包括风险大量原则、风险选择原则和风险分散原则。

1．风险大量原则

风险大量原则是在可保风险的范围内，保险人根据自己的承保能力，努力承保大量的具有同类性质与同类价值的风险与标的。这是保险经营的基本原则。

遵循这一原则的原因如下：

（1）大数法则的要求，稳定经营的需要。保险经营是以大数法则为基础的，需要有一个最低保险标的数量，这样才能使实际保险责任事故的发生频率更接近于损失期望值，从而保证保险经营的稳定。

（2）降低保险成本、增强保险人承保能力的需要。承保的保险标的越多，可使保险人经营收入增加，经营费用相对较为节约，从而能降低保险成本，增强承保能力。

2．风险选择原则

风险选择原则是指保险人对投保人所投保的风险种类、风险程度和保险金额等应有充分和准确的认识与评估，并根据判断做出选择。这是因为：为了保险经营的稳定性，不仅必须有大量的保险标的，而且应尽量使保险标的的风险性质相同，或在风险程度有差异的情况下体现费率公平，这样才能充分发挥大数法则的作用，使风险平均分散。

风险选择分为两种形式。

（1）事先选择。事先选择是在承保前考虑决定是否承保，包括对人和物的选择。对人的选择，是对投保人或被保险人的评价和选择；对物的选择，是对保险标的物的评价和选择。事先选择考查被保险人或保险标的是否符合可保风险的条件与范围，从而决定是承保、有条件的承保还是拒保，以保证对承保风险的有效控制。有条件的承保，是针对那些存在明显较大风险的保险标的，保险人可以承保，但必须与投保人协商，调整保险条件，附加限制性条款，如提高保险费率、提高免赔额、附加特殊的风险责任、有条件的赔偿等。

（2）事后选择。事后选择是在承保后若发现保险标的有较大的风险存在，而对合同做出淘汰性选择。保险合同的淘汰通常有两种方式：一种是等待保险合同期满后不再续保；另一种是保险人若发现有明显误告或欺诈行为，保险人可中途终止承保。

需要注意的是：保险人在风险选择时应防范逆选择。所谓逆选择，是指投保人选择对自己有利而对保险人不利的保险险种，如在人身保险方面，体弱或年老的人选择死亡保险，体格强壮的人选择生存保险。

3．风险分散原则

风险分散原则是保险人为了保证经营稳定性，应使风险分散的范围尽可能扩大。如果保险人承保的风险过于集中，一旦发生保险事故，就可能产生责任累积，使保险人无力承担保险责任。

风险分散分为宏观与微观两个层面。宏观层面风险分散包括三方面内容：风险按地理范围分散，最理想的是在全球范围内分散；多种经营补偿，保险公司不能只经营一种保险业务，而要经营多样化的业务，从而可以利用不同险种的风险组合来达到部分抵消；跨时间的风险分散，即通过时间来减少公司利润的波动。微观层面上风险分散包括承保前分散和承保后分散两种方式：承保前实行风险分散，主要体现在承保时要合理划分危险单位，并使每个危险单位尽可能独立；承保后风险分散，主要采取共同保险和再保险的方法。共同保险特别适用于保障大工业风险，对于中小型风险不合适，因为营业费用太高。再保险无疑是在时间、空间和通过保险金额的同类性获得风险补偿的理想办法，保险人将超过其财务力量和影响其业务量平衡的任何风险的一部分分散出去，可以使其灵活经营，同时又能向客户提供优质服务。

10.2 保险的产品开发

10.2.1 保险产品开发的基本内容

保险产品是针对社会满足保险客户风险转嫁需求的风险保障项目。它一般以保险单为基本单位，以保险条款为基本内容，如家庭财产保险、企业财产保险、人寿保险、汽车保险、核电站保险等都是保险产品。保险的产品开发，是指保险公司根据保险目标市场的需求，在市场调查的基础上，组织设计保险新产品及改造保险旧产品等活动的过程。它是实现保险公司经营目标的重要手段，是保险经营的起点。

只有保险公司拥有了可供选择的多样化产品，才能吸引客户并最大限度地满足保险客户的需求；只有保险公司开发出新的保险产品，保险经营的其他活动，如保险营销、保险承保、防灾防损及保险理赔才能围绕着保险产品进行。各国保险公司大多注重保险产品的开发。因此，保险产品的开发对于保险公司的市场开拓，以及保险经营目标的实现具有十分重要的意义。

1．保险产品开发的意义

（1）保险产品开发是保险公司其他经营活动的基础。保险产品设计对于保险经营具有重要意义，它是保险经营的起点。保险是经营风险的，但并非所有风险保险公司都可以经营，这主要受赢利目的的限制。在有利可图的前提下，对何种标的提供经济保障，承保什么风险，不承保什么危险，承保多大程度的风险，保险费率如何测算与制定，如何规定保险期限等有关保险的重要内容都有赖于保险的产品开发。因此，保险产品开发是保险展业、承保等其他经营活动的前提条件。

（2）保险产品开发是增强保险公司竞争实力的后盾。在保险市场上，保险的供给者通常不是唯一的而是多数并存，在这种条件下，竞争是保险经营者不可避免的经营环境。为了在竞争中获得有利的地位，保险经营者就要面对需求市场，千方百计地研究人们的需求动向，从而开发设计保险产品，以新取胜便成为重要的竞争策略。保险需求由于受各种客观因素的影响，变化往往呈多变性、快速性，其变化的程度和特性决定着险种的兴衰，关系着保险经营者在竞争中的成败。如果保险产品衰退，则表明该产品已不适应需求的变化，已不能满足保险需求，倘若不重新加以设计，该保险产品将失去保险市场，保险经营者将处于劣势；反之，如果保险经营者能根据保险需求的变化，不断进行保险产品开发，投放出适应需求的保险商品，保险经营者就可把握保险市场，从而在竞争中居于优势。可见，保险产品开发是保险经营者在竞争环境中，求生存谋发展的重要战略和手段。

（3）保险产品开发是推动保险公司技术进步的动力。保险新产品的开发往往需要涉及经济学、大数定律、概率论、保险法律及灾害学、心理学等多方面的知识，具有很强的技术性。要开发高水平、有吸引力的险种，必须有较高水平的人才和技术手段。所以，重视险种开发有利于促进保险公司技术管理水平的提高。

2．保险产品开发的原则

保险公司产品开发的目的，既是为了满足保险客户对风险保障的需要，又是巩固、拓展业务，提高经济效益及对外竞争能力的需要。因此，在产品开发过程中，保险公司一般要遵循下列原则。

（1）市场需求原则。由于受消费水平、价值观念及投保动机等多种因素的影响，客户对保险的需求呈现出多层次性和多类别性。尽最大可能满足不同客户对风险保障的不同需求是险种开发的基础。保险公司在进行险种开发时，应将客户需求放在首位，既要注重客户的现实需求，又要注重客户的潜在需求；既要考虑客户的近期需求，又要考虑客户的长远需求。新的保险产品终究要接受市场的检验。如果市场上对它没有需求或需求甚少，这种产品开发很可能得不偿失。因此，保险产品的开发应将满足顾客需求放在首位。由于保险消费者在经济收入、职业、文化水平等方面的差异及经济、社会环境的变化，社会上对保险需求呈现多样性和多变性，所以需要保险公司全面准确地分析市场需求状况及其背后的影响因素，既要注重顾客的近期需求，又要考虑长远需求。

（2）费率科学原则。科学合理地确定保险产品的价格——保险费率，是产品开发的重要内容。保险公司所能承保的只能是那些可以价值化、数量化的风险保障需求，纯费率部分要与损失概率或给付水准相一致，附加费率要与险种经营费用率相一致，并力求所开发的产品有适当的利率。在美国，保险费率的高低是保险监管注重的重要事项，1980 年保险客户的人寿保险费支付甚至引起了各州及联邦政府的重视。可见，在公平的保险市场上，科学地计算费率确实是保险公司进行保险产品开发的一项重要原则。保险公司在进行产品开发时，必须通盘考虑客户需求、支付能力和保险公司的管理水平、承受能力。如果保险公司只注重客户的需求而忽略自身的实际情况，就会出现超负荷现象，即业务量大于保险公司的管理与承受能力，最终会使业务经营陷入危机；反之，如果保险公司不注重客户的需求，亦会使客户产生不满足感，影响业务与市场的拓展。

（3）可保利益原则。为了避免保险业务经营中的道德危险，各国保险公司在产品开发中都重视可保利益原则，即重视投保客户对投保标的具有合法的经济利害关系。坚持这一原则，实际上是坚持保险公司经营内容和法律原则的一致性，故而不仅在产品开发时要作为衡量投保人资格的条件，而且也是贯穿保险经营全过程的一项原则。

（4）满足竞争原则。新产品进入市场后，既要接受消费者的挑选，也会面临同类产品的竞争。因此，保险产品开发时，必须考虑待开发产品市场的竞争格局、竞争者的产品特点及其竞争战略和策略、竞争者的优势与劣势等，然后设计、开发出与竞争者有所不同的产品，使其更具竞争性。

（5）经营效益原则。保险产品开发的目的应该是促进产品和企业的竞争力的提高，并为企业带来一定的利润。因此，开发过程中，应在选择有前景的市场基础上，设计好产品的功能、保险条款和产品形象，科学计算费率。然后，借助于适当的促销活动，提高市场对该产品的关注度和购买率，实现产品效益性。

（6）国际接轨原则。随着保险市场的逐步开放，保险竞争日益全球化，保险产品的开发可以参照国外的先进技术和通常做法，在产品功能、风险范围、理赔、服务规范，以及一些国际性通用条款（如寿险中的不可争条款等）方面，尽可能要与国际市场接轨。

（7）合法合规原则。保险产品比较特殊，它是以合同形式体现的。世界各国对保险产品都有一定的法律规范。我国《保险法》第一百零七条规定，关系社会公众利益的保险险种、依法实行强制保险的险种和新开发的人寿保险险种的保险条款和保险费率，应当报保险监督管理机构审批。其他保险险种的保险条款和保险费率，应当报保险监督管理机构备案。在“依法治国”观念日益深入人心的今天，保险产品的开发设计一定要遵循合法合规性原则。保险条款的设计不仅措辞要准确合法，而且不能与现存的相关法律、法规相冲突。例如，责任保险的保险标的是依法产生的经济赔偿责任，因此，责任保险条款就不能与相关的法律赔偿责任相抵触。

10.2.2　保险产品开发的主要策略

保险产品开发的策略指保险产品开发的方法和途径，它集中地体现着保险公司的业务经营战略，是保险公司经营策略的重要构成部分。产品开发的目的在于选准公司的业务经营方向和战略，争取有利的竞争地位和较大的市场份额。各保险公司在产品开发时可以根据保险市场的具体情况和公司的现实条件采用不同的技术策略、组合策略、组织策略、时机策略。

1．保险产品开发的技术策略

（1）创新策略。指根据市场需求特点及趋势，设计开发出全新保险产品。例如，著名的英国劳合社在保险产品开发上曾经多次首开先河：开发过世界上第一张汽车保险单、第一张飞机保险单、第一张海洋石油保险单、第一张卫星保险单等无数个新险种，从而也奠定了其在世界保险业中 300 年来的特殊地位。但是因创新型产品属于首创，保险公司要承担较大的风险。产品技术创新需要企业具有雄厚的技术实力、管理实力和营销实力，一般的小保险公司难以为之。

（2）改进策略。指对现存保险公司的险种进行技术改进，保持其长处，克服其缺陷，以便对保险客户更具吸引力。该策略的运用可节省公司的人力、物力，所以许多保险公司采用这一策略来竞争保险业务，但它也存在着险种面孔老并易被其他公司仿效的缺陷。对于小保险公司而言，走技术创新之路比较困难，而对现有产品进行适当改进，应该是一条捷径。如在传统的人寿保险产品基础上推出的变额人寿保险、可调整的人寿保险、万能人寿保险和变额万能人寿保险等产品。改进可以是功能上的完善，也可以是保险费率、缴费方式、服务形式等方面的进步。

（3）引进策略。指直接从其他保险公司那里原样引进险种。这种策略因有具体参照物，又不费财力、人力，风险甚小，虽然在运作中具有滞后性，但亦为许多保险公司所采用。例如，中国平安保险公司参照日本一家保险公司率先开办了“癌症保险”，结合中国的实际情况，推出了保障癌症风险的“平安康乐”保险：被保险人于保单生效后一年内如因疾病（包括癌症）身故或全残，保险公司将按保险金额 20%给付身故或全残保险金，并返还所有已缴保险费（不计利息）；被保险人经医院确诊于保单生效一年后初次患癌症，并以此为直接目的施行手术，每次手术时，公司按保险金额 20%给付“癌症手术医疗保险金”，在保单有效期内最多给付次数不超过三次；此外，还以合理的实际住院天数为准，每日按保额的千分之一给付“癌症住院医疗津贴”等。

（4）更新策略。指对公司过去开发过的老险种进行改进，使之符合保险客户的现实需求。如在我国香港特别行政区、日本等地的寿险市场上，寿险保单就被寿险公司不断翻新。一些保险公司纷纷在原有寿险保单的基础上推出分红保单、保值保单等多种保险单，以确保保险客户的投保信心，分担保险客户投保过程中十分担心的通货膨胀风险。

2. 保险产品开发的组合策略

在对现有保险产品进行横向、纵向或交叉组合的基础上，可开发出适合市场需求的保险新产品。

（1）财产险之间的组合。对现有财产保险产品进行合理重组，如汽车保险与汽车第三者责任保险组合在一起销售，家庭财产保险附加盗窃险。

（2）人身险之间的组合。对人身险所属的各种产品进行合理重组，如养老金保险为主险，大病保险为附加险的组合。

（3）财产险与人身险相组合。对这两个大类所含小类进行合理组合，如财产险系列中附加人身意外伤害险。

3. 保险产品开发的组织策略

在开发产品的过程中，如何组织人力、财力、物力和技术，保险公司需要根据实际情况采取不同的组织策略。

（1）自主开发险种。保险公司通过自己的市场调查部门、产品设计部门及专门人员来开发保险产品。它一般为实力雄厚的大保险公司所采用。

（2）联合开发险种。联合开发险种是指保险公司通过与其他保险公司、代理人、经纪人或有关社会机构的合作，共同设计推出新险种。例如，直接聘请有关社会机构的专家（保险的、法律的、制造工艺的专家等）介入险种开发，让他们参与险种设计，就可以少走弯路，并提高险种的质量。依靠代理人或经纪人的调查和意见开发新险种。对一些涉及面较大的巨额风险，多个保险公司联合攻关、共同承保。这些均是各国保险公司惯常采用的险种开发组织策略。保险产品的开发过程需要有效地组织和协调。

4. 保险产品开发的时机策略

险种开发出来后，找准适当的时机进入市场也是很重要的。在保险经营实践中，并非各种险种都是率先投入市场就好，反之就不好。例如，在 20 世纪 80 年代末，某公司开发长效还本家财险并率先投入市场，当时因通货膨胀率很高，市民投保踊跃。但保险公司却因随后银行利率的下降而亏损，因为该险种收取的是保险储金，保险费是储金所生利息，投保当年的年利率曾达到 11%，后来却逐步降到 7%以下，因此，保险公司在通货膨胀率高的时期开发类似性质的险种显然可以以此为借鉴。保险竞争需要抓住时机，时不我待，但何时开发新产品，是要仔细研究的，主要有抢先、跟随和拖后三种策略。

（1）抢先策略。指争取在保险市场上最先推出某种新产品。因为市场上有需求，又无竞争者，所以抢先推出新产品可能为企业带来可观利润，可最先占领某类保险市场、提高公司的形象和信誉，但正因为抢先一步，无先例可借鉴，也面临着一定的风险。竞争中处于市场领先地位的企业通常采用这一策略。

（2）跟随策略。指根据其他保险公司的某一新险种经营情况，摸清市场情况及该险种效益情况后，结合本企业特点，紧跟潮流开发新产品分享该险种市场和效益。同时，当某一险种的效益滑坡，走向衰竭之时迅速撤离市场，避免损失。

（3）拖后策略。先观察其他企业的产品经营绩效，借鉴其经验，吸取其教训，再开发或改进产品。虽然在产品开发时间上落后了，但往往具有后发优势，开发出更新、更有吸引力的险种去吸引保险客户，亦会取得良好的营销效果。

总之，保险公司在观念上应以动态的观点去看待保险产品，因为保险产品存在的意义在于其能够满足保险客户的需求，而保险需求又在不断变化，保险产品也应随之变化。由于保险需求具有多层次性，保险产品的保障内容也应该具有多层次性。保险产品开发必须为保险营销、保险承保、防灾防损及保险理赔等打好基础，为其他保险经营环节的顺利开展做好准备。

10.2.3　保险产品开发的通常程序

尽管各国保险公司甚至各个保险公司的保险产品开发均有自己的特色，但就其通常程序而言，主要包括下列六个步骤。

1．保险市场调查

保险公司必须先进行市场调查，了解保险客户对新的风险保障的需求及其市场潜力，调查公司原有的经营状况，从中寻找保险产品开发的方向和设计点。对了解到的市场上所关心的、期望的甚至急需的风险防范事项进行研究，从而为开发能够唤起消费者需求的保险产品提供思路。例如，随着我国人口老龄化的来临，老年人的保险需求量将大大增长，由此我们可以进一步调查分析，需要的规模有多大等。

2．可行性分析

可行性分析即新产品的开发要与保险企业的精算技术、营销实力、管理水平相适应，并且通过对新产品的预计销售额、成本和利润等因素的分析，判定产品是否符合企业目标、营销战略，以及是否能够有利可图。保险公司要根据自己的业务经营范围，在市场调查的基础上对险种开发进行可行性分析，选择险种开发的重点，初步构思主要考虑开发什么保险业务，其内容一般包括险种名称、业务性质、主攻方向及其与公司现有业务的联系等。例如，从长远看，我国年金保险产品大有前途，但并不是每一家公司都能够开发和经营的，因为它涉及科学的精算技术和保险投资战略和技巧等。

3. 保险产品设计

保险产品包括核心产品、有形产品和附加产品三个层次，这样保险产品设计就包括这三个层次的设计。

（1）核心产品设计。核心产品即保险产品的基本功能或者说为被保险人提供的基本利益。不同的保险产品，基本功能有所不同。这些基本功能又是通过具体保险条款来确定的。由于保险条款是保险险种的主要内容。所以，保险条款的设计便成了险种开发的关键环节。

设计保险条款时要注意的问题如下。

- 明确保险标的的范围。例如，财产保险条款应对保险财产、特约保险财产和不可保财产明确区分，让投保人容易了解。
- 确定保险责任和除外责任。保险责任是确定保险人承担危险的依据，是保险人对所承保的保险事故发生时应承担的损失赔偿责任或保险金给付责任。除外责任是保险合同列明的不属于保险人赔偿范围的责任。确定保险责任和除外责任时，既要考虑保险人承担危险的大小，又要适应市场的需求。
- 确定保险金额和偿付计算方法。保险金额是保险人承担赔偿或给付保险责任的最高限额。在财产保险中，保险金额确定的方法一般是以保险标的的保险价值为依据；人身保险的保险金额确定方法原则上是由投保人与保险人约定而成。保险赔偿和给付是保险人在保险标的遭遇保险事故导致被保险人财产损失或人身伤亡时依法履行的义务，因此，其计算方法一般在条款中明确规定。
- 确定保险期限。保险期限是保险人承担保险责任的时间。保险期限的确定有两种方式：一是定期保险，即规定半年、一年为保险期限；二是航程保险，即以某一事件的自然发生过程为保险期限。无论以何种方式确定，都应在保险条款中明确。
- 确定保险费率及保险费支付办法，保险费是投保人付给保险人使其承担保险责任的代价。保险条款应对保险费率、缴付保险费的方式、缴付保险费的时间和次数明确规定。
- 列明被保险人的义务。被保险人是受保险合同保障，享有保险金请求权的人。在保险条款中应明确被保险人负有的主要义务，如损失通知义务、防止和减少损失义务等。

（2）有形产品设计。有形保险产品设计实际上是保险核心产品的有形展示问题，包括品牌设计、形象设计等。产品形象实际上是企业形象的体现，在设计操作上应与企业宗旨、企业文化、业务特色相吻合，与企业形象相一致。

品牌是企业用来区分与市场上其他企业的同类产品而使用的一个名称、标记、符号、图案或这些因素的组合。它是卖方为买方提供的某一产品的特点、利益和服务的允诺。由于品牌是产品的组成部分之一，创立一个知名品牌有助于产品竞争力的提高。一些享誉全球的品牌如可口可乐、迪士尼、麦当劳、索尼、丰田、柯达等，不仅为其企业带来了丰厚的利润，而且已成为其所属国家商业文化的一部分。保险品牌设计就是要创造出优异的符号价值，它包括品牌名称设计、品牌标志设计。

首先，品牌名称设计要考虑与保险产品的特色相符，如承保对象是 0 ~ 15 岁的少儿保险起名“育英才”、“小福星”；承保对象在 16 ~ 60 岁（男）、16 ~ 55 岁（女），包括意外伤残给付、养老金给付的终身寿险产品起名“老来福”。其次，名称应尽可能有文化内涵。保险产品固然是风险管理工具，但起名应避免采用“风险”、“损失”之类的词汇。像中国人寿保险公司推出的养老金保险起名“66 鸿运”，终身寿险起名“88 鸿利”、“99 鸿福”等就给人以幸运、吉祥等美好的联想和感觉，很符合中国人的传统心理。同时，名称应简洁明快，易读易记，朗朗上口。如中国人寿保险公司推出的“一生康宁”、“金手杖”、“鸿寿”等寿险产品。名称还应力求有鲜明的个性。如中宏公司推出的“灿烂人生”终身寿险产品。品牌标志的设计应通过适当符号（标志）、文字、颜色等组合反映产品特色。

（3）附加产品设计。附加产品即保险企业提供给投保人或被保险人的附加利益或服务。可根据产品的不同特点，建立适当的机构和制度，配置适当的人员为客户提供咨询、核保、承保、防灾、防损和理赔等服务，努力提高产品的竞争力。

4. 保险产品鉴定

保险产品设计完成后，保险公司一般由其专门的险种设计委员会或有关专家顾问咨询机构对其进行鉴定，其内容主要包括：险种的市场及业务量大小；险种能否给公司创造效益；条款设计中有无缺陷等。如果鉴定通不过，则需重新进行市场调查、可行性论证及条款设计工作。因此，鉴定环节实质上是公司对险种开发部门的设计进行审核和把关。

5. 保险产品报批

保险公司的保险产品，事先由保险公司设计推出，事后为保险客户所购买。产品设计是否合理，直接关系到作为保险消费者的保险客户的切身利益，因此在一些国家，险种报批是保险法律规定的一项必经程序。审批保险条款等亦是保险监督管理机构的法定权力，尤其是对一些主要险种更是如此，以便维护保险客户的权益。在有些国家，一些主要的保险产品在正式推出之前，须报保险监管机构批准。我国也是如此，我国《保险法》对此有明确规定。

6. 正式进入市场

经过上述五个程序，保险产品即可投入市场，但对新产品而言，其生命力往往要经过保险市场的检验。因此，保险公司产品开发的最后阶段便是试办，待试办证实该项产品的生命力后再大规模推广，并争取迅速占领市场。另外，在做出正式进入市场决策时，还必须考虑针对已选定的目标市场决定推出的时机、推出的地点。推出时机的选择往往考虑与目标顾客消费时机或消费旺季相吻合，如旅游意外伤害保险可选择在旅游旺季到来之前推出。推出地点的选择则必须考虑能与目标顾客群相吻合。

总之，上述程序是险种开发中的通常程序，对于各保险公司而言，其具体步骤与内容可能有所差异。例如，有的公司设有专门的市场调查部门、险种开发部门，拥有一支专门的险种设计队伍；有的公司则由展业或承保部门负责进行；有的公司借助于代理人的力量；还有的则缺乏自己的新险种，只是借鉴或照搬其他保险公司的条款开展业务。

10.3 保险的市场营销

10.3.1 保险市场的概述

保险企业与保险市场存在着固有的联系。保险企业的营销活动只有面向保险市场，时刻同保险市场保持紧密联系，才能生存和不断取得发展。保险市场不仅是保险企业经营活动的出发点和归宿，也是保险企业与外界建立协作关系、竞争关系的传导和媒介，同时还是保险企业经营活动成功与失败的最高的评判者。因此，深刻地认识保险市场，努力地适应保险市场，全力地驾驭保险市场，在保险企业活动与社会需要相协调的基础上，不间断地展开保险的创新活动，是保险营销活动充满活力的前提。

1. 保险市场的含义

保险市场是一种以商品交换为内容的经济联系形式。它是社会分工和商品生产的产物。在社会产品存在不同所有者的情况下，生产劳动的社会分工使他们各自的产品互相变为商品，即出现了商品的供与求，从而产生了相互交换作为商品的劳动产品市场。“市场是买者和卖者相互作用并共同决定商品或劳务的价格和交易数量的机制”。市场的形成要具备三个必要条件：存在可供交换的商品；存在可提供商品的卖方和具有购买商品欲望和能力的买方；具有买卖双方均可接受的商品的价格。唯其如此，才能实现商品的让渡，形成有意义的现实的市场。这些必要条件正是制约市场营销活动的要件。

市场是一个具有多重意义的概念：

- 从地理或地域角度看，市场是进行商品交换的场所或地域的总称。
- 从供求关系角度看，市场是供求关系的总和。这个定义是从供求关系角度提出来的。买方市场、卖方市场反映了供求力量的强度。当某商品供大于求时，就形成买方市场，这时商品的价格趋于下降；反之当供不应求时，就形成卖方市场，这时商品的价格趋于上升。
- 从商品流通全局看，市场是商品交换关系的总和，这是社会整体市场的概念。如在社会流通中，这个人的买（或卖）与另一个人的卖（或买）是联系在一起的。无数商品形态变化组成的循环不可分割地交织在一起，就形成无数并行发生和彼此联结的商品交换过程，形成了商品交换的全局。它启示我们，商品的买卖活动必然与其他商品生产者的买卖活动发生联系。因此，企业只能在整体市场上开展营销活动。

- 从营销角度看，市场是某一时间某一地域商品的所有现实和潜在需求的集合，我们可称之为消费者市场。它将客户作为市场，是从商品供给方的角度对市场做出的定义。企业要了解自己的产品市场有多大，市场由哪些消费者构成，明确自己的客户需求的现实情况和未来的需求动向等，这些是制定企业营销战略和各项具体决策的依据。我们所说的企业要面向市场，实质就是要面向客户的需要。

保险市场营销学所说的保险市场，就是保险产品潜在和现实的购买者，即保险市场就是指保险消费者市场。这就是从营销角度界定的保险市场的概念。

2. 保险市场的组成

保险市场由潜在市场和现实市场组成。由潜在市场变成现实市场要具备五个必备条件：一定数量的客户；客户要具有投保能力；客户要具有投保资格；客户要有投保愿望；要有投保渠道。保险营销的首要任务就是要先搞清“市情”，即潜在保险市场和现实保险市场的情况，潜在保险市场向现实保险市场转化的条件是否具备，由此来判断保险的有效需求情况，最后做出自己的营销决策。

例如，中国是拥有众多人口的发展中国家，拓荒阶段的人寿保险市场，无论从市场容量、保险深度和保险密度还是从保险公司的数量来看发展潜力都很大。但是潜力大不一定能形成有效的保险购买力。因此，在分析和研究寿险市场时，不能把中国寿险市场潜力盲目扩大化，只有理性分析寿险市场潜力，找准人寿保险的有效需求，才能推进寿险业的有效发展。保险是经济发达的产物，个人财富达到一定程度以后才能产生有效保险需求。一般来讲，我国人均年收入 5 000 元人民币以下的居民有保险需求，但无有效的保险购买力。而有足够经济实力来自我解决养老和医疗问题的人群，有购买力但没有通过保险来解决后顾之忧的需求。以居民储蓄余额为例，2002 年居民储蓄余额为 8.7 万亿元。有一种说法是，20%的人拥有 80%的储蓄余额，这意味着 2.6 亿人拥有 69 600 亿元储蓄，人均 26 769 元。就这个数字而言，富裕阶层解决了子女上学、住房、就医后所产生的有效保险需求有限。80%的人拥有 20%的储蓄，意味着 10.4 亿人拥有 17 400 亿元储蓄，人均为 1 673 元。如此少的货币资产，很难产生有效保险需求。因此，像我国这样的发展中国家，拓荒阶段的保险市场，尽管具有市场潜力，但真正要形成市场购买力，还需要进行多方面的努力。

10.3.2　保险营销的内容

19 世纪以来，随着工业、商业及海外贸易的发展，保险业进入现代化保险的时期。到了 20 世纪，特别是第二次世界大战以后，保险业发展迅速，保险对象、经营范围不断扩大。保险市场规模的扩大和竞争的加剧，促使保险营销观念和保险营销战略在保险行业中得到深入广泛的应用。

1．保险营销的含义

保险营销是在变化的保险市场环境中，旨在满足被保险人风险保障需要、实现保险企业的经营目标和为社会安定谋福利而进行的保险商务活动的全过程。它包括保险市场调研、选择目标市场、新险种开发、厘定费率、营销渠道选择、保险商品促销及投保后的一系列服务活动。

保险营销不同于保险推销，保险推销只是保险市场营销过程的一个阶段。但是，保险营销特别注重推销。保险商品具有特殊性，即保险企业经营的是看不见摸不着的风险，“生产”出来的产品仅是对保险消费者的一种承诺，而且这种承诺的履行只能在保险事故发生或约定的期限届满时，而不像一般商品或服务能够有所感受。保险单从其外在形式来看只不过是一纸合约，它虽然代表了保险公司的信用，但对投保人而言，却无法在买保险时立即见到保险单的收益及效果。此外，保险商品抽象，保险单过于复杂，使得人们对保险商品了解甚少，在没有强烈的销售刺激和引导下，一般不会主动地购买保险商品。正是这种购买欲望的缺乏使保险推销成为保险营销中的一个重要组成部分，即保险营销必须靠推销。

在保险市场营销定义中包含以下要点：保险营销是一个动态的管理过程；需求是保险市场营销的基础与前提；保险商品实用性与服务的时效性是交换的必要条件；研究消费者的心理与行为非常重要，只有如此，才能正确地发现消费者需求并采用适当的方法去满足他们。

保险营销的重要性主要表现如下。

- 大数法则的必然要求。保险经营以大数法则为技术基础，因而必须大量销售保单，也只有通过展业承保大量风险，才能接近风险同质与风险分散。
- 保险商品的特殊性导致保险市场营销是保险经营不可缺少的环节。保险商品属于无形商品且是一种承诺，其效用也很难立即感受到，因此必须通过大量的说服工作才能促使投保人投保。保险不是由投保人来购买的，而是推销出去的。
- 保险企业大量招揽业务，可使保险费收入大量增加，积累雄厚的保险基金，降低经营费用，增强其竞争能力。

2．保险营销的作用

在保险商品生产和销售过程中，需求与供给之间存在着诸多方面的矛盾。

（1）保险日益增长的需求和新产品开发滞后的矛盾。随着经济的发展、社会的进步和生活水平的不断提高，人们的保险需求将呈日益增多的趋势，保险供给滞后于市场需求的矛盾将日益突出。

（2）客户潜在需求和现实购买的矛盾。客户虽然对保险商品有潜在的需求，但由于保险产品技术较复杂，一般客户往往对其使用价值认知不足，这样就难以形成现实的购买行动。

（3）个性化需求与保险产品及其服务一般化的矛盾。随着社会的发展，人们对保险产品和服务的需求日益追求个性化和差异化。然而现实的情况是保险产品往往趋同，缺少特色；保险服务往往一般化，缺少“量体裁衣”式的服务。这种情况将极大地影响保险企业核心竞争力的形成。

（4）人们的投保需求与投保渠道不畅的矛盾。人们有了投保的愿望，但往往投保渠道很少或不畅通，这将严重影响潜在客户的投保热情。

（5）出险后理赔不到位的矛盾。保险理赔是服务的核心内容。如果出险后被保险人不能及时准确地得到补偿，将使被保险人的利益受到损害，而保险公司在公众心目中的形象也将受到损害。现实的情况是“惜赔”、“滥赔”的现象时有发生，这常常是引发保险纠纷的重要原因。

（6）保险价格的矛盾。一般来说，保险生产者按成本费用和竞争价格来对保险产品进行估价，而投保人则习惯按经济效用和支付能力来估价。对于双方的矛盾，需要一种有效的机制来进行协调。

保险业在发展进程中的诸多矛盾，对于保险公司来说，都是必须解决的问题。

保险营销的作用如下。

- 以卓有成效的运行机制，有效地形成保险供给与需求的平衡，解决保险商品生产与消费的各种分离、差异和矛盾，使得保险商品生产者方面各种不同的供给与投保人各种不同的需要与欲望相适应，具体地实现保险生产与消费的统一。
- 满足被保险人的需要，维系个人、家庭和社会生活的稳定。在满足客户需求的同时，使本公司的经营利润最大化，企业实现可持续发展。

3. 保险营销的策略

（1）无差异性营销。它以整个市场为营销对象，不强调细分市场的差异性，企业所设计的险种与营销方案，都是针对大多数顾客的。保险公司的许多险种都适用无差异性营销，因为保险客户对保险需求的共性一般大于其差异性。例如，家庭财产长效还本保险迎合了大多数投保人怕麻烦的心理，满足了投保人省却每年续保手续的共同需要。

（2）差异性营销。它是针对不同的细分市场及该市场的需求来设计产品及营销策略，有的放矢，提高市场占有率，但营销成本提高。差异性营销适用于小型公司或新进入市场的企业。

（3）集中营销。即选择一个或几个目标市场，制定一整套营销方案，集中力量争取在这些市场上占有大量份额，而不是在整个市场上占有小量份额。集中营销能充分满足细分市场的需要，实行专业化经营，但目标过分集中，经营风险大，不适用于资源有限、实力不强的保险企业。

保险企业在选择营销策略时需要综合考虑下列因素。

- 企业的资源。如果保险企业资源有限，实力不强，最好采用集中营销。
- 险种的情况。在险种方面着重考虑两方面：一方面是险种的差异性，对于差异性小的险种采用无差异性营销，而差异性大的险种则采用差异性营销；另一方面是险种的生命周期，对新险种可实行无差异性营销，或针对某一特定市场实行集中营销，当险种进入成熟期，则可实行差异性营销。

- 市场的情况。考查市场是否同质，若市场为同质市场，采用无差异性营销，反之则采用差异性营销。
- 竞争者的战略。一般说来，应该同竞争者的战略有区别。

10.4 保险费率的构成、厘定与计算

10.4.1 保险费率的构成与厘定原则

1. 保险费的含义与构成

保险费是保险金额与保险费率的乘积。保险人承保一笔保险业务，用保险金额乘以保险费率就得出该笔业务应收取的保险费，即：

保险费=保险金额×保险费率

保险费由纯保险费和附加保险费构成，纯保险费是保险人用于赔付给被保险人或受益人的保险金，它是保险费的最低界限；附加保险费是由保险人所支配的费用，由营业费用、营业税和营业利润构成。

2. 保险费率的含义与构成

保险费率是保险费与保险金额的比率。保险费率又称保险价格，是投保人为取得保险保障而由投保人向保险人所支付的价金，通常以每百元或每千元的保险金额的保险费来表示。

保险费率一般由纯费率和附加费率两部分组成。习惯上，将纯费率和附加费率相加所得到的保险费率称为毛费率。

纯费率是纯保险费与保险金额的比率。纯费率也称净费率，它用于保险事故发生后进行赔偿和给付保险金。

附加费率是附加保险费与保险金额的比率。它是以保险人的营业费用为基础计算的，用于保险人的业务费用支出、手续费支出及提供部分保险利润等，通常以占纯费率的一定比例表示。附加费率由费用率、营业税率和利润率构成。

3. 厘定保险费率的基本原则

（1）充分性原则。充分性原则指所收取的保险费足以支付保险金的赔付及合理的营业费用、税收和公司的预期利润。充分性原则的核心是保证保险人有足够的偿付能力。

（2）公平性原则。公平性原则要求，一方面保险费收入必须与预期的支付相对称；另一方面被保险人所负担的保险费应与其所获得的保险权利相一致。

（3）合理性原则。合理性原则指保险费率应尽可能合理，不可因保险费率过高而使保险人

获得超额利润。

（4）稳定灵活原则。稳定灵活原则指保险费率应当在一定时期内保持稳定，以保证保险公司的信誉。同时，也要随着风险的变化、保险责任的变化和市场需求等因素的变化而调整，具有一定的灵活性。

（5）促进防损原则。促进防损原则指保险费率的制定有利于促进被保险人加强防灾防损。

4. 厘定保险费率的一般方法

（1）分类法。分类法是在按风险的性质分类基础上分别计算费率的方法。依据该方法确定的保险费率常常被载于保险手册中，因此又称该方法为手册法。分类法的优点在于便于运用，适用费率能够迅速查到。

（2）观察法。又称个别法或判断法，是按具体的每一标的分别单独计算确定费率的方法。该方法费率确定由核保人员依据经验判断，提出一个费率供双方协商。

（3）增减法。又称修正法，是在分类法的基础上，结合个别标的的风险状况予以计算确定费率的方法。

10.4.2 非寿险费率的厘定

非寿险费率的厘定是以损失概率为依据的，通过计算保额损失率加均方差计算纯费率，纯费率与附加保险费率之和即为毛费率。

非寿险费率的厘定通常按以下步骤。

1. 确定纯费率

纯费率是纯保险费占保险金额的比率。它是用于补偿被保险人因保险事故造成保险标的损失的金额。其计算公式为：

纯费率=保额损失率±均方差

（1）计算保额损失率。保额损失率是赔偿金额占保险金额的比率。其计算公式为：

保额损失率=赔偿金额÷保险金额×1 000‰

（2）计算均方差。均方差是各保额损失率与平均损失率离差平方和平均数的平方根。它反映各保额损失率与平均保额损失率相差的程度。它说明平均保额损失率的代表性，均方差越小，则其代表性越强，反之则代表性差。若以 S 表示均方差，则其计算公式为：

$$S^2=\frac{\sum(X-x)^2}{n}$$

式中，X 表示保额损失率，x 表示平均损失率，n 为样本个数。

对于平均保额损失率附加均方差的多少，取决于损失率的稳定程度。对于损失率较稳定的，则其概率[P（A）]不要求太高，相应的概率度为 1 即可；反之，则要求概率较高，以便对高风险的险种有较大的把握，从而稳定经营，相应的概率度为 2 或 3。

（3）计算稳定系数。

$$V_S=\frac{S}{x}$$

稳定系数是均方差与平均保额损失率之比，它衡量期望值与实际结果的密切程度，即平均保额损失率对各实际保额损失率（随机变量各观察值）的代表程度。稳定系数越低，则保险经营稳定性越高；反之，稳定系数越高，则保险经营稳定性越低。V_s一般以 10%～20%较为合适。

（4）确定纯费率。财产保险的纯费率是财产保险的纯保险费占保险金额的比率，是作为保险金用于补偿被保险人因保险事故造成保险标的的损失金额。其计算公式为：

纯费率=保额损失率±均方差

或 纯费率=保额损失率×［1±稳定系数］

所以，若以 68.27%的概率估计，t=1，则纯费率为：（$x-\sigma$；$x+\sigma$）

若以 95.45%的概率估计，t=2，则纯费率为：（$x-2\sigma$；$x+2\sigma$）

若以 99.73%的概率估计，t=3，则纯费率为：（$x-3\sigma$；$x+3\sigma$）

而对稳定系数低的，则稳定性高，附加的均方差就可小些；反之，对高风险的险种，其保额损失率所附加的均方差就应该大一些。在一般情况下，保险公司为了经营稳定性，对附加的均方差一般采用加，而不采用减的形式。故上例中，由于稳定系数小于 10%，说明稳定性很高，是低风险的险种。所以：

纯费率=6‰+0.29‰=6.29‰

2．确定附加费率

附加费率是附加保险费与保险金额的比率。其计算公式为：

附加费率=附加保险费÷保险金额×1 000‰

附加费率由营业费率、营业税率、营业利润率构成。其中：

营业费率=营业费÷保险费收入

营业税率=营业税÷保险费收入

营业利润率=营业利润÷保险费收入

通常，附加费率可根据纯保险费与附加保险费的比例来确定，即：

附加费率=纯费率×附加保险费与纯保险费的比例

其中，

附加保险费与纯保险费的比例=附加保险费÷纯保险费×100%

3．确定毛费率

由于财产保险的毛费率由纯费率和附加费率构成，所以毛费率的计算公式为：

毛费率=纯费率+附加费率

或　　毛费率=（保额损失率+均方差）+附加费率

或　　毛费率=保额损失率×（1+稳定系数）+附加费率

10.4.3　寿险费率的厘定

1．人寿保险费的构成与类型

（1）人寿保险费由两部分构成：纯保险费和附加保险费。前者用于保险金的给付，后者用于保险公司业务经营费用的开支，二者的总和就是营业保险费，亦称毛保险费。其计算公式为：

毛保险费=纯保险费+附加保险费

保险费精算现值为纯保险费精算现值与附加保险费精算现值之和，从而可得：

纯保险费精算现值+附加保险费精算现值=保险金的精算现值+各项业务费用精算现值

据此情形，可分别计算纯保险费和附加保险费，即：

纯保险费精算现值=保险金精算现值

附加保险费精算现值=各项业务费用精算现值

（2）寿险保险费的分类情况如下。

- 自然纯保险费与均衡纯保险费。自然纯保险费是分别以各年岁的死亡率为缴付标准计算的保险费。它是以每年更新续保为条件，签订一年定期保险合同时各年度的纯保险费。因为各年岁的死亡率不同，保险费必须随着变动。
- 均衡纯保险费是在约定缴费期限内，每次缴费金额始终不变的均衡毛保险费中扣除均衡附加保险费的剩余部分。
- 年缴纯保险费和趸缴纯保险费 。年缴纯保险费是自投保之日起分若干时期缴清的年缴毛保险费中扣除附加保险费后的剩余部分。趸缴纯保险费是在投保之日一次性缴清的趸交毛保险费中扣除附加保险费后的剩余部分。如果把各个年岁应缴的自然纯保险费都折算成投保时的现值，合并为一个总数，就是趸缴纯保险费。
- 纯保险费和附加保险费。纯保险费包含保险责任事故的危险性，同时要估计到保险基金的利息收入；附加保险费是保险公司在业务管理上可能遇到的费用，如工资、租金、各种业务开支，合理地分摊到每笔业务上去的数目。

2．寿险费率的计算依据

（1）生命表的概念和种类。生命表又称死亡表或寿命表，是根据一定时期的特定国家（或地区）或特定人口群体（如寿险公司的全体被保险人）的有关生命统计资料，经整理、计算编制而成的统计表。生命表中最重要的就是设计产生每个年龄的死亡率。

生命表的分类主要有：国民生命表和经验生命表；完全生命表和简易生命表；选择表、终极表和综合表；寿险生命表与年金生命表。

（2）生命表的选用。经营人寿保险业务应该使用经验生命表，而不能使用国民生命表，这是因为经验生命表的死亡率具有代表性。

3．纯保险费的计算

（1）趸缴纯保险费的计算。趸缴纯保险费是在长期寿险合同签订时，投保人将保险期间应缴付保险人的纯保险费一次全部缴清。趸缴纯保险费应与保险合同所规定的保险人在整个保险期内的给付义务相等价。根据险种不同，趸缴纯保险费按定期生存保险、定期死亡保险和两全保险趸缴纯保险费分别计算。

（2）定期死亡保险的纯保险费计算。定期死亡保险是被保险人在保险期间内因发生保险事故而死亡由保险人给付保险金的保险。该保险对于保险期限届满时仍然生存的被保险人则不给付保险金。定期死亡保险的纯保险费按照死亡概率收取，若死亡概率为2‰，则对1 000元保额只收取2元保费。

（3）两全保险的趸缴纯保险费计算。两全保险是被保险人至保险合同规定的期限届满时，无论生存或死亡均可按保险合同约定领取保险金的保险。既然被保险人在保险期限届满时无论生存或死亡均享有保险金请求的权利，因而也应承担交付生存和死亡两份保险费的义务，即为生存保险与死亡保险趸缴纯保险费之和。

（4）年缴纯保险费的计算。年缴纯保险费的计算就是将趸缴纯保险费改为按年均衡地缴费的计算。由于趸缴保险费的方式，要求投保人一次缴纳数目很大的保险费，一般收入的投保人难以负担，因此在实际业务中绝大多数的寿险业务采用分期缴费的方式，可以按年交，也可按半年交、按季或按月的方式缴纳保险费。年缴纯保险费是指年缴均衡纯保险费，即每年缴纳的纯保险费数量都相等。

4．营业保险费的计算

（1）附加费用的构成。保险公司经营寿险业务，所必需的营业费用一般包括以下三项。

- 新合同费。也称原始费用，是保险公司为招揽新合同，于第二年度所必须支出的一切费用，如宣传广告费、外勤人员招揽费（薪金、佣金）、体检费、各种单证印刷及成本费等费用。
- 维持费。与新合同费不同，维持费是契约自一开始至终了为止，整个保险期间为使合同维持保全所必需的一切费用，如寄送催缴保险费通知单、合同内容的变更、保单质押贷款、固定资产折旧等为维持保单保全工作的各项费用。

- 收费费用。指保险费收缴费用，包括收费员的薪津、对与公司订有合约代收保险费的团体所支付的手续费，以及其他与收费事务有关所支出的费用。

（2）营业保险费的计算方法如下。

- 比例法。比例法就是按照营业保险费的一定比例作为附加费用。这一比例一般根据以往的业务经营的经验确定。

$$P'=P+kP'$$

$$P'=P/(1-k)$$

式中，P'表示营业保险费，k 表示附加费占营业保险费的比例，P 表示纯保险费。

若以 L 表示附加保险费，则：

$$L=kP'=k\cdot P/(1-k)$$

- 比例常数法。该方法首先根据以往的业务资料确定每单位保险金额所必须支出的费用，作为一个固定费用（用常数 α 表示），然后确定一定比例的营业保险费作为其余部分的附加费，即：

$$P'=P+\alpha+kP'$$

所以，

$$P'=(P+\alpha)/(1-k)$$

- 三元素法。所谓三元素法，就是将附加费用分解成新合同费、维持费、收费费用三个部分，并且假设：一是新合同费用，是一次性费用，单位保额的费用为 α；二是维持费，单位保额每年的费用为 β；三是收费费用，每年占营业费用的比例为 γ。然后根据“总保险费现值=净保险费现值+附加费现值”的原理，来计算营业保险费。

10.5　保险资金运用

10.5.1　保险资金运用概述

1. 保险资金运用的含义

保险资金运用，也称保险投资，是指保险公司在组织损失补偿或经济给付的过程中，利用保险资金收支的时间差，将积聚的保险资金部分投资于资本市场，使保险资金保值增值的活动。但是，从严格意义上来讲，保险投资和保险资金运用这两个概念在内涵和外延上有所区别。

经济学意义上的投资指的是增加或更换资本资产的支出，最终目的是在现有资本存量增加的基础上，实现扩大再生产。保险投资的侧重点有所不同，主要是通过各种投融资活动增加金融资产，直接实现公司赢利的行为。保险资金运用概念的外延比保险投资更为广泛，包括保险公司对资金的占用和使用两个部分，既体现为实物资产的增加，也包括金融资产的增加。保险投资仅仅是保险资金运用的一种方式，保险资金运用并不完全等同于保险投资。由于保险公司经营的特殊性，保险资金运用以保险投资为主，故而在理论上对二者并没做严格的区分，通常将保险资金运用等同于保险投资。

我们以老牌保险大国英国为例，对保险投资的发展做一个简要的历史回顾。据记载，早在1683年年初，英国的火险社就拿地租做担保，用以抵偿火险索赔，这可以看做保险机构的投资。到18世纪，英国携手相互保险暨寿险社、协和保险社，以及两家特许的保险公司热衷于当时刚兴起的股票投资或用股票抵押的贷款，政府公债券、东印度公司债券和年金、南海年金及贷款等均受到当时保险机构的青睐。如1751年，伦敦保险公司贷款额就达22万多英镑，借款人包括商人、金器匠、银行业经营者和股票经纪人。1798年，公平人寿保险社抵押贷款投资总额已超过40万英镑。不过，在这一时期，股票、债券等可转让证券投资与抵押贷款、短期贷款等构成了保险公司的早期投资结构，各保险公司几乎均不考虑不动产投资，有的保险公司如皇家交易保险公司就禁止不动产投资，投资的规模也极为有限，大多为25万～30万英镑。

到19世纪，保险投资的重要性进一步为英国各保险公司所认识，保险公司的投资规模随着人寿保险业务的增长而有所扩大，如1870年以后的英国寿险公司用于投资的金额即逾1亿英镑；在投资种类上，保险公司更加重视抵押贷款，同时开始了不动产投资，如1864年英国寿险相互公司就购进过40多万平方米地产，并在以后的6年中与万年投资建筑公司合伙修建了占地97万平方米的房屋等。

进入20世纪以后，英国保险公司不仅大举进入国内资本市场并赢得了极高的地位，同时还开拓了海外投资市场。例如，英国皇家交易保险公司到1913年时已将其基金的17%（8 130万英镑）投放于海外领地的中央、地方和市政府的公债券上，主要用于当地的公用事业及在伦敦股票交易所开价的产业。国内投资和海外投资构成了英国保险公司资金运用的两大途径，并延续至今。而政府公债券在英国保险投资中的重要性再度复苏，如1936—1954年，英国保险业所持有的政府债券从占保险投资总额的21.6%上升到28.7%。到20世纪60年代初期，英国保险公司的总资产达到100亿英镑，每年仅从新收入中用于投资事业的资金就达6亿多英镑。由此可见，保险公司的投资活动迄今已有300余年的历史。

英国是被公认的世界上最发达、最富有竞争力的国际保险和再保险中心之一，也是保险投资十分活跃的国家。作为享有盛誉、历史悠久的保险大国，英国的保险公司在1993年的一般业务保险费收入达343亿英镑，其年金业务和人身险保险费收入达460亿英镑；1996年，英国的保险费收入达到1 370亿美元，占世界总保险费收入的6.51%；20世纪90年代以来，英国保险费收入占GDP的比率一直在10%以上。英国保险业利用保险基金进行投资，规模可观。1978年，英国保险公司的投资额为509亿英镑；1984年，英国保险公司（不包括劳合社和经纪公司）

投资金额达 1 446 亿英镑，高于当年英国的财政收入 1 400 亿英镑，相当于英国国内生产总值 3 270 亿英镑的 44.2%；1987 年，英国保险公司的投资额达到 2 274 亿英镑，其中寿险公司为 1 905 亿英镑，非寿险公司为 369 亿英镑。其保险投资规模之大，由此可见。

2. 保险资金的性质

（1）负债性。保险公司负债经营的特点和保险资金运动的规律，决定了保险公司内部必然沉淀相当数量的闲置资金。在保险公司的经营过程中，由于风险发生的不确定性和损失程度的波动性，在某一时点上，保险费的收入与支出之间必然存在时间差和数量差，即保险公司收取的保险费不会立即并全额用于赔偿或给付。这种时间差和数量差的存在，使得一部分资金沉淀下来，这部分闲置资金同时构成了可运用保险资金的主要来源。在保险公司资产负债表上，这部分闲置资金体现为负债项目的各项准备金，其中大部分资金在将来某一时点将以赔款或给付的方式返还。保险资金的负债性决定了大部分保险资金只能由保险人加以管理，以履行将来的赔付责任。

（2）稳定性。保险资金的稳定性是指可运用的保险资金能在数量上持续保持一定的规模，为保险投资活动提供稳定的资金来源。保险资金的来源主要是资本金及准备金，其来源决定了保险资金必然具有稳定性。

从静态的角度来分析，首先，资本金作为保险公司的自有资金，提供了最为稳定的资金来源。资本金是股东对保险公司的投资，按照《公司法》的规定，股东一般不得抽回资金，从而在法律上保证了保险资金的稳定性。其次，保险公司的准备金包括普通责任准备金和总准备金。总准备金是用来满足非正常年景下的赔款支出，在正常年景下一般很少动用。总准备金在保险公司持续经营期间，不断扩大规模并积累增值，成为保险资金的稳定来源之一。普通责任准备金因性质不同，闲置时间也不同。特别是寿险责任准备金，往往长期处于闲置状态，成为寿险公司可运用保险资金的主要组成部分。

从动态的角度来分析，保险公司在持续经营的过程中，一方面由于赔款或给付导致现金流出，另一方面由于续保或承保新的业务导致现金流入。随着保险公司业务规模的扩大，持续的现金净流入使得可运用的保险资金能够保持稳定的存量。

（3）社会性。保险资金是保险公司通过收取保险费建立专门的保险基金，用以在发生自然灾害或人身事故时履行保险合同所规定的赔偿或给付义务。保险资金来源于社会各个层面的个人或单位，任何个人或单位均可根据自身转嫁风险的需要，在支付了一定的价金之后，就可获得相应的保险保障。所以，保险从本质来看是一种建立在互助基础上的经济保障制度，任何单位和个人面对的约定风险通过这种制度安排就可以实现在全社会范围内的分散。由于风险事故发生具有不确定性，费率的厘定必须以大数法则和概率论为基础。费率厘定的特点使风险可能带来的损失在时间和空间上充分分散，社会上分散的各投保单位和个人在交付少量的保险费之后汇集成可观的保险资金，因而保险资金来源具有广泛的社会性。

3. 保险资金运用的原则

保险资金的性质决定了保险资金运用的原则。一般来说，保险资金运用应遵循安全性、收益性和流动性的原则。

（1）安全性原则。安全性原则是指保险资金的运用必须以安全返还为条件，保证保险资金在投资过程中免遭损失，到期按时收回投资的本金、利息及利润。安全性原则是保险资金运用首要和基本的原则。保险资金在构成上主要是各项准备金，具有负债性质。从其运行的过程来看，最终都要以赔偿或给付的方式实现对被保险人的返还。如果出现投资失败，就可能导致保险公司的偿付能力不足，从而影响保险经济补偿职能的实现。为了防范保险资金运用的风险，保护被保险人的权益，各国都以法律或法规的形式对保险资金的安全运用予以明确规范。

我国对保险公司资金运用的形式和限额实施了比较严格的监管。我国《保险法》规定："保险公司的资金运用必须稳健，遵循安全性原则，并保证资产的保值增值。保险资金的运用，限于在银行存款、买卖政府债券、金融债券和国务院规定的其他资金运用形式。保险公司的资金不得用于设立证券经营机构，不得用于设立保险业以外的企业。保险公司运用的资金和具体项目的资金占资金总额的具体比例，由保险监督管理机构规定。"

（2）收益性原则。保险资金运用的直接目的是获取投资收益。较高的投资收益一方面可以提高公司的经济效益，另一方面也可以带来良好的社会效益。但在保险资金投资活动中，收益与风险往往是呈负相关关系的：收益率越高，风险也越大，保险资金的安全性也越差。收益性作为保险资金运用的直接目标，往往与流动性和安全性原则相矛盾。由于保险公司首要的职能是实施经济补偿，保险资金的运用必须首先满足安全性和流动性，并在此基础上追求投资收益，以获取利润。特别是对传统的长期寿险产品而言，在产品定价之初，资金增值的因素已包含在产品的价格里面。如果预定的投资收益率低于实际的投资收益率，保险公司在保险期届满时将会出现偿付能力缺口，缺乏足够的资金来履行给付义务，这就要求保险公司在以资金安全为前提的条件下追求收益的最大化。随着寿险业务从传统的保障型向投资型业务发展，以及寿险产品预定利率的下调，保险公司将投资型寿险业务中面临的利率风险也完全转嫁给投保人。与之相应的是，保险公司在对该类业务的保险资金制定投资策略时，往往把收益性作为优先考虑的因素。

（3）流动性原则。流动性原则指的是保险投资项目应有充分的变现能力。流动性作为保险资金运用的原则，是由于保险经营过程中的风险不确定性和损失不确定性决定的。特别是对于财产保险公司，保持资产的流动性尤为必要。流动性原则并不是要求每一个投资项目都能随时变现，而是要求保险公司根据保险资金的来源实现投资结构的合理化，将一部分资金投向变现能力强的项目上，同时将另一部分投向收益较高而变现能力较差的项目上，只要在总体上保证保险资金的流动性即可。

财产保险和人身保险在业务上的差别决定了其对流动性要求的不同。对于财产保险而言，由于具有保险期限短、风险事故发生的随机性大的特点，对保险资金的流动性要求较高。一般来说，财产保险公司中的短期性投资在总投资额中的比重较高。而人身保险业务，特别是人寿保险业务，风险事故的发生往往具有稳定性，每年保险费收入与各项给付都能较为准确地预测。因此，寿险投资对流动性的要求往往要低于财险投资。相应地，流动性较高的投资项目在整个投资结构中所占的比例较低，中长期投资项目在整个资金运用的结构中所占比重较大。

10.5.2　保险资金来源与运用

1．保险资金的来源

保险资金的主要来源是权益资本和各项责任准备金。

（1）资本金。资本金是保险公司在工商行政管理部门登记的注册资金，按规定注册资本金不得低于法定资本金。资本金是保险公司设立和经营的基础，也是保险公司正常经营和独立承担民事责任的必要条件。为了保障被保险人的利益，各国对保险公司在开业之初的资本金都设有最低限额的要求。我国《保险法》第七十三条规定："设立保险公司，其注册资本的最低限额为人民币 2 亿元，保险公司注册资本最低限额必须为实交货币资本。"

（2）非寿险责任准备金。非寿险是除寿险业务之外一切业务的统称，包括财产保险、信用保险、责任保险等保险业务，在性质上属于补偿性保险。非寿险的基本特点是保险期限较短，一般为一年或一年以下。非寿险的责任准备金可以分为未到期责任准备金、赔款准备金、长期责任准备金及总准备金几个部分。

- 未到期责任准备金。未到期责任准备金又称保险费准备金，是保险人在会计年度决算时将保险责任期尚未届满、应属于下一年度的部分保险费提存出来而形成的准备金。非寿险的合同期限大多为一年，由于会计年度与保险年度不一致，部分保单的有效期必然要跨年度。对于前一年度终了未满期的保单，其保险费不能全额作为已赚保险费入账，必须提存未到期责任准备金，作为保险公司履行责任的准备。未到期责任准备金在会计年度决算时一次计算提取。未到期责任准备金的提取方法一般采用加权平均法或比例提留。未到期责任准备金是财产保险公司可运用保险资金的主要来源。
- 赔款准备金。赔款准备金是保险人在会计年度决算时，为该会计年度已发生保险事故应付而未付赔款所提留的一种资金准备。赔款准备金包括未决赔款准备金、已发生未报告赔款准备金及已决未付赔款准备金三种类型。我国《保险公司管理规定》第七十七条规定："保险公司应当按照已经提出的保险赔偿或者给付金额提取未决赔款准备金；对已经发生保险事故但尚未提出的保险赔偿或者给付应当提取已发生未报告责任准备金，提取金额按不超过当年实际赔款支出额的百分之四计提。"由于这部分资金缺乏稳定性，一般保险公司将其投资于流动性较强的资产上，如银行存款、短期公债、回购协议等。
- 长期责任准备金。长期责任准备金是指保险公司对损益结算期在一年以上的保险业务，在未到结算损益年度之前，按业务年度保险费收入与赔款支出的差额提取的准备金，如长期工程保险、出口信用保险等的损益核算期都大于一年。提取的准备金计入当期损益，下期再转回作收入处理。

- 总准备金。总准备金是保险公司为满足超常年度赔付、巨额损失赔付及巨灾损失赔付而提取的责任准备金，也称公积金。总准备金按保险管理部门规定一般在税后利润中提取，逐年累积而成。我国《保险法》第九十六条规定：“保险公司应当依照有关法律、行政法规及国家财务会计制度的规定提取公积金。”

（3）寿险责任准备金。寿险责任准备金是指保险人把投保人历年交付的纯保险费和利息收入积累起来，作为将来保险给付和退保给付的责任准备金。寿险的基本特点是保险期限长，保险费按月、季、年均衡交付或一次性趸交。由于寿险业务保险费的收取与保险金给付有很长的时间滞差，寿险责任准备金一般可用于期限较长的投资，如股票、中长期公债、不动产等。

（4）保险保障基金。保险保障基金指为保障被保险人的合法权益，在保险公司破产之后仍能获得相应的补偿而依法建立起来的专门保护基金。这种基金是保险公司的一种或有负债，不仅起到保护被保险人利益的作用，对促进社会稳定和经济的发展也有重要的作用。由于保险保障基金的重要性，其投资运用也必须保证绝对的安全。我国《保险法》第九十七条规定：“为了保障被保险人的利益，支持保险公司的稳健经营，保险公司应当按照保险监督管理机构的规定提存保险保障基金。保险保障基金应当集中管理，统筹使用。”我国保险公司的保险保障基金是按照当年保险费收入1%的标准单独提取，当保险保障基金达到保险公司总资产的6%时候，停止提取。保险保障基金专户存储于中国人民银行或中国人民银行指定的商业银行。

（5）其他资金。其他资金包括：未分配盈余、发债收入、应付同业款项、应付和递延税款、福利和退休基金，以及拆入短期资金。这部分资金一般占可运用保险资金的比例较小，但不同保险公司的差异较大。

2．保险资金的运用

从各国保险资金运作的实际经验来看，主要的投资形式包括银行存款、同业拆借、有价证券、贷款、不动产等形式。

（1）银行存款。银行存款是指保险公司将闲置的保险资金存入银行以获取利息收入。一般存款具有良好的流动性和安全性的特点，但收益率相对较低。根据国外保险公司的实践，银行存款所占的比例都不大，一般只用做满足保险公司正常的赔付或寿险保单满期给付的准备金。目前我国保险资金运用的主要形式还是银行存款，其中又以大额协议存款为主。

（2）同业拆借。同业拆借市场是金融机构之间以货币借贷方式进行短期资金融通活动的市场，主要是银行等金融机构之间相互借贷在中央银行存款账户上的准备金余额，用来调剂准备金头寸市场。

（3）有价证券。有价证券是保险资金最重要的投资形式，按投资的工具不同可以分为股票、债券和证券投资基金。

- 股票。股票是股份有限公司公开发行的用以证明投资者股东身份和权益，并以此获取股息和红利的凭证。股票具有收益高、流动性好、风险大的特点，在发达国家的保险投资中占有较为重要的地位。股票一经发行，股票持有人即成为公司的股东。
- 债券。债券是投资者向政府、公司或金融机构提供资金的债权债务合同，该合同载明发行者在规定日期支付利息并在到期日偿还本金的承诺，其要素包括面额、利率、利息支付日期和次数及到期日。债券是一种标准化的证券，一般具有安全性好、变现能力强、收益稳定的优点，已成为各国保险资金运用的主要方式之一。按发行的主体不同，债券可以分为政府债券、公司债券、金融债券。
- 证券投资基金。证券投资基金是指通过发行基金证券将投资者分散的资金集中起来，交由专业管理人员分散投资于股票、债券或其他金融资产，并将投资收益分配给基金持有者的一种制度。证券投资基金是一种间接投资工具，具有专家管理、规模经营、分散投资、流动性高等优点，其投资收益一般要高于债券投资，投资风险要低于股票而高于债券。
- 贷款。贷款是保险公司向需要资金的单位或个人提供融资的信用活动。贷款的收益率主要取决于市场利率。贷款按形式可以分为抵押贷款和信用贷款。抵押贷款具有较好的安全性和较高的收益率，比较适合寿险公司长期资金的运用。抵押贷款按抵押物的不同，可以细分为有价证券抵押、不动产抵押、信用保证贷款等。抵押贷款面临的主要是抵押物贬值或不易变现的风险。信用贷款（包括保证贷款）面临的主要风险是信用风险和道德风险。
- 寿险保单贷款。寿险保单贷款是在寿险保单现金价值的基础上，保险公司根据保险合同的规定对保单持有人的贷款，也称保单质押贷款。保单质押贷款的额度为保单现金价值的一定比例，贷款人到期要归还本金及利息。当贷款的本息超过保单的现金价值，保单失效。因此，保险人发放保单质押贷款一般不需要承担任何风险。这种资金运作方式一方面可以盘活保险公司的闲置资金，增加收益；另一方面可以作为一种服务项目，提高公司的知名度和竞争力。
- 不动产。不动产投资是指保险公司通过购买土地、房产等获取收益的投资形式。不动产投资的特点是资金投入量大、投资期限长、收益高、风险大。一般来说，不动产投资比较适合中长期寿险资金的投资需求。但不动产投资的流动性差，使得保险公司面临着极大的收益风险。因此，各国对保险公司投资不动产往往加以严格的限制。

保险资金的运用除了上述的形式之外，还有黄金、外汇、项目投资等。

思考与练习

1. 单项选择

（1）产品整体概念中最基本最主要的层次是（　　）。

A．核心产品　　B．有形产品

C．附加产品　　D．无形产品

（2）保险营销策略的核心是（　　）。

A．新险种开发策略　　B．险种组合策略

C．产品周期策略　　D．新险种费率定价策略

（3）（　　）是指保险公司选择目标市场后，针对每个目标时常分别设计不同的险种和营销方案来满足不同保险消费者的保险需求的策略。

A．无差异性市场策略　　B．差异性市场策略

C．集中性市场策略　　D．密集性市场策略

2. 多项选择

（1）保险公司可以运用的资金包括（　　）。

A．资本金　　B．公积金　　C．保证金

D．未到期责任准备金　　E．未决赔款准备金

（2）《保险法》规定，保险公司的资金运用限于（　　）。

A．银行存款　　B．抵押贷款　　C．政府债券

D．金融债券　　E．股票

3. 简答题

（1）保险经营的特征是什么？

（2）保险经营的原则有哪些？

（3）保险产品开发有什么意义？

（4）保险的市场营销策略有哪几种？

（5）什么是保险资金运用的原则？

阅读材料

推销之神原一平

1904 年，原一平出生于日本长野县。

因为家境富裕，从小他就像个标准的小太保，叛逆顽劣的个性使他恶名昭彰而无法立足于家乡。

23 岁时，他离开长野到东京打天下。

1930 年，原一平进入明冶保险公司成为一名“见习业务员”。

原一平刚刚涉足保险时，为了节省开支，他过的是苦行僧式的生活。

——为了省钱，可以不吃中午饭。

——为了省钱，可以不搭公共汽车。

——为了省钱，可以租小得不能再小的房间容身。

当然，这一切并没有打垮原一平，他内心时刻燃着一把“永不服输”的火焰，鼓励着他愈挫愈勇。

1936年，原一平的业绩遥遥领先公司其他同事，成为全公司之冠，并且夺取了全日本的第二名。

36岁时，原一平成为美国百万圆桌协会成员，协助设立全日本寿险推销员协会，并担任会长至1967年。

因对日本寿险的卓越贡献，原一平荣获日本政府最高殊荣奖，并且成为MDRT的终身会员。

原一平50年的推销生涯，可以说是一连串的成功与挫折所构成的。他成功的背后，是用泪水和汗水写成的辛酸史。

“我不服输，永远不服输！”

“原一平是举世无双，独一无二的！”

第 11 章

社会保险基础

本章重点

- 了解社会保险的起源与发展；
- 掌握社会保险的含义与特点；
- 掌握社会保险的重要意义；
- 理解社会保险与商业保险的关系；
- 熟悉社会保险的主要类型；
- 理解社会保险基金的筹集模式。

11.1 社会保险的概述

11.1.1 社会保险的起源与发展

社会保险起源于德国，迄今已有 100 多年的历史。社会保险作为实施社会政策的一种手段，在现代社会越来越显出其重要的作用。19 世纪 80 年代，德国的《疾病保险法》、《工伤保险法》和《养老、伤残、死亡保险法》的颁布和实施是社会保险产生的标志。继德国之后，奥地利、瑞典、匈牙利、丹麦、挪威、英国、法国、罗马尼亚、卢森堡等欧洲资本主义国家相继建立各种社会保险制度。

1929 年，资本主义世界爆发了前所未有的经济危机。当时许多工厂倒闭，大量的工人失业，失业工人示威游行此起彼伏，资本主义国家的政府承受了巨大压力。在这种背景下，各国政府开始考虑采取新的社会保险制度，以保持社会稳定。1935 年 8 月，在罗斯福总统的主持下，美国国会通过以社会保险为主体的历史上第一部《社会保障法》，包括老年社会保险、失业社会保险、贫穷盲人补助、未成年人补助，由政府提供最低生活保障金，同时确立了由联邦政府、州和地方政府共同参与、分级办理的社会保险体制。社会保险是社会化大生产条件下的必然产物，是经济发展和人类文明进步的重要标志，在整个国民经济体系中发挥着越来越显著的作用。

第二次世界大战后，西方国家以建立“福利国家”为政策目标，社会保险制度得到了充分发展，许多国家建立了“从摇篮到坟墓”的完备的社会保险体系。“福利国家”首先是英国人贝弗里奇提出的。1942 年，英国牛津大学经济学教授威廉·贝弗里奇提交了一份《社会保险及有关服务》的报告，该报告认为社会保险应体现“普遍和全面”的原则，应能满足全体公民的不同社会保险需要，因此，他主张建立一个囊括养老、疾病、失业、生育、残疾等项目的社会保险体系。

进入 20 世纪 70 年代以来，西方资本主义国家的经济出现了一系列问题：石油危机；布雷顿森林体系瓦解；经济陷入了滞胀状态。在这种大的经济背景下，西方国家的社会保险制度亦陷入了困境。从目前的情形看，社会保险改革的任务艰巨，但各国的改革进程却有一个共同的倾向，即社会保险制度的持续发展需要借助商业保险尤其是人寿保险的发展。换言之，商业保险的发展能够弥补社会保险的不足，同时为降低社会保险水平创造条件。因此，社会保险与商业保险的联系日益密切，并在许多国家得到共同发展。

11.1.2　社会保险的基本内容

社会保险的研究对象就是社会化大生产给劳动者带来暂时或永久丧失劳动能力及劳动机会，失去生活来源或中断劳动收入，从而产生的社会问题和劳动问题。国家通过建立社会保险制度，集中全社会劳动者的共同力量，让少数劳动者在丧失劳动能力或劳动机会并导致收入中断或减少而难以维系生活时，可以从社会获得物质帮助，从而达到风险分担和互助共济的目的。

社会保险是国家通过立法形成专门的保险基金，对社会劳动者在年老、疾病、失业、伤残、生育、暂时或永久丧失劳动能力、失去工作机会造成的收入不稳定、生活无保障的困难时，由国家和社会对劳动者提供基本生活保障的一种社会保障制度。社会保险是一种特殊的强制性保险，是不以赢利为目的的社会福利事业。社会保险与商业保险共同构成一个全方位的风险保障网络。

1. 社会保险的特点

社会保险与商业保险和其他的福利、救济措施一样，目的都是为了保障人民生活安定，保证社会再生产顺利进行，从而促进社会经济的发展。由于国家体制、经济水平、文化环境存在差异，世界各国的社会保险制度和实施形式有所区别，但其共性特征仍然十分明显。

（1）强制性。强制性是指凡属于法律规定范围内的劳动者都必须无条件地参加社会保险，并按规定履行缴纳保险费的义务，这是社会保险的首要特点。社会保险的强制性特点，一般是通过国家立法和国家强制征收社会保险费来具体体现的。社会保险的缴费标准和待遇项目、保险金的给付标准等均按国家和地方政府的法律、法令统一确定，劳动者对于是否参加社会保险和投保的项目及待遇标准等均无权任意选择和更改。

（2）保障性。社会保险是在劳动者部分或全部丧失劳动能力或失业时，由国家通过法律保证而获得物质生活权利，提供切实可靠的基本生活保障。社会保险的保障性特点不仅为社会成员提供了安全感，解除了后顾之忧，而且维护了社会安定。当然，基本生活需要的标准不是固定不变的，它将随着生活内容的变化而变化，因此，社会保险的给付标准也应加以适时调整。

（3）社会性。社会保险的社会性体现在以下方面。第一，实施范围广。它可以把劳动者普遍面对的危险都列入相关的保险项目，并将符合规定的劳动者全部纳入社会保险范围，能够使所有劳动者得到相应的保障。第二，社会保险基金来源于政府财政拨款、企业缴纳保险金、劳动者个人缴纳保险金等多种渠道，从而体现了明显的社会性。第三，社会保险在经营管理上也体现了社会性的原则。社会保险的经营主体主要是政府和政府授权的社会保险机构，它们往往直接接受国家的财政补贴，作为公营事业机构依法代行国家和社会的职能，经营管理服从国家的社会目标。

（4）互助性。社会保险的互助性贯穿于整个社会保险基金的筹集、储存和分配过程中。主要表现为被保险人缴纳的保险费，在保险范围内进行地区之间、企业之间、强者和弱者之间、老年人和青年人之间的调剂使用，实行风险分担，达到参保劳动者之间的互助共济。有的情况是“取之于我，用之于人”，有的情况是“取之于人，用之于我”。

（5）公平性。公平与效率问题一直是实行市场经济国家面临的选择难题。社会保险通过国民收入的再分配而实现，社会保险费的筹集通常是由国家、企业和个人共同按比例负担，并非完全由个人负担，国家对亏损部分给予财政补贴，保障的水平以劳动者丧失劳动能力时的基本生活需要为标准，采取的是有利于低收入劳动者的原则。社会保险是一种社会公平，这与社会保险的基本目标——维持社会生产正常进行，保障社会生活稳定是相适应的。

2. 社会保险与商业保险的比较

（1）实施目的不同。社会保险是国家强制性的社会保障，其目的是对社会劳动者提供基本生活保障，保护在特殊情况下劳动者的基本权利，保证劳动力再生产顺利进行，为整个社会经济的正常运行创造良好的社会环境。社会保险是国家保证劳动者的一项基本权利，并且不以赢利为目的，属于国家基本保障的性质。

而商业保险首先是一种商业活动，人们自愿投保，没有任何强制性，是以赢利为主要目的的企业经营活动。保险公司是自负盈亏的经济实体，作为企业，其经营的首要目的就是经济效益。

（2）权利义务关系不同。社会保险的权利与义务关系建立在劳动关系的基础之上，只要劳动者履行了为社会劳动的义务，就能获得自身及其供养的直系亲属享有相关社会保险待遇的权利，劳动者缴纳一定的保险费，但给付金额与其所缴纳的保险费额无绝对联系，而以被保险人基本生活需要为标准。保险费的征收只依据公民的收入水平而定，不依据保险项目风险的大小。

而商业保险是一种经济活动，以赢利为目的，实行严格的权利与义务对等关系。投保人根据自身的经济实力和面临的风险种类和大小，选择适合自己的险种和保险金额向保险公司投保，按期交付保险费，并签订保险合同。投保人依据保险合同享有保障的权利。商业保险的商业性和营利性决定了这种权利的享受必须以“多投多保、少投少保、不投不保”的等价交换为前提。

（3）保险对象不同。社会保险保障的对象是社会劳动者，基本职能是在劳动者面临特定风险（如年老、疾病、失业、伤残、生育等）时，保障其基本生活，维持社会劳动力再生产的正常进行。

而商业人身保险的保险对象较灵活，是一切自愿投保的国民，无论劳动者还是非劳动者均可投保。人们可自由选择、自愿参加，其基本职能是分散风险和损失补偿。商业保险在被保险人中分摊保险费，当某一被保险人发生保险事故造成经济损失时，对其给予保险合同规定的经济补偿。

（4）实施方式不同。社会保险主要采取强制方式实施，属于强制保险。凡属于社会保险范围的保险对象，无论其是否愿意，都必须参加，并缴纳保险费；当被保险人在遇到生育、年老、疾病、伤残、失业等情况而没有收入时，政府必须按法定标准给付，这种强制性保证了社会保险的大规模，有效地减少了逆向选择。

而商业保险一般采取自愿原则，属于自愿保险，投保人是否投保、投保什么险种、投保多少等，由投保人自行决定。

（5）资金来源不同。社会保险的资金来源主要有政府财政拨款、企业缴纳保险费、劳动者个人缴纳保险费三个渠道，是集国家、企业、个人等社会各方面力量来保障社会成员的基本生活要求。

而商业保险的资金只能来源于保险客户所缴保险费，虽然通过对保险资金的运用可以获得一定的投资收益，但是保险公司管理费用却需要保险客户承担。

（6）保障水平不同。社会保险是对劳动者基本生活水平的保障，是较低层次的保障。其保障水平的确定，既要考虑劳动者原有生活水平和社会平均消费水平，又要考虑在职职工平均工资的提高幅度、物价上涨因素和国家在一定时期财政上的负担能力。随着社会生产的发展，社会保险待遇的总水平也会相应提高。社会保险作为特殊领域的分配手段，在保障水平的确定上，采取的是有利于低收入劳动者的原则。

而商业保险是个人自愿购买的形式，是较高层次的保障。其保障水平取决于投保人缴纳保险费的多少和实际受损的性质与程度。商业保险保障水平的确定原则，并不取决于被保险人的实际收入和生活水平，而是严格按对等原则来确定的。

（7）经营主体不同。社会保险的经营主体是政府或由政府指定的专门的职能部门，它除了管理社会保险基金的征集和给付之外，还要管理与之相关的其他活动，如负责某些服务工作等。由于社会保险的政策性和“人、财、物”的统一管理，决定了国家财政对其负有最后保证责任。

而商业保险经营主体主要是以赢利为目的的商业保险公司，商业保险业务的开展，在法律规定的范围之内，可以由保险双方自行订立条款，保险公司自主经营、自负盈亏。

3．社会保险的重要意义

（1）社会保险是社会稳定的防护网，是社会矛盾的减震器。在现代社会化大生产和分工协作的条件下，社会保险的目的是维持社会稳定，使老有所养、病有所医，保障劳动者及其家庭的基本生活，消除社会不安定因素，减少社会震荡，所以有时称社会保险为社会的"减震器"和"防护网"。这一作用，在现代社会保险发展历程中体现得尤为明显。现代西方资本主义国家的社会保险就是在日益高涨的工人运动的压力下，为了确保资本主义经济的稳定和资产阶级统治地位的巩固，国家不得不给予劳动者"实惠"，以缓和阶级矛盾的产物。社会保险便是"实惠"的一部分。从实际效果看，尽管这些国家在第二次世界大战后经济危机时起时伏，失业率大多经常保持较高纪录，但社会一直比较稳定，劳动者的实际生活水平也有了大幅提高，其中社会保险起了十分重要的作用。而社会主义国家的社会保险在最终实现社会主义的生产目的，促进经济的发展、政治的安定，实现公民的宪法权利等方面也有重大贡献。

在市场经济条件下，人们的收入水平按其在经济活动中拥有的生产要素的市场稀缺程度和要素价格，以及他们的能力和工作业绩来决定。由于人们拥有要素的质和量不同，工作能力也有高低，人们之间的收入拉开了差距。社会保险通过社会保险金的发放，为社会生活中的低收入人群提供基本生活保障，维护了社会稳定。社会保险通过社会保险基金的筹集，对社会个人消费品分配实行的直接干预，将高收入者的一部分收入转移给低收入者。这种干预的基本目标，就是调节劳动者个人收入上过大的差距，使之保持适度的水准，从而实现人们对社会分配公平的普遍要求，在一定程度上实现了收入均等化，缓解了社会矛盾，为市场经济的高效运行营造一个良好的社会环境。

（2）社会保险调节国民经济运行，促进经济的可持续发展。通过社会保险而聚集起来的雄厚的社会保险基金可以对经济发展起到一定的支撑作用。社会保险具有储蓄性的特点，通过劳动者、企业和国家三方出资的形式，形成了规模巨大的社会保险基金收入，如 1996 年我国基本养老保险基金收入为 1 171.76 亿元。而随着社会保险基金的膨胀，其投资规模也不断扩大，如 1993 年美国法定老残保险基金和私人退休基金的投资规模已分别高达 29 万亿美元和 4.4 万亿美元。如此巨大的规模，使社会保险基金成为影响一国经济运行的不可忽视的力量。社会保险制度的运行对储蓄、投资、财政金融状况乃至国际经济活动均会产生重要的影响。通过强化社会保险基金的管理，提高其投资经营效果，注重投资方向与结构的调整，将有利于促进经济发展，促进国家基础产业的成长，促进金融市场的发展与完善。注重社会保险基金对经济的促进作用，已成为许多国家社会保险制度改革发展的新特点。

市场经济运行具有周期性。在经济繁荣时期，劳动就业机会增多，劳动者收入增加，社会保险支出减少，社会保险基金积累增多，从而达到抑制需求的快速增长的目的；在经济衰退时期，劳动就业机会减少，劳动者收入减少，社会保险支出增加，社会保险基金积累减少，从而起到增加需求，延缓衰退的作用。社会保险基金的筹集、支付及其投资活动，也是一种国民收入分配和再分配活动，它对国民经济的运行产生调节作用，在一定程度上促进了社会总需求与总供给达到平衡，保证经济的可持续发展。

（3）社会保险保证劳动力再生产顺利进行，为经济发展提供后备力量。劳动者因疾病、伤残、失业而失去正常的劳动收入，会使劳动力再生产过程处于不正常的状况，通过社会保险的经济补偿，使劳动力的再生产过程得以延续，从而使社会化大生产得以顺利进行。人作为劳动者，对生产起着决定性作用，物质资料的再生产要求劳动力再生产与之相适应。而随着工业化的进程，传统的大家庭逐渐解体而被夫妻结构的小家庭所取代，劳动收入是家庭的主要收入来源，当劳动者遭遇各种危险而丧失劳动能力时，家庭的保障功能大大削弱了，这样势必影响劳动力的供应。因此，只有国家出面干预，以强制保险的方式，集聚众多的经济力量，才能使劳动力再生产得以顺利进行。

社会保险通过社会保险金的发放，对劳动者实行经济补偿，保障劳动者的基本生活，保证劳动力再生产顺利进行，为经济发展提供后备力量。

（4）社会保险调节社会成员收入差距，有利于实现社会财富的公平分配。社会保险的分配原则以公平为主，兼顾效率，对高收入者的社会保险要有一定的限制，对低收入者的生活要给予保证，凡是领取的社会保险金达不到基本保障线的，要提高到基本保障线以上，以缩小社会保险金水平的差距。由于社会保险是国民收入再分配的渠道之一，可以起到调节社会成员收入差距悬殊的作用，有利于实现社会财富的公平分配。

11.2　社会保险的主要类型及筹集模式

根据我国《劳动法》第七十一条规定：“国家发展社会保险事业，建立社会保险制度，设立社会保险基金，使劳动者在年老、患病、工伤、失业、生育等情况下获得帮助和补偿。”《劳动法》第七十三条规定：“劳动者在下列情形下依法享受社会保险待遇：退休；患病、负伤；因工伤致残或患职业病；失业；生育。劳动者死亡后，其遗属依法享受遗属津贴。”因此，上述各项可归并为社会保险的五种类型：养老保险、失业保险、医疗保险、工伤保险和生育保险。

11.2.1　养老保险与失业保险

1. 养老保险

养老保险是国家通过立法对劳动者因达到规定的年龄，按国家规定解除劳动义务后，给他们提供一定的物质帮助以维持其基本生活水平的一种社会保险制度。养老保险属于国民收入再分配的范畴。一个国家有无养老保险，养老保险制度是否完备，与一个国家生产力发展水平有着极大的关系。养老保险一般是通过建立离休、退休制度来实现的，并以国家立法加以保证。它是以立法形式确定的一个全国统一的退休养老的年龄标准。劳动者到了退休年龄后，国家依据退休制度一方面保障他们有获得物质帮助和社会服务的权利；另一方面要妥善地安排他们退出原来的职业或工作，不再承担社会劳动的义务。劳动者退休后享受一定的养老待遇，这是他们履行了一生的劳动义务后应享受的权利。为使社会劳动力不断更新，保证社会生产的正常发展，劳动者到达退休年龄后，无论其实际劳动能力是否丧失，都应按时退休，这是他们在享有养老社会保险待遇时应该放弃和解除劳动义务的前提。

养老保险是社会保险的主要项目之一，也是整个社会保障制度极其重要的组成内容。建立并完善养老保险制度，是国家和社会应尽的义务。这种制度的建立和完善，有利于切实保障老年人安度晚年的合法权利，保证老年人能够老有所养、老有所医、老有所乐，同时也有利于消除在业人员的后顾之忧，调动其生产积极性，为社会提供更多更好的物质财富，从而为包括养老保险在内的整个社会保险制度的巩固和实施储备雄厚的物质基础。

现阶段我国农村养老保险制度的基本运行方式是：建立农村社会养老保险事业管理机构，为农民设立养老保险个人账户；保险费以个人缴纳为主，集体给予适当的补贴，个人缴费和集体补贴全部记在个人名下；以县级为基本核算平衡单位，逐步分级负责保险基金的运营和保值增值；参加保险者达到规定的领取年龄时，根据其个人账户基金的总数确定领取标准，由社会保险机构定期计发养老金。

《北京市企业城镇劳动者养老保险规定》对基本养老保险待遇的规定是："本规定实施后参加工作的被保险人，个人缴费年限累计满 15 年的，退休后按月领取基本养老金。基本养老金由基础养老金和个人账户养老金组成。个人缴费年限不满 15 年的（占地农转工人员除外），退休后不享受按月领取基本养老金待遇，其个人账户储存额一次支付给本人。"

2．失业保险

失业是指在劳动年龄之内，具有劳动能力，又要求就业的部分人员尚未能就业的一种社会现象。构成失业有四个基本特点：一是在劳动年龄之内；二是有劳动能力；三是有就业意愿；四是没有找到工作。这样规定，就可以把那些由于严重病残丧失劳动能力的人和未到或超过劳动年龄的没有职业的人，以及暂时没有就业要求待升学的人和从事家务劳动的人划到失业之外，因而也就不需要给他们安排工作。

失业保险是国家通过立法对劳动者因遭受本人所不能控制的失业风险而暂时失去收入，提供一定物质帮助以维持其基本生活的一种社会保险。目前全世界实施失业保险的国家约 40 多个，其中约 80%是第二次世界大战以后实施的。究其原因是因为失业已成为社会问题，必须由社会解决。失业保险因此成为社会保险的一个重要险种。失业保险在国民经济运行中发挥着润滑剂的作用，为失业人员重新进入工作岗位起到了积极的促进作用。由于失业保险的强制性和政策性，我国商业保险未介入失业保险领域。

我国现行失业保险的主要内容如下：

（1）失业保险的范围。按我国 1999 年施行的《失业保险条例》，目前我国失业保险的实施范围包括国有企业、城镇集体企业、外商投资企业、城镇私营企业、其他城镇企业及城镇事业单位。

（2）失业保险的条件。享受失业保险的条件为：按照规定参加失业保险，所在单位和本人已按照规定履行缴费义务满 1 年的；非因本人意愿中断就业的，已办理就业登记，并有就职要求的。失业人员在领取失业保险金期间，按照规定同时享受其他失业保险待遇。

（3）失业保险期限。失业人员失业前所在单位和本人按照规定累计缴费时间满 1 年不足 5 年的领取失业保险金的期限最长为 12 个月；累计缴费时间满 5 年不足 10 年的领取失业保险金的期限最长为 18 个月；累计缴费时间为 10 年以上的，领取失业保险金的期限最长为 24 个月。

（4）失业保险金的标准。失业保险金的标准，按照低于当地最低工资标准，高于城市居民最低生活保障标准的水平，由省、自治区、直辖市人民政府确定。

11.2.2　医疗保险、工伤保险与生育保险

1. 医疗保险

医疗保险是指社会劳动者因为疾病、受伤等原因需要诊断、检查和治疗时，由国家和社会为其提供必要的医疗服务和物资帮助的一种社会保险制度。

医疗保险所保障的是一般疾病、患病和伤残。其中，疾病或患病系劳动者自身身体所致，并非职业病，伤残是指非工伤致残丧失劳动能力，其发病、致残原因与劳动无直接关系；其保障对象一般是劳动者，也有的包括家属；其给付条件是劳动者因疾病丧失劳动能力，失去收入；给付方式可以是现金给付，也可以是医疗给付。

由于疾病或非工伤残系劳动者自身原因所致，与其工作或社会经济因素没有必然联系，因而，实行医疗保险所需的经费主要来源于被保险人和雇主，政府一般只提供少量的补助或不提供补助（对所有居民实行普遍免费医疗服务的国家，其医疗费用由政府从一般税收中拨付，或征收国民健康税等）。但不同国家雇主、被保险人和政府三方各自负担的保险费比例通常是不同的。

实行医疗保险可以使劳动者弥补收入损失、恢复劳动能力、重返生产和工作岗位，从而有利于保障劳动者及其家属的生活稳定，有利于提高国民健康水平，有利于维持劳动力的再生产，有利于经济发展和社会进步。

我国基本医疗保险实行社会统筹和个人账户相结合，基本医疗保险基金由统筹基金和个人账户构成。职工个人缴纳的基本医疗保险费，全部记入个人账户。用人单位缴纳的基本医疗保险费分为两部分：一部分用于建立统筹基金；另一部分划入个人账户。具体比例由统筹地区根据个人账户的支付范围和劳动者年龄等因素确定。统筹基金和个人账户要划定各自的支付范围，分别核算，不能互相挤占。要确定统筹基金的起付标准和最高支付限额。起付标准以下的医疗费用，从个人账户中支付或由个人自付。起付标准以上，最高支付限额以下的医疗费用，都要

从统筹基金中支付，个人也要负担一定比例。超过最高支付限额的医疗费用，可以通过商业医疗保险等途径解决。统筹基金的具体起付标准和最高支付限额，以及在起付标准以上和最高支付限额以下医疗费用的个人负担比例，由统筹地区根据“以收定支，收支平衡”的原则确定。

我国医疗保险制度建立于20世纪50年代初，包括公费医疗和劳保医疗制度。享受公费医疗的范围：各级政府、党派、人民团体及文化、教育、科研、卫生等事业单位职工，二等乙级以上伤残人员，高等学校在校生及研究所研究人员。公费医疗的经费来源于国家财政。1953年修订的《劳动保险条例》规定享受劳保医疗的范围：全民所有制企业和城镇集体所有制企业的职工及离退休人员。劳保医疗的保险项目和待遇标准与公费医疗基本相同。经费从企业按现行工资总额的14%提取的职工福利费中列支。1989年《公费医疗管理办法》规定公费医疗待遇是：除挂号费、营养滋补药品及整容、矫形等少数项目由个人自付费用外，其他医药费全部或大部分由公费医疗经费开支。

1998年《国务院关于建立城镇职工基本医疗保险制度的决定》规定，城镇所有用人单位，包括企业（国有企业、集体企业、外商投资企业、私营企业等）、机关、事业单位、社会团体民办非企业单位及其职工，都要参加基本医疗保险。乡镇企业及其职工、城镇个体经济组织业主及其从业人员是否参加基本医疗保险由各省、自治区、直辖市人民政府决定。

基本医疗保险原则上以地级以上行政区（包括地、市、州、盟）为统筹单位，也可以县（市）为统筹单位。所有用人单位及其职工都要按照属地管理原则参加所在统筹地区的基本医疗保险，执行统一政策，实行基本医疗保险基金的统一筹集、使用和管理。

2. 工伤保险

工业社会的发展给人们带来了丰富的物质生活，同时也无情地把工作事故、职业病等带给了劳动者。工伤造成了劳动者身体伤害、精神上的痛苦。工伤保险是指劳动者因工作原因受伤、患病、致残乃至死亡，暂时或永久丧失劳动能力时，从国家和社会获得医疗、生活保障及必要的经济补偿的社会保险制度。

同其他社会保险相比，工伤保险具有显著的赔偿性质，保险费一般都由企业负担，待遇比较优厚，服务项目较多。而且由于工伤事故是劳动者在为企业工作期间发生的，劳动者不仅付出了劳动，而且可能为此付出了健康乃至生命的代价。因此，各国的劳动法或社会保险法均明确规定，在企业劳动者工伤事故中，企业应当承担经济赔偿责任。

目前各国实行的工伤保险制度，大致都遵循以下原则。

（1）无责任补偿原则，又称为无过失补偿原则。它是指劳动者在生产和工作过程中遭遇工伤事故，无论事故属于本人、企业（或雇主）还是相关第三者，均应依法按规定的标准给付工作保险待遇。待遇给付与责任追究相分离，不能因为保险事故责任的追究与归属而影响待遇给付。当然，本人犯罪或故意行为造成的“工伤”除外。

（2）个人不缴费原则。工伤事故属于职业性伤害，是在生产劳动过程中，劳动者为社会和企业创造物质财富而付出的代价。而因工伤保险待遇具有明显的劳动力修理与再生产投入性质，属于企业生产成本的特殊组成部分。因此，个人不必缴费，而由企业负担全部保险费。

（3）待遇标准从优的原则。工伤保险是对劳动者为企业付出的身体损失进行补偿，在待遇给付标准上，一般是按照从优原则确定的，较养老、失业、医疗等项目的待遇优厚。而且只要是因工负伤、残疾或患职业病，则不论年龄和工龄长短，都享受同等的待遇。

（4）损失补偿与事故预防及职业康复相结合的原则。从单纯经济补偿向与事故预防、医疗健康及职业康复相结合的转变，是现代工伤保险的显著标志之一。工伤社会保险与其他项目一样，除了被动式的生活保障功能以外，还具有主动式的、积极的功能，这主要表现在为负伤、残疾和因公死亡职工提供必要的医疗、生活补贴之外，还应在加强安全生产、预防事故发生、减少职业危害、及时抢救治疗、有效的职业康复等方面发挥积极作用。

国务院颁布的《工伤保险条例》规定，职工有下列情形之一的，应当认定为工伤：在工作时间和工作场所内，因工作原因受到事故伤害的；工作时间前后在工作场所内，从事与工作有关的预备性或收尾性工作受到事故伤害的；在工作时间和工作场所内，因履行工作职责受到暴力等意外伤害的；患职业病的；因工外出期间，由于工作原因受到伤害或发生事故下落不明的；在上下班途中，受到非本人主要责任的交通事故或城市轨道交通、客运渡轮、火车事故伤害的；法律、行政法规规定应当认定为工伤的其他情形。

我国自 2004 年 1 月 1 日起施行的《工伤保险条例》，适用于各类企业的职工和个体工商户的雇工。工伤保险待遇主要包括以下几个方面：职工因工作遭受事故伤害或患职业病进行治疗，享受工伤医疗待遇；职工因工作遭受事故伤害或患职业病需要暂停工作接受工伤医疗的，原工资福利待遇不变；工伤职工已经评定伤残等级并经劳动能力鉴定委员会确认需要生活护理的，从工伤保险基金按月支付生活护理费；职工因工致残的按照伤残等级享受补助金和津贴；工伤职工因日常生活或就业需要必须安装假肢等辅助器具的，所需费用按照国家规定的标准从工伤保险基金支付；职工因工死亡，其直系亲属按照规定从工伤保险基金领取丧葬补助金、供养亲属抚恤金和一次性工亡补助金等。

3．生育保险

1988 年我国颁布的《女职工劳动保护规定》规定了女职工怀孕期间享有的劳动保护：女职工怀孕期间，所在单位不得安排其从事国家规定的第三级体力劳动强度的劳动和孕期禁忌从事的劳动，不得在正常劳动日以外延长劳动时间；对不能胜任原劳动的，根据医务部门的证明，予以减轻劳动量或安排其他劳动；女职工怀孕 7 个月以上的，不得安排其从事夜班工作，并在劳动时间内为其安排一定的休息时间；怀孕的女职工，在劳动时间内进行产前检查，应当算作劳动时间。

生育保险是妇女劳动者因妊娠、分娩等导致不能工作，收入暂时中断，由国家和社会给予医疗保健服务和物质帮助的一种社会保险制度。

生育保险有其自身的特点，具体如下：

- 生育保险的对象是女性劳动者。在我国，只适用于达到法定结婚年龄，并符合国家计划生育规定者。
- 生育行为属于正常的生理活动。这一点与疾病有区别，疾病带来的收入中断虽然也是暂时的，但疾病属于非正常的生理活动。
- 生育保险待遇不仅为了弥补女性劳动者的收入损失和维持女性劳动者的劳动力简单再生产，而且也对保障劳动力扩大再生产起着重要作用。
- 生育保险实行“产前与产后都应享受的原则”。在临产分娩前一段时间，由于行动不便，女性劳动者已经不能工作或不宜工作，而分娩以后需要一段时间休假，恢复健康和照顾婴儿。这是生育社会保险不同于其他险种的又一特点。其他险种都是带有善后的特点。

我国女职工生育保险的主要待遇如下。

（1）产假。国际劳工组织规定，女职工生育的产前产后休假不应少于 12 周（84 天）。我国女职工产假为 90 天，其中产前休假 15 天，产后 75 天，难产的增加产假 15 天；多胞胎生育，每多生一个婴儿，增加产假 15 天。女职工怀孕不满 4 个月流产的，根据医务部门的证明，给予 15 ~ 30 天的产假；怀孕满 4 个月以上流产的，给予 45 天产假。

（2）生育津贴。女职工在产假期间，企业不再发工资，而由生育保险基金支付生育津贴，津贴的标准按本企业上年度职工月平均工资计发：非本单位的女职工，产假期间享受原基本工资，由本单位发放。

（3）有不满 1 周岁婴儿的女职工，在每班劳动时间内享有两次哺乳时间，每次 30 分钟；多胞胎生育的，每多哺乳一个婴儿，每次哺乳时间增加 30 分钟。

（4）医疗服务。国家机关、人民团体、事业单位的女职工，生育所需的医疗费用由公费医疗支付。女职工生育的检查费、接生费、手术费、住院费和药费由生育保险基金支付。超出规定的医疗服务费和药费（含自费药品和营养药品的药费）由职工个人负担。

11.2.3 社会保险基金的筹集模式

社会保险基金的筹集模式是指通过特定的方式来筹集社会保险资金，以实现收支平衡和制度稳定运行的机制。适当的筹集模式，能促进社会保障制度的有效运行。以最重要的养老保险基金为例，社会保险基金的筹集模式可分为现收现付、完全积累和部分积累三种模式。

1. 现收现付模式

现收现付模式是以支定收，近期内横向收支平衡为原则来筹集资金，不承担资金长期的保值增值风险的一种筹集模式。现收现付模式是指根据当期的给付来收取当期的保险费用，从而使保险基金收支保持大体平衡的一种筹集模式。其做法是：首先对一年内的社会保险支出做出预算，然后按照一定比例分摊到参保单位和个人，当年提取，当年支付，预先不留储备金，并争取略有结余。这种模式由正在工作的当代人为他们的上一代人支付社会保险金。在这种模式下，一般不提取准备金。现收现付模式的理论依据是：在长期稳定的人口结构下，由生产性劳动人口负担老年人口的退休养老费用，而现有劳动人口的退休养老费用，则由下一代的生产性劳动人口承担。可见，采用这种模式的前提条件是一国的人口结构必须是稳定的。收入转移再分配在劳动者代际间进行是其经济内涵，收支的短期平衡是其基本特征。

现收现付模式的优点在于费率计算简单，便于操作，同时由于不需管理巨额积累基金，所以不用考虑通货膨胀因素。在人口结构稳定、经济繁荣、劳动者工资增长较快的时期，这一模式具有减轻社会保险负担的优点。但该模式的缺点也是显而易见的。首先，由于采用以支定收，不设准备金，因此需根据情况，经常调整收支。但现代社会的一般情况是人口结构趋于老化，所以社会保险支出总是呈现出不断增长的趋势。而日益增长的保险费收入往往难以迅速实现，从而容易导致给付出现危机。其次，从分配上看，由在职一代赡养退休一代，在职一代所缴纳的社会保险费不断增长，这就容易引起代际之间的矛盾，不利于保持社会的稳定。最后，现收现付模式存在某些不利于经济发展的因素。比如，不断增高的保险费会降低企业产品的竞争力，对劳动力供求也会造成消极影响，这些都阻碍经济的发展。

2. 完全积累模式

完全积累模式是一种以远期纵向收支平衡为原则，用长期积累的基金来保障未来预测的社会养老保险支出的一种筹资模式。这种模式就是每个人在社会保险基金里建立个人账户，从开始工作起就为自己积累养老基金。这是一种通过对影响保险费的相关因素进行测算后，确定出一个能够保证收支平衡的平均保险费，并对从保险费中提取一部分准备金而形成的保险基金进行经营管理的筹集模式。这种模式的理论依据是：它根据现有的人口、经济发展水平等因素制定出一个费率来筹集保险费，以作为将来给付的基础。至于保险金的最终给付数额，还要取决于社会保险基金的积累规模及投资收益。它强调了劳动者个人不同生命周期的收入再分配，即将劳动者工作期间的部分收入转移到退休后使用。完全积累模式受经济发展状况、工资水平及金融市场的稳定与否等因素的影响甚大。

这种模式有以下优点：第一，社会保险基金能够保证保险资金的稳定及一定的给付水平；第二，大量的积累资金投向资本市场，能够促进资本市场的发展，从而对经济的增长起到推动作用。该模式的缺点也是明显的。首先，在筹资初期，就需要采用较高的费率，这会激起雇主和被保险人的不满，对经济发展也会起到负面影响。其次，该模式受通货膨胀因素影响较大。当通货膨胀发生时，如基金运用得当，不仅能够带来大量的投资收益，还能促进整个经济的发展；但若使用不当，可能会导致基金额绝对减少，继而引起收付水平的下降，严重时甚至会导致社会问题。最后，社会保险基金容易受政府的支配，如当政府面临财政赤字时，可能会用基金来弥补。

3．部分积累模式

部分积累模式是以近期横向平衡和长期纵向平衡为原则，分段调整平均缴费率的一种资金筹集模式。这种模式是介于现收现付与完全积累模式之间的一种折中的筹资模式，在一定程度上，吸收了两种模式的优点。被保险人的缴费在满足当期社会保险支出的同时，还需有一定的资金积累。这是一种混合模式，它的保险费高于现收现付模式，但又低于完全积累模式。多数面临着人口老龄化问题的国家常采用这种混合模式。其具体形式有以下几种：一种是在原有现收现付模式之下，提高费率水平，把相对多的保险费积累起来，用于以后的保险金支付；另一种是在建立个人账户的基础上实行社会统筹；还有一种是实行多层次的社会保险模式，第一层次是基本保险，采用现收现付模式，而在企业补充保险和个人储蓄保险层次下则实行完全积累模式。

部分积累模式吸收了现收现付模式和完全积累模式的优点，能够有效应付人口老龄化的挑战。若能解决基金的投资运营问题，还可有助于经济的发展。但究竟应选择何种混合模式，以及怎样实现在新旧两种模式间的平稳过渡，是现实中面临的难题。

当前我国的社会保险基金筹集方式采取的是部分积累模式，因为这种模式符合我国国情。由于我国人口老龄化问题的加剧，现收现付模式将给我国社会保险基金带来严重的财务危机。另外，我国社会保险基金的个人账户几乎是空账运行，实行完全积累也是不现实的。

思考与练习

1．单项选择

（1）社会保障作为工业化和社会化大生产的产物，它产生于（　　）。

A．德国　　B．美国　　C．英国　　D．法国

（2）与商业保险不同的是，社会保障的实施方式采用（　　）。

A．自愿方式　　B．强制方式

C．半自愿半强制方式　　D．自愿为主强制为辅的方式

（3）在我国，失业者可享受的失业救济金待遇领取时间长度最长为（　　）。

A．6个月　　B．12个月　　C．18个月　　D．24个月

2．多项选择

（1）社会保险费的特点主要表现在（　　）。

A．保险费与给付不成比例　　B．风险分类较粗略

C．保险费负担较重　　D．成本估计不易确定

E．一般由国家、集体、个人三者合理分担

（2）社会保险基金的筹集模式有（　　）。

A．现收现付模式　　B．政府给付模式　　C．完全积累模式
D．社会捐献模式　　E．部分积累模式

3. 简答题

（1）什么是社会保险？

（2）社会保险的特点是什么？

（3）请比较社会保险和商业保险的关系。

（4）养老、失业、医疗、工伤、生育保险各有什么特点？

（5）什么是社会保险基金的筹集模式？主要有哪几种？

阅读材料

国外医疗保险的四种典型模式

国外医疗保险制度历经百余年的发展与演变，已日趋成熟与规范。目前，世界上医疗保险主要有四种典型模式。

1. 全民保险模式：加拿大

该种模式的特点是：政府直接管理医疗保险事业。政府收税后拨款给公立医院，医院直接向居民提供免费（或低价收费）服务。加拿大国家医疗保险的具体做法是：国家立法、两级出资、省级管理，即各省医疗保险资金主要来源于联邦政府拨款和省级政府财政预算，各省和地区政府独立组织、运营省内医疗保险计划；保险内容上覆盖所有必需的医疗服务、住院保险和门诊保险，除特殊规定的项目外，公众免费享受所有其他基本医疗保险；鼓励发展覆盖非保险项目的商业性补充医疗保险，凡非政府保险项目均可由雇主自由投资，其所属雇员均可免费享受补充医疗保险项目。

这种面向全民的医疗保险模式最大的优点是国家的介入。由于政府是最大的雇主及服务买家，所以从理论上讲在控制成本方面有着很大的优势。但从实际上看，这种模式面临着沉重的财政支出、服务短缺、公共医院的官僚主义作风、医生缺乏成本意识而导致的严重浪费等问题。1991 年，加拿大卫生费用占 GDP 的 10.1%，列世界第二位。卫生资源浪费、医疗费用无限度增长长期困扰着加拿大政府。

2. 社会保险模式：德国

德国是世界上第一个建立医疗保险制度的国家。其医疗保险基金实行社会统筹、互助共济，主要由雇主和雇员缴纳，政府酌情补贴。目前，世界上有上百个国家采取这种模式。德国社会医疗保险模式的特点如下。

（1）保险金是按收入的一定比例进行征收，而保险金的再分配与被保险者所缴纳的保险费多少无关，因此，无论收入多少都能得到治疗。参保人的配偶和子女可不付保险费而同样享受

医疗保险待遇。

（2）劳动者、企业主、国家一起筹集保险金，体现了企业向家庭、资本家向工人的所得转移。

（3）在保险金的使用上，是由发病率低向发病率高的地区的所得转移。

（4）对于月收入低于 610 马克的工人，保险费全部由雇主承担，失业者的医疗保险金大部分由劳动部门负担。18 岁以下无收入者及家庭收入低于一定数额的，可以免缴某些项目的自付费用。

德国没有统一的医疗保险经办机构，而是以区域和行业划分为七类组织，各医疗保险组织由职工和雇主代表组成的代表委员会实行自主管理，合理利用医疗保险基金，因而其浪费、滥用现象较少。但这种医疗保险模式也有很大的局限，即它不能控制外在经济环境，尤其是缺乏弹性的医疗市场。一旦外在经济环境不能保持稳定的状态，医疗通货膨胀是不可避免的。

3. 商业保险模式：美国

该模式的特点是参保自由，灵活多样，钱多买高档的，钱少买低档的，适合多层次需求。美国这种以自由医疗保险为主、按市场法则经营的以赢利为目的的制度，其优点是受保人会获得高质量、高效率的医疗服务。但这种制度往往拒绝接受健康条件差、收入低的居民的投保，因此其公平性较差。一方面，会造成其总医疗费用的失控，医疗总费用占国内生产总值的 14%，是世界最高的；另一方面仍有 3 000 万人得不到任何医疗保障。

4. 储蓄保险模式：新加坡

这种模式的特点有以下几点。

（1）筹集医疗保险基金是根据法律规定，强制性地把个人消费的一部分以储蓄个人公积金的方式转化为保健基金。

（2）它以个人责任为基础，政府分担部分费用，国家设立中央公积金，这部分的缴纳率为职工工资总额的 40%，雇主和雇员分别缴纳 18.5%和 22.5%；同时，雇员的保健储蓄金再由雇主和雇员分摊。

（3）实施保健双全计划，即大病计划。它是以保健储蓄为基础，在强调个人责任的同时，又发挥社会共济、危险分担的作用。

（4）实施保健基金计划，政府拨款建立保健信托基金，扶助贫困国民保健费用的支付。

这种储蓄型医疗保险模式有效地解决了新加坡劳动者晚年生活的医疗保障问题，减轻了政府的压力，促进了新加坡经济的良性发展。其不足之处表现在：雇主在高额投保险费面前难免会削弱自己商品的国际竞争力，而过度的储蓄又会导致医疗保障需求的减弱。

思考与练习题参考答案

第 1 章

1. 单项选择

（1）B　（2）C　（3）C　（4）A

2. 多项选择

（1）ABC　（2）ABC　（3）AB　（4）BC

第 2 章

1. 单项选择

（1）C　（2）A　（3）C　（4）D　（5）D　（6）B　（7）A

2. 多项选择

（1）BC　（2）ABCE　（3）ACD　（4）ABCD　（5）ABCD　（6）ABCD
（7）ABCE　（8）ABCD

第 3 章

1. 单项选择

（1）A　（2）B　（3）B　（4）D

2. 多项选择

（1）CE　（2）BD　（3）ABC　（4）AD

第 4 章

1. 单项选择

（1）B　（2）A　（3）D　（4）B

2. 多项选择

（1）ABCE　（2）ABCD

第 5 章

1. 单项选择
（1）C （2）A （3）B （4）C （5）D

2. 多项选择
（1）CDE （2）ABCDE （3）ABCD （4）ABC

第 6 章

1. 单项选择
（1）A （2）D （3）B

2. 多项选择
（1）BCDE （2）ABC

第 7 章

1. 单项选择
（1）A （2）A （3）B

2. 多项选择
（1）ABDE （2）ACDE

第 8 章

1. 单项选择
（1）C （2）A （3）B （4）C

2. 多项选择
（1）ABCD （2）ABC （3）ACE （4）ABC

第 9 章

1. 单项选择
（1）D （2）B

2. 多项选择
（1）ABCD （2）ABCD （3）ACE （4）AC （5）ABC （6）BCD
（7）AB

第 10 章

1. 单项选择

（1）C （2）B （3）C （4）A

2. 项选择题

（1）ABC （2）ABCD （3）ABE （4）ABE （5）BDE

第 11 章

1. 单项选择

（1）A （2）B （3）D

2. 多项选择

（1）ABDE

参考文献

[1] 杨华柏. 对我国保险资金运用监管问题的几点思考[J]. 保险研究—实践与探索, 2011,(6).

[2] 刘宗荣. 新保险法: 保险契约法的理论与实务[M]. 北京：中国人民大学出版社, 2009.

[3] 韩长印. 大陆与台湾保险合同法比较与评析——以大陆《保险法》2009 年修订为重点[J]. 保险研究, 2009,(7).

[4] 史卫进, 彭婕. 重复保险制度的适用与发展——以我国保险法与各国保险法的比较为立场[J]. 烟台大学学报, 2007,(7).

[5] 吴定富, 中国保险业发展蓝皮书[M]. 北京：新华出版社, 2007.

[6] 龙卫洋, 龙玉国. 工程保险理论与实务[M]. 上海：复旦大学出版社, 2005.

[7] 黄洪. 香港保险监管方式对我国的启示[J]. 保险研究实践与探索, 2011,(6)

[8] Mark S. Doffman. Risk Management and Insurance. Sixth Edition. PrenticP Hall, 2005.

[9] James J. Lorimer, Harry F. Perlet. Jr. Frederick G. Kempin. Jr. Frederick R. Hodosh. The Legal Envionment of Insurance(1.2). CPCU, 2003.

[10] Robert J. Gibbons, George E. Rejda, Michael W. Elliott. Insurance Perspectives. CPCU, 2002.

[11] Koppena, randall and Hotti. Kristin L.. Futures Market Regulation. Economic Perspectives, January 2003, Vol.62, No.2.

[12] IMF. Managing Risk in a New Financial Environment. IMF Survey, June 2002, Vol.59, No.19.

[13] Swiss Re. Life insurance in the industrialized countries. Sigma, June 2002, No.6.

反侵权盗版声明

举报电话：（010）88254396；（010）88258888

传　　真：（010）88254397

E-mail:　　dbqq@phei.com.cn

通信地址：北京市万寿路 173 信箱

　　　　　电子工业出版社总编办公室

邮　　编：100036